Brüder Grimm
Die schönsten
MÄRCHEN
in Farbe

Brüder Grimm
Die schönsten MÄRCHEN in Farbe
Illustrationen von Lubomír Anlauf

KARL MÜLLER VERLAG

Jacob und Wilhelm Grimm
M ä r c h e n

Überarbeitet von Ingeborg Morbach
Illustrationen von Lubomír Anlauf
Graphische Gestaltung von Karel Vilgus
Umschlaggestaltung Martine Salvat
Lektorat Dieter Krumbach

© Verlag BRIO GmbH, Praha 1995
Copyright © der deutschsprachigen Ausgabe 1997
by Karl Müller Verlag, Danziger Str. 6, 910 52 Erlangen

Alle Rechte vorbehalten
Satz EDITPRESS, s. r. o.
Printed in Slovakia
ISBN 386070-271-8

INHALT

DIE SCHLICKERLINGE	6
DIE BREMER STADTMUSIKANTEN	7
HÄNSEL UND GRETEL	11
DER FROSCHKÖNIG ODER DER EISERNE HEINRICH	19
DAS TAPFERE SCHNEIDERLEIN	23
DIE WEISSE SCHLANGE	31
DER WOLF UND DIE SIEBEN JUNGEN GEISSLEIN	36
DIE DREI SPINNERINNEN	39
ROTKÄPPCHEN	42
DIE BEIDEN WANDERER	46
DER FAULE HEINZ	55
ASCHENPUTTEL	58
TISCHCHENDECKDICH, GOLDESEL UND KNÜPPELAUSDEMSACK	65

LÄUSCHEN UND FLÖHCHEN	76
DAUMESDICK	79
DAS BÄUERLEIN IM HIMMEL	85
DIE WICHTELMÄNNER	86
DORNRÖSCHEN	89
DER FUCHS UND DIE GÄNSE	93
DER ALTE SULTAN	94
SCHNEEWITTCHEN	96
RUMPELSTILZCHEN	105
DER FRIEDER UND DAS KATHERLIESCHEN	108
KATZE UND MAUS IN GESELLSCHAFT	115
DIE GÄNSEMAGD	118
DIE DREI GLÜCKSKINDER	126
DIE SIEBEN SCHWABEN	128
DIE GOLDENE GANS	131
DER TREUE JOHANNES	136
DER TEUFEL UND SEINE GROSSMUTTER	144
EINÄUGLEIN, ZWEIÄUGLEIN UND DREIÄUGLEIN	148
DER ZAUNKÖNIG	156
DER ARME UND DER REICHE	159
DER MEISTERDIEB	164
DAS BLAUE LICHT	171
AUF REISEN GEHN	176
DIE GESCHENKE DES KLEINEN VOLKES	178
SCHNEEWEISSCHEN UND ROSENROT	181
DER VOGEL GREIF	187
DIE DREI BRÜDER	194
DIE STERNTALER	196
VOM FISCHER UND SEINER FRAU	197
DER ARME MÜLLERBURSCH UND DAS KÄTZCHEN	205
DER GRABHÜGEL	210
DER MOND	214
DER EISENOFEN	216
DIE EULE	222
BRÜDERCHEN UND SCHWESTERCHEN	225
DIE KLUGE ELSE	232
DAS WASSER DES LEBENS	236
DIE ZERTANZTEN SCHUHE	242
DER HASE UND DER IGEL	246
DER GEVATTER TOD	249
DIE ZWEI BRÜDER	253
JORINDE UND JORINGEL	274
DIE SECHS SCHWÄNE	277
JUNGFRAU MALEEN	281
DIE WEISSE UND DIE SCHWARZE BRAUT	288
DIE ZWÖLF BRÜDER	292
DIE BROSAMEN AUF DEM TISCH	297
DAS ESELEIN	298
DIE GOLDKINDER	301
DES HERRN UND DES TEUFELS GETIER	306
MÄRCHEN VON EINEM, DER AUSZOG, DAS FÜRCHTEN ZU LERNEN	307
DER GEIST IM GLAS	316
DER GOLDENE SCHLÜSSEL	320

DIE SCHLICKERLINGE

Es war einmal ein Mädchen, das war zwar sehr hübsch, aber faul und nachlässig. Wenn es spinnen sollte, war es so verdrießlich, daß es gleich einen ganzen Haufen Flachs herausriß und neben sich auf die Erde schlickerte (also: schleuderte), wenn auch nur ein kleiner Knoten im Flachs war. Die Familie hatte ein Dienstmädchen, das war sehr arbeitsam. Es suchte den weggeworfenen Flachs zusammen, reinigte ihn, spann ihn fein und ließ sich ein hübsches Kleid daraus weben. Ein junger Mann hatte um das faule Mädchen geworben, und die Hochzeit sollte gehalten werden. Auf dem Polterabend tanzte auch das fleißige Dienstmädchen in seinem hübschen Kleid, war lustig und vergnügt. Da sprach die Braut:

»Ach, was kann das Mädchen springen
In meinen Schlickerlingen!«

Das hörte der Bräutigam und fragte die Braut, was sie damit sagen wolle. Da erzählte sie ihm, daß das Mädchen ein Kleid von dem Flachs trage, den sie selbst weggeworfen habe. Als der Bräutigam das hörte und merkte, wie faul seine Braut und wie fleißig das arme Mädchen war, ließ er sie stehen, ging zu jener und nahm sie zur Frau.

Die Bremer Stadtmusikanten

in Mann hatte einen Esel, der schon lange Jahre die Säcke unverdrossen zur Mühle getragen hatte. Aber die Kräfte des Esels gingen zu Ende, und er wurde immer untauglicher zur Arbeit. Da entschloß sich sein Herr, ihn nicht länger unnütz zu füttern. Der Esel fühlte, daß der Wind schlecht für ihn stand, und lief fort. Er machte sich auf den Weg nach Bremen, denn er meinte, er könnte dort Stadtmusikant werden. Als er eine Weile gegangen war, fand er einen Jagdhund am Wege liegen, der jappte, als hätte er sich müde gelaufen.

»Was jappst du denn so, Packan?« fragte ihn der Esel. »Ach«, erwiderte der Hund, »weil ich alt bin und jeden Tag schwächer werde und auch zur Jagd nicht mehr tauge, wollte mich mein Herr totschlagen. Da hab' ich Reißaus genommen; aber womit soll ich nun mein Brot verdienen?« — »Weißt du was«, sprach der Esel, »ich bin auf dem Weg nach Bremen und werde dort Stadtmusikant, komm mit und laß dich auch bei der Musik einstellen. Ich spiele Gitarre und du Schlagzeug.« Der Hund war's zufrieden, und sie gingen weiter. Es dauerte nicht lange, da sahen sie eine Katze am Weg, die machte ein Gesicht wie drei Tage Regenwetter. »Was ist dir denn über die Leber gelaufen, du alter Bartputzer?« sprach sie der Esel an. »Wer könnte froh und lustig sein, wenn's einem an den Kragen geht«, antwortete die Katze, »weil ich in die Jahre komme, meine Zähne stumpf werden und ich lieber hinter dem Ofen sitze und spinne, als Mäuse zu jagen, hat mich meine Frau ersäufen wollen; ich habe mich zwar noch fortgemacht, aber nun ist guter Rat teuer: Wo soll ich hin?« — »Geh mit uns nach Bremen, du verstehst dich doch auf die Nachtmusik, dort kannst du Stadtmusikant werden.« Die Katze hielt das für einen guten Einfall und ging mit. Darauf kamen die drei Flüchtigen an einem Hof vorbei. Auf dem Tor saß der Haushahn und schrie aus Leibeskräften.

»Das Geschrei geht einem doch durch Mark und Bein«, sprach der Esel, »was ist denn mit dir los?« — »Da hab' ich nun gutes Wetter prophezeit«, erwiderte der Hahn, »weil meine Frau Wäsche hat und will, daß sie schnell trocknet; aber das hilft mir auch nichts mehr. Morgen zum Sonntag kommen Gäste, da will ihnen meine Frau eine Suppe vorsetzen. Sie hat kein Erbarmen mit mir; noch heute abend will sie mir den Kopf abschneiden lassen. Jetzt schrei' ich aus vollem Hals, solang ich noch kann.« — »Ei was, du Rotkopf«, sagte der Esel, »zieh lieber mit uns fort, wir gehen nach Bremen,

etwas Besseres als den Tod findest du überall; du hast eine gute Stimme, und wenn wir zusammen musizieren, wird das bestimmt einschlagen.« Der Hahn ließ sich den Vorschlag gefallen, und sie zogen zu viert weiter.

Aber an einem einzigen Tag konnten sie die Stadt Bremen nicht erreichen. Abends kamen sie an einen Wald und beschlossen, hier zu übernachten. Der Esel und der Hund legten sich unter einen großen Baum, die Katze und der Hahn kletterten in seine Äste, aber der Hahn flog bis in die Spitze; hier fühlte er sich am sichersten. Ehe er einschlief, sah er sich noch einmal nach allen vier Himmelsrichtungen um. Da meinte er, er sähe in der Ferne ein Licht. Deshalb rief er seinen Gesellen zu, es müsse gar nicht weit ein Haus sein. Der Esel schlug vor: »Auf zu dem Haus; hier ist die Herberge schlecht.« Und der Hund meinte, ein paar Knochen und etwas Fleisch dran täten ihm auch wohl. Und so machten sie sich auf den Weg in der Richtung, aus der das Licht kam. Bald sahen sie es immer heller schimmern; es wurde größer und größer, bis sie vor ein hell erleuchtetes Räuberhaus kamen. Der Esel, als der größte von ihnen, näherte sich dem Fenster und schaute hinein. »Was siehst du, Grauschimmel?« fragte der Hahn. »Was ich sehe?« antwortete der Esel. »Einen gedeckten Tisch mit schönem Essen und Trinken, und Räuber sitzen daran und lassen's sich schmecken.« — »Das wäre was für uns«, sprach der Hahn. »Ja, ja, ach, wären wir an ihrer Stelle!« sagte der Esel. Da beratschlagten die Tiere, wie sie die Räuber hinausjagen könnten, und fanden endlich ein Mittel. Der Esel mußte sich mit den Vorderfüßen auf das Fensterbrett stellen, der Hund auf des Esels Rücken springen, die Katze auf den Hund klettern, und der Hahn setzte sich der Katze auf den Kopf. Auf ein Zeichen fingen sie an, ihre Musik zu machen; der Esel schrie, der Hund bellte, die Katze miaute, und der Hahn krähte; dann stürzten sie durch das Fenster in die Stube, daß die Scheiben klirrten. Bei diesem entsetzlichen Geschrei fuhren die Räuber in die Höhe. Sie meinten, es wäre ein Gespenst, und flohen voller Schrecken in den Wald. Die vier Freunde aber setzten sich an den Tisch, nahmen mit dem vorlieb, was die Räuber übriggelassen hatten, und aßen, als sollten sie vier Wochen hungern.

Als die vier Musikanten mit dem Gelage fertig waren, löschten sie das Licht aus und suchten sich eine Schlafstelle, jeder nach seiner Natur und Bequemlichkeit. Der Esel legte sich im Hof auf den Mist, der Hund hinter die Tür, die Katze auf den Herd neben die warme Asche, und der Hahn setzte sich auf den Hahnenbalken. Und weil sie von ihrem langen Weg müde waren, schliefen sie auch bald ein. Als Mitternacht vorbei war und die Räuber von weitem sahen, daß kein Licht mehr im Haus brannte und auch alles ruhig schien, sprach ihr Anführer: »Wir hätten uns doch nicht sollen ins Bockshorn jagen lassen.« Deshalb schickten sie einen Späher, der die Lage sondieren sollte.

Der fand alles still. Er ging in die Küche, um ein Licht anzuzünden. Und weil er die glühenden, feurigen Augen der Katze für glimmende Kohlen ansah, hielt er ein Streichholz daran, damit es Feuer fangen sollte. Aber die Katze verstand keinen Spaß; sie sprang ihm ins Gesicht, fauchte und kratzte. Er erschrak ganz gewaltig und wollte zur Hintertür hinauslaufen. Aber der Hund, der da lag, sprang auf und biß ihn ins Bein. Als der Räuber dann über den Hof am Misthaufen vorbeirannte, gab ihm der Esel noch einen tüchtigen Tritt mit dem Hinterfuß. Der Hahn aber, den der Lärm aus dem Schlaf gerissen hatte, rief von seinem Balken herab »Kikeriki!«. Da lief der Räuber, was er konnte, zu seinen Kumpanen zurück und sprach: »Ach, in dem Haus sitzt eine furchtbare Hexe, die hat mich angefaucht und mir mit ihren langen Fingern das Gesicht zerkratzt; und vor der Türe steht ein Mann mit einem Messer, der hat mich ins Bein gestochen; und auf dem Hof liegt ein schwarzes Ungetüm, das hat mit einer Holzkeule auf mich losgeschlagen; oben auf dem Dach aber saß der Richter und rief: ›Bringt mir den Schelm her.‹ Da machte ich, daß ich fortkam.« Von nun an getrauten sich die Räuber nicht wieder in das Haus.

Den vier Bremer Musikanten aber gefiel's dort so gut, daß sie gar nicht wieder weg wollten. Und der das zuletzt erzählt hat, dem ist der Mund noch warm.

Hänsel und Gretel

Am Rand eines großen Waldes wohnte einst ein armer Holzfäller mit seiner Frau und seinen zwei Kindern. Der Junge hieß Hänsel und das Mädchen Gretel. Sie hatten wenig zu beißen und zu brechen, und einmal, als eine große Teuerung war, konnte der Vater nicht einmal mehr das tägliche Brot schaffen. Wie er sich nun abends im Bett Gedanken machte und vor Sorgen hin und her wälzte, sprach er seufzend zu seiner Frau: »Was soll aus uns werden? Wie sollen wir unsere armen Kinder ernähren, wenn wir für uns selbst nichts mehr haben?« — »Weißt du was, Mann«, antwortete die Frau, »wir führen die Kinder morgen in aller Frühe hinaus in den Wald, wo er am dicksten ist; da machen wir ihnen ein Feuer an und geben jedem noch ein Stückchen Brot; dann gehen wir an unsere Arbeit und lassen sie allein. Sie finden den Weg nicht wieder nach Hause, und wir sind sie los.« — »Nein, Frau«, sagte der Mann, »das tue ich nicht; wie sollte ich's übers Herz bringen, meine Kinder im Wald allein zu lassen. Sie würden elend umkommen.« — »O du Narr«, erwiderte sie, »dann müssen wir alle vier verhungern; du kannst schon die Bretter für die Särge hobeln.« Sie ließ ihm keine Ruhe, bis er einwilligte. »Aber die armen Kinder tun mir doch leid«, sagte der Mann.

Die beiden Kinder hatten vor Hunger auch nicht einschlafen können und hörten, was die Stiefmutter zum Vater sagte. Gretel weinte bitterlich und sprach zu Hänsel: »Nun ist's um uns geschehen.« — »Beruhige dich, Gretel«, sprach Hänsel, »keine Angst, ich werde schon einen Ausweg finden.« Und als die Alten eingeschlafen waren, stand er auf, zog seine Jacke an, machte die Untertür auf und schlich sich hinaus. Der Mond schien ganz hell, und die weißen Kieselsteine, die vor dem Haus lagen, glänzten wie lauter Gold. Hänsel steckte so viele davon in seine Jackentaschen, wie nur hineingehen wollten. Dann ging er wieder zurück und sprach zu Gretel: »Sei getrost, Schwesterchen, und schlaf nur ruhig ein, Gott wird uns nicht verlassen«, und legte sich wieder in sein Bett.

Als der Tag anbrach, noch vor Sonnenaufgang, kam die Mutter und weckte die beiden Kinder: »Steht auf, ihr Faulenzer, wir wollen in den Wald gehen und Holz holen.« Dann gab sie jedem ein Stückchen Brot und sprach: »Da habt ihr etwas zu Mittag, aber eßt's nicht vorher auf, ihr kriegt weiter nichts.« Gretel verbarg das Brot für sie beide unter ihrer Schürze, weil Hänsel die Steine in seinen Taschen hatte. Dann machten sich alle zusammen auf den Weg in den Wald. Als sie ein Weilchen gegangen waren, stand Hänsel still und guckte nach dem Haus zurück, und er tat das wieder und immer wieder. Der Vater sprach: »Hänsel, was guckst du da und bleibst zurück, gib acht und vergiß deine Beine nicht.« — »Ach, Vater«, sagte Hänsel, »ich sehe nach meinem weißen Kätzchen, das sitzt oben auf dem Dach und will mir ade sagen.« Die Frau sprach: »Unsinn, das ist nicht dein Kätzchen, das ist die Morgensonne, die auf den Schornstein scheint.« Hänsel aber hatte nicht nach dem Kätzchen gesehen, sondern immer einen von den blanken Kieselsteinen aus seiner Tasche auf den Weg geworfen.

Als sie mitten im Wald waren, sprach der Vater: »Nun sammelt Holz, Kinder, ich will ein Feuer anmachen, damit ihr nicht friert.« Hänsel und Gretel trugen Reisig zusammen, einen kleinen Berg hoch. Das Reisig wurde angezündet, und als die Flamme recht hoch brannte, sagte die Frau: »Nun legt euch ans Feuer, Kinder, und ruht euch aus, wir gehen in den Wald und hauen Holz. Wenn wir fertig sind, kommen wir wieder und holen euch ab.«

Hänsel und Gretel saßen am Feuer, und als es Mittag wurde, aß jeder sein Stückchen Brot. Und weil sie die Schläge der Holzaxt hörten, so glaubten sie, ihr Vater wäre in der Nähe. Es war aber nicht die Axt, es war ein Ast, den ihr Vater an einen dürren Baum gebunden hatte und den der Wind hin und her schlug. Und als sie lange so gesessen hatten, fielen ihnen die Augen vor Müdigkeit zu, und sie schliefen fest ein. Als sie endlich erwachten, war es schon finstere Nacht. Gretel fing an zu weinen und sprach: »Wie sollen wir nun den Weg aus dem Wald herausfinden!« Hänsel aber tröstete sie: »Warte nur ein Weilchen, bis der Mond aufgegangen ist, dann werden wir den Weg schon finden.« Und als der volle Mond am Himmel stand, nahm Hänsel seine kleine Schwester an der Hand und ging den Kieselsteinen nach, die wie frisch geprägte Goldmünzen schimmerten und

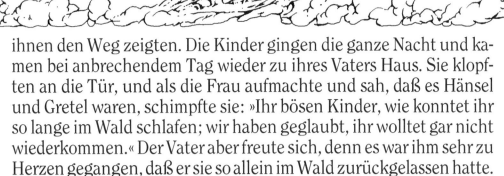

ihnen den Weg zeigten. Die Kinder gingen die ganze Nacht und kamen bei anbrechendem Tag wieder zu ihres Vaters Haus. Sie klopften an die Tür, und als die Frau aufmachte und sah, daß es Hänsel und Gretel waren, schimpfte sie: »Ihr bösen Kinder, wie konntet ihr so lange im Wald schlafen; wir haben geglaubt, ihr wolltet gar nicht wiederkommen.« Der Vater aber freute sich, denn es war ihm sehr zu Herzen gegangen, daß er sie so allein im Wald zurückgelassen hatte.

Nicht lange danach war wieder Not in allen Ecken, und die Kinder hörten, wie die Mutter nachts im Bett zum Vater sprach: »Alles ist wieder aufgebraucht, wir haben nur noch ein halbes Brot, dann hat das Lied ein Ende. Die Kinder müssen fort, wir wollen sie tiefer in den Wald hineinführen, damit sie nicht wieder herausfinden; sonst gibt es keine Rettung für uns.« Dem Mann wurde es schwer ums Herz, und er dachte: »Es wäre besser, wenn du den letzten Bissen mit deinen Kindern teiltest.« Aber die Frau hörte nicht darauf, was er sagte, schimpfte mit ihm und machte ihm Vorwürfe. Aber wer A sagt, muß auch B sagen, und weil er das erstemal nachgegeben hatte, so mußte er es auch diesmal wieder tun.

Die Kinder waren aber noch wach gewesen und hatten das Gespräch mit angehört. Als die Alten schliefen, stand Hänsel auf und wollte wie das vorige Mal wieder hinaus und Kieselsteine auflesen, aber die Frau hatte die Tür abgeschlossen. Hänsel tröstete seine Schwester und sprach: »Weine nicht, Gretel, und schlaf nur ruhig, der liebe Gott wird uns schon helfen.«

Am frühen Morgen kam die Frau und holte die Kinder aus dem Bett. Sie erhielten ihr Stückchen Brot; aber es war diesmal noch kleiner als das vorige Mal. Auf dem Weg in den Wald zerbröckelte es Hänsel in der Tasche, stand oft still und warf dabei ein Bröckchen auf die Erde. »Hänsel, was bleibst du immer wieder stehen und guckst dich um?« fragte der Vater. »Ich sehe nach meinem Täubchen, das sitzt auf dem Dach und will mir ade sagen«, antwortete Hänsel. »Unsinn«, sagte die Frau, »das ist nicht dein Täubchen, das ist die Morgensonne, die auf den Schornstein scheint.« Hänsel aber warf nach und nach alle Bröckchen auf den Weg.

Die Frau führte die Kinder noch tiefer in den Wald; dort waren sie ihr Lebtag noch nicht gewesen. Es wurde wieder ein großes Feuer angemacht, und die Mutter sagte: »Bleibt nur hier, Kinder, und wenn ihr müde seid, könnt ihr ein wenig schlafen; wir gehen in den Wald und hauen Holz, und abends, wenn wir fertig sind, kommen wir und holen euch ab.«

Zu Mittag teilte Gretel ihr Brot mit Hänsel; denn der hatte sein Stück auf den Weg gestreut. Dann schliefen sie ein, und der Abend verging, aber niemand kam zu den armen Kindern. Sie erwachten erst, als es finstere Nacht war. Hänsel tröstete seine Schwester: »Wart nur, bis der Mond aufgeht, dann werden wir die Brotbröckchen sehen, die ich ausgestreut habe, die zeigen uns den Weg nach Hause.« Als der Mond aufging, machten sie sich auf den Weg, aber sie fanden kein Bröckchen mehr, denn die vielen tausend Vögel in Wald und Feld hatten sie aufgepickt. Hänsel sagte zu Gretel: »Wir werden den Weg schon finden«, aber sie fanden ihn nicht. Sie gingen die ganze Nacht und noch einen ganzen Tag, aber sie kamen nicht aus dem Wald heraus. Sie waren furchtbar hungrig, denn sie hatten nichts als ein paar Beeren gegessen. Und weil sie so müde waren, daß ihre Beine sie nicht mehr tragen wollten, legten sie sich unter einen Baum und schliefen ein.

Nun war's schon der dritte Morgen, daß sie ihres Vaters Haus verlassen hatten. Sie gingen weiter, gerieten aber immer tiefer in den Wald. Wenn nicht bald Hilfe kam, mußten sie verschmachten. Als es Mittag war, sahen sie einen hübschen schneeweißen Vogel auf einem Ast sitzen, der sang so schön, daß sie stehenblieben und ihm zuhörten. Und als er fertig war, erhob er sich und flog vor ihnen her. Sie gingen ihm nach, bis sie zu einem Häuschen kamen, auf dessen Dach er sich setzte. Und als sie ganz nah herankamen, sahen sie, daß das Häuschen aus Brot gebaut und mit Kuchen gedeckt war; die Fenster waren von hellem Zucker. »Da wollen wir uns darübermachen«, sprach Hänsel zu seiner Schwester, »und eine gesegnete Mahlzeit halten. Ich nehme ein Stück vom Dach, und du kannst vom Fenster essen, das schmeckt süß.« Hänsel griff in die Höhe und brach sich ein wenig vom Dach ab, um zu kosten, wie es schmeckte. Gretel stellte sich an die Scheiben und knusperte daran. Da hörten sie eine feine Stimme aus der Stube: »Knusper, knusper, knäuschen,

Wer knuspert an meinem Häuschen?«

Die Kinder antworteten:
»Der Wind, der Wind,
Das himmlische Kind«,

und aßen unbeirrt weiter. Hänsel, dem das Dach sehr gut schmeckte, riß sich ein großes Stück davon herunter. Gretel stieß eine ganze runde Fensterscheibe heraus, setzte sich nieder und aß sie mit Genuß. Auf einmal ging die Tür auf, und eine steinalte Frau, die sich auf eine Krücke stützte, kam herausgeschlichen. Hänsel und Gretel erschraken so sehr, daß sie fallen ließen, was sie in den Händen hielten. Die Alte aber wackelte mit dem Kopf und sprach: »Ei, ihr lieben Kinder, wer hat euch hierhergebracht? Kommt nur herein und bleibt bei mir, es geschieht euch kein Leid.« Sie faßte beide an der Hand und führte sie in ihr Häuschen. Sie trug reichlich

Essen auf — Milch und Pfannkuchen mit Zucker, Äpfeln und Nüssen und überzog zwei schöne Betten mit weißem Bettzeug; Hänsel und Gretel legten sich hinein und fühlten sich wie im Himmel.

Die Alte hatte sich nur so freundlich gestellt; in Wirklichkeit war sie eine böse Hexe, die Kindern auflauerte. Das Brothäuslein hatte sie bloß gebaut, um sie anzulocken. Wenn sie eins in ihre Gewalt bekam, so tötete sie es, kochte und aß es; das war für sie ein Festtag. Die Hexen haben rote Augen und können nicht weit sehen, aber sie haben eine feine Witterung, wie die Tiere. Sie merken es, wenn sich Menschen nähern. Als Hänsel und Gretel in ihre Nähe kamen, lachte sie boshaft und sagte höhnisch: »Die habe ich, die sollen mir nicht wieder entwischen.« Frühmorgens, bevor die Kinder erwacht waren, stand sie schon auf, und als sie die beiden so lieblich ruhen sah, murmelte sie vor sich hin: »Das wird ein guter Bissen.« Sie packte Hänsel mit ihren dürren Händen und sperrte ihn in einen kleinen Stall mit Gittertür ein; er konnte schreien, wie er wollte, es half ihm alles nichts. Dann ging sie zu Gretels Bett, rüttelte sie wach und rief: »Steh auf, du Faulenzerin, trag Wasser und koch deinem Bruder etwas Gutes, der sitzt draußen im Stall und soll fett werden. Wenn er fett ist, will ich ihn essen.« Gretel fing bitterlich zu weinen an, aber es war alles vergeblich, sie mußte tun, was die böse Hexe verlangte.

Für den armen Hänsel wurde das beste Essen gekocht, Gretel aber bekam nichts als Brotrinden. Jeden Morgen schlich die Alte zu dem Ställchen und rief: »Hänsel, steck deine Finger heraus, damit ich fühle, ob du bald fett bist.« Hänsel aber hielt ihr ein Knöchelchen hin. Die Alte mit ihren trüben Augen konnte das nicht sehen und meinte, es wären Hänsels Finger. Sie wunderte sich nur, daß er gar nicht fett werden wollte. Als vier Wochen herum waren und Hänsel mager blieb, wurde sie ungeduldig und wollte nicht länger warten. »Heda, Gretel«, rief sie dem Mädchen zu, »spute dich und trag Wasser! Ob Hänsel fett oder mager ist — morgen will ich ihn schlachten und kochen.« Wie jammerte das arme Ding, als es Wasser tragen mußte, und wie flossen ihm die Tränen über die Wangen! »Lieber Gott, hilf uns doch«, rief Gretel aus, »wären wir doch im Wald umgekommen, da wären wir wenigstens zusammen gestorben.« — »Spar nur dein Geplärre«, sagte die Alte, »es hilft dir alles nichts.«

Frühmorgens mußte Gretel aufstehen, den Kessel mit Wasser aufhängen und Feuer anzünden. »Erst wollen wir backen«, sagte die Alte, »ich habe schon Feuer im Backofen und den Teig geknetet.« Sie stieß die arme Gretel hinaus zum Backofen, aus dem die Flammen herausschlugen. »Kriech hinein«,

sagte die Hexe, »und sieh nach, ob richtig eingeheizt ist, damit wir das Brot hineinschieben können.« Aber sie hatte vor, den Ofen zuzumachen, sobald Gretel darin war, und auch das Mädchen zu braten und aufzuessen. Aber

Gretel merkte, was sie im Schilde führte, und sprach: »Ich weiß nicht, wie man das macht. Wie komm' ich da hinein?« »Dumme Gans«, sagte die Alte, »die Öffnung ist groß genug, siehst du, sogar ich passe da hinein.« Sie krabbelte heran und steckte den Kopf in den Backofen. Da gab ihr Gretel einen solchen Stoß, daß sie tief in den Ofen hineinrutschte, machte die eiserne Tür zu und schob den Riegel vor. Hu! Da fing die Hexe ganz schrecklich an zu heulen. Aber Gretel lief fort, und die gottlose Hexe mußte elend verbrennen.

Gretel lief schnurstracks zu ihrem Bruder, öffnete den Stall und rief: »Hänsel, wir sind erlöst, die alte Hexe ist tot.« Da sprang Hänsel heraus wie ein Vogel aus dem Käfig. Wie freuten sie sich! Sie fielen sich um den Hals, tanzten und küßten sich. Und weil sie sich nicht mehr zu fürchten brauchten, gingen sie in das Hexenhaus. In allen Ecken standen Kästen mit Perlen und Edelsteinen. »Die sind doch besser als Kieselsteine«, sagte Hänsel und steckte ein, was seine Taschen fassen wollten, und Gretel sagte: »Ich will auch etwas mit nach Hause bringen«, und füllte sich ihre Schürze. »Aber jetzt wollen wir fort«, sagte Hänsel, »damit wir aus dem Hexenwald herauskommen.« Als sie ein paar Stunden gegangen waren, gelangten sie an ein großes Wasser. »Wir können nicht hinüber«, sprach Hänsel, »ich sehe weder einen Steg noch eine Brücke.« — »Hier fährt auch kein Boot«, antwortete Gretel, »aber da schwimmt eine weiße Ente; wenn ich die bitte, hilft sie uns bestimmt.« Da rief sie:

»Entchen, Entchen,
Da stehen Gretel und Hänschen.
Kein Steg und keine Brücken,
Nimm uns auf deinen Rücken.«

Die Ente kam herangeschwommen, Hänsel setzte sich auf ihren Rücken und bat seine Schwester aufzusteigen. »Nein, nein«, antwortete Gretel, »das wird zu schwer für das Entchen, es soll uns nacheinander hinüberbringen.« Das tat das gute Tier, und als sie glücklich drüben waren und eine Weile gingen, kam ihnen der Wald immer bekannter vor, und endlich erblickten sie von weitem ihres Vaters Haus. Da fingen sie an zu laufen, stürzten in die Stube und fielen ihrem Vater um den Hals. Der Mann hatte keine frohe Stunde gehabt, seit er die Kinder im Wald gelassen hatte, die Frau aber war in der Zwischenzeit gestorben.

Gretel schüttelte ihre Schürze aus, daß die Perlen und Edelsteine in der Stube nur so herumsprangen, und Hänsel warf eine Handvoll nach der anderen aus seiner Tasche dazu. Da hatten alle Sorgen ein Ende, und sie lebten in lauter Freude zusammen.

Mein Märchen ist aus, dort läuft eine Maus, wer sie fängt, darf sich eine große, große Pelzkappe daraus machen.

Der Froschkönig oder der eiserne Heinrich

n alten Zeiten, als das Wünschen noch half, lebte einst ein König. Alle seine Töchter waren sehr schön. Die jüngste aber war so schön, daß selbst die Sonne, die doch so vieles gesehen hatte, sich wunderte, sooft sie ihr ins Gesicht schien. Unweit des Schlosses lag ein großer dunkler Wald. In dem Wald, unter einer uralten Linde, aber war ein Brunnen. An sehr heißen Tagen ging die jüngste Königstochter gern hinaus in den Wald und setzte sich an den Rand des kühlen Brunnens. Wenn sie Langeweile hatte, nahm sie eine goldene Kugel, warf sie in die Höhe und fing sie wieder auf. Die Kugel war ihr liebstes Spielzeug.

Nun trug es sich einmal zu, daß die Prinzessin die goldene Kugel, die sie

hochgeworfen hatte, verfehlte und sie nicht auffing. Die Kugel schlug auf die Erde auf und rollte ins Wasser. Die Königstochter folgte ihr mit den Augen, aber die Kugel verschwand. Der Brunnen war aber so tief, daß man nicht einmal bis auf den Grund sehen konnte.

Die Prinzessin fing an zu weinen und weinte immer lauter; sie konnte sich gar nicht beruhigen. Und wie sie so klagte, rief ihr jemand zu: »Was hast du, Prinzessin, du weinst ja, daß sich ein Stein erbarmen möchte.«

Sie schaute sich um, um zu sehen, woher die Stimme kam, aber sie erblickte nur einen Frosch, der seinen dicken, häßlichen Kopf aus dem Wasser steckte. »Ach, du bist's, alter Wasserpanscher«, sagte sie, »ich weine über meine goldene Kugel, die mir in den Brunnen gefallen ist.« — »Hör auf zu weinen«, antwortete der Frosch, »ich könnte dir schon helfen, aber was

19

gibst du mir, wenn ich dein Spielzeug wieder heraufhole?« — »Was du willst, lieber Frosch«, sagte sie, »meine Kleider, meine Perlen und Edelsteine, auch die goldene Krone, die ich trage.« Der Frosch antwortete: »Deine Kleider, Perlen und Edelsteine und deine goldene Krone mag ich nicht. Wenn du mich aber liebhaben willst und mich zu deinem Gesellen und Spielkameraden machst, wenn ich an deinem Tischchen neben dir sitzen, von deinem goldenen Tellerchen essen, aus deinem Becher trinken, in deinem Bettchen schlafen darf — wenn du mir das alles versprichst, will ich hinuntersteigen und dir die goldene Kugel wieder heraufholen.«

»Ach ja«, sagte sie, »ich verspreche dir alles was du willst, wenn du mir nur die Kugel wiederbringst.« Aber sie dachte im stillen: »Was der einfältige Frosch so daherredet. Der sitzt doch im Wasser bei seinesgleichen und quakt. Wie könnte er der Gefährte eines Menschen sein!«

Als der Frosch die Zusage erhalten hatte, tauchte er unter und kam nach einer Weile wieder heraufgerudert. Er hatte die Kugel im Maul und warf sie ins Gras. Die Königstochter freute sich riesig, als sie ihr schönes Spielzeug wieder erblickte. Sie hob die Kugel auf und lief damit fort. »Warte, warte auf mich«, rief ihr der Frosch nach, »nimm mich mit, ich kann nicht so laufen wie du.« Aber was half es ihm, daß er ihr sein »Quak, Quak« so laut nachschrie, wie er konnte! Sie hörte nicht darauf, eilte nach Hause und hatte den armen Frosch bald vergessen, der wieder in seinen Brunnen hinabsteigen mußte.

Am anderen Tag, als die Prinzessin mit ihrem Vater und allen Hofleuten an der Tafel saß und von ihrem goldenen Teller aß, kam, plitsch platsch, plitsch platsch, etwas die Marmortreppe heraufgekrochen. Und als es oben angelangt war, klopfte es an die Tür und rief: »Königstochter, jüngste, mach mir auf!« Sie lief zur Tür und wollte sehen, wer draußen war. Als sie aufmachte, saß der Frosch davor. Da warf sie die Tür hastig zu und setzte sich wieder an den Tisch. Es war ihr ganz angst und bange.

Der König sah, daß ihr das Herz gewaltig klopfte, und sprach: »Mein Kind, wovor fürchtest du dich, steht etwa ein Gespenst vor der Tür und will dich holen?«

»Ach nein«, antwortete sie, »es ist kein Gespenst, sondern ein garstiger Frosch.«

»Was will der Frosch von dir?«

»Ach, als ich gestern im Wald neben dem Brunnen saß und spielte, fiel meine goldene Kugel ins Wasser. Weil ich so weinte, hat sie der Frosch wieder heraufgeholt, und weil er es durchaus verlangte, versprach ich ihm, er sollte mein Gefährte werden. Mir wäre aber nie und nimmer eingefallen, daß er aus seinem Wasser herauskönnte. Nun ist er vor der Tür und will zu mir herein.«

Dabei klopfte es zum zweitenmal und rief:

»Königstochter, jüngste,
Mach mir auf,
Hast du vergessen,
Was du gestern mir versprochen,
An dem kühlen Brunnenwasser?
Königstochter, jüngste, mach mir auf.«

Da ermahnte der König seine Tochter: »Was du versprochen hast, das mußt du auch halten. Geh und mach ihm auf.«

Sie ging und öffnete die Tür. Da hüpfte der Frosch herein, immer hinter ihr her, bis zu ihrem Stuhl. Da saß er und rief: »Heb mich herauf zu dir.« Sie zauderte, bis es endlich der König befahl. Als der Frosch auf dem Stuhl war, wollte er auf den Tisch, und als er da saß, sprach er: »Nun schieb mir deinen goldenen Teller her, damit wir zusammen daraus essen können.«

Sie tat das zwar, aber man sah es ihr sehr gut an, daß sie's nicht gern tat. Der Frosch ließ es sich schmecken, aber ihr blieb fast jeder Bissen im Halse stecken.

Endlich sprach der Frosch: »Ich habe mich satt gegessen und bin müde. Trag mich in dein Zimmer und mach dein seidenes Bett zurecht, wir wollen uns schlafen legen.«

Die Königstochter fing an zu weinen und fürchtete sich vor dem kalten Frosch, den sie nicht anzurühren wagte und der nun in ihrem schönen, reinen Bett schlafen sollte.

Der König aber wurde zornig und sprach: »Wer dir geholfen hat, als du in Not warst, den sollst du danach nicht verachten.«

Da packte sie den Frosch mit zwei Fingerspitzen, trug ihn in ihr Zimmer und setzte ihn in eine Ecke. Aber als sie im Bett lag, kam er gekrochen und sprach: »Ich bin müde, ich will genau so gut schlafen wie du. Heb mich herauf, oder ich sag's deinem Vater.« Da wurde sie wütend, hob ihn auf und warf ihn mit aller Kraft an die Wand: »Jetzt hast du deine Ruhe, du garstiger Frosch.«

Als er aber auf den Boden fiel, war er kein Frosch mehr, sondern ein Königssohn mit schönen und freundlichen Augen. Der wurde nun nach dem Willen ihres Vaters ihr lieber Gefährte und Gemahl.

Er erzählte ihr, er sei von einer bösen Hexe verwünscht worden und niemand außer ihr hätte ihn aus dem Brunnen erlösen können. Am nächsten Morgen wollte er sie mit in sein Reich nehmen. Dann schliefen sie ein.

Am anderen Morgen, als die Sonne sie weckte, kam ein Wagen vorgefahren, der von acht weißen Pferden gezogen wurde. Die hatten weiße Straußenfedern auf dem Kopf und gingen in goldenen Ketten. Hinten auf dem Wagen stand der Diener des jungen Königs, der treue Heinrich. Der war so traurig gewesen, als sein Herr in einen Frosch verwandelt worden war, daß er sich drei eiserne Reifen um sein Herz hatte legen lassen, damit es ihm nicht vor Weh und Traurigkeit zersprang. Der Wagen sollte den jungen König in sein Reich bringen.

Der treue Heinrich half beiden in den Wagen, stellte sich wieder hinten drauf und war voller Freude über die Erlösung. Und als sie ein Stück gefahren waren, hörte der Königssohn, daß es hinter ihm krachte, als wäre etwas zerbrochen. Da drehte er sich um und rief: »Heinrich, der Wagen bricht.«

Der aber antwortete:
»Nein, Herr, der Wagen nicht,
Es ist ein Reif von meinem Herzen,
Das da lag in großen Schmerzen,
Als Ihr in dem Brunnen saßt,
Als Ihr eine Fretsche wast.« (ein Frosch wart)

Es krachte noch zweimal auf der Fahrt, und der Königssohn glaubte immer, der Wagen bräche. Aber es waren die eisernen Reifen, die vom Herzen des treuen Heinrich absprangen, weil sein Herr erlöst und glücklich war.

Das tapfere Schneiderlein

n einem Sommermorgen saß ein Schneiderlein auf seinem Tisch am Fenster und nähte aus Leibeskräften. Da kam eine Bauersfrau die Straße herab und rief: »Gutes Mus zu verkaufen! Kauft gutes Mus!« Das war Musik in des Schneiders Ohren; er steckte seinen zarten Kopf zum Fenster hinaus und rief: »Kommt zu mir herauf, hier werdet ihr eure Ware los.« Die Frau stieg mit ihrem schweren Korb die drei Treppen zu dem Schneider hinauf und mußte alle Töpfe vor ihm auspacken. Er besah sie sich alle, hob sie in die Höhe, hielt die Nase dran und sagte endlich: »Das Mus scheint gut zu sein, wiegt mir doch ein Marmeladenglas voll ab, liebe Frau, wenn's auch ein Viertelpfund ist, mir soll's nicht drauf ankommen.«

Die Frau, die gehofft hatte, ihre Ware loszuwerden, gab ihm, was er verlangte, ging aber ganz ärgerlich und brummig fort. »Nun, das Mus soll mir Gott segnen«, rief das Schneiderlein, »es soll mir Kraft und Stärke geben.« Er holte ein Brot aus dem Schrank, schnitt sich ein Stück über den ganzen Laib ab und strich das Mus darauf. »Das wird sicher nicht bitter schmekken«, sprach er, »aber ich will erst die Jacke fertig machen, ehe ich abbeiße.« Er legte das Brot neben sich, nähte weiter und machte vor Freude immer größere Stiche.

Indes stieg der Geruch von dem süßen Mus hinauf an die Wand, wo die Fliegen in großer Menge saßen, so daß sie angelockt wurden und sich scharenweise darauf niederließen. »Ei, wer hat euch denn eingeladen?« sprach das Schneiderlein und jagte die ungebetenen Gäste fort. Die Fliegen aber, die kein Deutsch verstanden, ließen sich nicht abweisen, sondern kamen in immer größeren Schwärmen wieder. Da riß dem Schneiderlein endlich, wie man sagt, der Geduldsfaden. Er langte nach einem Tuch, und mit einem »Wartet, ich will's euch zeigen!« schlug er unbarmherzig drauf. Als er das Tuch wegzog und zählte, lagen vor ihm nicht weniger als sieben Fliegen und strecken die Beine von sich. »Was bist du für ein Kerl!« sprach er zu sich und mußte seine Tapferkeit bewundern, »das soll die ganze Stadt erfahren.« Schnell schnitt sich das Schneiderlein einen Gürtel zu, nähte ihn und stickte mit großen Buchstaben darauf: »Sieben auf einen Streich!« — »Ach was, Stadt!« sprach er weiter. »Die ganze Welt soll's erfahren!« Und sein Herz wackelte vor Freude wie ein Lämmerschwänzchen.

Der Schneider band sich den Gürtel um und wollte in die Welt ziehen, weil er meinte, seine Werkstatt sei zu klein für so viel Tapferkeit. Bevor er das Haus verließ, sah er sich noch um, was er mitnehmen könnte. Aber er fand nichts als einen alten Käse; den steckte er ein. Vor dem Tor bemerkte er einen Vogel, der sich im Gesträuch verfangen hatte, der mußte zu dem Käse in die Tasche. Nun machte er sich tapfer auf den Weg, und weil er leicht und behend war, fühlte er keine Müdigkeit. Der Weg führte ihn auf einen Berg, und als er den Gipfel erreicht hatte, sah er dort einen gewaltigen Riesen sitzen, der sich ganz gemächlich umschaute. Das Schneiderlein ging beherzt auf ihn zu, redete ihn an und sprach: »Guten Tag, mein Freund, nicht wahr, du sitzt hier und besiehst dir die weite Welt? Ich bin gerade auf dem Weg dorthin und will mich bewähren. Hast du Lust mitzugehen?« Der Riese sah den Schneider verächtlich an und sprach: »Du Lump! Du miserabler Kerl!« — »Was fällt dir ein!« antwortete das Schneiderlein, knöpfte seine Jacke auf und zeigte dem Riesen den Gürtel. »Da, lies, was ich für ein Mann bin!« Der Riese las: »Sieben auf einen Streich«, meinte, das wären Menschen gewesen, die der Schneider erschlagen hätte, und bekam ein wenig Respekt vor dem kleinen Kerl. Doch er wollte ihn zuerst auf die Probe stellen.

Er nahm einen Stein in die Hand und drückte ihn so zusammen, daß Wasser heraustropfte. »Das mach mir nach«, sprach der Riese, »wenn du stark bist.« — »Wenn's weiter nichts ist«, sagte das Schneiderlein, »das ist für unsereinen ein Kinderspiel«, griff in die Tasche, holte den weichen Käse heraus und drückte ihn, daß der Saft herauslief. »Nicht wahr«, sprach er, »das war schon besser?« Der Riese wußte nicht, was er sagen sollte, und konnte es nicht glauben. Er hob einen Stein auf und warf ihn so hoch, daß man ihn mit Augen kaum noch sehen konnte: »Nun, du Erpelmännchen, das mach mir nach.« — »Gut geworfen«, sagte der Schneider, »aber der Stein hat doch wieder zur Erde herabfallen müssen; ich will einen werfen, der soll gar nicht wiederkommen.« Er griff in die Tasche, nahm den Vogel und warf ihn in die Luft. Der Vogel, froh über seine Freiheit, stieg auf, flog fort und kam nicht wieder. »Wie gefällt dir das Stückchen, Kamerad?« fragte der Schneider. »Werfen kannst du«, sagte der Riese, »aber jetzt wollen wir sehen, ob du imstande bist, etwas Ordentliches zu tragen.« Er führte das Schneiderlein zu einer mächtigen Eiche, die gefällt auf dem Boden lag, und sagte: »Wenn du so stark bist, dann hilf mir den Baum aus dem Wald heraustragen.« — »Gerne«, antwortete der kleine Mann, »nimm du nur den Stamm auf die Schulter, ich will die Äste mit dem Gezweig tragen, das ist doch das Schwerste.« Der Riese hievte den Stamm auf seine Schulter, der Schneider aber setzte sich auf einen Ast. Weil sich der Riese nicht umsehen konnte, mußte er den ganzen Baum und obendrein noch das Schneiderlein tragen. Das war lustig und guter Dinge und pfiff das Liedchen: »Es ritten drei Schneider zum Tore hinaus«, als wäre das Baumtragen ein Kinderspiel. Als der Riese die schwere Last eine Weile geschleppt hatte, konnte er nicht mehr weiter und rief: »Paß auf, ich muß den Baum fallen lassen.« Der Schneider sprang behend herab, umfaßte den Baum mit beiden Armen, als wenn er ihn getragen hätte, und sprach zum Riesen: »So ein großer Kerl und kann nicht einmal einen Baum tragen.«

Sie gingen zusammen weiter, und als sie an einem Kirschbaum vorbeikamen, faßte der Riese die Baumkrone, wo die reifsten Früchte hingen, bog sie herab, gab sie dem Schneider in die Hand und hieß ihn essen. Das Schneiderlein aber war viel zu schwach, um die Krone zu halten, und als der Riese losließ, fuhr der Baum in die Höhe und der Schneider wurde in die Luft geschnellt. Als er wieder herabgefallen war, ohne Schaden zu nehmen, sprach der Riese: »Was ist, hast du keine Kraft, diese schwache Gerte zu halten?« — »An der Kraft fehlt es nicht«, antwortete das Schneiderlein, »meinst du, das wäre etwas für einen, der sieben mit einem Streich getroffen hat? Ich bin über den Baum gesprungen, weil die Jäger da unten in das Gebüsch schießen. Spring nach, wenn du's vermagst.« Der Riese machte den Versuch, aber vergeblich. Er blieb in den Ästen hängen, so daß das Schneiderlein auch hier die Oberhand behielt.

Der Riese sprach: »Wenn du ein so tapferer Kerl bist, komm mit in unsere Höhle und übernachte bei uns.« Der Schneider war einverstanden und folgte ihm. Als sie in die Höhle kamen, saßen noch andere Riesen beim Feuer. Jeder hatte ein gebratenes Schaf in der Hand und aß davon. Das Schneiderlein sah sich um und dachte sich: »Hier ist es doch viel besser als in meiner Werkstatt.« Der Riese wies ihm ein Bett an und sagte, es solle sich hineinlegen und ausschlafen. Dem Schneiderlein aber war das Bett zu groß; es legte sich nicht hinein, sondern kroch in eine Ecke. Als es Mitternacht war und der Riese glaubte, das Schneiderlein läge in tiefem Schlaf, stand er auf, nahm eine große Eisenstange und schlug das Bett mit einem Schlag mittendurch und meinte, er hätte dem Grashüpfer den Garaus gemacht.

Früh am Morgen gingen die Riesen in den Wald und hatten das Schneiderlein ganz vergessen, da kam es auf einmal ganz lustig und verwegen daher. Die Riesen erschraken, fürchteten, es schlüge sie alle tot, und liefen eilig davon.

Das Schneiderlein zog weiter, immer seiner spitzen Nase nach. Nachdem es lange gewandert war, kam es in den Hof eines königlichen Palastes, und weil es müde war, legte es sich ins Gras und schlief ein. Währenddessen kamen die Leute, betrachteten es von allen Seiten und lasen auf dem Gürtel: »Sieben auf einen Streich.« — »Ach«, sprachen sie, »was will der große Kriegsheld hier mitten im Frieden? Das muß ein mächtiger Herr sein.« Sie meldeten es dem König und meinten, wenn Krieg ausbrechen sollte, wäre das ein wichtiger und nützlicher Mann, den man um keinen Preis fortlassen dürfe. Dem König gefiel der Rat, und er schickte einen seiner Hofleute zu dem Schneiderlein. Er sollte ihm, sobald es aufgewacht wäre, Kriegsdienste anbieten. Der Abgesandte blieb neben dem Schläfer stehen,

wartete, bis er sich reckte und die Augen aufschlug, und brachte dann das Angebot vor. »Deshalb bin ich ja hergekommen«, antwortete er, »ich bin bereit, in des Königs Dienste zu treten.« Er wurde ehrenvoll empfangen und erhielt eine besondere Wohnung angewiesen.

Die Garde des Königs aber mochte das Schneiderlein nicht; sie wünschte, es wäre tausend Meilen weit weg. »Was soll werden?« hielten die Gardisten Rat miteinander. »Wenn wir Streit mit ihm kriegen und es haut zu, so fallen auf jeden Streich sieben. Da kann keiner von uns mithalten.« Und sie faßten einen Entschluß. Sie begaben sich alle zum König und baten um ihren Abschied. »Wir sind nicht dazu gemacht«, sprachen sie, »neben einem Mann zu leben, der sieben auf einen Streich schlägt.«

Der König war traurig, daß er wegen eines einzigen alle seine treuen Diener verlieren sollte. Er wünschte sich, er hätte ihn nie gesehen, und wäre ihn gerne wieder losgewesen. Aber er getraute sich nicht, ihn zu entlassen, weil er fürchtete, das Schneiderlein könne ihn totschlagen und sich auf den königlichen Thron setzen. Er sann lange hin und her, bis ihm endlich ein Ausweg einfiel. Er ließ dem Schneiderlein ausrichten, er hätte ihm ein Angebot zu machen, weil er ein so großer Kriegsheld wäre. In einem Wald seines Landes hausten zwei Riesen, die mit Rauben, Morden, Sengen und Brennen großen Schaden stifteten; niemand dürfe sich ihnen nähern, ohne sich in Lebensgefahr zu begeben. Wenn er diese beiden Riesen überwältigte und tötete, wolle er ihm seine einzige Tochter zur Gemahlin geben und das halbe Königreich als Hochzeitsgabe dazu. Hundert Reiter sollten ihn begleiten und ihm Beistand leisten. »Das wäre etwas für einen Mann wie dich«, dachte das Schneiderlein, »eine schöne Königstochter und ein halbes Königreich wird einem nicht alle Tage angeboten.« — »O ja«, gab er zur Antwort, »die Riesen will ich schon bändigen; die hundert Reiter brauche ich nicht dazu; wer sieben auf einen Streich trifft, wird sich vor zweien nicht fürchten.«

Das Schneiderlein machte sich auf den Weg, und die hundert Reiter folgten ihm. Als es zum Rand des Waldes kam, sprach es zu seinen Begleitern: »Bleibt hier, ich will schon allein mit den Riesen fertigwerden.« Dann eilte es in den Wald und schaute sich rechts und links um. Nach einer Weile erblickte es die beiden Riesen; sie schliefen unter einem Baum und schnarchten dabei, daß sich die Äste bogen. Das Schneiderlein, nicht faul, las beide Taschen voll Steine und stieg damit auf den Baum. Es rutschte auf einem Ast, bis es genau über die Schläfer zu sitzen kam, und ließ dem einen Riesen einen Stein nach dem andern auf die Brust fallen. Der Riese spürte lange nichts, doch endlich wachte er auf, stieß seinen Begleiter an und sprach: »Was schlägst du mich?« — »Du träumst wohl«, sagte der andere, »ich schlage dich nicht.« Sie legten sich wieder schlafen. Da warf der Schneider auf den zweiten einen Stein herab. »Was soll das heißen,« rief der andere, »warum bewirfst du mich?« — »Ich bewerfe dich nicht«, antwortete der erste und brummte. Sie zankten sich eine Weile, doch weil sie müde waren, ließen sie es gut sein, und die Augen fielen ihnen wieder zu. Das Schneiderlein fing sein Spiel von neuem an, suchte den größten Stein aus und warf ihn dem ersten Riesen mit aller Wucht auf die Brust. »Das ist zu viel!« schrie der, sprang wie ein Irrsinniger auf und stieß seinen Kameraden gegen den Baum, daß der zitterte. Der andere zahlte es ihm mit gleicher Münze heim. Sie gerieten in solche Wut, daß sie Bäume ausrissen und so lange aufeinander einschlugen, bis sie beide zugleich tot umfielen.

Nun sprang das Schneiderlein herab. »Ein Glück«, sprach es, »daß sie den Baum, auf dem ich saß, nicht ausgerissen haben, sonst hätte ich wie ein Eichhörnchen auf einen andern springen müssen.« Es zog sein Schwert und versetzte jedem ein paar tüchtigte Hiebe in die Brust. Dann ging es zu den Reitern und sprach: »Die Arbeit ist getan, ich habe beiden den Garaus gemacht; aber wild ist es hergegangen, sie haben in der Not Bäume ausgerissen und sich bewaffnet. Doch das hilft alles nichts, wenn einer wie ich kommt, der sieben auf einen Streich schlägt.« — »Bist du denn nicht verwundet?« fragten die Reiter. »Das wäre ja noch schöner«, antwortete der Schneider, »kein Haar haben sie mir gekrümmt.« Die Reiter wollten ihm nicht glauben und ritten in den Wald; dort fanden sie die Riesen in ihrem Blut schwimmend, und ringsherum lagen die ausgerissenen Bäume.

Das Schneiderlein verlangte vom König die versprochene Belohnung; den aber reute sein Versprechen, und er überlegte aufs neue, wie er sich diesen Helden vom Hals schaffen könnte. »Ehe du meine Tochter und das halbe Reich erhältst«, sprach er zu ihm, »mußt du noch eine Heldentat vollbringen. In unserem Wald lebt ein Einhorn, das großen Schaden anrichtet. Das mußt du erst einfangen.« — »Vor einem Einhorn fürchte ich mich noch weniger als vor zwei Riesen; sieben auf einen Streich, das ist meine Sache.«

Der Schneider nahm einen Strick und eine Axt mit, ging hinaus in den Wald und ließ abermals die ihm zugeteilten Begleiter am Waldrand warten. Er brauchte nicht lange zu suchen, das Einhorn lief direkt auf ihn los, als wollte es ihn ohne Umstände aufspießen. »Sachte, sachte«, sprach das Schneiderlein, »so geschwind geht das nicht«, blieb stehen und wartete, bis das Tier ganz nahe war, dann sprang es behend hinter einen Baum. Das Einhorn rannte mit aller Kraft gegen den Baum und spießte sein Horn so fest in den Stamm, daß es ihm an Kraft fehlte, es wieder herauszuziehen. »Jetzt habe ich den Vogel«, sagte der Schneider, kam hinter dem Baum hervor, legte dem Einhorn den Strick um den Hals, hieb dann mit der Axt das Horn aus dem Baum und führte das Tier zum König.

Auch jetzt wollte ihm der König den versprochenen Lohn noch nicht gewähren und stellte eine dritte Forderung. Der Schneider sollte ihm vor der Hochzeit erst noch ein Wildschwein fangen, das im Wald großen Schaden anrichtete; die Jäger sollten ihm Beistand leisten. »Gerne«, sprach der Schneider, »das ist ein Kinderspiel.« Die Jäger nahm er nicht mit in den Wald, und sie waren ganz zufrieden darüber, denn das Wildschwein hatte sie schon mehrmals so empfangen, daß sie keine Lust verspürten, ihm weiter nachzustellen.

Als das Schwein den Schneider erblickte, lief es mit schäumendem Maul und wetzenden Zähnen auf ihn los und wollte ihn umstoßen; unser Held aber floh in eine Kapelle, die in der Nähe war, und sprang in einem Satz oben zum Fenster gleich wieder hinaus. Das Wildschwein war ihm in die Kapelle nachgelaufen, aber er lief um die Kapelle herum und schlug die Tür von außen zu. Das wütende Tier war gefangen; denn es war viel zu schwer und unbeholfen, um auch zum Fenster hinauszuspringen. Das Schneiderlein rief die Jäger herbei, damit sie den Gefangenen mit eigenen Augen sahen. Unser Held aber begab sich zum König, der nun sein Versprechen halten mußte, ob er wollte oder nicht, und dem Schneider seine Tochter und das halbe Königreich gab. Hätte er gewußt, daß kein Kriegsheld, sondern ein Schneider vor ihm stand, es wäre ihm noch mehr zu Herzen gegangen. Die Hochzeit wurde mit großer Pracht und kleiner Freude gefeiert, und aus einem Schneider wurde dabei ein König gemacht.

Nach einiger Zeit hörte die junge Königin in der Nacht, wie ihr Gemahl im Traume sprach: »Junge, mach mir die Jacke und flick mir die Hosen, oder ich schlag' dir die Elle um die Ohren.« Da merkte sie, in welcher Gasse der junge Herr geboren war, klagte am andern Morgen ihrem Vater ihr Leid und bat, er möchte sie von dem Mann befreien, der nichts anders als ein Schneider war. Der König sprach ihr Trost zu und sagte: »Laß in der nächsten Nacht dein Schlafzimmer offen, meine Diener werden draußen warten und hineingehen, sobald er eingeschlafen ist, ihn binden und auf ein Schiff schaffen, das ihn in die weite Welt bringt.« Die Frau war damit einverstanden; des Königs Waffenträger aber, der alles mit angehört hatte, war dem jungen Herrn gewogen und hinterbrachte ihm den ganzen Anschlag. »Dem Ding will ich einen Riegel vorschieben«, beschloß das Schneiderlein.

Abends ging der Schneider zu gewohnter Zeit mit seiner Frau zu Bett; als sie glaubte, er sei eingeschlafen, stand sie auf, öffnete die Tür und legte sich wieder hin. Das Schneiderlein, das sich nur schlafend gestellt hatte, fing an, mit heller Stimme zu rufen: »Junge, mach mir die Jacke und flick mir die Hosen, oder ich schlag' dir die Elle um die Ohren! Ich habe sieben auf einen Streich getroffen, zwei Riesen getötet, ein Einhorn und ein Wildschwein gefangen und sollte mich vor denen fürchten, die draußen vor der Tür stehen!« Als sie das hörten, packte sie eine solche Furcht, daß sie davonliefen, als wäre ihnen das Wilde Heer auf den Fersen, und keiner wollte sich mehr an ihn heranwagen.

Also war und blieb das Schneiderlein sein Leben lang ein König.

Die weisse Schlange

s ist nun schon lange her, da lebte ein König, der im ganzen Land für seine Weisheit berühmt war. Nichts blieb ihm unbekannt, und es schien, als würde ihm Nachricht von den verborgensten Dingen durch die Luft zugetragen.

Er hatte aber eine seltsame Sitte. Jeden Mittag, wenn die Tafel abgetragen wurde und niemand mehr zugegen war, mußte ein vertrauter Diener noch eine Schüssel bringen. Aber sie war zugedeckt, und der Diener wußte selbst nicht, was darin war. Kein Mensch wußte das, denn der König deckte sie nicht eher auf und aß nicht früher davon, als bis er ganz allein war. Das ging schon lange Zeit so.

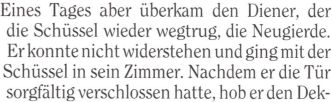Eines Tages aber überkam den Diener, der die Schüssel wieder wegtrug, die Neugierde. Er konnte nicht widerstehen und ging mit der Schüssel in sein Zimmer. Nachdem er die Tür sorgfältig verschlossen hatte, hob er den Deckel und sah, daß eine weiße Schlange darin lag. Bei ihrem Anblick konnte er die Lust nicht bändigen, davon zu kosten; er schnitt sich ein Stückchen davon ab und steckte es in den Mund. Kaum aber hatte er es mit seiner Zunge berührt, da hörte er vor seinem Fenster ein seltsames Gewisper feiner Stimmen. Er ging zum Fenster und horchte. Da merkte er, daß es Sperlinge waren, die sich unterhielten und sich allerlei erzählten, was sie in Feld und Wald gesehen hatten. Der Genuß der Schlange hatte ihm die Fähigkeit verliehen, die Sprache der Tiere zu verstehen.

Nun trug es sich zu, daß gerade an diesem Tag der Königin ihr schönster Ring weggekommen war. Der Verdacht des Diebstahls aber fiel auf den vertrauten Diener, denn er hatte überall Zugang. Der König ließ ihn kommen und drohte ihm unter heftigen Scheltworten, er würde als Dieb verurteilt, wenn er bis zum nächsten Tag den Täter nicht zu nennen wüßte. Es half ihm nichts, daß er seine Unschuld beteuerte, er wurde mit keinem besseren Bescheid entlassen. In seiner Sorge und Angst ging er hinunter auf den Hof und überlegte, wie er sich aus seiner Notlage befreien könne.

Da saßen an einem fließenden Wasser friedlich nebeneinander ein paar Enten und ruhten sich aus. Sie putzten mit ihren Schnäbeln das Gefieder glatt und unterhielten sich vertraulich. Der Diener blieb stehen und hörte ihnen zu. Sie erzählten sich, wo sie heute morgen herumgewackelt waren und was für gutes Futter sie gefunden hatten. Da sagte eine verdrießlich: »Mir liegt etwas schwer im Magen, ich habe in der Hast einen Ring hinuntergeschluckt, der unter dem Fenster der Königin lag.« Da packte sie der Diener schnell beim Kragen, trug sie in die Küche und sprach zum Koch: »Schlachte die da, die ist so wohlgenährt.« — »Ja«, sagte der Koch und wog sie in der Hand, »die hat keine Mühe gescheut, sich zu mästen, und schon lange darauf gewartet, gebraten zu werden.« Er schnitt ihr den Hals ab, und als sie ausgenommen wurde, fand sich der Ring der Königin in ihrem Magen. Der Diener konnte jetzt dem König leicht seine Unschuld beweisen, und da dieser sein Unrecht wiedergutmachen wollte, erlaubte er ihm, sich eine Gnade auszubitten, und versprach ihm die größte Ehrenstelle, die er sich an seinem Hofe wünschte.

Der Diener schlug alles aus und bat nur um ein Pferd und Reisegeld, denn er hatte Lust, eine Zeitlang durch die Welt zu reisen. Als seine Bitte erfüllt war, machte er sich auf den Weg und kam eines Tages an einem Teich vorbei, wo er drei Fische bemerkte, die sich im Rohr verfangen hatten und nach Wasser schnappten. Obwohl man die Fische allgemein für stumm hält, so vernahm er doch ihre Klage, daß sie so elend umkommen müßten. Weil er ein mitleidiges Herz hatte, stieg er vom Pferd und setzte die drei Gefangenen wieder ins Wasser. Sie zappelten vor Freude, streckten die Köpfe heraus und riefen ihm zu: »Wir wollen dir's nicht vergessen und es dir vergelten, daß du uns errettet hast.«

Er ritt weiter, und nach einer Weile kam es ihm vor, als höre er zu seinen Füßen im Sand eine Stimme. Er horchte und vernahm, wie ein Ameisenkönig klagte: »Wenn uns nur die Menschen mit den ungeschickten Tieren vom Leib blieben! Da tritt mir das dumme Pferd mit seinen schweren Hufen meine Leute unbarmherzig nieder!« Er lenkte auf einen Seitenweg ein, und der Ameisenkönig rief ihm nach: »Wir wollen dir's nicht vergessen und es dir vergelten.«

Der Weg führte ihn in einen Wald, da sah er einen Rabenvater und eine Rabenmutter, die standen am Nest und warfen ihre Jungen heraus. »Fort mit euch, ihr Nichtsnutze«, riefen sie, »wir können euch nicht mehr satt machen, ihr seid groß genug und könnt euch selbst ernähren.« Die armen

Jungen lagen auf der Erde, flatterten und schlugen mit ihren Flügeln und schrien: »Wir hilflosen Kinder, wir sollen uns selbst ernähren und können noch nicht einmal fliegen! Was bleibt uns anders übrig, als hier vor Hunger zu sterben!« Da stieg der gute Jüngling ab, tötete das Pferd mit seinem Degen und überließ es den jungen Raben als Futter. Die aßen sich satt und riefen: »Wir wollen dir's nicht vergessen und es dir vergelten.«

Er mußte jetzt zu Fuß gehen, und als er lange gegangen war, kam er in eine große Stadt. In den Straßen war ein Lärm und ein Gedränge, und einer zu Pferde machte kund, daß die Königstochter einen Gemahl suche. Wer sich um sie bewerben wolle, müsse aber eine schwere Aufgabe erfüllen. Wenn ihm das nicht gelänge, habe er sein Leben verwirkt. Viele hatten es schon versucht, aber vergeblich ihr Leben darangesetzt. Als der Jüngling die Königstochter sah, war er von ihrer Schönheit so geblendet, daß er alle Gefahren vergaß, vor den König trat und sich als Bewerber meldete.

Er wurde ans Meer geführt und ein goldener Ring vor seinen Augen in die See geworfen. Dann befahl ihm der König, diesen Ring vom Meeres-

grund heraufzuholen, und fügte hinzu: »Wenn du ohne ihn wieder in die Höhe kommst, wirst du immer aufs neue hinabgestürzt, bis du in den Wellen umkommst.« Alle bedauerten den schönen Jüngling und ließen ihn dann einsam am Meer zurück. Er stand am Ufer und überlegte, was er wohl tun solle, da sah er auf einmal drei Fische daherschwimmen. Es waren keine anderen als jene, denen er das Leben gerettet hatte. Der mittlere hielt eine Muschel im Maul und legte sie am Strand vor die Füße des Jünglings. Als der sie aufhob und öffnete, lag der Goldring darin.

Vor Freude brachte er ihn dem König und erwartete, daß er seinen versprochenen Lohn bekäme. Als aber die stolze Königstochter vernahm, daß er ihr nicht ebenbürtig war, verschmähte sie ihn und verlangte, er solle zuvor eine zweite Aufgabe lösen. Sie ging in den Garten und streute selbst zehn Säcke voll Weizen ins Gras. »Den mußt du morgen, ehe die Sonne aufgeht, aufgelesen haben«, sprach sie, »und kein Körnchen darf fehlen.« Der Jüngling setzte sich in den Garten und dachte nach, wie er die Aufgabe lösen könnte, aber ihm fiel nichts ein. Er saß ganz traurig da und wartete darauf, bei Tagesanbruch zum Tode geführt zu werden. Als aber die ersten Sonnenstrahlen in den Garten fielen, sah er die zehn Säcke gut gefüllt nebeneinanderstehen, und kein Körnchen fehlte. Der Ameisenkönig war in der Nacht mit seinen abertausend Ameisen gekommen, und die dankbaren Tiere hatten den Weizen emsig aufgelesen und in die Säcke getragen.

Die Königstochter kam selbst in den Garten und sah mit Verwunderung, daß der Jüngling seine Aufgabe erfüllt hatte. Trotzdem konnte sie ihr stolzes Herz noch nicht bezwingen und sprach: »Auch wenn du die beiden Aufgaben gelöst hast, sollst du nicht eher mein Gemahl werden, als bis du mir einen Apfel vom Baum des Lebens gebracht hast.«

Der Jüngling wußte nicht, wo der Baum des Lebens stand, er machte sich auf und wollte solange gehen, wie ihn seine Beine trügen, aber er machte sich keine Hoffnung, ihn zu finden. Als er schon durch drei Königreiche gewandert war und abends in einen Wald kam, setzte er sich unter einen Baum und wollte einschlafen; da hörte er in den Ästen ein Geräusch, und ein goldener Apfel fiel in seine Hand. Zugleich flogen drei Raben zu ihm herab, setzten sich auf seine Knie und sagten: »Wir sind die drei jungen Raben, die du vor dem Hungertod gerettet hast; als wir groß geworden waren und hörten, daß du den goldenen Apfel suchst, sind wir über das Meer bis ans Ende der Welt geflogen, wo der Baum des Lebens steht, und haben dir den Apfel geholt.« Voll Freude machte sich der Jüngling auf den Heimweg und brachte der schönen Königstochter den goldenen Apfel. Ihr blieb nun keine Ausrede mehr übrig; sie teilten den Apfel des Lebens und aßen ihn zusammen.

Da wurde ihr Herz von Liebe zu ihm erfüllt, und sie erreichten in ungestörtem Glück ein hohes Alter.

DER WOLF UND DIE SIEBEN JUNGEN GEISSLEIN

Es war einmal eine alte Geiß, die hatte sieben junge Geißlein. Sie hatte sie lieb, wie eine Mutter ihre Kinder liebhaben kann. Eines Tages wollte sie in den Wald gehen und Futter holen, da rief sie alle sieben herbei und sprach: »Liebe Kinder, ich will hinaus in den Wald, seid auf eurer Hut vor dem Wolf; wenn er hereinkommt, so frißt er euch alle mit Haut und Haar. Der Bösewicht verstellt sich oft, aber an seiner rauhen Stimme und an seinen schwarzen Füßen werdet ihr ihn gleich erkennen.« Die Geißlein versprachen ihr: »Liebe Mutter, wir wollen uns in acht nehmen, du kannst unbesorgt fortgehen.« Da meckerte die Alte und machte sich getrost auf den Weg.

Es dauerte nicht lange, da klopfte jemand an die Haustür und rief: »Macht auf, ihr lieben Kinder, eure Mutter ist da und hat jedem von euch etwas mitgebracht.« Aber die Geißlein hörten an der rauhen Stimme, daß es der Wolf war. »Wir machen nicht auf«, riefen sie, »du bist nicht unsere Mutter, die hat eine feine und liebliche Stimme, aber deine Stimme ist rauh; du bist der Wolf.« Da ging der Wolf zu einem Krämer und kaufte sich ein großes Stück Kreide; die aß er und machte damit seine Stimme fein. Dann ging er zurück, klopfte an die Haustür und rief: »Macht auf, ihr lieben Kinder, eure Mutter ist da und hat jedem von euch etwas mitgebracht.« Aber der Wolf hatte seine schwarze Pfote auf das Fenster gelegt, das sahen die Kinder und riefen: »Wir machen nicht auf, unsere Mutter hat keinen schwarzen Fuß wie du. Du bist der Wolf!« Da lief der Wolf zu einem Bäcker und sprach: »Ich habe mich am Fuß gestoßen, streich mir Teig darüber.« Und als ihm der Bäcker die Pfote bestrichen hatte, lief er zum Müller und sprach: »Streu mir weißes Mehl auf meine Pfote.« Der Müller dachte: »Der Wolf will jemanden betrügen«, und weigerte sich, aber der Wolf sprach: »Wenn du es nicht tust, fresse ich dich.« Da fürchtete sich der Müller und machte ihm die Pfote weiß. Ja, so sind die Menschen.

Nun ging der Bösewicht zum drittenmal zu dem Haus, klopfte an und sprach: »Macht auf, ihr lieben Kinder, euer liebes Mütterchen ist heimgekommen und hat jedem von euch etwas aus dem Wald mitgebracht.« Die Geißlein riefen: »Zeig uns erst deine Pfote, damit wir wissen, daß du unsere liebe Mutter bist.« Da legte er die Pfote ins Fenster, und als sie sahen, daß sie weiß war, glaubten sie, es wäre alles wahr, was er sagte, und machten die Tür auf. Wer aber hereinkam, das war der Wolf. Sie erschraken und wollten sich verstecken. Das eine sprang unter den Tisch, das zweite ins Bett, das dritte in den Ofen, das vierte in die Küche, das fünfte in den Schrank, das sechste unter die Waschschüssel und das siebente in das Gehäuse der Wanduhr. Aber der Wolf fand sie und machte kein langes Federlesen; er verschlang eins nach dem andern. Nur das jüngste, das in dem Uhrkasten, das fand er nicht. Als der Wolf seinen Appetit gestillt hatte, trollte er sich von dannen, legte sich draußen auf der grünen Wiese unter einen Baum und fing an zu schlafen.

Nicht lange danach kam die alte Geiß aus dem Wald wieder heim. Ach,

was mußte sie da erblicken! Die Haustür stand sperrangelweit auf; Tisch, Stühle und Bänke waren umgeworfen, die Waschschüssel lag in Scherben. Decken und Kissen waren aus dem Bett gezogen. Sie suchte ihre Kinder, aber nirgends waren sie zu finden. Sie rief sie nacheinander bei ihren Namen, aber niemand antwortete. Endlich, als sie den Namen des jüngsten rief, hörte sie eine feine Stimme: »Mutti, Mutti — ich stecke im Uhrkasten.« Sie holte ihr Jüngstes heraus, und es erzählte ihr, daß der Wolf gekommen sei und die andern alle gefressen habe. Jeder kann sich denken, wie sie da über ihre armen Kinder geweint hat.

Endlich ging die Ziege in ihrem Jammer hinaus, und das jüngste Geißlein lief mit. Als sie auf die Wiese kamen, lag da der Wolf an einem Baum und schnarchte, daß die Äste zitterten. Die Geiß betrachtete ihn von allen Seiten und sah, daß sich in seinem gefüllten Bauch etwas regte und zappelte. »Ach Gott«, dachte sie, »sollten meine armen Kinder noch am Leben sein?« Da mußte das Geißlein nach Hause laufen und Schere, Nadel und Zwirn holen. Sie schnitt dem Ungetüm den Wanst auf; und kaum hatte sie einen Schnitt getan, streckte schon ein Geißlein den Kopf heraus. Und als sie weiterschnitt, sprangen nacheinander alle sechs heraus. Sie hatten nicht einmal Schaden gelitten, denn der Bösewicht hatte sie in seiner Gier ganz hinuntergeschluckt. Das war eine Freude! Sie herzten ihre liebe Mutter und hüpften wie ein Schneider, der Hochzeit hält. Die Mutter aber sagte: »Geht und sucht große Steine, damit wollen wir dem bösen Tier den Bauch füllen, solange es noch schläft.« Die sieben Zicklein schleppten in aller Eile Steine herbei und steckten dem Wolf so viele in den Bauch, wie hineingingen. Dann nähte die Mutter den Wolf ganz schnell wieder zu, so daß er nichts merkte und sich nicht einmal regte.

Als der Wolf endlich ausgeschlafen hatte, stand er auf, und weil ihn die Steine im Magen ganz durstig machten, wollte er zu einem Brunnen gehen und trinken. Als er aber anfing zu gehen und sich hin und her zu bewegen, stießen die Steine in seinem Bauch aneinander und rumpelten. Da rief er:

»Was rumpelt und pumpelt
In meinem Bauch herum?
Ich meinte, es wären sechs Geißlein,
Dabei sind's lauter Wackerstein'.«

Und als er an den Brunnen kam und sich über das Wasser beugte und trinken wollte, zogen ihn die schweren Steine hinein, und er mußte jämmerlich ertrinken. Als die sieben Geißlein das sahen, kamen sie herbeigelaufen, riefen laut: »Der Wolf ist tot! Der Wolf ist tot!« und tanzten mit ihrer Mutter vor Freude um den Brunnen herum.

Die drei Spinnerinnen

Es war einmal ein Mädchen, das war faul und hatte für das Spinnrad gar nichts übrig. Die Mutter konnte sagen, was sie wollte, sie konnte es nicht dazu bringen zu spinnen. Einmal verlor die Mutter die Geduld und verpaßte ihm vor Zorn eine tüchtige Tracht Prügel. Gerade als das Mädchen laut zu weinen anfing, fuhr die Königin vorbei. Von dem Weinen aufmerksam geworden, ließ sie anhalten, trat ein und fragte die Mutter, warum sie ihre Tochter schlüge, daß man das Schreien sogar draußen auf der Straße höre.

Weil sich die Frau schämte, daß sie eingestehen sollte, was für eine faule Tochter sie hatte, antwortete sie: »Ich kann tun, was ich will, sie läßt sich nicht vom Spinnen abbringen, sie will immer nur am Spinnrad sitzen. Aber ich bin arm und kann nicht genug Flachs heranschaffen.« Da antwortete die Königin: »Nichts höre ich lieber als das Spinnrad, und ich bin am vergnügtesten, wenn die Räder schnurren. Gib mir deine Tochter mit ins Schloß, ich habe Flachs genug, da kann sie spinnen, soviel sie Lust hat.« Die Mutter war von Herzen froh, und die Königin nahm das Mädchen mit. Im Schloß führte sie es hinauf zu drei Kammern, die waren von unten bis oben voll von schönem Flachs. »Spinn mir diesen Flachs«, sprach sie. »Wenn du das fertigbringst, sollst du meinen ältesten Sohn zum Gemahl haben. Auch wenn du arm bist, das stört mich nicht. Dein unverdrossener Fleiß ist Aussteuer genug.« Das Mädchen erschrak innerlich; denn das hätte es nie schaffen können, und wenn es dreihundert Jahre alt geworden wäre und jeden Tag von morgens bis abends gearbeitet hätte. Als es allein war, fing es an zu weinen und saß drei Tage, ohne die Hand zu rühren.

Am dritten Tag kam die Königin. Als sie sah, daß noch nichts gesponnen war, wunderte sie sich. Aber das Mädchen entschuldigte sich damit, daß es vor lauter Trauer über die Trennung von zu Hause noch nicht habe anfangen können. Das leuchtete der Königin ein, aber sie mahnte beim Weggehen: »Morgen mußt du mit Spinnen anfangen.«

Als das Mädchen wieder allein war, wußte es sich nicht mehr zu raten und zu helfen. Traurig wie es war, trat es ans Fenster.

Da sah es drei seltsame Weiblein daherkommen: Die erste hatte einen breiten Platschfuß, die zweite eine so große Unterlippe, daß sie über das Kinn herabhing, und die dritte einen breiten Daumen. Die blieben vor dem Fenster stehen, schauten hinauf und fragten das Mädchen, was ihm fehle. Da klagte es ihnen seine Not. Die drei trugen ihm ihre Hilfe an und sprachen: »Wenn du uns zur Hochzeit inladen, dich unser nicht schämen und uns deine Tanten nennen willst, und wenn wir auch mit an deinem Tisch sitzen dürfen, wollen wir dir den Flachs in ganz kurzer Zeit verspinnen.«

»Von Herzen gern«, antwortete es, »kommt nur herein und fangt gleich zu arbeiten an.«

Es ließ die drei Frauen herein und machte in der ersten Kammer eine Lücke, in die sie sich hineinsetzten und zu spinnen begannen. Die eine zog den Faden und trat das Rad, die andere netzte den Faden, die dritte drehte ihn und schlug mit dem Finger auf den Tisch, und sooft sie schlug, fiel eine Spule mit aufs feinste gesponnenem Garn zur Erde. Vor der Königin aber verbarg das Mädchen die drei Spinnerinnen und zeigte ihr, sooft sie kam, wieviel es gesponnen hatte. Das Lob der Königin fand kein Ende. Als die erste Kammer leer war, ging's an die zweite, endlich an die dritte, und die war auch bald leer. Nun nahmen die drei Weiblein Abschied und erinnerten das Mädchen: »Vergiß nicht, was du uns versprochen hast, es wird dein Glück sein.«

Als das Mädchen der Königin die leeren Kammern und den großen Haufen Garn zeigte, richtete diese die Hochzeit aus. Der Bräutigam freute sich, daß er eine so geschickte und fleißige Frau bekäme, und lobte sie sehr.

»Ich habe drei Tanten«, sprach das Mädchen, »und da sie mir viel Gutes getan haben, möchte ich sie in meinem Glück nicht gern vergessen. Erlaubt, daß ich sie zur Hochzeit einlade und daß sie mit an unserem Tisch sitzen dürfen.« Die Königin und der Bräutigam sprachen: »Warum sollten wir das nicht erlauben?«

Als nun das Fest begann, traten die drei Jungfern in wunderlicher Tracht herein. Die Braut begrüßte sie: »Seid willkommen, liebe Tanten.«

»Aber«, wunderte sich der Bräutigam, »wie kommst du zu einer solchen Verwandtschaft?« Dann ging er zu der mit dem breiten Platschfuß und fragte: »Wovon habt Ihr einen so breiten Fuß?«

»Vom Treten«, antwortete sie, »vom Treten.« Da ging der Bräutigam zur zweiten und sprach: »Wovon habt Ihr nur die Hängelippe?«

»Vom Lecken«, antwortete sie, »vom Lecken.« Da fragte er die dritte:

»Wovon habt Ihr den breiten Daumen?« — »Vom Fadendrehen«, antwortete sie, »vom Fadendrehen.«

Da erschrak der Königssohn und entschied: »Meine schöne Braut soll nie mehr ein Spinnrad anrühren.« Damit war sie das schreckliche Flachsspinnen los.

ROTKÄPPCHEN

s war einmal ein kleines, süßes Mädchen, das hatte jeder lieb, der es nur ansah, am liebsten aber seine Großmutter. Die wußte gar nicht, was sie dem Kind alles geben sollte. Einmal schenkte sie ihm ein Käppchen aus rotem Samt, und weil es ihm so gut stand und es nichts anderes mehr tragen wollte, hieß es nur noch das Rotkäppchen.

Eines Tages sprach seine Mutter zu ihm: »Komm, Rotkäppchen, hier sind ein Stück Kuchen und eine Flasche Wein, bring das der Großmutter; sie ist krank und schwach und wird es sich schmecken lassen. Mach dich auf den Weg, bevor es heiß wird, und verlaß den Weg nicht, sonst fällst du hin und zerbrichst die Flasche, und die Großmutter hat dann nichts. Und wenn du in die Stube kommst, so vergiß nicht, guten Morgen zu sagen, und guck nicht erst in allen Ecken herum.«

»Ich will alles befolgen«, versprach Rotkäppchen seiner Mutter und gab ihr die Hand darauf. Die Großmutter aber wohnte draußen im Wald, eine halbe Stunde vom Dorf. Als Rotkäppchen in den Wald kam, begegnete ihm der Wolf. Rotkäppchen aber wußte nicht, was für ein böses Tier das war, und fürchtete sich nicht vor ihm. »Guten Tag, Rotkäppchen«, sprach er. »Schönen Dank, Wolf.« — »Wohin so früh, Rotkäppchen?« — »Zur Großmutter.« — »Was trägst du denn da im Korb?« — »Kuchen und Wein; gestern haben wir gebacken, da soll die kranke und schwache Großmutter auch etwas bekommen und sich damit stärken.« — »Rotkäppchen, wo wohnt deine Großmutter?« — »Noch eine gute Viertelstunde weiter im Wald, unter den drei großen Eichen, da steht ihr Haus, unten sind

Nußhecken, das wirst du ja wissen«, sagte Rotkäppchen. Der Wolf dachte bei sich: »Das junge, zarte Ding, das ist ein fetter Bissen, der wird noch besser schmecken als die Alte; du mußt es listig anfangen, damit du beide erwischst.«

Er begleitete das Rotkäppchen ein Stück und sprach dann: »Rotkäppchen, sieh einmal die schönen Blumen rings um uns her, warum guckst du dich nicht um? Ich glaube, du hörst gar nicht, wie lieblich die Vögel singen. Du gehst ja schnurstracks, als würdest du zur Schule gehen; dabei ist es so lustig hier draußen im Wald.«

Rotkäppchen hob die Augen, und als es sah, wie die Sonnenstrahlen durch die Bäume hin und her tanzten und alles voll schöner Blumen stand, dachte es: »Wenn ich der Großmutter einen frischen Strauß mitbringe, wird sie sich sicher freuen; es ist noch so früh am Tag, daß ich immer noch zur rechten Zeit komme«, lief in den Wald und suchte Blumen. Und wenn es eine abgepflückt hatte, meinte es, ein Stück weiter stände eine noch schönere. Und es lief hin und geriet immer tiefer in den Wald hinein.

Der Wolf aber ging geradewegs zum Haus der Großmutter und klopfte an die Tür. »Wer ist draußen?«

»Rotkäppchen. Ich bringe Kuchen und Wein, mach auf.« — »Drück nur auf die Klinke«, rief die Großmutter, »ich bin zu schwach und kann nicht aufstehen.« Der Wolf drückte auf die Klinke, die Tür öffnete sich, und er ging, ohne ein Wort zu sprechen, direkt zum Bett der Großmutter und verschlang sie. Dann zog er ihre Kleider an, setzte ihre Haube auf, legte sich in ihr Bett und zog die Vorhänge vor.

Rotkäppchen aber war nach den Blumen herumgelaufen, und als es so viel hatte, daß es keine mehr tragen konnte, fiel ihm die Großmutter wieder ein, und es machte sich auf den Weg zu ihr.

Es wunderte sich, daß die Tür aufstand. Als es in die Stube trat, kam es ihm so seltsam darin vor, daß es dachte: »Du mein Gott, wie ängstlich wird mir's heute zumute. Ich bin doch sonst so gern bei der Großmutter!« Es rief: »Guten Morgen«, bekam aber keine Antwort. Darauf ging es zum Bett und zog die Vorhänge zurück: Da lag die Großmutter, hatte die Haube tief ins Gesicht gezogen und sah ganz wunderlich aus. »Ei, Großmutter, was hast du für große Ohren!« — »Daß ich dich besser hören kann.« — »Ei, Großmutter, was hast du für große Augen!« — »Daß ich dich besser sehen kann!« — »Ei, Großmutter, was hast du für große Hände!« — »Daß ich dich besser packen kann.« — »Aber Großmutter, was hast du für ein entsetzlich großes Maul!« — »Daß ich dich besser fressen kann.« Kaum hatte der Wolf das gesagt, sprang er aus dem Bett und verschlang das arme Rotkäppchen.

Als der Wolf sein Gelüste gestillt hatte, legte er sich wieder ins Bett, schlief ein und fing an, überlaut zu schnarchen.

Da kam gerade der Jäger an dem Haus vorbei und dachte: »Wie die alte Frau schnarcht; du mußt doch sehen, ob ihr etwas fehlt.« Er trat in die Stube, und als er vor dem Bett stand, sah er, daß der Wolf darin lag. »Hier also finde ich dich, du alter Sünder«, sagte er, »ich habe dich lange gesucht.« Er wollte seine Büchse anlegen, da fiel ihm ein, der Wolf könnte die Großmutter gefressen haben und sie könnte noch zu retten sein. Er schoß nicht, sondern nahm eine Schere und fing an, dem schlafenden Wolf den Bauch aufzuschneiden. Nach ein paar Schnitten sah er ein rotes Käppchen leuchten, und noch ein paar Schnitte, da sprang das Mädchen heraus und rief: »Ach, wie war ich erschrocken, es war so dunkel in dem Bauch!« Und dann kam die alte Großmutter auch noch lebendig heraus; sie konnte kaum atmen. Rotkäppchen aber holte geschwind große Steine; mit denen füllten sie dem Wolf den Bauch. Als er aufwachte, wollte er davonlaufen, aber die Steine waren so schwer, daß er stürzte und gleich tot war.

Da waren alle drei vergnügt; der Jäger zog dem Wolf den Pelz ab und ging damit heim, die Großmutter aß den Kuchen und trank den Wein, den Rotkäppchen gebracht hatte, und erholte sich wieder, Rotkäppchen aber dachte: »Ich will mein Leben lang nicht wieder allein den Weg verlassen und in den Wald laufen, wenn mir's die Mutter verboten hat.«

Es wird erzählt, daß Rotkäppchen einmal, als es der alten Großmutter wieder Gebackenes brachte, von einem Wolf angesprochen wurde, der es habe vom Wege abbringen wollen. Rotkäppchen aber war auf der Hut und ging unbeirrt seines Wegs. Es sagte der Großmutter, daß ihm der Wolf begegnet sei, der ihm guten Tag gewünscht, es aber so böse angeguckt habe: »Wenn's nicht auf offener Straße gewesen wäre, er hätte mich gefressen.« — »Komm«, sagte die Großmutter, »wir wollen die Tür verschließen, damit er nicht herein kann.« Bald danach klopfte der Wolf an und rief: »Mach auf, Großmutter, ich bin das Rotkäppchen, ich bringe dir Gebackenes.« Aber sie verhielten sich still und machten die Tür nicht auf; da schlich der Graukopf etlichemal um das Haus, sprang endlich aufs Dach und wollte warten, bis Rotkäppchen abends nach Hause ginge, dann wollte er ihm nachschleichen und es in der Dunkelheit fressen. Aber die Großmutter ahnte, was er im Sinn hatte.

Vor dem Haus stand ein großer Steintrog. Da sprach sie zu dem Kind: »Gestern habe ich Würste gekocht. Nimm den Eimer, Rotkäppchen, und trag das Wasser, worin sie gekocht wurden, in den Trog.« Rotkäppchen trug so lange, bis der große Trog ganz voll war. Da stieg der Wurstgeruch dem Wolf in die Nase, er schnupperte und guckte hinab. Dabei machte er den Hals so lang, daß er das Gleichgewicht nicht mehr halten konnte und ins Rutschen kam. Er rutschte vom Dach und geradewegs in den großen Trog hinein, wo er ertrank.

Rotkäppchen aber ging fröhlich nach Hause, und niemand tat ihm etwas zu leid.

Die beiden Wanderer

erg und Tal begegnen sich nicht, wohl aber die Menschen, zumal gute und böse. So kamen auch einmal ein Schuster und ein Schneider auf der Wanderschaft zusammen. Der Schneider war ein kleiner, hübscher Kerl und immer lustig und guter Dinge. Er sah den Schuster von der anderen Seite herankommen, und da er an dessen Felleisen merkte, welches Handwerk er betrieb, rief er ihm ein Spottliedchen zu:

»Nähe mir die Naht,
Ziehe mir den Draht,
Streich ihn rechts und links mit Pech,
Schlag, schlag mir fest den Zweck.«

Der Schuster aber konnte keinen Spaß vertragen, er verzog sein Gesicht, als hätte er Essig getrunken, und machte Miene, das Schneiderlein am Kragen zu packen. Der Kleine fing an zu lachen, reichte ihm seine Flasche und sprach: »Es war nicht bös gemeint, trink einen Schluck, und spül deine Galle hinunter.« Der Schuster tat einen gewaltigen Schluck, und das Gewitter auf seinem Gesicht fing an, sich zu verziehen. Er gab dem Schneider die Flasche zurück und sprach: »Ich habe ihr ordentlich zugesprochen, man spricht immer davon, daß zu viel getrunken wird, aber niemand sagt etwas vom großen Durst. Wollen wir nicht zusammen weiterwandern?« — »Mir soll's recht sein«, antwortete der Schneider, »vorausgesetzt, du hast Lust, in eine große Stadt zu gehen, denn dort fehlt es meist nicht an Arbeit.« — »Gerade das wollte ich auch«, antwortete der Schuster, »in einem kleinen Nest ist nichts zu verdienen, und auf dem Lande brauchen die Leute nicht so viel Schuhe.« Sie wanderten also zusammen weiter.

Zeit hatten beide genug, aber sie hatten wenig zu beißen und zu brechen. Wenn sie in eine Stadt kamen, gingen sie umher und sprachen bei den Handwerkern vor. Weil der Schneider so frisch und munter aussah und so hübsche rote Wangen hatte, gab ihm jeder gern, und wenn ihm das Glück hold war, bekam er von der Meisterstochter an der Haustür sogar noch einen Kuß auf den Weg. Wenn er sich dann wieder mit dem Schuster traf, hatte er immer mehr in seinem Ränzel als der. Der griesgrämige Schuster schnitt ein schiefes Gesicht und meinte: »Je durchtriebener, desto erfolgreicher.« Aber der Schneider lachte nur darüber, trällerte ein Liedchen und teilte alles, was er bekam, mit seinem Kameraden. Klingelten nun ein paar Groschen in seiner Tasche, ließ er auftragen und schlug vor Freude auf den Tisch, daß die Gläser tanzten. Es hieß bei ihm: »Leicht verdient und leicht vertan.«

Als sie eine Zeitlang zusammen gewandert waren, kamen sie einmal an einen großen Wald, den sie durchqueren mußten, wenn sie in die Residenzstadt des Königs wollten. Aber es führten zwei Wege hindurch – einer war sieben Tage, der andere aber nur zwei Tage lang. Nur, niemand von den beiden wußte, welcher der kürzere Weg war. Sie setzten sich unter eine Eiche und beratschlagten, wie sie sich vorbereiten und für wieviel Tage sie Brot mitnehmen sollten. Der Schuster war der Meinung, man müsse weiter denken, als man geht, er wolle für sieben Tage Brot mitnehmen. – »Was«, sagte der Schneider, »für sieben Tage Brot auf dem Rücken mitschleppen wie ein Lasttier und sich nicht umschauen? Ich halte mich an Gott und kümmere mich um nichts. Das Geld in meiner Tasche ist im Sommer genauso einwandfrei wie im Winter, aber das Brot wird in der heißen Zeit trocken und obendrein schimmelig. Mein Mantel geht auch nicht weiter als bis zu den Knöcheln. Warum sollten wir nicht den richtigen Weg finden? Für zwei Tage Brot und damit basta.« Jeder kaufte sich also sein Brot, und dann gingen sie auf gut Glück in den Wald.

Im Wald war es still wie in einer Kirche. Kein Wind wehte, kein Bach rauschte, kein Vogel sang, und durch die dicht belaubten Äste drang kein Sonnenstrahl. Der Schuster sprach kein Wort, ihn drückte das schwere Brot auf dem Rücken, und der Schweiß floß ihm über sein verdrießliches und finsteres Gesicht. Der Schneider aber war munter und fidel, er schritt lustig daher, pfiff auf einem Blatt oder sang ein Liedchen und dachte: »Gott im Himmel muß sich freuen, daß ich so lustig bin.« Zwei Tage ging das so, als aber am dritten Tag der Wald kein Ende nehmen wollte und der Schneider sein Brot aufgegessen hatte, rutschte ihm doch das Herz in die Hosen. Trotzdem verlor er nicht den Mut; er verließ sich auf Gott und auf sein Glück. Den dritten Tag legte er sich abends hungrig unter einen Baum und stand am andern Morgen hungrig wieder auf. So ging das auch den vierten Tag, und wenn der Schuster sich auf einen umgestürzten Baum setzte und seine Mahlzeit verzehrte, blieb dem Schneider nichts als das Zusehen. Bat er um ein Stück Brot, lachte der andere höhnisch und sagte: »Du bist immer so lustig gewesen, da kannst du auch einmal spüren, wie's ist, wenn man unlustig ist; die Vögel, die morgens singen, holt abends die Katz'.« Kurz, er kannte keine Barmherzigkeit.

Aber am fünften Morgen konnte der arme Schneider nicht mehr aufstehen und brachte vor Mattigkeit kaum ein Wort heraus; sein Gesicht war leichenblaß und die Augen rot. Da bot ihm der Schuster an: »Du kannst von mir heute ein Stück Brot kriegen, aber dafür will ich dir dein rechtes Auge ausstechen.«

Der unglückliche Schneider, der doch so an seinem Leben hing, wußte sich nicht anders zu helfen. Er weinte noch einmal mit beiden Augen und hielt sie dann hin, und der Schuster, der ein Herz von Stein hatte, stach ihm mit einem scharfen Messer das rechte Auge aus. Dem Schneider fiel ein, wie ihn einst seine Mutter immer ermahnt hatte, wenn er in der Speisekammer genascht hatte: »Essen, soviel man mag, und leiden, was man muß.« Als er sein teuer erkauftes Brot verzehrt hatte, machte er sich wieder auf die Beine, vergaß sein Unglück und tröstete sich damit, daß ihm doch noch das andere Auge geblieben sei. Aber am sechsten Tag meldete sich der Hunger aufs neue und zehrte ihm fast das Herz auf. Abends fiel er neben einem Baum nieder, und am siebenten Morgen konnte er sich vor Mattigkeit nicht erheben. Der Tod saß ihm im Nacken. Da sagte der Schuster: »Ich will Barmherzigkeit üben und dir noch einmal etwas zu essen geben; aber umsonst ist das nicht, ich steche dir dafür noch das andere Auge aus.«

Da begriff der Schneider, wie leichtsinnig er gelebt hatte, bat den lieben Gott um Verzeihung und sprach: »Tue, was du tun mußt, ich will leiden, was ich muß; aber bedenke, daß unser Herrgott nicht sofort richtet und daß eine Stunde kommt, wo diese böse Tat vergolten wird, die du an mir verübst und die ich von dir nicht verdient habe. Ich habe in guten Tagen mit dir geteilt, was ich hatte. Wenn ich keine Augen mehr habe und nicht mehr nähen kann, muß ich betteln gehen. Laß mich wenigstens nicht allein hier liegen, wenn ich blind bin, sonst muß ich verschmachten.« Der Schuster aber, der Gott aus seinem Herzen vertrieben hatte, nahm sein Messer und stach ihm noch das linke Auge aus. Dann gab er ihm ein Stück Brot zu essen, reichte ihm einen Stock und führte ihn hinter sich her.

Als die Sonne unterging, kamen sie aus dem Wald heraus. Am Rand des Waldes, auf dem Feld aber stand ein Galgen. Dahin geleitete der Schuster den blinden Schneider, ließ ihn liegen und ging seiner Wege. Vor Müdigkeit, Schmerz und Hunger schlief der Unglückliche ein und schlief die ganze Nacht. Als der Tag dämmerte, erwachte er, wußte aber nicht, wo er sich befand. Am Galgen hingen zwei arme Sünder, und jedem saß eine

Krähe auf dem Kopf. Da fing der eine Gehängte an zu sprechen; »Bruder, wachst du?« — »Ja, ich wache«, antwortete der zweite. »So will ich dir etwas sagen«, fing der erste wieder an. »Der Tau, der heute Nacht über uns vom Galgen herabgefallen ist, der gibt jedem, der sich damit wäscht, die Augen wieder. Wenn das die Blinden wüßten — so mancher könnte sein Augenlicht wiederhaben, der nicht glaubt, daß das möglich sei.« Als der Schneider das hörte, nahm er sein Taschentuch, drückte es auf das Gras, und als es sich mit Tau vollgesogen hatte, wusch er seine Augenhöhlen damit. Da ging in Erfüllung, was der Gehenkte gesagt hatte, und frische und gesunde Augen füllten die Höhlen.

Es dauerte nicht lange, da sah der Schneider die Sonne hinter den Bergen aufsteigen; vor ihm in der Ebene lag die große Königsstadt mit ihren prächtigen Toren und hundert Türmen, und die goldenen Kugeln und Kreuze auf ihren Spitzen fingen an zu glühen. Er konnte jedes Blatt an den Bäumen erkennen, er sah die Vögel, die vorbeiflogen, und die Mücken, die in der Luft tanzten. Er holte eine Nähnadel aus der Tasche, und als er den Zwirn genauso gut wie eh und je einfädeln konnte, sprang sein Herz vor Freude. Er warf sich auf seine Knie, dankte Gott für die erwiesene Gnade und sprach seinen Morgensegen; er vergaß auch nicht, für die armen Sünder zu bitten, die da wie Schwengel in der Glocke hingen und im Wind aneinanderschlugen. Dann nahm er seinen Ranzen, vergaß bald das ausgestandene Herzeleid und ging unter Singen und Pfeifen weiter.

Das erste, was ihm begegnete, war ein braunes Füllen, das frei auf der Wiese herumsprang. Er packte es an der Mähne, wollte sich aufschwingen und in die Stadt reiten. Das Füllen aber bat um seine Freiheit: »Ich bin noch zu jung«, sprach es, »auch ein leichter Schneider wie du bricht mir das Rückgrat. Laß mich laufen, bis ich stark geworden bin. Es kommt vielleicht eine Zeit, wo ich dir's lohnen kann.« — »Also lauf«, sagte der Schneider, »ich sehe, du bist auch so ein Springinsfeld.« Er gab ihm noch einen leichten Hieb mit der Gerte, daß es vor Freude mit den Hinterbeinen ausschlug, über Hecken und Gräben setzte und über das Feld dahinjagte.

Aber das Schneiderlein hatte seit dem vorigen Tag nichts gegessen. »Die Sonne«, sprach er, »füllt mir zwar die Augen, aber nicht den Magen. Das erste, was mir begegnet und halbwegs genießbar ist, muß herhalten.« Da schritt ein Storch mit stolzem Schritt über die Wiese. »Halt, halt«, rief der Schneider und packte ihn am Bein, »ich weiß nicht, ob du genießbar bist, aber mein Hunger erlaubt mir keine lange Wahl, ich muß dir den Kopf abschneiden und dich braten.« — »Tue das nicht«, antwortete der Storch, »ich bin ein heiliger Vogel, dem niemand ein Leid zufügt und der allen nur Nutzen bringt. Läßt du mir mein Leben, so kann ich dir's ein andermal vergelten.« — »Dann zieh ab, Vetter Langbein«, sagte der Schneider. Der Storch erhob sich, ließ die langen Beine hängen und flog gemächlich fort.

»Was soll nur aus mir werden?« sagte der Schneider zu sich selbst. »Mein Hunger wird immer größer und mein Magen immer leerer. Was mir jetzt in den Weg kommt, ist verloren.« Da sah er auf einem Teich ein paar junge Enten daherschwimmen. »Ihr kommt ja wie gerufen«, sagte er, packte eine davon und wollte ihr den Hals umdrehen. Da fing eine alte Ente, die in dem Schilf steckte, laut zu kreischen an, schwamm mit aufgesperrtem Schnabel herbei und bat ihn flehentlich, sich ihrer lieben Kinder zu erbarmen. »Was meinst du«, sagte sie, »wie deine Mutter jammern würde, wenn dich einer wegholen und dir den Garaus machen wollte!« — »Ist schon gut«, sagte der gutmütige Schneider, »du sollst deine Kinder behalten«, und setzte die Gefangene wieder ins Wasser.

Als er sich umdrehte, stand er vor einem alten halbhohlen Baum und sah die wilden Bienen aus- und einfliegen. »Da finde ich gleich den Lohn für meine gute Tat«, meinte er, »der Honig wird mich laben.« Aber die Bienenkönigin kam heraus und drohte: »Wenn du mein Volk anrührst und mein Nest zerstörst, sollst du unsere Stacheln wie zehntausend glühende Nadeln zu spüren bekommen. Läßt du uns aber in Ruhe und gehst deiner Wege, wollen wir dir ein andermal dafür einen Dienst leisten.«

Das Schneiderlein sah, daß auch hier nichts anzufangen war. »Drei Schüsseln leer«, sagte er, »und auf der vierten nichts, das ist eine schlechte Mahlzeit.« Er schleppte sich also, ausgehungert wie er war, in die Stadt, und da es eben Mittag läutete, war für ihn im Gasthaus gekocht und er konnte sich gleich zu Tisch setzen. Als er satt war, sagte er: »Nun will ich mir Arbeit suchen.« Er ging in der Stadt umher und fand auch bald eine gute Stelle. Er hatte sein Handwerk von Grund auf gelernt, und so dauerte es nicht lange, bis er berühmt war. Jeder wollte seinen neuen Anzug von dem kleinen Schneider haben. Von Tag zu Tag nahm sein Ansehen zu. »Ich kann zwar in meiner Kunst nichts weiter lernen«, sprach er, »und doch geht's jeden Tag besser.« Endlich bestellte ihn der König zu seinem Hofschneider.

Aber wie's in der Welt geht... An demselben Tag war auch sein ehemaliger Kamerad, der Schuster, Hofschuster geworden. Als der den Schneider erblickte und sah, daß er wieder zwei gesunde Augen hatte, peinigte ihn das Gewissen. »Ehe er Rache an mir nimmt«, dachte er bei sich selbst, »muß ich ihm eine Grube graben.« Wer aber andern eine Grube gräbt, fällt selbst hinein.

Abends, als er Feierabend gemacht hatte und es dämmrig geworden war, schlich er sich zum König und sagte: »Herr König, der Schneider ist ein übermütiger Mensch und hat sich vermessen, die goldene Krone wieder herbeizuschaffen, die vor alten Zeiten verlorenging.« — »Das sollte mir lieb sein«, sprach der König, ließ den Schneider am andern Morgen kommen und befahl ihm, die Krone wieder herbeizuschaffen oder für immer die

Stadt zu verlassen. »Oho«, dachte der Schneider, »ein Dummkopf gibt mehr, als er hat. Wenn der mürrische König von mir verlangt, was kein Mensch erfüllen kann, will ich nicht warten bis morgen, sondern die Stadt noch heute verlassen.«

Er schnürte sein Bündel und ging. Aber es tat ihm doch leid, daß er die Stadt, in der es ihm so gut gegangen war, verlassen sollte. Er kam zu dem Teich, wo er mit den Enten Bekanntschaft gemacht hatte. Die alte Ente, der er die Jungen gelassen hatte, erkannte ihn gleich und fragte, warum er den Kopf so hängenlasse. »Du wirst dich wundern, wenn du hörst, was mir passiert ist«, antwortete der Schneider und erzählte ihr sein Schicksal. »Wenn's weiter nichts ist«, sagte die Ente, »da können wir Rat schaffen. Die Krone liegt unten auf dem Grund; die haben wir bald wieder heraufgeholt.« Sie tauchte mit ihren zwölf Jungen unter, und nach fünf Minuten war sie wieder oben und saß mitten in der Krone, die auf ihren Fittichen ruhte, und die zwölf Jungen schwammen rundherum, hatten ihre Schnäbel daruntergeschoben und brachten die Krone ans Land.

Du glaubst nicht, wie prächtig die Krone war; wenn die Sonne darauf schien, glänzte sie wie hunderttausend Karfunkelsteine. Der Schneider trug sie zum König, der sich furchtbar darüber freute und ihm eine goldene Kette um den Hals legte.

Als der Schuster sah, daß sein Streich mißlungen war, dachte er sich einen anderen aus. Er trat vor den König und sprach: »Herr König, der Schneider wird immer anmaßender. Er behauptet, das ganze königliche Schloß mit allem, was darin ist, los und fest, innen und außen, in Wachs abbilden zu können.« Der König ließ den Schneider kommen und befahl ihm, das ganze königliche Schloß mit allem, was darin war, los und fest, innen und außen, in Wachs abzubilden, und wenn er das nicht zustande bringe, oder wenn auch nur ein Nagel in der Wand fehle, solle er zeitlebens im Kerker gefangensitzen.

Der Schneider dachte: »Es wird immer ärger, das hält kein Mensch aus«, warf seinen Ranzen auf den Rücken und wanderte fort. Als er an den hohlen Baum kam, setzte er sich nieder und ließ den Kopf hängen. Die Bienen kamen herausgeflogen, und die Bienenkönigin fragte ihn, ob er einen steifen Hals habe, weil er den Kopf so schief halte. »Ach nein«, antwortete der Schneider, »mich drückt etwas anderes«, und erzählte, was der König von ihm gefordert hatte. Die Bienen fingen an zu summen und zu brummen, und die Bienenkönigin sprach: »Geh ruhig wieder nach Hause, komm aber morgen um diese Zeit und bring ein großes Tuch mit, dann wird alles gut werden.« Also kehrte er wieder um. Die Bienen aber flogen zum königlichen Schloß und besahen sich alles aufs genaueste. Dann flogen sie zurück und bildeten das Schloß so schnell in Wachs nach, daß man meinte, es wüchse einem vor den Augen. Schon am Abend war alles fertig, und als der Schneider am folgenden Morgen kam, stand das ganze prächtige Gebäude da. Und es fehlte kein Nagel an der Wand und kein Ziegel auf dem Dach; dabei war es zart und schneeweiß und roch süß wie Honig. Der Schneider verpackte es vorsichtig und brachte es dem König. Der aber konnte sich nicht genug wundern. Er stellte es in seinem größten Saal auf und schenkte dem Schneider dafür ein großes steinernes Haus.

Der Schuster aber ließ nicht locker. Er ging zum drittenmal zum König und sprach: »Herr König, dem Schneider ist zu Ohren gekommen, daß auf dem Schloßhof kein Wasser springen will. Jetzt behauptet er, er wolle mitten im Hof eine Quelle entspringen lassen. Das Wasser soll mannshoch aufsteigen und hell sein wie Kristall.« Da ließ der König den Schneider herbeiholen und sagte: »Wenn nicht morgen Wasser aus einem Brunnen in meinem Hof fließt, wie du versprochen hast, soll dich der Scharfrichter auf demselben Hof einen Kopf kürzer machen.« Der arme Schneider besann sich nicht lange und eilte zum Tor hinaus, und weil diesmal sein Leben in Gefahr war, rollten ihm die Tränen über die Wangen herab.

Wie er so voll Trauer dahinging, kam das Füllen gesprungen, dem er die Freiheit geschenkt hatte und aus dem ein hübscher Brauner geworden war. »Jetzt kommt die Stunde«, sprach es zu ihm, »wo ich dir deine gute Tat vergelten kann. Ich weiß, was dir fehlt und will dir helfen. Sitz auf, ich kann zwei wie dich tragen.« Es jagte, schnell wie der Blitz, in den Schloßhof, lief dreimal herum und stürzte beim drittenmal nieder. Es krachte furchtbar; ein Stück Erde flog in der Mitte des Hofs wie eine Kugel in die Luft und über das Schloß hinweg. An der gleichen Stelle schoß ein Wasserstrahl aus dem Boden, hoch wie Mann und Pferd. Das Wasser war rein wie Kristall, und die Sonnenstrahlen fingen an, darauf zu tanzen. Der König stand vor Verwunderung auf und umarmte das Schneiderlein vor allen.

Aber das Glück währte nicht lang. Der König hatte Töchter genug, eine immer schöner als die andere, aber keinen Sohn. Der boshafte Schuster zum viertenmal beim König: »Herr König, er hat sich er gerühmt, Ihnen Sohn durch die Lüfte herbeitragen lassen zu können, wenn er wolle.« Der König ließ den Schneider rufen und sprach: »Wenn du mir binnen neun Tagen einen Sohn bringen läßt, sollst du meine älteste Tochter zur Frau haben.« — »Der Lohn ist zwar groß«, dachte das Schneiderlein, »und ich täte wohl was ich kann, aber die Kirschen hängen mir zu hoch; wenn ich danach steige, bricht unter mir der Ast, und ich falle herab.« Er ging nach Hause und überlegte, was er tun solle. »Es geht nicht«, rief er endlich aus, »ich muß fort, hier kann ich doch nicht in Ruhe leben.«

Er schnürte sein Bündel und verließ die Stadt. Als er zu den Wiesen kam, erblickte er seinen alten Freund, den Storch, der wie ein Wegweiser auf und ab ging, hin und wieder stehenblieb, einen Frosch näher betrachtete und ihn endlich verschluckte. Der Storch begrüßte ihn. »Ich sehe«, fing er an, »du willst die Stadt verlassen?« Der Schneider erzählte ihm, was der König von ihm verlangt hatte und jammerte über sein Mißgeschick. »Laß dir deshalb keine grauen Haare wachsen«, sagte der Storch, »ich will dir aus der Not helfen. Ich bringe schon lange die Babys in die Stadt, da kann ich auch einmal einen kleinen Prinzen aus dem Brunnen holen. Geh heim und mach dir keine Sorgen. Begib dich heute in neun Tagen in das königliche Schloß, ich werde auch kommen.«

Das Schneiderlein ging zur vereinbarten Zeit ins Schloß. Es dauerte nicht lange, da kam der Storch geflogen und klopfte ans Fenster. Der Schneider öffnete ihm, Gevatter Langbein stieg vorsichtig herein. Er hatte ein Kind im Schnabel, das schön war wie ein Engel und seine Händchen nach der Königin ausstreckte. Er legte es ihr auf den Schoß, und sie herzte und küßte es und war vor Freude außer sich. Bevor er wieder wegflog, gab der Storch seine Reisetasche der Königin. Sie war voll Tüten mit bunten Zuckererbsen, die wurden unter die Prinzessinnen verteilt. Nur die älteste, die erhielt nichts davon, sondern bekam den lustigen Schneider zum Mann. »Mir ist«, sprach der Schneider, »als hätte ich das große Los gewonnen. Meine Mutter hatte doch recht. Sie sagte immer, wer auf Gott vertraut und dazu Glück hat, dem kann nichts passieren.«

Der Schuster mußte die Schuhe machen, in denen das Schneiderlein auf seinem Hochzeitsfest tanzte und dann die Stadt auf immer verlassen. Der Weg zum Wald führte ihn zum Galgen. Von Zorn, Wut und der Hitze des Tages ermüdet, warf er sich nieder. Als er die Augen zumachte und schlafen wollte, stürzten die beiden Krähen mit lautem Geschrei herab und hackten ihm die Augen aus. Wie ein Irrsinniger rannte er in den Wald und muß darin verschmachtet sein, denn niemand hat je wieder etwas von ihm gehört.

Der faule Heinz

einz war faul, und obgleich er weiter nichts zu tun hatte, als seine Ziege täglich auf die Weide zu treiben, seufzte er trotzdem, wenn er nach vollbrachtem Tagewerk abends nach Hause kam. »Es ist wirklich eine schwere Last«, sagte er, »und ein mühseliges Geschäft, so eine Ziege jahraus, jahrein bis in den späten Herbst aufs Feld zu treiben. Wenn man sich wenigstens dabei hinlegen und schlafen könnte! Aber nein, da muß man die Augen aufhalten, damit sie die jungen Bäume nicht beschädigt, durch die Hecke in einen Garten eindringt oder gar davonläuft. Wie soll da einer zur Ruhe kommen und seines Lebens froh werden!« Er setzte sich und überlegte, wie er sich dieser Bürde entledigen könnte. Lange war alles Nachgrübeln vergeblich, plötzlich fiel's ihm wie Schuppen von den Augen. »Ich weiß, was ich tue«, rief er aus, »ich heirate die dicke Trine, die hat auch eine Ziege und kann meine mit austreiben, da brauche ich mich nicht länger zu quälen.«

Heinz erhob sich, setzte seine müden Glieder in Bewegung, ging quer über die Straße, denn weiter war der Weg nicht, wo die Eltern der dicken Trine wohnten, und hielt um ihre arbeitsame und tugendreiche Tochter an. Die Eltern besannen sich nicht lange. »Gleich und gleich gesellt sich gern«, meinten sie und willigten ein. Also wurde die dicke Trine Heinzens Frau und trieb die beiden Ziegen aus. Heinz hatte es gut und brauchte sich von keiner andern Arbeit zu erholen als von seiner eigenen Faulheit. Nur dann und wann ging er mit hinaus und sagte: »Ich tue es bloß, damit mir die Ruhe danach desto besser schmeckt; man verliert sonst jedes Gefühl dafür.«

Aber die dicke Trine war nicht minder faul. »Lieber Heinz«, sprach sie eines Tages, »warum sollen wir uns das Leben umsonst sauer machen und unsere besten Jahre vertun? Ist es nicht besser, wir geben die beiden Ziegen, die uns jeden

Morgen mit ihrem Meckern im besten Schlaf stören, unserem Nachbarn und der gibt uns einen Bienenstock dafür? Den Bienenstock stellen wir an einen sonnigen Platz hinter das Haus und kümmern uns weiter nicht darum. Die Bienen brauchen nicht gehütet und nicht ins Feld getrieben zu werden; sie fliegen aus, finden den Weg nach Hause von selbst wieder und sammeln Honig, ohne daß es uns die geringste Mühe macht.« — »Du hast wie eine verständige Frau gesprochen«, antwortete Heinz, »deinen Vorschlag wollen wir ohne Zaudern ausführen; außerdem schmeckt und nährt der Honig besser als die Ziegenmilch und läßt sich auch länger aufbewahren.« Der Nachbar gab für die beiden Ziegen gern einen Bienenstock. Die Bienen flogen unermüdlich vom frühen Morgen bis zum späten Abend aus und ein und füllten den Stock mit dem schönsten Honig, so daß Heinz im Herbst einen ganzen Krug voll herausnehmen konnte.

Sie stellten den Krug auf ein Brett, das oben an der Wand in ihrer Schlaf-

stube befestigt war, und weil sie fürchteten, er könne ihnen gestohlen werden oder die Mäuse könnten sich darüber hermachen, holte Trine eine starke Haselgerte und legte sie neben ihr Bett, damit sie sie, ohne unnötigerweise aufzustehen, mit der Hand erreichen und die ungebetenen Gäste vom Bett aus verjagen konnte.

Der faule Heinz verließ das Bett ungern vor Mittag. »Wer früh aufsteht«, sprach er, »verzehrt sein Gut.« Eines Morgens, als er wie immer am hellen Tag noch in den Federn lag und sich vom langen Schlaf ausruhte, sprach er zu seiner Frau: »Frauen lieben Süßigkeiten, und du naschst von dem Honig. Ehe er von dir allein aufgegessen wird, ist es besser, ihn gegen eine Gans mit einem jungen Gänslein einzutauschen.« — »Aber nicht eher«, erwiderte Trine, »als bis wir ein Kind haben, das sie hütet. Soll ich mich etwa mit den jungen Gänsen plagen und meine Kraft dabei unnötig verschwenden?« — »Meinst du«, sagte Heinz, »der Junge würde Gänse hüten? Heutzutage gehorchen die Kinder nicht mehr; sie folgen nur ihrem eigenen Willen, weil sie sich klüger dünken als die Eltern, gerade wie jener Knecht, der die Kuh suchen sollte und drei Amseln nachjagte.« — »Oh«, antwortete Trine, »dem soll es schlecht bekommen, wenn er nicht tut, was ich sage. Einen Stock werde ich nehmen und ihm das Fell gerben. Siehst du, Heinz«, rief sie in ihrem Eifer und griff nach dem Stecken, mit dem sie die Mäuse verjagen wollte, »siehst du, so will ich auf ihn losschlagen.«

Sie holte aus, traf aber unglücklicherweise den Honigkrug über dem Bett. Der sprang gegen die Wand und zerbrach, und der schöne Honig floß auf den Boden. »Da liegt nun die Gans mit dem jungen Gänslein«, sagte Heinz, »und braucht nicht gehütet zu werden. Welch ein Glück, daß mir der Krug nicht auf den Kopf gefallen ist. Wir können wirklich zufrieden sein.« Und da er in einer Scherbe noch etwas Honig bemerkte, sprach er ganz vergnügt: »Den kleinen Rest, Frau, wollen wir uns noch schmecken lassen und uns dann nach dem Schrecken ein wenig ausruhen. Was tut's, wenn wir etwas später als gewöhnlich aufstehen, der Tag ist doch noch lang genug.«

»Ja«, antwortete Trine, »man kommt immer noch zur rechten Zeit. Weißt du, die Schnecke war einmal zur Hochzeit eingeladen, machte sich auf den Weg, kam aber zur Kindtaufe an. Vor dem Haus stürzte sie noch über den Zaun und sagte: ›Eilen tut nicht gut‹.«

57

Aschenputtel

Einem reichen Mann wurde seine Frau krank, und als sie fühlte, daß ihr Ende nahte, rief sie ihr einziges Töchterlein und sprach: »Liebes Kind, bleib fromm und gut, dann wird dir der liebe Gott immer beistehen. Ich will vom Himmel auf dich herabblicken und um dich sein.« Darauf schloß sie die Augen und verschied. Das Mädchen ging jeden Tag hinaus zum Grab seiner Mutter und weinte und blieb fromm und gut. Als der Winter kam, deckte der Schnee ein weißes Tuch über das Grab, und als das Frühjahr kam, nahm sich der Mann eine andere Frau.

Die Frau hatte zwei Töchter mit ins Haus gebracht, die schön und weiß von Angesicht waren, aber böse und schwarze Herzen hatten. Da begann eine schlimme Zeit für das arme Stiefkind. »Soll die dumme Gans bei uns in der Stube sitzen?« sprachen sie. »Wer Brot essen will, muß es sich verdienen; hinaus mit der Küchenmagd.« Sie nahmen ihm seine schönen Kleider weg, zogen ihm einen grauen alten Kittel an und gaben ihm hölzerne Schuhe. »Seht einmal die stolze Prinzessin, wie sie sich herausgeputzt hat!« riefen sie, lachten und führten es in die Küche.

Da mußte es von Morgen bis Abend schwer arbeiten, früh vor Tag aufstehen, Wasser tragen, Feuer anmachen, kochen und waschen. Obendrein quälten es die Schwestern, wo sie konnten, verspotteten es und schütteten ihm Erbsen und Linsen in die Asche, aus der es sie mühsam wieder herauslesen mußte. Abends, wenn es müde von der Arbeit war, konnte es sich nicht in einem Bett ausruhen, sondern mußte sich neben den Herd in die Asche legen. Und weil es deshalb immer staubig und schmutzig aussah, nannten sie es Aschenputtel.

Es trug sich zu, daß der Vater einmal zur Messe fahren wollte. Da fragte er seine beiden Stieftöchter, was er ihnen mitbringen solle. »Schöne Kleider«, sagte die eine, »Perlen und Edelsteine«, die zweite. »Und du, Aschenputtel«, sprach er, »was möchtest du haben?« — »Vater, das erste Reis, das dir auf deinem Heimweg an den Hut stößt, das brich für mich ab.« Er kaufte für die beiden Stiefschwestern schöne Kleider, Perlen und Edelsteine, und auf dem Rückweg, als er durch einen grünen Busch ritt, streifte ihn ein Haselreis. Er brach es ab und nahm es mit. Als er nach Hause kam, gab er den Stieftöchtern, was sie sich gewünscht hatten, und dem Aschenputtel das Haselreis. Aschenputtel bedankte sich, ging zum Grab seiner Mutter und pflanzte das Reis darauf. Es weinte so sehr, daß die Tränen auf das Reis

fielen und es begossen. Es wuchs und wurde ein schöner Baum. Aschenputtel ging jeden Tag dreimal zu dem Grab, weinte und betete, und jedesmal setzte sich ein weißes Vöglein auf den Baum. Und wenn Aschenputtel einen Wunsch aussprach, wurde er erfüllt.

Es begab sich aber, daß der König zu einem Fest rüsten ließ, das drei Tage dauern sollte und zu dem alle schönen Jungfrauen im Land eingeladen waren, damit sich sein Sohn eine Braut aussuchen könne. Als die zwei Stiefschwestern hörten, daß sie auch erscheinen sollten, waren sie guter Dinge, riefen Aschenputtel und sprachen: »Kämm uns die Haare, putz uns die Schuhe und mach uns die Schnallen fest, wir gehen zur Hochzeit auf das Königsschloß.« Aschenputtel gehorchte und bat die Stiefmutter, sie möchte es ihm erlauben mitzugehen. »Du Aschenputtel«, sprach sie, »du bist voll Staub und Schmutz und willst zur Hochzeit? Du hast keine Kleider und Schuhe und willst tanzen!« Als es aber weiter bettelte, sprach sie endlich: »Ich habe dir eine Schüssel Linsen in die Asche geschüttet, wenn du sie in zwei Stunden wieder ausgelesen hast, darfst du mitgehen.« Das Mädchen ging durch die Hintertür in den Garten und rief: »Ihr zahmen Täubchen, ihr Turteltäubchen, all ihr Vöglein unter dem Himmel, kommt und helft mir lesen

    Die guten ins Töpfchen,

    Die schlechten ins Kröpfchen.«

Da kamen zum Küchenfenster zwei weiße Täubchen herein, ihnen folgten die Turteltäubchen, und endlich schwirrten und schwärmten alle Vöglein unter dem Himmel herbei und ließen sich um die Asche nieder. Und sie lasen alle guten Körnchen in die Schüssel. Kaum war eine Stunde vergangen, da waren sie schon fertig und flogen alle wieder hinaus.

Das Mädchen brachte die Schüssel der Stiefmutter, freute sich und glaubte, es dürfe nun mit zur Hochzeit gehen. Die lehnte auch diesmal ab und sprach: »Wenn du mir die zwei Schüsseln voll Linsen in einer Stunde sauber aus der Asche auslesen kannst, darfst du mitgehen«, und dachte: »Das gelingt ihm nie und nimmer.« Das Mädchen ging durch die Hintertür in den Garten und rief wieder: »Ihr zahmen Täubchen, ihr Turteltäubchen, all ihr Vöglein unter dem Himmel, kommt und helft mir lesen

Die guten ins Töpfchen,
Die schlechten ins Kröpfchen.«

Alle kamen, und bevor eine halbe Stunde herum war, waren sie fertig. Da trug das Mädchen die Schüsseln zur Stiefmutter, freute sich und glaubte, nun dürfe es mit auf die Hochzeit gehen. Aber sie sprach: »Es hilft dir alles nichts; du kannst nicht mit, denn du hast kein Kleid und kannst nicht tanzen; wir müßten uns deiner schämen.« Darauf kehrte sie ihm den Rücken und eilte mit ihren zwei stolzen Töchtern fort.

Als nun niemand mehr daheim war, ging Aschenputtel zum Grab seiner Mutter und rief:

»Bäumchen, rüttel dich und schüttel dich,
Wirf Gold und Silber über mich.«

Da warf ihm der Vogel ein golden und silbern schimmerndes Kleid und mit Seide und Silber bestickte Pantoffeln herunter. Schnell zog Aschenputtel das Kleid an und ging zur Hochzeit. Aber seine Schwestern und die Stiefmutter erkannten es nicht und meinten, es wäre eine fremde Königstochter, so schön sah es in dem goldenen Kleid aus. An Aschenputtel dachte niemand. Sie glaubten, es säße daheim im Schmutz und suche die Linsen aus der Asche. Der Königssohn kam ihm entgegen, nahm es bei der Hand und tanzte mit ihm. Er wollte mit keiner anderen tanzen und ließ seine Hand gar nicht mehr los. Wenn ein anderer kam, um es aufzufordern, sprach er: »Das ist meine Tänzerin.«

Es tanzte bis zum Abend, und als es nach Hause gehen wollte, versuchte der Prinz, es zu begleiten, denn er wollte sehen, wo das schöne Mädchen wohnte. Aber es entwischte ihm und sprang in das Taubenhaus. Der Königssohn wartete, bis der Vater kam, und sagte ihm, das fremde Mädchen sei in das Taubenhaus gesprungen. Der Alte dachte: »Sollte es Aschenputtel sein« und schlug das Taubenhaus entzwei, aber es war niemand darin. Und als sie ins Haus kamen, lag Aschenputtel in seinen schmutzigen Kleidern in der Asche, und ein trübes Öllämpchen brannte im Schornstein. Aschenputtel war nämlich schnell aus dem Taubenhaus wieder herausgesprungen, zum Haselbäumchen gelaufen und hatte die schönen Kleider dem Vogel zurückgebracht. Dann hatte es sich in seinem grauen Kittel in die Küche zur Asche gesetzt.

Am anderen Tag, als das Fest von neuem begann und die Eltern und Stiefschwestern wieder fort waren, ging Aschenputtel zu dem Haselbaum und sprach:

»Bäumchen, rüttel dich und schüttel dich,
Wirf Gold und Silber über mich.«

Da warf der Vogel ein noch prächtigeres Kleid herunter als am vorigen Tag, und alle staunten über seine Schönheit. Der Königssohn aber hatte gewartet, bis es kam und tanzte nur mit ihm. Wenn die andern kamen und es aufforderten, lehnte er ab: »Das ist meine Tänzerin.«

Als es nun Abend war, ging ihm der Königssohn wieder nach, aber es entkam ihm und verschwand im Garten hinter dem Haus. Dort stand ein schöner großer Baum mit den herrlichsten Birnen. Es kletterte so behend wie ein Eichhörnchen hinauf, verbarg sich in den Ästen, und der Königssohn wußte nicht, wohin es verschwunden war. Er wartete wieder, bis der Vater kam, und sprach zu ihm: »Das fremde Mädchen ist mir entwischt, und ich glaube, es ist auf den Birnbaum geklettert.« Der Vater dachte: »Sollte es Aschenputtel sein,« ließ sich die Axt holen und hieb den Baum um, aber umsonst. Und als sie in die Küche kamen, lag Aschenputtel in der Asche wie immer, denn es war auf der andern Seite vom Baum herabgesprungen, hatte dem Vogel auf dem Haselbäumchen die schönen Kleider wiedergebracht und sein graues Kittelchen angezogen.

Am dritten Tag ging Aschenputtel wieder zu seiner Mutter Grab und sprach:

»Bäumchen, rüttel dich und schüttel dich,
Wirf Gold und Silber über mich.«

Nun warf ihm der Vogel ein Kleid herab, das so prächtig und glänzend war, wie es noch keins gehabt hatte, und die Pantoffeln waren ganz golden. Als es in diesem Kleid zur Hochzeit kam, wußten alle nicht, was sie vor Verwunderung sagen sollten. Der Königssohn tanzte ganz allein mit ihm, und wenn es einer aufforderte, sprach er: »Das ist meine Tänzerin.«

Als es Abend geworden war, wollte der Prinz Aschenputtel wieder begleiten, aber es entkam ihm so schnell, daß er nicht folgen konnte. Der Königssohn hatte aber zu einer List gegriffen und die ganze Treppe mit Pech bestreichen lassen. Da war der linke Pantoffel des Mädchens hängengeblieben; der Schuh war klein und zierlich und ganz golden. Am nächsten Morgen ging der Prinz damit zu dem Mann und sagte zu ihm: »Nur die soll meine Gemahlin werden, der dieser goldene Schuh paßt.«

Da freuten sich die beiden Schwestern, denn sie hatten schöne Füße. Die älteste ging mit dem Schuh in die gute Stube und wollte ihn anprobieren. Aber sie konnte mit der großen Zehe nicht hineinkommen, der Schuh war ihr zu klein. Da reichte ihr die Mutter ein Messer und sprach: »Hau die Zehe ab; wenn du Königin bist, brauchst du nicht mehr zu Fuß zu gehen.« Sie hieb die Zehe ab, zwängte den Fuß in den Schuh, verbiß den Schmerz und ging zum Königssohn. Der nahm sie als seine vermeintliche Braut aufs Pferd und ritt mit ihr fort.

Sie mußten aber an dem Grab vorbei. Da saßen die zwei Täubchen auf dem Haselbäumchen und riefen:

»Rucke di guh, rucke di guh,
Blut ist im Schuh:
Der Schuh ist zu klein,
Die rechte Braut sitzt noch daheim.«

Da blickte er auf den Fuß seiner Braut und sah, wie das Blut herausquoll. Er wendete sein Pferd, brachte die falsche Braut wieder nach Hause und sagte, das wäre nicht die richtige, die andere Schwester solle den Schuh anziehen. Da ging diese in die Stube und kam mit den Zehen glücklich in den Schuh, aber die Ferse war zu groß. Auf den Rat seiner Mutter hieb sich das Mädchen ein Stück von der Ferse ab, zwängte den Fuß in den Schuh, verbiß den Schmerz und ging hinaus zum Königssohn. Der nahm es als seine Braut aufs Pferd und ritt mit ihm fort. Als sie an dem Haselbäumchen vorbeikamen, saßen die zwei Täubchen darauf und riefen:

»Rucke di guh, rucke di guh,
Blut ist im Schuh:
Der Schuh ist zu klein,
Die rechte Braut sitzt noch daheim.«

Er sah, daß die weißen Strümpfe ganz rot waren, wendete sein Pferd und brachte die falsche Braut wieder nach Hause. »Das ist auch nicht die richtige«, sprach er, »habt ihr keine andere Tochter?« — »Nein«, erwiderte der Mann, »nur von meiner verstorbenen Frau ist noch ein kleines verbutteltes Aschenputtel da; das kann unmöglich die Braut sein.« Der Königssohn sprach, er solle es rufen, die Mutter aber antwortete: »Ach nein, das ist viel zu schmutzig, das darf sich nicht sehen lassen.« Der Prinz aber wollte es durchaus sehen, und Aschenputtel mußte gerufen werden. Es wusch sich Hände und Gesicht, ging zu ihnen und neigte sich vor dem Königssohn, der ihm den goldenen Schuh reichte. Es setzte sich auf einen Schemel, zog den Fuß aus dem schweren Holzschuh und steckte ihn in den Pantoffel; der saß wie angegossen. Und als es sich aufrichtete und der König ihm ins Gesicht sah, erkannte er seine schöne Tänzerin und rief: »Das ist die rechte Braut!« Die Stiefmutter und die beiden Schwestern erschraken und wurden bleich vor Ärger; er aber setzte Aschenputtel zu sich aufs Pferd und ritt mit ihm fort. Als sie an dem Haselbäumchen vorbeikamen, riefen die zwei weißen Täubchen:

»Rucke di guh, rucke di guh,
Kein Blut ist im Schuh:
Der Schuh ist nicht zu klein,
Die rechte Braut, die führst du heim.«

Dann flogen sie herab und setzten sich dem Aschenputtel auf die Schultern, das eine rechts und das andere links, und blieben da sitzen.

Als die Hochzeit mit dem Königssohn gehalten wurde, kamen die falschen Schwestern, wollten sich einschmeicheln und an seinem Glück teilhaben. Als die Brautleute zur Kirche gingen, war die ältere zur rechten, die jüngere zu linken Seite; da pickten die Tauben jeder ein Auge aus. Als sie herausgingen, war die ältere zur linken und die jüngere zur rechten; da pickten die Tauben jeder noch das andere Auge aus. Damit waren sie für ihre Bosheit und Falschheit mit Blindheit für ihr ganzes Leben bestraft.

Tischchendeckdich, Goldesel und Knüppelausdemsack

or Zeiten lebte einmal ein Schneider, der hatte drei Söhne und nur eine einzige Ziege. Aber weil die Ziege alle mit ihrer Milch ernährte, mußte sie gutes Futter bekommen und täglich auf die Weide geführt werden. Die Söhne taten das auch der Reihe nach. Einmal brachte sie der älteste auf den Kirchhof, wo die schönsten Kräuter standen, und ließ sie da fressen und herumspringen. Abends, als es Zeit war heimzugehen, fragte er: »Ziege, bist du satt?« Die Ziege antwortete:

»Ich bin so satt,
Ich mag kein Blatt: mäh! mäh!«

»So komm nach Hause«, sprach der Junge, faßte sie am Strick, führte sie in den Stall und band sie fest. »Nun«, fragte der alte Schneider, »hat die Ziege genügend Futter bekommen?« — »Oh«, antwortete der Sohn, »die ist so satt, sie mag kein Blatt.« Der Vater aber wollte sich selbst überzeugen, ging in den Stall, streichelte das liebe Tier und fragte: »Ziege, bist du auch satt?« Die Ziege antwortete:

»Wovon sollt' ich satt sein?
Ich sprang nur über Gräbelein
Und fand kein einzig Blättelein: mäh! mäh!«

»Was muß ich hören!« rief der Schneider, lief zurück und schimpfte: »Ei, du Lügner, du sagst, die Ziege wäre satt, und hast sie hungern lassen?« In seinem Zorne nahm er die Elle von der Wand und jagte seinen Sohn mit Schlägen hinaus.

Am andern Tag war die Reihe am zweiten Sohn, der suchte an der Gartenhecke einen Platz aus, wo lauter gute Kräuter standen, und die Ziege fraß alles ab. Abends, als er heim wollte, fragte er: »Ziege, bist du satt?« Die Ziege antwortete:

»Ich bin so satt,
Ich mag kein Blatt: mäh! mäh!«

»So komm nach Hause«, sprach der Junge, zog sie heim und band sie im Stall fest. »Nun«, fragte ihn sein Vater, »hat die Ziege genügend Futter bekommen?« — »Oh«, antwortete der Sohn, »die ist so satt, sie mag kein Blatt.«

Der Vater wollte sich darauf nicht verlassen, ging in den Stall und fragte: »Ziege, bist du auch satt?« Die Ziege antwortete:

»Wovon sollt' ich satt sein?
Ich sprang nur über Gräbelein
Und fand kein einzig Blättelein: mäh! mäh!«

»Der gottlose Bösewicht!« schrie der Schneider. »So ein frommes Tier hungern zu lassen«, lief hinaus und schlug mit der Elle den Jungen zur Haustür hinaus.

Die Reihe kam jetzt an den dritten Sohn, der wollte seine Sache gut machen, suchte Buschwerk mit dem schönsten Laub aus und ließ die Ziege davon fressen. Abends, als er heim wollte, fragte er: »Ziege, bist du auch satt?« Die Ziege antwortete:

»Ich bin so satt,
Ich mag kein Blatt: mäh! mäh!«

»So komm nach Hause«, sagte der Junge, führte sie in den Stall und band sie fest. »Nun«, sagte der alte Schneider, »hat die Ziege genügend Futter bekommen?« — »Oh«, antwortete der Sohn, »die ist so satt, sie mag kein Blatt.« Der Schneider traute den Worten seines Sohnes nicht, ging selbst in den Stall und fragte: »Ziege, bist du auch satt?« Das boshafte Tier antwortete:

»Wovon sollt' ich satt sein?
Ich sprang nur über Gräbelein
Und fand kein einzig Blättelein: mäh! mäh!«

»Oh, die Lügenbrut!« rief der Schneider. »Einer so gottlos und pflichtvergessen wie der andere! Ich lasse mich nicht länger zum Narren halten!« Vor Zorn ganz außer sich, gerbte er dem armen Jungen mit der Elle den Rücken so sehr, daß er zum Haus hinauslief.

Der alte Schneider war nun mit seiner Ziege allein. Am andern Morgen ging er hinab in den Stall, liebkoste die Ziege und sprach: »Komm, mein liebes Tierlein, ich will dich selbst auf die Weide führen.« Er nahm sie am Strick und führte sie zu grünen Hecken und zur Schafrippe und zu allem, was Ziegen sonst noch gern fressen. »Da kannst du dich einmal nach Herzenslust sattessen«, sprach er zu ihr und ließ sie weiden bis zum Abend. Da fragte er die Ziege: »Ziege, bist du satt?« Sie antwortete:

»Ich bin so satt,
Ich mag kein Blatt: mäh! mäh!«

»Dann komm nach Hause«, sagte der Schneider, führte sie in den Stall und band sie fest. Als er wegging, drehte er sich noch einmal um und sagte:

»Nun bist du endlich einmal satt!« Aber die Ziege verhielt sich ihm gegenüber nicht besser und rief:
»Wie sollt' ich satt sein?
Ich sprang nur über Gräbelein
Und fand kein einzig Blättelein: mäh! mäh!«

Als der Schneider das hörte, stutzte er und sah auf einmal, daß er seine drei Söhne ohne Grund verstoßen hatte. »Warte«, rief er, »du undankbares Geschöpf, dich fortzujagen ist noch zuwenig, ich will dich brandmarken, daß du dich unter ehrbaren Schneidern nicht mehr sehen lassen darfst.« Er lief schnell in die Wohnung, holte sein Rasiermesser, seifte der Ziege den Kopf ein und schor sie so glatt wie seine flache Hand. Und weil die Elle zu ehrenvoll gewesen wäre, holte er die Peitsche und versetzte ihr solche Hiebe, daß sie in gewaltigen Sprüngen davonlief.

Als der Schneider so ganz einsam in seinem Hause saß, befiel ihn große Traurigkeit und er hätte seine Söhne gerne wiedergehabt, aber niemand wußte, wo sie geblieben waren.

Der älteste war zu einem Tischler in die Lehre gegangen. Er lernte fleißig und unverdrossen, und als seine Lehrzeit herum war und er auf Wanderschaft gehen sollte, schenkte ihm der Meister ein Tischchen, das gar nicht besonders aussah und aus gewöhnlichem Holz war; aber es hatte eine gute Eigenschaft: Wenn man es hinstellte und sprach: »Tischchen, deck dich«, war das gute Tischchen auf einmal mit einem sauberen Tuch bedeckt und darauf standen ein Teller mit Messer und Gabel und so viele Schüsseln mit Gesottenem und Gebratenem, wie Platz darauf hatten, dazu leuchtete der rote Wein in einem großen Glas, daß einem das Herz lachte.

Der junge Mann dachte: »Damit hast du für dein Lebtag genug«, zog guter Dinge in der Welt umher und kümmerte sich gar nicht darum, ob ein Wirtshaus gut oder schlecht oder ob etwas darin zu finden war oder nicht. Wenn es ihm gefiel, kehrte er gar nicht ein, sondern nahm sein Tischchen auf dem Feld, im Wald, auf einer Wiese oder wo er sonst Lust hatte, von seinem Rücken, stellte es vor sich und sprach: »Deck dich!« Sofort war alles da, was sein Herz begehrte.

Endlich kam es ihm in den Sinn, zu seinem Vater zurückzukehren. Sein Zorn würde sich gelegt haben, und mit dem Tischchendeckdich würde er ihn gern wieder aufnehmen. Es trug sich zu, daß er auf dem Heimweg abends in ein Wirtshaus kam, das voller Gäste war. Sie hießen ihn willkommen und luden ihn ein, sich zu ihnen zu setzen und mit ihnen zu essen, sonst würde er schwerlich noch etwas bekommen.

»Nein«, antwortete der Tischler, »die paar Bissen will ich euch nicht vom Mund wegnehmen, lieber sollt ihr meine Gäste sein.« Sie lachten und meinten, er triebe seinen Spaß mit ihnen. Er aber stellte seinen kleinen

Tisch mitten in die Gaststube und sprach: »Tischchen, deck dich.« Augenblicklich war es mit Speisen besetzt, wie sie der Wirt besser nicht hätte herbeischaffen können, deren Geruch den Gästen lieblich in die Nase stieg. »Zugegriffen, liebe Freunde«, sprach der Tischler, und als die Gäste sahen, wie es gemeint war, ließen sie sich nicht zweimal bitten. Sie rückten heran, zogen ihre Messer und griffen tapfer zu. Und was sie am meisten verwunderte — wenn eine Schüssel leer war, stand sofort von selbst eine volle an ihrem Platz.

Der Wirt stand in einer Ecke und sah dem Treiben zu; er wußte gar nicht, was er sagen sollte, dachte aber: »Einen solchen Koch könntest du in deiner Wirtschaft ganz gut brauchen.« Der Tischler und seine Gesellschaft feierten lustig bis in die späte Nacht, endlich legten sie sich schlafen. Der junge Mann ging auch zu Bett und stellte sein Wünschtischchen an die Wand. Der Wirt aber fand keine Ruhe. Es fiel ihm ein, daß in seiner Rumpelkammer ein altes Tischchen stand, das genauso aussah. Das holte er ganz sachte herbei und vertauschte es mit dem Wünschtischchen.

Am anderen Morgen zahlte der Tischler seine Übernachtung und lud sein Tischchen auf. Ihm wäre es nie eingefallen, daß er ein falsches haben könnte, und er ging seiner Wege. Zu Mittag kam er bei seinem Vater an, der ihn mit großer Freude empfing. »Nun, mein Sohn, was hast du gelernt?« sagte er zu ihm. »Vater, ich bin Tischler geworden.« — »Ein gutes Handwerk«, erwiderte der Alte, »aber was hast du von deiner Wanderschaft mitgebracht?«

»Vater, das Beste, was ich mitgebracht habe, ist das Tischchen.« Der Schneider betrachtete es von allen Seiten und sagte: »Das ist nicht gerade ein Meisterstück, das ist ein altes und schlechtes Tischchen.« — »Aber es ist ein Tischchendeckdich«, antwortete der Sohn, »wenn ich es hinstelle und ihm sage, es solle sich decken, so stehen gleich die schönsten Gerichte darauf und ein Wein daneben, der das Herz erfreut. Lade nur alle Verwandten und Freunde ein, die sollen sich einmal laben und erquicken, denn das Tischchen macht sie alle satt.«

Als die Gesellschaft beisammen war, stellte er sein Tischchen mitten in die Stube und sprach: »Tischchen, deck dich.« Aber das Tischchen regte sich nicht und blieb so leer wie jeder andere Tisch, der die Sprache nicht versteht. Da merkte der arme Tischler, daß ihm das Tischchen vertauscht worden war, und schämte sich, daß er als Lügner dastand. Die Verwandten aber lachten ihn aus und mußten durstig und hungrig heimgehen. Der Vater holte seine Stoffe wieder hervor und schneiderte weiter, der Sohn aber ging zu einem Meister arbeiten.

Der zweite Sohn war zu einem Müller gekommen und bei ihm in die Lehre gegangen. Als seine Lehrjahre herum waren, sprach der Meister: »Weil du dich so gut gehalten hast, schenke ich dir einen Esel von ganz besonderer Art. Er zieht keine Wagen und trägt auch keine Säcke.« — »Wozu ist er dann nütze?« fragte der junge Geselle. »Er speit Gold«, antwortete der Müller. »Wenn du ihn auf ein Tuch stellst und zu ihm sagst: »Bricklebrit«, so speit dir das gute Tier Goldstücke aus, hinten und vorn.« — »Das ist eine prima Sache«, sprach der junge Bursche, dankte seinem Meister und zog in die Welt.

Wenn er Gold nötig hatte, brauchte er nur zu seinem Esel »Bricklebrit« zu sagen, so regnete es Goldstücke, und er mußte sie nur noch vom Boden aufheben. Wo er hinkam, war ihm das Beste gut genug, und je teurer, desto lieber. Er hatte immer einen vollen Beutel. Als er sich eine Zeitlang in der Welt umgesehen hatte, dachte er: »Du mußt deinen Vater aufsuchen; wenn du mit dem Goldesel kommst, wird er seinen Zorn vergessen und dich gut aufnehmen.«

Es trug sich zu, daß er in dasselbe Wirtshaus geriet, in dem seinem Bruder das Tischchen vertauscht worden war. Er führte seinen Esel am Halfter, und der Wirt wollte ihm das Tier abnehmen und anbinden. Der junge Mann aber sprach: »Macht Euch keine Mühe, meinen Grauschimmel führe ich selbst in den Stall und binde ihn auch selbst an, denn ich muß wissen, wo er steht.«

Dem Wirt kam das seltsam vor. Er meinte, daß einer, der seinen Esel selbst versorgen muß, auch nicht viel zu verzehren hatte. Als aber der Fremde in die Tasche griff, zwei Goldstücke herausholte und sagte, er solle nur etwas Gutes für ihn einkaufen, machte er große Augen, lief und suchte das Beste, was er auftreiben konnte. Nach der Mahlzeit fragte der Gast, was er schuldig sei. Der Wirt wollte die doppelte Kreide nicht sparen und sagte, ein paar Goldstücke müsse er schon noch zulegen. Der Handwerksbursche griff in die Tasche, aber sein Gold war gerade alle.

»Wartet einen Augenblick, Herr Wirt«, sprach er, »ich will nur gehen und Gold holen.« Er stand auf und nahm das Tischtuch mit.

Der Wirt wußte nicht, was das heißen sollte. Er war furchtbar neugierig und schlich ihm nach. Weil aber der Gast die Stalltür zugeriegelt hatte, guckte er durch ein Astloch.

Der Fremde breitete das Tuch unter dem Esel aus, rief »Bricklebrit«, und sofort fing das Tier an, Gold zu speien, von hinten und vorn. Es war, als würde es regnen. »Ei der Tausend«, sagte der Wirt zu sich, »da sind die Dukaten schnell geprägt! So ein Geldbeutel ist nicht übel!«

Der Gast bezahlte seine Zeche und legte sich schlafen, der Wirt aber schlich in der Nacht in den Stall, führte den Münzmeister weg und band einen anderen Esel an seine Stelle.

Am folgenden Morgen in aller Frühe verließ der Geselle mit seinem Esel das Wirtshaus und glaubte, er hätte seinen Goldesel. Mittags kam er bei seinem Vater an, der sich freute, als er ihn wiedersah, und ihn gerne aufnahm.

»Was ist aus dir geworden, mein Sohn?« fragte der alte Mann. »Ein Müller, lieber Vater«, antwortete er. »Was hast du von deiner Wanderschaft mitgebracht?« — »Weiter nichts als einen Esel.« — »Esel gibt's hier genug«, sagte der Vater, »da wäre mir doch eine gute Ziege lieber gewesen.« — »Ja«, antwortete der Sohn, »aber es ist kein gewöhnlicher Esel, sondern ein Goldesel. Wenn ich sage: »Bricklebrit«, speit das gute Tier ein ganzes Tuch voll Goldstücke. Laß nur alle Verwandten herbeirufen, ich mache sie alle zu reichen Leuten.« — »Das lass' ich mir gefallen«, sagte der Schneider, »dann brauch' ich mich mit der Nadel nicht weiter zu quälen«, ging selbst und lud die Verwandten ein.

Sobald sie beisammen waren, bat sie der Müller, Platz zu machen, breitete sein Tuch aus und brachte den Esel in die Stube. »Jetzt gebt acht«, sprach er und rief: »Bricklebrit«, aber es fiel nicht ein einziges Goldstück

herab. Es zeigte sich, daß das Tier nichts von der Kunst verstand, denn jeder Esel bringt es nicht so weit. Da machte der arme Müller ein langes Gesicht und sah, daß er betrogen worden war. Er bat die Verwandten, die so arm heimgingen, wie sie gekommen waren, um Verzeihung.

Es blieb ihnen nichts anderes übrig, als sich wieder ihrem Handwerk zuzuwenden. Der Alte mußte wieder nach der Nadel greifen, und der Junge verdingte sich bei einem Müller.

Der dritte Bruder war zu einem Drechsler in die Lehre gegangen, und weil es ein kunstreiches Handwerk ist, mußte er am längsten lernen. Seine Brüder aber teilten ihm in einem Brief mit, wie schlimm es ihnen ergangen sei und wie der Wirt sie noch am letzten Abend um ihre schönen Zauberdinge gebracht habe.

Als der Drechsler ausgelernt hatte und seine Wanderschaft antreten sollte, schenkte ihm sein Meister für seine gute Arbeit einen Sack mit der Bemerkung: »Da steckt ein Knüppel drin.« Der junge Mann wunderte sich: »Den Sack kann ich umhängen, und er kann mir gute Dienste leisten. Aber was soll ich mit dem Knüppel? Der macht ihn nur schwer.« — »Das will ich dir sagen«, antwortete der Meister. »Hat dir jemand etwas zuleid getan, so sprich nur: ›Knüppel, aus dem Sack‹. Dann springt er heraus und tanzt den Leuten so lustig auf dem Rücken herum, daß sie sich acht Tage lang nicht regen und bewegen können. Er hört nicht eher auf, als bis du sagst: ›Knüppel, in den Sack‹.«

Der Geselle bedankte sich, hängte sich den Sack um, und wenn ihm jemand zu nahe kam und ihm zu Leibe rücken wollte, sprach er: »Knüppel, aus dem Sack.« Sofort sprang der Knüppel heraus und klopfte einem nach dem andern den Mantel oder die Jacke gleich auf dem Rücken aus und wartete nicht erst, bis er sie ausgezogen hatte. Das ging so geschwind, daß die Reihe schon am nächsten war, ehe man sich's versah.

Der junge Drechsler kam zur Abendzeit in dem Wirtshaus an, in dem seine Brüder betrogen worden waren. Er legte seinen Ranzen vor sich auf den Tisch und fing an zu erzählen, was er alles Merkwürdiges in der Welt gesehen habe. »Ja«, sagte er, »man findet wohl ein Tischchendeckdich, einen Goldesel und dergleichen: lauter gute Dinge, die ich nicht verachte, aber das ist alles nichts gegen den Schatz, den ich da in meinem Sack habe.« Der Wirt spitzte die Ohren: »Was in aller Welt mag das sein?« dachte er. »Sollte der Sack voll lauter Edelsteine sein? Es wäre nur billig, wenn ich den auch noch hätte, denn aller guten Dinge sind drei.«

Als Schlafenszeit war, streckte sich der Gast auf der Bank aus und legte seinen Sack als Kopfkissen unter. Als der Wirt glaubte, sein Gast läge in tiefem Schlaf, kam er näher, rückte und zog ganz sachte und vorsichtig an dem Sack und versuchte ihn wegzuziehen und einen andern unterzulegen. Der Drechsler aber hatte schon lange darauf gewartet. Als der Wirt

eben kräftig daran rucken wollte, rief er: »Knüppel, aus dem Sack.« Sofort fuhr das Knüppelchen heraus und rückte dem Wirt auf den Leib. Er verwalkte ihn, daß es eine Art hatte. Der Wirt schrie zum Erbarmen, aber je lauter er schrie, desto kräftiger schlug der Knüppel auf seinem Rücken den Takt dazu, bis der Wirt endlich erschöpft zu Boden sank.

Da sprach der Drechsler: »Wenn du das Tischchendeckdich und den Goldesel nicht wieder herausgibst, fängt der Tanz von neuem an.« — »Ach nein,« rief der Wirt ganz kleinlaut, »ich gebe dir gern alles wieder, laß nur den verwünschten Kobold wieder in den Sack kriechen.« Da sprach der Geselle: »Ich will Gnade vor Recht ergehen lassen, aber hüte dich vor einem neuen Betrug.« Dann rief er: »Knüppel, in den Sack!«, und ließ ihn ruhen.

Der Drechsler zog am andern Morgen mit dem Tischchendeckdich und dem Goldesel heim zu seinem Vater. Der Schneider freute sich, als er ihn wiedersah, und fragte auch ihn, was er in der Fremde gelernt habe. »Lieber Vater«, antwortete er, »ich bin Drechsler geworden.« — »Ein kunstreiches Handwerk«, sagte der Vater, »was hast du von der Wanderschaft mitgebracht?« — »Ein kostbares Stück, lieber Vater«, antwortete der Sohn, »einen Knüppel in dem Sack.« — »Was!« rief der Vater. »Einen Knüppel! Das ist der Mühe wert! Den kannst du dir von jedem Baum abhauen.« — »Aber einen solchen nicht, Vater. Wenn ich sage: ›Knüppel, aus dem Sack‹, dann springt er heraus und führt mit jedem, der es nicht gut mit mir meint, einen bösen Tanz auf. Er gibt nicht eher Ruhe, als bis der Missetäter am Boden liegt und um gut Wetter bittet. Siehst du, mit diesem Knüppel habe ich das Tischchendeckdich und den Goldesel wiederbekommen, die der diebische Wirt meinen Brüdern abgenommen hatte. Jetzt laß die beiden rufen und lad alle Verwandten ein, ich will sie beköstigen und ihnen die Taschen mit Gold füllen.«

Der alte Schneider wollte dem nicht recht trauen, brachte aber doch die Verwandten zusammen. Der Drechsler legte in der Stube ein Tuch auf den Boden, führte den Goldesel herein und forderte seinen Bruder auf: »Nun, lieber Bruder, sprich du mit ihm.« Der Müller sagte: »Bricklebrit«, und augenblicklich sprangen die Goldstücke auf das Tuch, als käme ein

Platzregen, und der Esel hörte nicht eher auf, als bis alle so viel hatten, daß sie nicht mehr tragen konnten. (Ich sehe dir's an, du wärst auch gern dabeigewesen.)

Dann holte der Drechsler das Tischchen und sprach zu seinem zweiten Bruder: »Lieber Bruder, nun sprich du mit ihm.« Kaum hatte der Tischler »Tischchen, deck dich« gesagt, da war es mit den schönsten Schüsseln reichlich gedeckt. Das war ein Festessen, wie es der gute Schneider noch nie in seinem Haus erlebt hatte. Die ganze Verwandtschaft blieb bis in die Nacht beisammen, und alle waren lustig und vergnügt.

Der Schneider verschloß Nadel und Zwirn, Elle und Bügeleisen in einem Schrank und lebte mit seinen drei Söhnen in Freude und Herrlichkeit.

Aber was ist wohl aus der Ziege geworden, die schuld gewesen war, daß der Schneider seine drei Söhne fortgejagt hatte? Das will ich dir erzählen.

Die Ziege schämte sich, daß sie einen kahlen Kopf hatte, lief in eine Fuchshöhle und verkroch sich dort. Als der Fuchs nach Hause kam, funkelte ihm ein Paar große Augen aus der Dunkelheit entgegen, so daß er erschrak und wieder fortlief. Da begegnete ihm der Bär, und weil der Fuchs ganz verstört aussah, fragte er: »Was fehlt dir denn, Bruder Fuchs, was machst du für ein Gesicht?« — »Ach«, antwortete der Rotpelz, »ein grimmiges Tier sitzt in meiner Höhle und hat mich mit feurigen Augen angeglotzt.« — »Das werden wir vertreiben«, sprach der Bär, ging mit zur Höhle und schaute hinein. Als er aber die feurigen Augen erblickte, überkam ihn ebenfalls die Furcht. Er wollte mit dem grimmigen Tier nichts zu tun haben und nahm Reißaus.

Da traf er die Biene. Und weil sie merkte, daß es ihm in seiner Haut nicht wohl war, sprach sie: »Bär, du machst ja ein schrecklich verdrießliches Gesicht, wo ist deine Lustigkeit geblieben?« — »Du hast gut reden«, antwortete der Bär, »im Haus des Fuchses sitzt ein grimmiges Tier mit Glotzaugen, und wir können es nicht verjagen.« Die Biene sprach: »Du tust mir leid, Bär. Ich bin ein armes, schwaches Geschöpf, das ihr sonst nie beachtet, aber ich glaube doch, daß ich euch helfen kann.« Sie flog in die Fuchshöhle, setzte sich der Ziege auf den glatten, geschorenen Kopf und stach sie so gewaltig, daß sie aufsprang, »Mäh, mäh!« schrie und wie toll in die Welt hineinlief. Und niemand weiß bis heute, wo sie hingelaufen ist.

Läuschen und Flöhchen

Ein Läuschen und ein Flöhchen lebten zusammen in einem Haushalt und brauten das Bier in einer Eierschale. Da fiel das Läuschen hinein und verbrannte sich. Deshalb fing das Flöhchen laut an zu schreien. Da sprach die kleine Stubentür: »Was schreist du, Flöhchen?«

»Weil Läuschen sich verbrannt hat.«

Da fing das Türchen an zu knarren. Ein kleiner Besen in der Ecke sprach: »Was knarrst du, Türchen?«

»Soll ich nicht knarren?
Läuschen hat sich verbrannt,
Flöhchen weint.«

Da fing der kleine Besen an, entsetzlich zu kehren. Da kam ein Wägelchen vorbei und sprach: »Was kehrst du, kleiner Besen?«

»Soll ich nicht kehren?
Läuschen hat sich verbrannt,
Flöhchen weint,
Türchen knarrt.«

Da sprach das Wägelchen: »So will ich rennen«, und fing an, entsetzlich zu rennen. Da sprach das Mistchen, an dem es vorbeirannte: »Was rennst du, Wägelchen?«

»Soll ich nicht rennen?
Läuschen hat sich verbrannt,
Flöhchen weint,
Türchen knarrt,
Besenchen kehrt.«

Das Mistchen aber sprach: »So will ich entsetzlich brennen«, und fing an, mit heller Flamme zu brennen. Da stand ein Bäumchen neben dem kleinen Misthaufen, das sprach: »Mistchen, warum brennst du?«

»Soll ich nicht brennen?
Läuschen hat sich verbrannt,
Flöhchen weint,
Türchen knarrt,
Besenchen kehrt,
Wägelchen rennt.«

Da sprach das Bäumchen: »So will ich mich schütteln«, und fing an, sich so zu schütteln, daß all seine Blätter abfielen. Das sah ein Mädchen, das mit seinem Wasserkrügelchen herabkam, und sprach: »Bäumchen, was schüttelst du dich?«

»Soll ich mich nicht schütteln?
Läuschen hat sich verbrannt,
Flöhchen weint,
Türchen knarrt,
Besenchen kehrt,
Wägelchen rennt,
Mistchen brennt.«

Da sprach das Mädchen: »So will ich mein Wasserkrügelchen zerbrechen«, und zerbrach den Wasserkrug. Da sprach das Brünnlein, aus dem das Wasser quoll: »Mädchen, was zerbrichst du dein Wasserkrügelchen?«

»Soll ich mein Wasserkrügelchen nicht zerbrechen?
Läuschen hat sich verbrannt,
Flöhchen weint,
Türchen knarrt,
Besenchen kehrt,
Wägelchen rennt,
Mistchen brennt,
Bäumchen schüttelt sich.«

»Ei«, sagt das Brünnchen, »so will ich anfangen zu fließen«, und fing an, entsetzlich zu fließen. Und in dem Wasser ist alles ertrunken — das Mädchen, das Bäumchen, das Mistchen, das Wägelchen, das Türchen, das Flöhchen, das Läuschen, alles miteinander.

Daumesdick

s war einmal ein armer Bauer, der saß abends am Herd und schürte das Feuer, und die Frau saß und spann. Da sprach er: »Wie traurig ist es, daß wir keine Kinder haben! Es ist so still bei uns, und in den andern Häusern ist's so laut und lustig.« — »Ja«, antwortete die Frau und seufzte, »wenn's wenigstens ein einziges wäre, meinetwegen ein ganz kleines, nur so groß wie ein Daumen. Auch damit wäre ich schon zufrieden. Wir hätten es trotzdem von Herzen lieb.« Nun geschah es, daß die Frau zu kränkeln anfing und nach sieben Monaten ein Kind gebar, das zwar an allen Gliedern vollkommen, aber nicht länger als ein Daumen war. Da sprachen sie: »Es ist, wie wir es uns gewünscht haben, und wir wollen es lieb haben«, und nannten es nach seiner Gestalt Daumesdick. Sie ließen es dem Kind nicht an Nahrung fehlen, aber es wurde nicht größer, sondern blieb, wie es in der ersten Stunde gewesen war. Aber es schaute so verständig drein und erwies sich bald als ein kluges und behendes Ding, dem alles glückte, was es anfing.

Der Bauer rüstete sich eines Tages zum Holzfällen in den Wald, da sprach er so vor sich hin: »Wenn ich nur einen hätte, der mir mit dem Wagen nachkäme.« — »O Vater«, rief Daumesdick, »den Wagen bringe ich schon, verlaß dich drauf, er soll zur rechten Zeit im Wald sein.« Da lachte der Vater und sprach: »Wie willst du das anstellen, du bist doch viel zu klein, um das Pferd am Zügel zu führen.« — »Das macht nichts, Vater. Aber die Mutter muß anspannen. Ich setze mich dem Pferd ins Ohr und rufe ihm zu, wie es gehen soll.« — »Nun«, antwortete der Vater, »einmal können wir's versuchen.«

Als es soweit war, spannte die Mutter an und setzte Daumesdick ins Ohr des Pferdes. Dann rief der Kleine, wie das Pferd gehen sollte: »Jüh und joh! hott und har!« Das ging so gut wie mit einem echten Kutscher, und der Wagen fuhr den richtigen Weg zum Wald. Als er gerade um eine Ecke bog und der Kleine »Har, har!« rief, kamen zwei fremde Männer des Wegs.

»Mein Gott«, sprach der eine, »was ist denn das? Da fährt ein Wagen, und ein Fuhrmann ruft dem Pferd etwas zu, und trotzdem ist niemand zu sehen.« — »Das geht nicht mit rechten Dingen zu«, sagte der andere, »wir wollen dem Gespann folgen und sehen, wo es anhält.« Der Wagen aber fuhr in den Wald und direkt zu dem Platz, wo das Holz gehauen wurde. Als Daumesdick seinen Vater erblickte, rief er ihm zu. »Siehst du, Vater, da bin ich mit dem Wagen, nun hol mich herunter.« Der Vater faßte das Pferd mit der

Linken und holte mit der Rechten sein Söhnlein aus dem Ohr, das sich ganz lustig auf einen Strohhalm niedersetzte.

Als die beiden fremden Männer den Daumesdick erblickten, wußten sie vor Verwunderung nicht, was sie sagen sollten. Der eine nahm den andern beiseite und sprach: »Der kleine Kerl könnte unser Glück bedeuten, wenn wir ihn in einer großen Stadt für Geld sehen ließen; wir wollen ihn kaufen.« Sie gingen zu dem Bauer und sprachen: »Verkaufen Sie uns den kleinen Mann, er soll's gut bei uns haben.« — »Nein«, antwortete der Vater, »es ist mein Herzblatt; ich gebe ihn für alles Gold der Welt nicht her.« Als Daumesdick von dem Handel hörte, kletterte er an seinem Vater hinauf, stellte sich auf seine Schulter und wisperte ihm ins Ohr: »Vater, verkauf mich ruhig, ich komme schon wieder zurück.« Da verkaufte ihn der Vater für ein schönes Stück Geld an die beiden Männer.

»Wo willst du sitzen?« sprachen sie zu ihm. »Ach, setzt mich nur auf den Rand eures Huts, da kann ich auf und ab spazieren und die Gegend betrachten und falle doch nicht herunter.« Sie taten ihm den Willen, und als Daumesdick Abschied von seinem Vater genommen hatte, machten sie sich mit ihm fort. Sie gingen, bis es dämmrig wurde; da sprach der Kleine: »Hebt mich einmal herunter, ich muß mal.« — »Bleib nur droben«, sprach der Mann, auf dessen Kopf er saß, »mir macht das nichts aus, die Vögel lassen mir auch manchmal was drauffallen.« — »Nein«, sprach Daumesdick, »ich weiß auch, was sich schickt; hebt mich nur geschwind herunter.« Der Mann nahm den Hut ab und setzte den Kleinen auf einen Acker am Weg. Der hüpfte und kroch ein wenig zwischen den Schollen hin und her und schlüpfte dann plötzlich in ein Mauseloch. »Einen schönen guten Abend, meine Herren, geht nur ohne mich heim«, rief er ihnen zu und lachte sie aus. Sie stachen mit Stöcken in das Mauseloch, aber das war vergebliche Mühe; Daumesdick kroch immer weiter zurück, und weil es schon fast ganz dunkel war, mußten sie verärgert und mit leerem Beutel nach Hause wandern.

Als Daumesdick merkte, daß sie fort waren, kroch er aus dem unterirdischen Gang. »Es ist zu gefährlich, in der Finsternis über den Acker zu gehen«, sprach er zu sich, »wie leicht bricht man sich dabei Hals und Bein!« Zum Glück stieß er an ein leeres Schneckenhaus. »Gottlob«, sagte er, »da bin ich für die Nacht sicher«, und setzte sich hinein.

Nicht lange darauf, als er eben einschlafen wollte, hörte er zwei Männer vorübergehen. Einer von ihnen sprach: »Wie könnten wir nur an das Geld und Silber des reichen Pfarrers herankommen?« — »Das könnt' ich euch sagen«, rief Daumesdick dazwischen. »Was war das?« sprach der eine Dieb erschrocken. »Ich hörte jemand sprechen.« Sie blieben stehen und horchten, da sprach Daumesdick wieder: »Nehmt mich mit, dann will ich euch

helfen.« — »Wo bist du denn?« — »Sucht nur auf der Erde und paßt auf, wo die Stimme herkommt«, antwortete er. Endlich fanden ihn die Diebe und hoben ihn in die Höhe. »Du kleiner Wicht, wie willst du uns schon helfen!« sprachen sie. »Seht«, antwortete er, »ich krieche zwischen den Eisenstäben in die Stube des Pfarrers und reiche euch heraus, was ihr haben wollt.« — »Prima«, sagten sie, »wir wollen sehen, was du kannst.«

Als sie zum Pfarrhaus kamen, kroch Daumesdick in die Stube, schrie aber gleich aus Leibeskräften: »Wollt ihr alles haben, was hier ist?« Die Diebe erschraken und sagten: »Sprich doch leise, damit niemand aufwacht.« Aber Daumesdick tat, als hätte er sie nicht verstanden, und schrie von neuem: »Was wollt ihr? Wollt ihr alles haben, was hier ist?« Das hörte die Köchin, die in der Stube nebenan schlief, richtete sich im Bett auf und horchte. Die Diebe aber waren vor Schrecken ein Stück zurückgelaufen. Endlich faßten sie wieder Mut und dachten: »Der kleine Kerl will uns nekken.« Sie kamen zurück und flüsterten ihm zu: »Nun mach Ernst und reich uns etwas heraus.« Da schrie Daumesdick noch einmal, so laut er konnte: »Ich will euch ja alles geben, reicht nur die Hände herein.« Das hörte die lauschende Magd ganz deutlich, sie sprang aus dem Bett und stolperte zur Tür herein. Die Diebe liefen fort und rannten, als wäre der Wilde Jäger hinter ihnen her. Als die Magd nichts bemerken konnte, ging sie ein Licht anzünden. Wie sie damit hereinkam, machte sich Daumesdick unbemerkt hinaus in die Scheune. Die Magd durchsuchte alle Winkel, und weil sie nichts gefunden hatte, legte sie sich wieder zu Bett und glaubte, sie hätte nur mit offenen Augen und Ohren geträumt.

Daumesdick war im Heu herumgeklettert und hatte einen schönen Platz zum Schlafen gefunden. Dort wollte er sich ausruhen, bis es Tag würde, und dann heim zu seinen Eltern gehen. Aber er mußte etwas anderes erfahren! Ja, es gibt viel Kummer und Not auf der Welt! Als der Tag graute, stieg die Magd schon aus dem Bett, um das Vieh zu füttern. Ihr erster Gang war in die Scheune, wo sie einen Armvoll Heu packte. Zu allem Unglück gerade das, wo der arme Daumesdick lag und schlief. Er schlief aber so fest, daß er nichts merkte und erst aufwachte, als er im Maul der Kuh war, die ihn mit dem Heu aufgerafft hatte.

»Ach Gott«, rief er, »wie bin ich nur in die Walkmühle geraten!«, merkte aber bald, wo er wirklich war. Da hieß es aufpassen, daß er nicht zwischen die Zähne kam und zermalmt wurde. Dann mußte er doch noch mit in den Magen hinabrutschen. »In dem Stübchen hat man die Fenster vergessen«, sprach er, »und es scheint keine Sonne herein; ein Licht wird auch nicht gebracht.« Überhaupt gefiel ihm das Quartier schlecht, und was das schlimmste war, es kam immer neues Heu, und der Platz wurde immer enger. Da rief er endlich vor Angst so laut er konnte: »Bringt mir kein frisches Futter mehr, bringt mir kein frisches Futter mehr.«

Die Magd melkte gerade die Kuh, und als sie sprechen hörte, ohne jemand zu sehen, und es dieselbe Stimme war, die sie in der Nacht gehört hatte, erschrak sie so, daß sie von ihrem Hocker rutschte und die Milch verschüttete. Sie lief in größter Hast zu ihrem Herrn und rief: »Ach Gott, Herr Pfarrer, die Kuh hat geredet.« — »Du bist verrückt«, antwortete der Pfarrer, ging aber doch selbst in den Stall und wollte nachsehen, was es da gäbe. Kaum aber hatte er den Fuß in den Stall gesetzt, rief Daumesdick aufs neue: »Bringt mir kein frisches Futter mehr, bringt mir kein frisches Futter mehr.« Da erschrak auch der Pfarrer. Er glaubte, ein böser Geist sei in die Kuh gefahren, und hieß sie töten. Sie wurde geschlachtet, der Magen aber, in dem Daumesdick steckte, auf den Mist geworfen.

Daumesdick hatte große Mühe, sich hindurchzuarbeiten, doch brachte er's so weit, daß er Platz bekam, aber als er eben seinen Kopf herausstecken wollte, ereilte ihn ein neues Unglück. Ein hungriger Wolf kam gelaufen und verschlang den ganzen Magen auf einmal. Daumesdick verlor den Mut nicht: »Vielleicht«, dachte er, »läßt der Wolf mit sich reden«, und rief ihm aus dem Bauch zu: »Lieber Wolf, ich weiß von einem herrlichen Futter.« — »Wo ist das zu holen?« sprach der Wolf. »In dem und dem Haus, da mußt du durch die Gosse hineinkriechen und wirst Kuchen, Speck und Wurst finden, soviel du essen willst«, und er beschrieb ihm genau seines Vaters Haus.

Der Wolf ließ sich das nicht zweimal sagen und fraß in der Vorratskammer nach Herzenslust. Als er satt war, wollte er wieder fort, aber er war so dick geworden, daß er auf demselben Weg nicht wieder hinaus konnte. Darauf hatte Daumesdick gesetzt und fing an, im Bauch des Wolfs einen gewaltigen Lärm zu machen. Er tobte und schrie, was er konnte.

»Willst du still sein«, sprach der Wolf, »du weckst die Leute auf.« — »Ei was«, antwortete der Kleine, »du hast dich satt gefressen, ich will mich auch vergnügen«, und fing von neuem an, aus allen Kräften zu schreien. Davon erwachten endlich sein Vater und seine Mutter, liefen zu der Kammer und schauten durch den Spalt hinein. Wie sie sahen, daß ein Wolf darin hauste, liefen sie davon, und der Mann holte die Axt und die Frau die Sense.

»Bleib hinter mir«, sprach der Mann, als sie in die Kammer traten, »wenn ich ihm einen Schlag gegeben habe und er davon noch nicht tot ist, mußt du auf ihn einschlagen und ihm den Leib zerschneiden.« Da hörte Daumesdick die Stimme seines Vaters und rief: »Lieber Vater, ich bin hier, ich stecke im Bauch des Wolfes.« Da sprach der Vater voll Freude: »Gottlob, unser liebes Kind hat sich wiedergefunden.« Die Frau mußte die Sense wegtun, um Daumesdick nicht zu gefährden. Dann holte er aus und versetzte dem Wolf einen solchen Schlag auf den Kopf, daß er tot niederstürzte. Dann suchten sie Messer und Schere, schnitten ihm den Leib auf und zogen den Kleinen wieder hervor.

»Ach«, sprach der Vater, »was haben wir für Sorgen um dich ausgestanden!« — »Ja, Vater, ich bin viel in der Welt herumgekommen; gottlob, daß ich wieder an der frischen Luft bin!« — »Wo bist du denn überall gewesen?« — »Ach, Vater, ich war in einem Mauseloch, im Bauch einer Kuh und im Wanst eines Wolfes; nun bleib' ich bei euch.« — »Und wir verkaufen dich für alle Reichtümer der Welt nicht wieder«, sprachen die Eltern. Sie herzten und küßten ihren lieben Daumesdick. Sie gaben ihm zu essen und zu trinken und ließen ihm neue Kleider machen, denn seine alten hatten auf der Reise zu stark gelitten.

Das Bäuerlein im Himmel

Es war einmal ein armes, frommes Bäuerlein gestorben und wanderte, bis es zur Himmelspforte kam. Zur gleichen Zeit stand da aber ein schrecklich reicher Herr und wollte auch in den Himmel. Da kam der heilige Petrus mit dem Schlüssel, schloß auf und ließ den Herrn ein. Dabei schien es, als hätte er das Bäuerlein gar nicht gesehen, denn er machte die Pforte sofort wieder zu. Das Bäuerlein hörte draußen vor dem Tor, mit welcher Freude der reiche Herr im Himmel aufgenommen wurde, wie sie drinnen zu seinem Willkommen spielten und sangen.

Als drinnen alles wieder still geworden war, kam der heilige Petrus und öffnete die Himmelspforte, damit das Bäuerlein eintreten konnte. Das meinte, es würde nun auch mit Musik und Gesang empfangen, aber alles war still. Es wurde freilich mit aller Liebe aufgenommen; die Engel kamen ihm entgegengeflogen — aber gesungen hat niemand.

Da fragte das Bäuerlein den heiligen Petrus, wie das komme, daß niemand es mit Gesang begrüße, wie den reichen Herrn. »Hier im Himmel«, merkte es an, »scheint es offenbar genauso parteiisch zuzugehen wie auf Erden.«

»Ach, woher, glaub das ja nicht«, erwiderte der heilige Petrus, »du bist uns hier genauso lieb wie alle andern und darfst alle himmlischen Freuden genießen wie der reiche Mann. Aber überlege einmal: So arme Bäuerlein, wie du eines bist, die kommen alle Tage in den Himmel; so ein reicher Herr aber ist eine Seltenheit, von denen kommt alle hundert Jahre kaum mal einer!«

DIE WICHTELMÄNNER

Erstes Märchen

in Schuster war ohne eigenes Verschulden so arm geworden, daß ihm endlich nichts mehr übriggeblieben war als Leder zu einem einzigen Paar Schuhe. Er schnitt am Abend die Schuhe zu und wollte sie am nächsten Morgen in Arbeit nehmen. Und weil er ein gutes Gewissen hatte, legte er sich ruhig zu Bett, befahl sich dem lieben Gott und schlief ein.

Morgens, nachdem er sein Gebet verrichtet hatte und sich zur Arbeit niedersetzen wollte, sah er die beiden Schuhe fix und fertig auf seinem Tisch stehen. Vor Verwunderung wußte er nicht, was er dazu sagen sollte. Er nahm die Schuhe in die Hand, um sie näher zu betrachten; sie waren ganz sauber gearbeitet; kein Stich daran war falsch, genauso, als hätte es ein Meisterstück sein sollen.

Bald darauf trat auch schon ein Käufer ein, und weil ihm die Schuhe so gut gefielen, so bezahlte er mehr als gewöhnlich dafür, und der Schuster konnte von dem Geld Leder für zwei Paar Schuhe erstehen. Er schnitt sie abends zu und wollte den nächsten Morgen mit frischem Mut an die Arbeit gehen. Aber er brauchte es nicht, denn als er aufstand, waren sie schon fertig. Und auch die Käufer blieben nicht aus. Sie gaben ihm so viel Geld, daß er Leder für vier Paar Schuhe einkaufen konnte.

Er fand frühmorgens auch die vier Paar fertig. So ging's immer fort; was er abends zuschnitt, das war am Morgen verarbeitet. Bald hatte er wieder sein ehrliches Auskommen und wurde endlich ein wohlhabender Mann.

Nun geschah es eines Abends nicht lange vor Weihnachten, als der Mann wieder Leder zugeschnitten hatte, daß er vor dem Schlafengehen zu seiner Frau sprach: »Wie wär's, wenn wir diese Nacht aufblieben, um zu sehen, wer uns so hilfreich zur Hand geht?« Die Frau war einverstanden und steckte ein Licht an; darauf verbargen sie sich in den Stubenecken, hinter den Kleidern, die dort hingen, und warteten. Um Mitternacht kamen zwei niedliche kleine nackte Männlein, setzten sich an des Schusters Tisch, nahmen alle zugeschnittene Arbeit und fingen an, mit ihren kleinen Fingern so behend und schnell zu stechen, zu nähen und zu klopfen, daß der Schuster vor Erstaunen die Augen nicht abwenden konnte. Sie hörten nicht eher auf, als bis alles fertig auf dem Tisch stand. Dann liefen sie schnell fort.

Am andern Morgen sprach die Frau: »Die kleinen Männer haben uns reich gemacht,

wir müßten uns doch dankbar dafür erweisen. Sie laufen so herum, haben nichts am Leib und müssen frieren. Weißt du was? Ich will ihnen Hemdchen, Jäckchen, Mäntelchen und Höschen nähen und für jeden ein Paar Strümpfchen stricken. Mach du jedem ein Paar Schühchen dazu.« Der Mann war damit einverstanden. Und abends, als sie alles fertig hatten, legten sie die Geschenke statt der zugeschnittenen Arbeit auf den Tisch und versteckten sich dann, um mit anzusehen, wie sich die Männlein verhalten würden.

Um Mitternacht kamen sie gelaufen und wollten sich gleich an die Arbeit machen. Als sie aber kein zugeschnittenes Leder, sondern die niedlichen Kleidungsstücke fanden, wunderten sie sich erst, dann aber freuten sie sich riesig. Mit größter Schnelligkeit zogen sie sich an, strichen die schönen Kleider am Leib glatt und sangen:

»Sind wir nicht Knaben, glatt und fein?
Was sollen wir länger Schuster sein!«

Dann hüpften und tanzten sie herum und sprangen über Stühle und Bänke. Endlich tanzten sie zur Tür hinaus. Von nun an kamen sie nicht wieder. Dem Schuster aber ging es gut, solange er lebte, und es glückte ihm alles, was er unternahm.

Zweites Märchen

Es war einmal ein armes Dienstmädchen, das war fleißig und reinlich, kehrte alle Tage das Haus und schüttete das Kehricht auf einen großen Haufen vor die Tür. Als es eines

Morgens wieder an die Arbeit gehen wollte, fand es einen Brief darauf liegen, und weil es nicht lesen konnte, stellte es den Besen in die Ecke und brachte den Brief seiner Herrschaft.

Das war eine Einladung von den Wichtelmännern, die das Mädchen baten, ihnen ein Kind aus der Taufe zu heben. Das Mädchen wußte nicht, was es tun sollte. Endlich, auf vieles Zureden seiner Herrschaft und weil sie ihm sagten, so etwas dürfe man nicht abschlagen, willigte es ein. Da kamen drei Wichtelmänner und führten es in einen hohlen Berg, wo die Kleinen lebten. Alles war hier klein, aber so zierlich und prächtig, wie es sich nicht beschreiben läßt. Die junge Mutter lag in einem Bett aus schwarzem Ebenholz mit Knöpfen von Perlen; die Decken waren mit Gold bestickt, die Wiege war aus Elfenbein und die Badewanne aus Gold. Das Mädchen wurde Taufpatin und wollte dann wieder nach Hause gehen. Die Wichtelmänner aber baten es inständig, drei Tage bei ihnen zu bleiben. Es blieb und verlebte die Zeit in Lust und Freude, und die Kleinen taten alles, was es sich wünschte. Endlich wollte es sich auf den Rückweg machen. Die Wichtel steckten ihm die Taschen voll Gold und führten es wieder aus dem Berg.

Als es nach Hause kam, wollte es seine Arbeit wieder aufnehmen, nahm den Besen in die Hand, der noch in der Ecke stand, und fing an zu kehren. Da kamen fremde Leute aus dem Haus und fragten, wer es sei und was es da zu tun habe. Da stellte es fest, daß es nicht drei Tage, wie es geglaubt hatte, sondern sieben Jahre bei den kleinen Männern im Berg gewesen war. Seine vorige Herrschaft war in der Zeit gestorben.

Drittes Märchen

Wichtelmänner hatten einer Mutter ihr Kind aus der Wiege geholt und einen Wechselbalg mit dickem Kopf und starren Augen hineingelegt, der nichts als essen und trinken wollte.

In ihrer Not ging sie zu ihrer Nachbarin und fragte sie um Rat. Die Nachbarin sagte, sie sollte den Wechselbalg in die Küche tragen, auf den Herd setzen, Feuer anmachen und in zwei Eierschalen Wasser kochen; das bringe den Wechselbalg zum Lachen, und wenn er lache, dann sei es aus mit ihm. Die Frau tat alles, wie die Nachbarin gesagt hatte. Wie sie die Eierschalen mit Wasser über das Feuer setzte, sprach der Klotzkopf:

»Nun bin ich so alt
Wie der Westerwald
Und hab' nicht gesehen,
Daß jemand in Schalen kocht.«

Er fing an, darüber zu lachen. Als er lachte, kam auf einmal eine Menge Wichtelmänner und brachte das richtig Kind. Sie setzten es auf den Herd und nahmen den Wechselbalg wieder mit.

Dornröschen

orzeiten lebten ein König und eine Königin, die sprachen jeden Tag: »Ach, wenn wir doch ein Kind hätten«, aber sie wünschten es sich vergebens. Als die Königin einmal im Bad saß, kam ein Frosch aus dem Wasser ans Land gekrochen und sprach zu ihr: »Dein Wunsch wird sich erfüllen. Bevor ein Jahr vergeht, wirst du eine Tochter zur Welt bringen.«

Was der Frosch gesagt hatte, das geschah. Die Königin gebar ein Mädchen, das war so schön, daß sich der König vor Freude nicht zu lassen wußte und ein großes Fest veranstaltete. Er lud nicht bloß seine Verwandten, Freunde und Bekannten, sondern auch die weisen Frauen dazu ein, damit sie dem Kind hold und gewogen wären. Es waren dreizehn, die in seinem Reich lebten. Weil er aber nur zwölf goldene Teller hatte, von welchen sie essen sollten, so mußte eine von ihnen daheim bleiben.

Das Fest wurde mit aller Pracht gefeiert, und als es zu Ende ging, beschenkten die weisen Frauen das Kind mit ihren Wundergaben: die eine mit Tugend, die andere mit Schönheit, die dritte mit Reichtum und so mit allem, was auf der Welt wünschenswert ist. Als elf ihre Sprüche gesagt hatten, trat plötzlich die dreizehnte herein. Sie wollte sich dafür rächen, daß sie nicht eingeladen war, und rief, ohne jemand zu grüßen oder nur anzusehen, mit lauter Stimme: »Die Königstochter soll sich in ihrem fünfzehnten Jahr an einer Spindel stechen und tot umfallen.« Und ohne ein Wort weiter zu sprechen, drehte sie sich um und verließ den Saal. Alle waren erschrocken, da trat die zwölfte hervor, die ihren Wunsch noch übrig hatte. Und weil sie den bösen Spruch nicht aufheben, sondern ihn nur mildern konnte, sagte sie: »Es soll aber kein Tod sein, sondern ein hundertjähriger tiefer Schlaf, in den die Königstochter fällt.«

Der König, der sein liebes Kind vor dem Unglück bewahren wollte, erließ den Befehl, alle Spindeln im ganzen Königreich zu verbrennen. An dem Mädchen aber erfüllten sich alle Gaben der weisen Frauen; denn es war so schön, sittsam, freundlich und verständig, daß es jeder, der es ansah, liebhaben mußte.

Es geschah, daß der König und die Königin an dem Tage, an dem es gerade fünfzehn Jahre alt wurde, nicht zu Hause waren und das Mädchen ganz allein im Schloß zurückblieb. Da ging es überall herum, besah sich Stuben und Zimmer, wie es Lust hatte, und kam endlich auch an einen alten Turm. Es stieg die enge Wendeltreppe hinauf und gelangte zu einer

kleinen Tür. Es drehte den verrosteten Schlüssel im Schloß um, und die Tür sprang auf. Da saß in einem kleinen Stübchen eine alte Frau mit einer Spindel und spann emsig ihren Flachs. »Guten Tag, Mütterchen«, sprach die Königstochter, »was machst du da?« — »Ich spinne«, sagte die Alte und nickte mit dem Kopf. »Was ist das für ein Ding, das so lustig herumspringt?« sprach das Mädchen, nahm die Spindel und wollte auch spinnen. Kaum hatte es die Spindel angerührt, stach es sich damit in den Finger, und der Zauberspruch ging in Erfüllung.

In dem Augenblick aber, als es den Stich empfand, sank es auf das Bett, das in der Stube stand, und fiel in einen tiefen Schlaf. Und dieser Schlaf verbreitete sich über das ganze Schloß; der König und die Königin, die eben heimgekommen und in den Saal getreten waren, fingen an einzuschlafen und der ganze Hofstaat mit ihnen. Da schliefen auch die Pferde im Stall, die Hunde im Hof, die Tauben auf dem Dach, die Fliegen an der Wand, ja, sogar das Feuer, das auf dem Herd flackerte, wurde still und schlief ein, und der Braten hörte auf zu brutzeln, und der Koch, der den Küchenjungen wegen eines Versehens an den Haaren ziehen wollte, ließ ihn los und schlief. Und der Wind legte sich, und an den Bäumen vor dem Schloß regte sich kein Blättchen mehr.

Rings um das Schloß aber begann eine Dornenhecke zu wachsen, die jedes Jahr höher wurde und endlich das ganze Schloß umzog und darüber hinauswuchs, so daß gar nichts mehr davon zu sehen war, nicht einmal die Fahne auf dem Dach. In dem Land aber ging die Sage von dem schönen schlafenden Dornröschen, wie man die Königstochter nannte. Von Zeit zu Zeit kamen Königssöhne und wollten sich durch die Hecke in das Schloß hindurchkämpfen. Es war ihnen aber nicht möglich, denn die Dornen hielten zusammen, als hätten sie Hände. Die Jünglinge blieben darin hängen,

konnten sich nicht wieder losmachen und mußten eines jämmerlichen Todes sterben.

Nach langen, langen Jahren kam wieder einmal ein Königssohn in das Land und hörte, wie ein alter Mann erzählte, hinter der Dornenhecke stehe ein Schloß, in dem eine wunderschöne Königstochter, Dornröschen genannt, schon seit hundert Jahren schlafe, und mit ihr schliefen der König und die Königin und der ganze Hofstaat. Er wußte auch von seinem Großvater, daß schon viele Königssöhne versucht hatten, durch die Dornenhecke zu dringen, aber sie seien darin hängengeblieben und eines traurigen Todes gestorben. Da sprach der Jüngling: »Ich fürchte mich nicht, ich will das schöne Dornröschen sehen.« Der gute Alte mochte ihm abraten, wie er wollte, der junge Mann hörte nicht auf seine Worte.

Nun waren aber gerade die hundert Jahre verflossen, und der Tag war gekommen, an dem Dornröschen wieder aufwachen sollte. Als sich der Königssohn der Dornenhecke näherte, waren es lauter große, schöne Blumen, die traten von selbst auseinander und ließen ihn unversehrt hindurch. Hinter ihm schlossen sie sich wieder zu einer Hecke. Im Schloßhof sah er die Pferde und scheckigen Jagdhunde liegen und schlafen, auf dem

Dach saßen die Tauben und hatten die Köpfchen unter die Flügel gesteckt. Und als er ins Haus kam, schliefen die Fliegen an der Wand, der Koch in der Küche hielt noch die Hand, als wollte er den Jungen anpacken, und die Magd saß vor dem schwarzen Huhn, das gerupft werden sollte. Er ging weiter und sah im Saal den ganzen Hofstaat liegen und schlafen. Oben neben dem Thron lagen der König und die Königin. Alles war so still, daß man seinen eigenen Atem hören konnte.

Endlich kam er zu dem Turm und öffnete die Tür zu der kleinen Stube, in der Dornröschen schlief. Es war so schön, daß er die Augen nicht von ihm abwenden konnte. Er beugte sich herab und gab ihm einen Kuß. Wie er es mit seinem Mund berührte, schlug Dornröschen die Augen auf, erwachte und blickte ihn ganz freundlich an. Dann gingen sie zusammen hinunter. Der König erwachte, ebenso die Königin und der ganze Hofstaat, und sie sahen sich mit großen Augen an. Und die Pferde im Hof standen auf und rüttelten sich; die Jagdhunde sprangen auf und wedelten mit den Schwänzen; die Tauben auf dem Dach zogen die Köpfchen unter den Flügeln hervor, sahen sich um und flogen ins Feld; die Fliegen an den Wänden krochen weiter, das Feuer in der Küche erhob sich, flackerte und kochte das Essen; der Braten fing wieder an zu brutzeln; und der Koch gab dem Jungen eine Ohrfeige, daß er schrie; und die Magd rupfte das Huhn fertig. Und da wurde die Hochzeit des Königssohns mit Dornröschen in aller Pracht gefeiert, und sie lebten vergnügt bis an ihr Ende.

Der Fuchs und die Gänse

er Fuchs kam einmal auf eine Wiese, wo eine Schar schöner, fetter Gänse saß, da lachte er und sprach: »Ich komme ja wie gerufen, ihr sitzt so schön beisammen, da kann ich eine nach der andern auffressen.« Die Gänse gackerten vor Schrecken, sprangen auf, fingen an zu jammern und kläglich um ihr Leben zu bitten. Auf den Fuchs aber machte das keinen Eindruck. Er sprach: »Da kenne ich keine Gnade, ihr müßt sterben.«

Endlich faßte sich eine von ihnen ein Herz und sagte: »Wenn wir armen Gänse sowieso unser junges, frisches Leben lassen sollen, so erweise uns wenigstens die letzte Gnade und erlaube uns noch ein Gebet, damit wir nicht sündenbeladen sterben. Danach wollen wir uns in einer Reihe aufstellen, damit du dir immer die fetteste aussuchen kannst.« — »Ja«, sagte der Fuchs, »das ist recht und billig und eine fromme Bitte; betet, ich will solange warten.« Also fing die erste ein recht langes Gebet an, immer »ga! ga!«, und weil sie gar nicht aufhören wollte, wartete die zweite nicht, bis die Reihe an sie kam, sondern fing auch ihr »ga! ga!« an. Die dritte und vierte folgten, und bald gackerten sie alle zusammen.

(Und wenn sie ausgebetet haben, erzähle ich das Märchen weiter. Sie beten aber immer noch.)

DER ALTE SULTAN

s war einmal ein Bauer, der hatte einen treuen Hund, der Sultan hieß. Der war alt geworden und hatte alle Zähne verloren, so daß er nichts mehr fest packen konnte. Eines Tages stand der Bauer mit seiner Frau vor der Haustür und sprach: »Den alten Sultan erschieß' ich morgen, der ist zu nichts mehr nütze.« Die Frau, die Mitleid mit dem treuen Tier hatte, antwortete: »Er hat uns so lange Jahre gedient und ehrlich zu uns gehalten, da könnten wir ihm doch wohl das Gnadenbrot geben.« — »Ach was«, sagte der Mann, »du bist nicht recht gescheit. Er hat keinen Zahn mehr im Maul, und kein Dieb fürchtet sich vor ihm, wir brauchen ihn nicht mehr. Er hat uns gedient, aber er hat auch sein gutes Fressen dafür gekriegt.«

Der arme Hund hatte alles mit angehört und war traurig, daß morgen sein letzter Tag sein sollte. Er hatte einen guten Freund, den Wolf, zu dem schlich er abends hinaus in den Wald und klagte über das Schicksal, das ihm bevorstand. »Höre«, sprach der Wolf, »Kopf hoch, ich habe eine Idee. Morgen in aller Frühe geht dein Herr mit seiner Frau ins Heu. Sie nehmen ihr kleines Kind mit, weil niemand im Haus zurückbleibt. Sie pflegen das Kind während der Arbeit hinter die Hecke in den Schatten zu legen; lege dich daneben, als wolltest du es bewachen. Ich raube das Kind; du mußt mir schnell hinterherlaufen, als wolltest du es mir wieder abjagen. Ich lasse es fallen, und du bringst es den Eltern wieder zurück; die glauben dann, du hättest es gerettet. Sie sind viel zu dankbar, du hast dann bei ihnen wieder Kredit, und sie werden es dir an nichts mehr fehlen lassen.«

Wie der Anschlag ausgedacht war, so wurde er auch ausgeführt. Der Vater schrie, als er den Wolf mit seinem Kind durchs Feld davonlaufen sah, als es aber der alte Sultan zurückbrachte, da war er glücklich, streichelte ihn und sagte: »Dir soll kein Härchen gekrümmt werden, du sollst das Gnadenbrot essen, solange du lebst.« Zu seiner Frau aber sprach er: »Geh gleich heim und koche dem alten Sultan einen Brotbrei, den braucht er nicht zu beißen, und bring das Kopfkissen aus meinem Bett, das schenk' ich ihm als Lager.« Von nun an hatte es der alte Sultan so gut, wie er sich's nur wünschen konnte.

Bald darauf besuchte er den Wolf und freute sich, daß alles so gut gelungen war. »Gevatter«, sagte der, »du wirst dann sicher auch ein Auge zudrücken, wenn ich deinem Herrn ein fettes Schaf weghole. Heutzutage ist es schwer, sich durchzuschlagen.« — »Damit brauchst du gar nicht zu rechnen«, antwortete der Hund, »meinem Herrn bleibe ich treu, das darf ich nicht zulassen.« Der Wolf dachte, er meinte das nicht im Ernst, kam in der Nacht und wollte sich das Schaf holen. Aber der Bauer, dem der treue Sultan das Vorhaben des Wolfes verraten hatte, lauerte ihm auf und gerbte ihm mit dem Dreschflegel tüchtig das Fell. Der Wolf mußte ausreißen, schrie aber dem Hund zu: »Warte, du falscher Freund, das sollst du mir büßen.«

Am Morgen schickte der Wolf das Wildschwein und ließ den Hund hinaus in den Wald bestellen, denn er wollte dort mit ihm die Rechnung begleichen. Der alte Sultan konnte keinen anderen Sekundanten finden als eine Katze, die nur drei Beine hatte, und als sie zusammen hinausgingen, humpelte die arme Katze und streckte dabei vor Schmerz den Schwanz in die Höhe. Der Wolf und sein Sekundant hielten den aufgerichteten Schwanz für einen Säbel. Und wie das arme Tier so auf drei Beinen hüpfte, dachte der Wolf, der Hund hebe einen Stein auf, um nach ihm zu werfen.

Das Wildschwein verkroch sich vor Angst im Laub, und der Wolf sprang auf einen Baum. Das Wildschwein aber hatte sich im Laub nicht ganz verstecken können, sondern die Ohren ragten noch heraus. Während die Katze sich bedächtig umschaute, bewegte das Schwein seine Ohren. Die Katze hielt sie für eine Maus, sprang darauf zu und biß herzhaft hinein. Da lief das Schwein fort und rief: »Dort auf dem Baum, da sitzt der Schuldige.« Der Hund und die Katze schauten hinauf und erblickten den Wolf. Der schämte sich und nahm das Friedensangebot des Hundes an.

SCHNEEWITTCHEN

s war einmal mitten im Winter. Die Schneeflocken fielen wie Federn vom Himmel. Da saß eine Königin an einem Fenster mit einem Rahmen aus schwarzem Ebenholz und nähte. Und wie sie so nähte und hinaus in den Schnee blickte, stach sie sich mit der Nadel in den Finger, und es fielen drei Tropfen Blut in den Schnee. Und weil das Rote im weißen Schnee so schön aussah, dachte sie bei sich: »Hätt' ich doch ein Kind, so weiß wie Schnee, so rot wie Blut und so schwarz wie das Holz dieses Rahmens.« Bald darauf bekam sie eine kleine Tochter, die war so weiß wie Schnee, so rot wie Blut und so schwarzhaarig wie Ebenholz und wurde deshalb Schneewittchen genannt. Und wie das Kind geboren war, starb die Königin.

Ein Jahr darauf nahm sich der König eine andere Gemahlin. Es war eine schöne Frau, aber sie war stolz und hochmütig und konnte nicht ertragen, daß jemand sie an Schönheit übertreffen sollte. Sie hatte einen Wunderspiegel; wenn sie vor ihn trat, sich darin beschaute und fragte:
»Spieglein, Spieglein an der Wand,
Wer ist die Schönste im ganzen Land?«,
so antwortete der Spiegel:
»Frau Königin, Ihr seid die Schönste im Land.«

Da war sie zufrieden, denn sie wußte, daß der Spiegel die Wahrheit sprach.

Schneewittchen aber wuchs heran und wurde immer schöner, und als es sieben Jahre alt war, war es so schön wie der klare Tag und schöner als die Königin selbst. Als diese einmal ihren Spiegel fragte:
»Spieglein, Spieglein an der Wand,
Wer ist die Schönste im ganzen Land?«

Da antwortete er:
»Frau Königin, Ihr seid die Schönste hier,
Aber Schneewittchen ist tausendmal schöner als Ihr.«

Da erschrak die Königin und wurde gelb und grün vor Neid. Von da an, wenn sie Schneewittchen erblickte, drehte sich ihr das Herz im Leibe um, so haßte sie das Mädchen. Neid und Hochmut wucherten wie Unkraut in ihrem Herzen, so daß sie Tag und Nacht keine Ruhe mehr fand.

Da rief sie einen Jäger und sprach: »Bring das Kind hinaus in den Wald, ich will's nicht mehr sehen. Töte es und bring mir Lunge und Leber als Beweis.« Der Jäger gehorchte und führte es hinaus. Als er den Hirschfänger gezogen hatte und Schneewittchens unschuldiges Herz durchbohren wollte, fing es an zu weinen und sprach: »Ach, lieber Jäger, laß mich leben; ich will in den dunklen Wald laufen und nie mehr heimkommen.« Und weil es so schön war, hatte der Jäger Mitleid und sprach: »Dann lauf, du armes Kind.« — »Die wilden Tiere werden dich bald gefressen haben«, dachte er, und ihm fiel ein Stein vom Herzen, daß er es nicht zu töten brauchte. Und als gerade ein junger Frischling gesprungen kam, stach er ihn ab, nahm Lunge und Leber heraus und brachte sie der Königin als Beweis. Der Koch mußte sie mit Salz kochen, und das boshafte Weib aß sie auf und glaubte, sie hätte Schneewittchens Lunge und Leber gegessen.

Jetzt war das arme Kind in dem großen Wald mutterseelenallein, und es bekam auf einmal so eine Angst, daß es alle Blätter an den Bäumen ansah und nicht wußte, wie es sich helfen sollte. Da begann es zu laufen. Es rannte über spitze Steine und durch die Dornen, und die wilden Tiere sprangen an ihm vorbei, aber sie taten ihm nichts. Es lief, solange es seine Füße trugen.

Als es bald Abend werden wollte, sah es ein kleines Häuschen und ging hinein, um sich auszuruhen. In dem Häuschen war alles klein, aber so zierlich und reinlich, daß es sich nicht beschreiben läßt. Da stand ein weißgedecktes Tischlein mit sieben Tellerchen, neben jedem Teller lagen ein Löffelchen, ein Messerchen und eine kleine Gabel, und natürlich standen auf dem Tisch auch sieben Becherlein. An der Wand waren sieben Bettlein nebeneinander aufgestellt und mit schneeweißen Laken überzogen. Weil Schneewittchen so hungrig und durstig war, aß es von jedem Tellerchen ein wenig Gemüse und Brot und trank aus jedem Becher einen Tropfen Wein; denn es wollte nicht einem allein alles wegnehmen. Und weil es so müde war, wollte es sich in ein Bettchen legen, aber keins wollte passen: das eine war zu lang, das andere zu kurz, bis es endlich zum siebenten kam — das war gerade richtig. Und darin blieb es liegen, befahl sich Gott und schlief ein.

Als es ganz dunkel geworden war, kamen die Hausherren. Das waren die sieben Zwerge, die in den Bergen nach Erz gruben. Sie zündeten ihre sieben kleinen Laternen an, und als es im Häuschen hell war, sahen sie, daß jemand dagewesen sein mußte, denn es stand nicht alles so, wie sie es verlassen hatten. Der erste sprach: »Wer hat auf meinem Stühlchen gesessen?« Der zweite: »Wer hat von meinem Tellerchen gegessen?« Der dritte: »Wer hat von meinem Brötchen genommen?« Der vierte: »Wer hat von meinem Gemüschen gegessen?« Der fünfte: »Wer hat mit meinem Gäbelchen gestochen?« Der sechste: »Wer hat mit meinem Messerchen geschnitten?«

Der siebente: »Wer hat aus meinem Becherlein getrunken?« Dann sah sich der erste um und sah, daß auf seinem Bett eine kleine Delle war, da sprach er: »Wer hat in meinem Bettchen geschlafen?« Die andern riefen: »In meinem hat auch jemand gelegen.« Der siebente aber erblickte in seinem Bett Schneewittchen, wie es schlief, und rief die andern herbei. Sie schrien vor Verwunderung, holten ihre sieben Lichtlein und beleuchteten Schneewittchen. »Mein Gott, seht! Mein Gott, seht!« riefen sie: »Was für ein schönes Kind!« Sie freuten sich so, daß sie es nicht aufweckten, sondern im Bettchen weiterschlafen ließen. Der siebente Zwerg aber schlief bei seinen Kameraden, bei jedem eine Stunde, da war die Nacht herum.

Als es Morgen geworden war, erwachte Schneewittchen und erschrak, als es die sieben Zwerge sah. Sie waren sehr freundlich zu ihm und fragten: »Wie heißt du?« — »Ich heiße Schneewittchen«, antwortete es. »Wie bist du in unser Haus gekommen?« fragten die Zwerge weiter. Da erzählte es ihnen, daß es seine Stiefmutter umbringen lassen wollte, der Jäger habe ihm aber das Leben geschenkt. Und da sei es gelaufen, den ganzen Tag lang, bis es endlich zu ihrem Häuschen gekommen sei. Die Zwerge sprachen: »Wenn du unseren Haushalt versehen, kochen, die Betten machen, waschen, nähen und stricken willst, wenn du alles ordentlich und reinlich hältst, kannst du bei uns bleiben, und es soll dir an nichts fehlen.« — »Ja«, erwiderte Schneewittchen, »von Herzen gern«, und blieb bei ihnen. Es hielt den sieben Zwergen das Haus in Ordnung. Morgens gingen sie in die

Berge und suchten nach Erz und Gold und abends, wenn sie heimkamen, mußte ihr Essen fertig sein. Den Tag über aber war das Mädchen allein. Die guten Zwerge warnten es und sprachen: »Hüte dich vor deiner Stiefmutter, die wird bald wissen, daß du hier bist; laß ja niemand herein.«

Nachdem die Königin glaubte, Schneewittchens Lunge und Leber gegessen zu haben, dachte sie, sie wäre wieder die Erste und Allerschönste, trat vor ihren Spiegel und sprach:

»Spieglein, Spieglein an der Wand,
Wer ist die Schönste im ganzen Land?«

Da antwortete der Spiegel:
»Frau Königin, Ihr seid die Schönste hier,
Aber Schneewittchen über den Bergen
Bei den sieben Zwergen
Ist noch tausendmal schöner als Ihr.«

Da erschrak sie, denn sie wußte, daß der Spiegel nicht log, und merkte, daß der Jäger sie betrogen hatte und Schneewittchen noch am Leben war. Und da überlegte sie aufs neue, wie sie es umbringen könnte; denn solange sie nicht die Schönste im ganzen Land war, ließ ihr der Neid keine Ruhe. Endlich hatte sie sich etwas ausgedacht. Sie färbte sich das Gesicht, kleidete sich wie eine alte Krämerin und hatte sich dadurch ganz unkenntlich gemacht. In dieser Verkleidung ging sie über die sieben Berge zu den sieben Zwergen, klopfte an die Tür und rief: »Schöne Ware! Schöne Ware!« Schneewittchen guckte zum Fenster heraus und rief: »Guten Tag, liebe Frau, was haben Sie zu verkaufen?« — »Gute Ware, schöne Ware«, antwortete sie, »Schnürriemen für dein Mieder in allen Farben«, und holte einen hervor, der aus bunter Seide geflochten war. »Die ehrliche Frau kann ich hereinlassen«, dachte Schneewittchen, riegelte die Tür auf und kaufte sich den hübschen Schnürriemen. »Kind«, sprach die Alte, »wie du aussiehst! Komm, ich will dir dein Mieder einmal ordentlich schnüren.« Schneewittchen war völlig arglos. Es stellte sich vor sie hin und ließ sich den neuen Schnürriemen einfädeln; aber die Alte schnürte so geschwind und so fest, daß es Schneewittchen den Atem nahm und es wie tot umfiel. »Nun bist du die Schönste gewesen«, sprach sie und eilte hinaus.

Nicht lange darauf, zur Abendzeit, kamen die sieben Zwerge nach Hause. Wie erschraken sie, als sie ihr liebes Schneewittchen auf der Erde liegen sahen! Es regte und bewegte sich nicht, als wäre es tot. Sie hoben es auf, und weil sie sahen, daß es zu fest geschnürt war, zerschnitten sie den Schnürriemen. Da fing das Mädchen an, ein wenig zu atmen, und erholte sich nach und nach wieder. Als die Zwerge hörten, was geschehen war, sprachen sie: »Die alte Krämersfrau war niemand anders als die gottlose

Königin; hüte dich und laß keinen Menschen herein, wenn wir nicht da sind.«

Nach Hause gekommen, ging das böse Weib zum Spiegel und fragte:
»Spieglein, Spieglein an der Wand,
Wer ist die Schönste im ganzen Land?«

Da antwortete er wie sonst:
»Frau Königin, Ihr seid die Schönste hier,
Aber Schneewittchen über den Bergen
Bei den sieben Zwergen
Ist noch tausendmal schöner als Ihr.«

Als sie das hörte, staute sich ihr alles Blut zum Herzen, so erschrak sie, denn sie sah, daß Schneewittchen wieder lebendig geworden war. »Jetzt«, sprach sie, »werde ich mir etwas ausdenken, was dich ganz sicher zugrunde richtet.« Und mit Hexenkünsten, die sie verstand, machte sie einen giftigen Kamm. Dann verkleidete sie sich wieder in ein anderes altes Weib und ging über die sieben Berge zu den sieben Zwergen, klopfte an die Tür und rief: »Gute Ware zu verkaufen!« Schneewittchen schaute heraus und sprach: »Gehen Sie nur weiter, ich darf niemanden hereinlassen.« — »Ansehen wird doch noch erlaubt sein«, sprach die Alte, zog den giftigen Kamm heraus und hielt ihn in die Höhe. Der gefiel dem Kind so gut, daß es sich betören ließ und die Tür öffnete.

Als sie sich über den Kauf geeinigt hatten, sprach die Alte: »Nun will ich dich einmal ordentlich kämmen.« Das arme Schneewittchen dachte an nichts Böses und ließ die Alte gewähren, aber kaum hatte sie ihm den Kamm in die Haare gesteckt, begann das Gift im Kamm zu wirken und das Mädchen fiel besinnungslos um. »Du Ausbund von Schönheit«, sprach das boshafte Weib, »jetzt ist's um dich geschehen«, und ging fort.

Zum Glück aber war es bald Abend und die sieben Zwerge kamen nach Hause. Als sie Schneewittchen wie tot auf der Erde liegen sahen, hatten sie gleich die Stiefmutter in Verdacht, untersuchten es und fanden den giftigen Kamm. Kaum hatten sie ihn herausgezogen, kam Schneewittchen wieder zu sich und erzählte, was vorgefallen war.

Da warnten sie es noch einmal, auf seiner Hut zu sein und niemandem die Tür zu öffnen.

Die Königin stellte sich daheim vor den Spiegel und sprach:
»Spieglein, Spieglein an der Wand,
Wer ist die Schönste im ganzen Land?«

Da antwortete er wie vorher:
»Frau Königin, Ihr seid die Schönste hier,

Aber Schneewittchen über den Bergen
Bei den sieben Zwergen
Ist noch tausendmal schöner als Ihr.«

Als sie das hörte, zitterte und bebte sie vor Zorn. »Schneewittchen muß sterben«, rief sie, »und wenn es mein eigenes Leben kosten sollte.« Darauf ging sie in eine ganz verborgene einsame Kammer, wo niemand hinkam, und machte einen ganz giftigen Apfel. Er sah wunderbar aus, weiß mit roten Backen, so daß jeder, der ihn erblickte, Appetit darauf bekam. Wer jedoch nur ein winziges Stückchen davon aß, mußte sterben. Als der Apfel fertig war, färbte sie sich das Gesicht und verkleidete sich als Bauersfrau, und so ging sie über die sieben Berge zu den sieben Zwergen.

Sie klopfte an, Schneewittchen steckte den Kopf zum Fenster heraus und sprach: »Ich darf keinen Menschen einlassen, die sieben Zwerge haben mir's verboten.« — »Ist mir auch recht«, antwortete die Bäuerin, »meine Äpfel werde ich überall los. Da, einen schenke ich dir.« — »Nein«, sprach Schneewittchen, »ich darf nichts annehmen.« — »Fürchtest du dich etwa vor Gift?« sprach die Alte., »Siehst du, ich schneide den Apfel in zwei Teile. Der rote ist für dich, den weißen esse ich.« Der Apfel aber war so kunstvoll gemacht, daß nur die rote Seite vergiftet war. Schneewittchen hatte Appetit auf den schönen Apfel, und als es sah, daß die Bäuerin davon aß, konnte es nicht länger widerstehen und nahm die giftige Hälfte. Kaum aber hatte es einen Bissen davon im Mund, fiel es tot zu Boden. Die Königin betrachtete es mit schauerlichen Blicken, lachte hysterisch und sprach: »Weiß wie Schnee, rot wie Blut, schwarz wie Ebenholz! Diesmal können dich die Zwerge nicht wiedererwecken.« Und als sie daheim den Spiegel befragte:
»Spieglein, Spieglein an der Wand,
Wer ist die Schönste im ganzen Land?«,

antwortete er ihr endlich:
»Frau Königin, Ihr seid die Schönste im Land.«

Da hatte ihr neidisches Herz Ruhe, so gut ein neidisches Herz Ruhe haben kann.

Als die Zwerge abends nach Hause kamen, fanden sie Schneewittchen auf der Erde liegen. Es atmete nicht mehr. Sie hoben es auf, suchten, ob sie etwas Giftiges fänden, schnürten es auf, kämmten ihm die Haare, wuschen es mit Wasser und Wein, aber es half alles nichts; das liebe Kind war und blieb tot. Sie legten es auf eine Bahre und setzten sich alle sieben daneben, beweinten es und weinten drei Tage lang. Dann wollten sie es begraben.

Aber es sah so frisch aus wie ein lebendiger Mensch und hatte seine schönen roten Wangen behalten. »Das können wir nicht in die schwarze

Erde versenken«, sprachen sie und ließen einen durchsichtigen Sarg aus Glas machen. Sie legten es hinein und schrieben darauf mit goldenen Buchstaben seinen Namen und daß es eine Prinzessin war. Dann stellten sie den Sarg auf einen Hügel, und einer von ihnen hielt immer bei ihm Wache. Und die Tiere kamen auch und beweinten Schneewittchen, erst eine Eule, dann ein Rabe, zuletzt ein Täubchen.

Nun lag Schneewittchen lange, lange Zeit in dem Sarg und verweste nicht, sondern sah aus, als schliefe es, denn es war noch so weiß wie Schnee, so rot wie Blut und so schwarzhaarig wie Ebenholz.

Eines Tages geriet ein Königssohn in den Wald und kam zu dem Zwergenhaus, um da zu übernachten. Er sah auf dem Hügel den Sarg und das schöne Schneewittchen und las, was mit goldenen Buchstaben darauf geschrieben stand. Er bat die Zwerge: »Laßt mir den Sarg, ich will euch alles geben, was ihr dafür haben wollt.« Aber die Zwerge antworteten: »Wir geben ihn nicht für alles Gold der Welt her.« Da sprach er: »Dann schenkt ihn mir, denn ich kann nicht leben, ohne Schneewittchen zu sehen, ich will es ehren und hochachten wie mein Liebstes.«

Die guten Zwerge empfanden Mitleid mit ihm und gaben ihm den Sarg.

Der Königssohn ließ ihn von seinen Dienern auf den Schultern forttragen. Da geschah es, daß sie über einen Strauch stolperten. Durch die Erschütterung rutschte das giftige Stück Apfel, das Schneewittchen abgebissen hatte, aus dem Hals. Und es dauerte nicht lange, da öffnete es die Augen, hob den Sargdeckel in die Höhe und richtete sich auf. »Ach Gott, wo bin ich?« rief es. Der Königssohn sagte voll Freude: »Du bist bei mir«, erzählte, was sich zugetragen hatte, und sprach: »Ich habe dich lieber als alles auf der Welt; komm mit mir in meines Vaters Schloß, du sollst meine Frau werden.« Schneewittchen hatte sich gleich auf den ersten Blick in ihn verliebt und ging gern mit ihm. Und dann wurde die Hochzeit mit großer Pracht und Herrlichkeit gefeiert.

Zu dem Fest aber war auch Schneewittchens gottlose Stiefmutter geladen. Sie zog ihr schönstes Kleid an, trat vor den Spiegel und sprach:

»Spieglein, Spieglein an der Wand,
Wer ist die Schönste im ganzen Land?«

Der Spiegel antwortete:
»Frau Königin, Ihr seid die Schönste hier,
Aber die junge Königin ist tausendmal schöner als Ihr.«

Da stieß das böse Weib einen Fluch aus, und ihr wurde auf einmal so angst und bange, daß sie ganz außer sich war. Zuerst wollte sie gar nicht auf die Hochzeit gehen, aber irgend etwas ließ ihr keine Ruhe; es trieb sie fort, sie mußte die junge Königin sehen!

Als sie den Saal betrat, erkannte sie Schneewittchen. Vor Angst und Schrecken blieb sie wie versteinert stehen und konnte sich nicht regen. Aber über dem Feuer standen schon die eisernen Pantoffeln für sie. Sie wurden mit Zangen hereingetragen und vor sie hingestellt. Und sie mußte in die rotglühenden Schuhe treten und so lange tanzen, bis sie umfiel.

Rumpelstilzchen

s war einmal ein Müller, der war arm an Gut und Geld, aber er hatte eine schöne Tochter. Nun traf es sich, daß er mit dem König ins Gespräch kam. Und um sich wichtig zu tun, sprach er zu ihm: »Ich habe eine Tochter, die kann Stroh zu Gold spinnen.« Der König sprach zum Müller: »Die Kunst gefällt mir über alle Maßen. Wenn deine Tochter so geschickt ist, wie du sagst, bring sie morgen in mein Schloß. Ich will sie auf die Probe stellen.«

Als nun das Mädchen auf das Schloß gebracht wurde, führte er es in eine Kammer voll Stroh, gab ihm Spinnrad und Haspel und sprach: »Mach dich an die Arbeit. Wenn du bis morgen früh dieses Stroh nicht zu Gold versponnen hast, mußt du sterben.« Er schloß die Kammer selbst zu, und die Müllerstochter blieb allein.

Da saß nun die Arme und wußte sich keinen Rat. Sie verstand ja überhaupt nichts davon, wie man Stroh zu Gold spinnt. Ihre Angst wurde immer größer, so daß sie endlich zu weinen anfing.

Auf einmal ging die Tür auf und ein kleines Männchen kam herein und sprach sie an: »Guten Abend, Jungfer Müllerin, warum weinst du so sehr?« — »Ach«, antwortete das Mädchen. »Ich soll Stroh zu Gold spinnen und kann das gar nicht.« Das Männchen bot sich an: »Was gibst du mir, wenn ich das für dich tue?« — »Meine Halskette«, erwiderte das Mädchen. Das Männchen nahm die Kette, setzte sich vor das Spinnrad. Schnurr, schnurr, schnurr, dreimal gezogen, schon war die Spule voll. Dann steckte es eine neue auf, und schnurr, schnurr, schnurr, dreimal gezogen, war auch die zweite voll. So ging's bis zum Morgen, bis alles Stroh versponnen und alle Spulen voll Gold waren.

Der König kam schon vor Sonnenaufgang, und als er das Gold erblickte, staunte er und freute sich. Aber sein Herz wurde nur noch goldgieriger. Er ließ die Müllerstochter in eine noch viel größere Kammer voll Stroh bringen und befahl ihr, auch das in einer einzigen Nacht zu spinnen, wenn ihr das Leben lieb wäre.

Das Mädchen wußte sich nicht zu helfen und weinte. Da ging wieder die Tür auf, das kleine Männchen erschien und sprach: »Was gibst du mir, wenn ich dir das Stroh zu Gold spinne?« — »Meinen Ring von meinem Finger«, erwiderte das Mädchen. Das Männchen nahm den Ring, das Spinnrad fing wieder an zu schnurren, und bis zum Morgen war alles Stroh zu glänzendem Gold versponnen.

Der König freute sich über alle Maßen bei dem Anblick des Goldes. Aber er hatte immer noch nicht genug. Er ließ die Müllerstochter in eine noch größere Kammer voll Stroh bringen und sprach: »Das mußt du noch in dieser Nacht verspinnen; wenn dir das gelingt, sollst du meine Gemahlin werden.« — »Wenn's auch eine Müllerstochter ist«, dachte er, »eine reichere Frau finde ich in der ganzen Welt nicht.«

Als das Mädchen allein war, kam das Männlein zum drittenmal und sprach: »Was gibst du mir diesmal, wenn ich dir auch das Stroh da verspinne?« — »Ich habe nichts mehr, was ich dir geben könnte«, antwortete das Mädchen. »Dann versprich mir dein erstes Kind, wenn du Königin wirst.« — »Wer weiß, wie das alles ausgeht«, dachte die Müllerstochter. Sie wußte sich in ihrer Not nicht anders zu helfen, als dem Männchen zu versprechen, was es verlangte. Dafür spann das Männchen noch einmal alles Stroh zu Gold.

Und als der König am Morgen in die Kammer trat und seinen Wunsch erfüllt sah, heiratete er die schöne Müllerstochter und machte sie zur Königin.

Ein Jahr darauf brachte die Königin ein hübsches Kind zur Welt, aber sie hatte das Männchen ganz vergessen. Da stand es plötzlich in ihrer Stube und sprach: »Jetzt gib mir, was du versprochen hast.« Die Königin erschrak und bot dem Männchen alle Reichtümer des Königreichs an, wenn es ihr das Kind ließe. Aber das Männchen sprach: »Nein, etwas Lebendiges ist mir lieber als alle Schätze der Welt.« Da fing die Königin so sehr an zu jammern und zu weinen, daß das Männchen Mitleid mit ihr bekam. »Drei Tage will ich dir Zeit lassen«, sprach es, »wenn du bis dahin meinen Namen weißt, darfst du dein Kind behalten.«

Die Königin überlegte die ganze Nacht; sie rief sich alle Namen ins Gedächtnis, die sie je gehört hatte. Sie sandte auch einen Boten über Land, der weit und breit erkunden sollte, was es sonst noch für Namen gäbe.

Als das Männchen am nächsten Tag kam, fing sie an mit Kaspar, Melchior, Balthasar und sagte alle Namen, die sie wußte, der nach Reihe her. Aber jedesmal schüttelte das Männlein den Kopf: »So heiß' ich nicht.«

Den zweiten Tag ließ sie sogar in den Nachbarländern herumfragen, wie die Leute da heißen, und nannte dem Männlein die ungewöhnlichsten und seltsamsten Namen: »Heißt du vielleicht Rippenbiest oder Hammelswade oder Schnürbein?«, aber es erwiderte immer: »So heiß' ich nicht.«

Den dritten Tag kehrte der Bote wieder zurück und erzählte: »Keinen einzigen neuen Namen habe ich mehr finden können. Aber als ich am Fuß eines hohen Berges um einen Wald herum ging, wo sich Fuchs und Hase gute Nacht sagen, sah ich ein kleines Haus. Vor dem Haus brannte ein Feuer, und um das Feuer sprang ein ganz lächerliches kleines Männchen herum. Es hüpfte auf einem Bein und rief:

»Heute back' ich, morgen brau' ich,
Übermorgen hol' ich der Königin ihr Kind;
Ach, wie gut, daß niemand weiß,
Daß ich Rumpelstilzchen heiß'!«

Da kannst du dir vorstellen, wie froh die Königin war, als sie das hörte. Und als bald darauf das Männlein kam und fragte: »Nun, Frau Königin, wie heiß' ich?«, da machte sie sich erst eine Weile über das Männlein lustig: »Heißt du Kunz?« — »Nein.« — »Heißt du Heinz?« — »Nein.« — »Oder heißt du etwa Rumpelstilzchen?«

»Das hat dir der Teufel gesagt, das hat dir der Teufel gesagt«, schrie das Männlein und stampfte mit dem rechten Fuß vor Zorn so sehr auf, daß es bis zum Leib im Boden verschwand. Dann packte es in seiner Wut den linken Fuß mit beiden Händen und riß sich selbst mitten entzwei.

Der Frieder und das Katherlieschen

s war einmal ein Mann, der hieß Frieder, und eine Frau, die hieß Katherlieschen, die hatten geheiratet und lebten zusammen als junge Eheleute. Eines Tages sprach Frieder: »Ich gehe jetzt aufs Feld, Katherlieschen, wenn ich wiederkomme, müssen etwas Gebratenes und ein frischer Trunk auf dem Tisch stehen.« — »Geh nur, Frieder«, antwortete die Katherlies, »geh nur, ich bereite dir schon was Gutes vor.« Als nun die Essenszeit herankam, holte sie eine geräucherte Wurst aus dem Schornstein, legte sie in eine Bratpfanne, fügte Butter hinzu und stellte sie aufs Feuer. Die Wurst begann zu braten und zu brutzeln, Katherlieschen hielt den Pfannenstiel fest und war in Gedanken versunken. Da fiel ihm ein: »Bis die Wurst fertig ist, könntest du ja im Keller Bier zapfen.« Es stellte die Pfanne gut auf das Feuer, nahm eine Kanne, ging in den Keller und zapfte Bier. Katherlieschen sah zu, wie das Bier in die Kanne lief, da fiel ihm ein: »Holla, der Hund ist nicht angebunden, der könnte sich die Wurst aus der Pfanne holen, das wär' ja was!« Und im Nu lief es die Kellertreppe hinauf.

Aber der Spitz hatte die Wurst schon im Maul und schleifte sie auf der Erde mit sich fort. Doch Katherlieschen, nicht faul, lief ihm nach und jagte ihn ein gutes Stück übers Feld. Aber der Hund war schneller als Katherlieschen. Er ließ die Wurst nicht los, sondern schleifte sie über den Acker. »Hin ist hin!« sprach Katherlieschen und kehrte um. Weil es sich aber müde gelaufen hatte, ging es hübsch langsam und kühlte sich ab.

Inzwischen lief das Bier aus dem Faß, denn Katherlieschen hatte den Hahn nicht zugedreht. Als die Kanne voll war, lief es in den Keller und hörte nicht eher auf, als bis das ganze Faß leer war. Katherlieschen sah schon auf der Treppe das Unglück. »O je«, rief es, »was fängst du jetzt an, damit es der Frieder nicht merkt!« Es überlegte ein Weilchen, endlich fiel ihm ein, daß von der letzten Kirmes noch ein Sack mit schönem Weizenmehl auf dem Boden stand. Das wollte es holen und in das Bier streuen. »Ja«, sprach es, »wer zur rechten Zeit spart, hat dann in der Not«, stieg auf den Boden, trug den Sack herab und warf ihn geradeswegs auf die Kanne voll Bier. Die stürzte um, und nun schwamm auch Frieders Trunk im Keller. »So ist es richtig«, sprach Katherlieschen, »wo eins ist, muß das andere auch sein« und verstreute das Mehl im ganzen Keller. Als es fertig war, freute es sich gewaltig über sein Werk und sprach zu sich: »Wie reinlich und sauber es hier aussieht!«

Um die Mittagszeit kam ihr Mann heim. »Nun, was hast du mir Gutes zurechtgemacht?« — »Ach, Friederchen«, antwortete die Katherlies, »ich wollte dir eine Wurst braten, aber während ich Bier dazu zapfte, hat sie der Hund aus der Pfanne geholt, und während ich dem Hund nachrannte, ist das Bier ausgelaufen, und als ich das Bier mit dem Weizenmehl auftrocknen wollte, hab' ich auch noch die Kanne umgestoßen. Aber keine Angst, der Keller ist wieder ganz trocken.« Da sprach Frieder: »Katherlieschen, Katherlieschen, das hättest du nicht tun sollen! Du läßt die Wurst stehlen und das Bierfaß auslaufen und verstreust obendrein unser feines Mehl!« — »Ja, Frieder, das habe ich nicht gewußt, du hättest es mir sagen sollen.«

Der Mann dachte: »Wenn es so mit deiner Frau bestellt ist, mußt du dich besser vorsehen.« Nun hatte er eine hübsche Summe Taler zusammengebracht. Er wechselte sie in Gold um und sprach zu Katherlieschen: »Siehst du, das sind gelbe Gickerlinge. Ich tue sie in einen Topf und vergrabe ihn im Stall unter der Kuhkrippe; aber daß du mir ja die Finger davon läßt, sonst geht's dir dreckig.« Seine Frau antwortete: »Ja, Frieder, das will ich gewiß tun.«

Als der Frieder fort war, kamen Straßenhändler, die Keramikwaren feilboten — irdene Näpfe und Töpfe. Sie fragten die junge Frau, ob sie nicht etwas kaufen wolle oder ob sie nichts zum Tauschen habe. »Ach, ihr lieben Leute«, sprach Katherlieschen, »ich habe kein Geld und kann nichts kaufen. Aber wenn ihr gelbe Gickerlinge brauchen könnt, könnten wir uns einig werden.« — »Gelbe Gickerlinge, warum nicht? Lassen Sie sie einmal sehen.« — »Geht in den Stall und grabt unter der Futterkrippe, dort findet ihr sie; ich selber darf nicht mitgehen.« Die Spitzbuben gingen in den Stall, gruben und fanden echtes Gold. Sie packten alles ein, liefen fort und ließen Töpfe und Näpfe im Haus stehen.

Katherlieschen glaubte, es müsse das neue Geschirr auch gleich benutzen. Weil in der Küche ohnehin kein Mangel an Geschirr war, schlug es jedem Topf den Boden aus und steckte sie alle zur Zierde auf die Zaunpfähle rings ums Haus. Als sein Mann kam und den neuen Zierat sah, sprach er: »Katherlieschen, was hast du wieder gemacht?« — »Das hab' ich getauscht, Frieder, für die gelben Gickerlinge, die unter der Futterkrippe steckten. Ich selber bin aber nicht mitgegangen und habe die Finger davon gelassen. Die Händler haben sie sich selbst ausgraben müssen.« — »Ach«, sprach der Frieder, »was hast du nur wieder angestellt! Das waren doch keine Gickerlinge, das war reines Gold und unser ganzes Vermögen; das hättest du nicht tun sollen.« — »Ja, Friederchen«, antwortete sie, »das habe ich nicht gewußt, du hättest es mir vorher sagen sollen.«

Katherlieschen stand ein Weilchen still und überlegte, dann sprach es: »Hör, Frieder, das Gold kriegen wir schon wieder, wir wollen hinter den Dieben herlaufen.« — »Dann komm«, sprach Frieder, »wir wollen's versuchen;

nimm aber Butter und Käse mit, damit wir auf dem Weg was zu essen haben.« — »Ja, Frieder, ich will was mitnehmen.«

Sie machten sich auf den Weg, und weil Frieder besser zu Fuß war, blieb Katherlieschen zurück. »Das ist mein Vorteil«, dachte es, »wenn wir umkehren, bin ich ihm dann ein Stück voraus.« Nun kam es zu einem Hügel. Der Weg war durch tiefe Fahrrinnen ganz zerfahren. »Schrecklich«, sprach Katherlieschen, »wie sie das arme Erdreich zugerichtet haben! Das wird sein Lebtag nicht wieder heil.« Und weil es ein mitleidiges Herz hatte, nahm es seine Butter und bestrich die Fahrrinnen, rechts und links, damit sie von den Rädern nicht so zerdrückt würden; und wie es sich in seiner Barmherzigkeit bückte, fiel ihm ein Käse aus der Tasche und rollte den Berg hinab.

Da sprach das Katherlieschen: »Ich habe den Weg hier herauf schon einmal gemacht, ich gehe nicht wieder hinunter; das sollen andere tun und ihn wieder heraufholen.« Es nahm einen neuen Käse und rollte ihn den Berg hinab. Aber die beiden Käse kamen nicht wieder. Da ließ es noch einen dritten hinunterrollen und dachte: »Vielleicht warten sie auf Gesellschaft und gehen nicht gern allein.« Als sie alle drei ausblieben, sprach es: »Ich weiß nicht, was das heißen soll! Es kann ja auch sein, daß der dritte den Weg nicht gefunden und sich verirrt hat, ich will noch den vierten

111

schicken, damit er sie herruft.« Der vierte machte es aber nicht besser als der dritte. Da wurde das Katherlieschen ärgerlich und warf noch den fünften und sechsten hinab — die letzten Käse, die ihm geblieben waren. Es blieb eine Weile stehen und hoffte, daß sie doch noch kämen.

Als es aber vergeblich wartete, sprach es: »Oh, euch muß man nach dem Tod schicken, ihr bleibt schön lange aus; meint ihr, ich werde noch länger auf euch warten? Ich gehe meiner Wege, ihr könnt mir nachlaufen, ihr habt jüngere Beine als ich.«

Katherlieschen ging weiter und fand Frieder, der stehengeblieben war und auf seine Frau wartete, weil er gern etwas essen wollte. »Nun, zeig einmal, was du mitgenommen hast.« Sie reichte ihm trockenes Brot. »Wo sind Butter und Käse?« fragte der Mann. »Ach, Frieder«, sagte die Katherlies, »mit der Butter hab' ich die Fahrrinnen geschmiert, und die Käse werden bald nachkommen. Einer lief mir davon, da hab ich die andern nachgeschickt, sie sollten ihn rufen.« Da sprach Frieder: »Das hättest du nicht tun sollen, Katherlieschen, die Butter auf den Weg schmieren und die Käse den Berg hinunterrollen.« — »Ja, Friederchen, du hättest es mir eben sagen müssen.«

Sie aßen das trockene Brot, und Frieder sagte: »Katherlies, hast du auch unser Haus zugesperrt, als du gegangen bist?« — »Nein, Frieder, du hättest es mir vorher sagen sollen.« — »Dann geh wieder heim und sperr erst das Haus zu, bevor wir weitergehen; und bring auch etwas anderes zu essen mit, ich werde hier auf dich warten.«

Katherlieschen ging nach Hause zurück und dachte: »Frieder will etwas anderes zu essen, Butter und Käse schmecken ihm offenbar nicht. Dann nehme ich eben ein Tuch voll Hutzeln und einen Krug Essig mit.« Dann verriegelte es die Obertür, aber die Untertür hob es aus, nahm sie auf die Schulter und glaubte, wenn es die Tür in Sicherheit gebracht hätte, müßte das Haus gut behütet sein.

Katherlieschen nahm sich Zeit für den Weg und dachte: »Desto länger kann sich Frieder ausruhen.«

Als es ihn wieder erreicht hatte, sprach es: »Da, Frieder, hier hast du die Haustür, da kannst du das Haus selber hüten.« — »Ach, Gott«, sprach er, »was hab' ich für eine kluge Frau! Hebt die Tür unten aus, damit alle hineingehen können, und riegelt die obere zu. Jetzt ist's zu spät, noch einmal nach Hause zu gehen. Wenn du die Tür schon mal mitgebracht hast, sollst du sie auch weiter tragen.« — »Die Tür trag' ich gern, Frieder, aber die Hutzeln und der Essigkrug werden mir zu schwer; ich hänge sie an die Tür, die kann sie tragen.«

Dann erreichten sie einen Wald und suchten dort die Spitzbuben, aber sie fanden sie nicht. Weil es schon dunkel wurde, stiegen sie auf einen Baum und wollten da übernachten. Kaum aber saßen sie oben, kamen die

Kerle, die alles forttragen, was nicht mitgehen will, und die die Dinge finden, noch bevor sie verloren sind. Sie ließen sich direkt unter dem Baum nieder, auf dem Frieder und Katherlieschen saßen, machten sich ein Feuer an und wollten ihre Beute teilen. Der Frieder stieg von der andern Seite herab und sammelte Steine, stieg wieder hinauf und wollte damit die Diebe totwerfen. Die Steine aber trafen nicht, und die Spitzbuben riefen: »Es ist bald Morgen, der Wind schüttelt die Tannenzapfen herunter.«

Katherlieschen hatte die Tür noch immer auf der Schulter. Weil sie aber so schwer war und drückte, dachte es, die Hutzeln wären schuld, und sprach zu seinem Mann: »Frieder, ich muß die Hutzeln hinabwerfen.« — »Nein, Katherlies, jetzt nicht«, antwortete er, »sie könnten uns verraten.« — »Ach, Frieder, ich muß, sie drücken mich gar zu sehr.« — »Nun, so tu's, in des Henkers Namen!«

Da rollten die Hutzeln zwischen den Ästen herab, und die Kerle unter dem Baum sprachen: »Die Vögel misten.« Weil die Tür noch immer drückte, sprach Katherlieschen eine Weile später: »Ach, Frieder, ich muß den Essig ausschütten.« — »Nein, Katherlieschen, das darfst du nicht, es könnte uns verraten.« — »Ach, Frieder, ich muß, er drückt mich gar zu sehr.« — »Nun, so tu's, in des Henkers Namen!« Da schüttete es den Essig aus. Der bespritzte die Kerle, und sie sagten zueinander: »Der Tau tropft schon herab.«

Endlich dachte Katherlieschen: »Sollte es wohl die Tür sein, was mich so drückt?«, und sprach: »Frieder, ich muß die Tür hinabwerfen.« — »Nein, Katherlieschen, jetzt nicht, sie könnte uns verraten.« — »Ach, Frieder, ich muß, sie drückt mich gar zu sehr.« — »Nein, Katherlieschen, halt sie ja fest!« — »Ach, Frieder, ich lass' sie fallen.« — »Ei«, antwortete Frieder ärgerlich, »dann laß sie eben in des Teufels Namen fallen!« Da fiel sie mit starkem Gepolter herunter, und die Kerle unten riefen: »Der Teufel kommt vom Baum herab,« rissen aus und ließen alles im Stich.

Frühmorgens, als die zwei vom

Baum heruntersteigen, fanden sie all ihr Gold wieder und freuten sich sehr darüber.

Als sie wieder zu Hause waren, sprach Frieder: »Katherlies, ab jetzt mußt du aber auch fleißig sein und arbeiten.« — »Ja, Frieder, das will ich, ich geh' aufs Feld, Getreide schneiden.« Als Katherlieschen auf dem Feld war, sprach es zu sich selber: »Ess' ich, bevor ich schneid', oder schlaf' ich, bevor ich schneid'? Hei, ich will vorher essen!« Das tat es denn auch und wurde beim Essen schrecklich schläfrig. Es fing an zu schneiden und schnitt im Halbschlaf alle seine Kleider entzwei — Schürze, Rock und Hemd.

Es war inzwischen Nacht geworden, als Katherlieschen nach langem, tiefem Schlaf aufwachte. Es stand halb nackt da und sprach zu sich selber: »Bin ich's oder bin ich's nicht? Ach, ich bin's sicher nicht!«

Katherlieschen lief ins Dorf, klopfte an das Fenster ihres Mannes und rief: »Frieder?« — »Was ist denn?« — »Ich möchte gern wissen, ob die Katherlies daheim ist?« — »Ja, sicher«, antwortete der Frieder, »sie wird wohl schlafen.« Darauf sprach es: »Gut, ich bin also schon zu Hause«, und ging wieder fort.

Draußen vor dem Dorf traf Katherlieschen auf Diebe, die im Dorf stehlen wollten. Es ging zu ihnen und sprach: »Ich helfe euch stehlen.« Die Spitzbuben meinten, es würde sich als Einheimische gut auskennen, und waren damit einverstanden. Katherlieschen stellte sich vor die Häuser und rief: »Leute, habt ihr was? Wir wollen stehlen.«

Die Diebe dachten: »Das kann ja gut werden«, und wünschten, sie wären Katherlieschen wieder los. Sie sprachen zu ihm: »Am Dorfrand hat der Pfarrer Rüben auf dem Feld, geh hin und hol uns welche.« Katherlieschen ging aufs Feld und fing an, Rüben zu ziehen. Weil es aber zu faul war, kniete es sich dabei auf den Boden. Da kam ein Mann vorbei, der sah das, blieb stehen und dachte, es wäre der Teufel, der so in den Rüben wühlte. Er lief ins Dorf zum Pfarrer und sprach: »Herr Pfarrer, in Ihrem Rübenfeld ist der Teufel und zieht Rüben.« — »Ach, Gott«, antwortete der Pfarrer, »ich habe einen lahmen Fuß, ich kann nicht hinaus und ihn wegbannen.« Da sprach der Mann: »Dann trage ich Sie eben huckepack«, und nahm ihn auf den Rücken. Als sie zum Feld kamen, stand das Katherlieschen auf und reckte sich. »Ach, der Teufel!« rief der Pfarrer, und beide liefen schnell davon. Der Pfarrer konnte auf einmal vor lauter Angst mit seinem lahmen Fuß schneller laufen als der Mann, der ihn huckepack getragen hatte, mit seinen gesunden Beinen.

Katze und Maus in Gesellschaft

Einst lernte eine Katze eine Maus kennen. Sie schwärmte ihr so viel von großer Liebe und Freundschaft vor und wie sie ihr zugetan wäre, daß die Maus endlich einwilligte, mit ihr zusammen in einem Haus zu wohnen und einen gemeinsamen Haushalt zu führen. »Aber für den Winter müssen wir Vorräte anlegen, damit wir nicht hungern müssen«, sagte die Katze. »Du, Mäuschen, kannst dich ja nicht überall hinwagen und gerätst mir am Ende noch in eine Falle.«

Der gute Rat wurde befolgt und ein Töpfchen Fett gekauft. Aber sie wußten nicht, wo sie es aufbewahren sollten.

Nach langer Überlegung sprach die Katze: »Ich weiß keinen Ort, wo es besser aufgehoben wäre als in der Kirche, da getraut sich niemand, etwas wegzunehmen. Wir stellen es unter den Altar und rühren es nicht eher an, als bis wir es nötig haben.« Das Töpfchen wurde also in Sicherheit gebracht.

Aber es dauerte nicht lange, da bekam die Katze Appetit auf das Fett. Sie sprach zur Maus: »Was ich dir sagen wollte, Mäuschen, meine Base hat mich gebeten, Pate zu stehen. Sie hat ein Söhnlein zur Welt gebracht, weiß mit braunen Flecken, das soll ich über das Taufbecken halten. Laß mich heute ausgehen und kümmere dich allein um das Haus.« — »Aber natürlich«, antwortete die Maus, »geh in Gottes Namen. Wenn du was Gutes ißt, dann denk an mich; von dem süßen roten Wein für die junge Mutter tränk' ich auch gar zu gern ein paar Tröpfchen.«

Aber das war natürlich alles nicht wahr; die Katze hatte gar keine Base und sollte auch nicht Pate stehen. Sie ging geradenwegs zur Kirche, schlich zu dem Fettöpfchen, fing an zu naschen und leckte die fette Haut ab. Dann machte sie einen Spaziergang

115

auf den Dächern der Stadt, sah sich um, ob irgendwo was zu holen wäre, streckte sich in der Sonne aus und wischte sich den Bart, sooft sie an das Fettöpfchen dachte.

Sie kehrte erst am Abend nach Hause zurück. »Na, da bist du ja wieder«, sagte die Maus, »sicher hast du viel Spaß gehabt.« — »Na, es ging«, erwiderte die Katze. »Und auf welchen Namen habt ihr den Kleinen getauft?« fragte die Maus. »Hautab«, sagte die Katze ganz trocken. »Hautab«, rief die Maus, »was für ein komischer und seltsamer Name, ist der in eurer Familie gebräuchlich?« — »Was ist da weiter dabei«, sagte die Katze, »er ist nicht schlechter als Bröseldieb, wie deine Patenkinder heißen.«

Nicht lange danach überkam die Katze wieder ein Gelüst nach dem Fettöpfchen. Sie bat die Maus: »Tust du mir einen Gefallen und kümmerst dich noch einmal um den Haushalt? Ich bin wieder einmal als Patentante gebeten. Und weil das Kind einen weißen Ring um den Hals hat, kann ich das nicht gut absagen.« Die gutmütige Maus willigte ein; die Katze aber schlich an der Stadtmauer entlang zur Kirche und fraß den Fettopf halb aus. »Nichts schmeckt besser«, sagte sie, »als das, was man selber ißt«, und war mit sich und dem Tag ganz zufrieden.

Als sie heimkam, fragte die Maus: »Wie ist denn dieses Kind getauft worden?« — »Halbaus«, antwortete die Katze. »Halbaus! Das ist doch nicht möglich! Den Namen habe ich mein Lebtag noch nicht gehört, ich wette, der steht nicht im Kalender.«

Bald tropfte der Katze wieder der Zahn nach dem Leckerbissen. »Aller guten Dinge sind drei«, sprach sie zur Maus, »ich soll wieder Pate stehen. Das Kind ist ganz schwarz und hat bloß weiße Pfoten, sonst ist am ganzen Körper kein einziges weißes Haar — das gibt es alle paar Jahre nur einmal. Du läßt mich doch gehen?« — »Hautab! Halbaus!« antwortete die Maus. »Diese kuriosen Namen machen mich ganz nachdenklich.« — »Du sitzt im-

mer nur daheim in deinem dunkelgrauen Pelzrock und mit deinem langen Haarzopf«, sprach die Katze, »und fängst Grillen. Das kommt davon, wenn man bei Tag die Nase nicht aus dem Haus steckt.«

Als die Katze fort war, räumte die Maus auf und brachte das ganze Haus in Ordnung. Die naschhafte Katze aber fraß den Fettopf ratzekahl leer. »Wenn erst alles aufgezehrt ist, hat man wenigstens Ruhe«, sagte sie zu sich selbst und kam erst in der Nacht satt und dick nach Hause.

Die Maus fragte gleich nach dem Namen, den das dritte Kind bekommen hätte. »Er wird dir wohl auch nicht gefallen«, sagte die Katze, »er heißt Ganzaus.« — »Ganzaus! Ganzaus!« rief die Maus. »Das ist ein verdächtiger Name, gedruckt ist er mir noch nicht vorgekommen. Ganzaus! Was soll das bedeuten?« Sie schüttelte den Kopf, rollte sich zusammen und legte sich schlafen.

Von nun an wollte niemand mehr die Katze zur Taufe einladen. Und als es Winter geworden und draußen nichts mehr zu finden war, erinnerte sich die Maus an ihren Vorrat und sprach: »Komm, Katze, wir wollen zu unserem Fettopf gehen, den wir uns aufgespart haben; der wird uns schmecken.« — »Jawohl«, antwortete die Katze, »der wird dir schmecken, als würdest du deine feine Zunge zum Fenster hinausstecken.«

Sie machten sich auf den Weg, und als sie in die Kirche kamen, stand zwar der Fettopf noch an seinem Platz, aber er war leer. »Ach«, sagte die Maus, »jetzt wird mir klar, was passiert ist. Jetzt kommt's an den Tag. Du bist mir eine schöne Freundin! Aufgefressen hast du alles, wenn du angeblich zur Taufe gegangen bist; erst Haut ab, dann halb aus, dann ...« — »Willst du schweigen«, rief die Katze, »noch ein Wort, und ich fresse dich auf.« — »Ganz aus«, hatte die arme Maus schon auf der Zunge. Kaum war es heraus, machte die Katze einen Satz, packte die Maus und verschlang sie.

Siehst du, so geht's in der Welt.

Die Gänsemagd

s lebte einmal eine alte Königin. Ihr Gemahl war schon vor vielen Jahren gestorben, aber sie hatte eine sehr hübsche Tochter. Als die heranwuchs, wurde sie einem Königssohn in einem fernen Königreich versprochen.

Als die Zeit gekommen war, daß sie vermählt werden sollte und das junge Mädchen in das fremde Reich abreisen mußte, packte ihm die Mutter reichlich kostbare Gegenstände und Geschmeide, Gold und Silber, Becher und Kleinodien ein, kurz alles, was zu einem königlichen Brautschatz gehörte; denn sie hatte ihr Kind von Herzen lieb. Sie gab ihrer Tochter auch eine Kammerzofe als Begleitung zu ihrem künftigen Bräutigam zur Seite.

Beide reisten zu Pferde; das Pferd der Königstochter hieß Falada und konnte sprechen. Als die Abschiedsstunde gekommen war, begab sich die alte Königin in ihre Schlafkammer, nahm ein Messer und schnitt damit in ihren Finger. Sie hielt ein weißes Tüchlein darunter und ließ drei Tropfen Blut daraufallen. Das gab sie ihrer Tochter und sprach: »Liebes Kind, verwahre es gut, du wirst es unterwegs brauchen.«

Betrübt nahmen beide voneinander Abschied. Das Tüchlein steckte die Prinzessin in ihren Busen, setzte sich aufs Pferd und machte sich auf den Weg zu ihrem Bräutigam.

Als sie eine Stunde geritten waren, bekam sie großen Durst und sprach zu ihrer Kammerzofe: »Steig ab und bring mir in meinem Becher, den du für mich mitgenommen hast, Wasser aus dem Bach, ich möchte gern etwas trinken.«

»Wenn Ihr Durst habt«, erwiderte die Kammerzofe, »dann steigt selber ab und holt es euch, ich bin nicht mehr Eure Magd.« Weil sie so furchtbar durstig war, stieg die Prinzessin vom Pferd. Aber sie mußte sich über das Wasser im Bach neigen und trank, denn die Magd ließ nicht zu, daß sie ihren goldenen Becher benutzte. Die Prinzessin seufzte: »Ach Gott!« Da antworteten die drei Blutstropfen: »Wenn das deine Mutter wüßte, das Herz tät' ihr zerspringen.« Aber die Königstochter war geduldig, sagte nichts und stieg wieder aufs Pferd.

Sie ritten weiter und kamen gut voran. Aber der Tag war warm, die Sonne stach, und schon bald meldete sich der Durst von neuem. Als sie wieder zu einen Fluß kamen, bat sie ihre Kammerzofe: »Steig ab und gib mir aus meinem goldenen Becher zu trinken«; denn sie hatte deren böse Worte

längst vergessen. Die Kammerzofe erwiderte noch hochmütiger: »Wenn Ihr trinken wollt, dann tut es doch selber; ich mach' nicht mehr Eure Magd.« Da stieg die Königstochter ab, denn sie war schrecklich durstig, beugte sich über das fließende Gewässer, weinte und sprach: »Ach Gott!«, und die Blutstropfen antworteten wieder: »Wenn das deine Mutter wüßte, das Herz tät' ihr zerspringen.«

Und wie sie trank und sich dabei zu sehr vornüberlehnte, fiel ihr das Tüchlein mit den drei Blutstropfen aus dem Busen und schwamm mit dem Wasser davon, ohne daß sie es in ihrer großen Angst bemerkt hätte.

Die Kammerzofe aber hatte alles beobachtet und freute sich, daß sie nun Gewalt über die Braut bekam; denn durch den Verlust der Blutstropfen war die schwach und machtlos geworden.

Als die Königstochter wieder Falada, ihr Pferd, besteigen wollte, befahl ihr die Kammerzofe: »Auf Falada gehör' ich; du kannst auf meinem Klepper reiten.« Und die Prinzessin mußte sich das gefallen lassen. Dann nötigte die Kammerfrau sie mit bösen Worten, die königlichen Kleider auszuziehen und sie gegen ihre zu tauschen. Außerdem mußte sie unter freiem Himmel schwören, daß sie keinem Menschen am königlichen Hof etwas davon erzählen würde. Wenn sie diesen Eid nicht abgelegt hätte, wäre sie auf der Stelle umgebracht worden. Aber Falada sah alles mit an und merkte es sich gut.

Die Kammerfrau bestieg Falada, und die wahre Braut mußte mit dem gewöhnlichen Pferd vorliebnehmen. Sie ritten weiter, bis sie endlich in dem königlichen Schloß eintrafen.

Die Freude über ihre Ankunft war groß. Der Königssohn kam ihnen entgegengelaufen, hob die Kammerzofe vom Pferd und meinte, es wäre seine künftige Gemahlin. Er führte sie die Treppe hinauf, und die wirkliche Königstochter blieb verlassen auf dem Hof stehen. Das beobachtete der alte König, der oben am Fenster stand. Er sah, wie fein, zart und hübsch das Mädchen war. Er ging geradeswegs in das königliche Gemach und fragte die Braut, wer die Kleine sei, die mit ihr gekommen war. »Die habe ich unterwegs aufgelesen und mitgenommen, um Gesellschaft zu haben; gebt der Magd irgendeine Arbeit, damit sie nicht müßig geht.« Aber der König wußte nicht, welche Arbeit er sie tun lassen könnte, als ihm einfiel: »Ich habe da so einen kleinen Jungen, der die Gänse hütet, dem kann sie helfen.«

Der Junge hieß Konrad, aber er wurde Kurdchen genannt; dem mußte die wirkliche Braut beim Gänsehüten helfen.

Es dauerte nicht lange, da sprach die falsche Braut zu dem jungen König: »Liebster Gemahl, ich bitte dich, tu mit einen Gefallen.« Er antwortete: »Gern, ich will alles tun, was ich kann.«

Nun, so laß den Schinder rufen und dem Pferd, auf dem ich gekommen bin, den Kopf abhacken; es hat mich unterwegs geärgert.« In Wirklichkeit aber fürchtete sie, daß das Pferd verraten könnte, wie sie mit der Königstochter umgesprungen war.

Als es so weit war, daß der treue Falada sterben sollte, kam das auch der echten Königstochter zu Ohren. Sie versprach dem Schinder heimlich Geld, wenn er ihr einen kleinen Dienst erweisen wollte. In der Stadt gab es ein großes, finsteres Tor, durch das sie abends und morgens die Gänse treiben mußte. Dort, unter das finstere Tor, sollte er Faladas Kopf nageln, damit sie ihn so oft wie möglich sehen könne. Der Schinderknecht versprach ihr das, hieb Falada den Kopf ab und nagelte ihn unter das finstere Tor.

Früh am Morgen, wenn sie und Kurdchen unter dem Tor hinaustrieben, sprach sie beim Vorbeigehen:

»O du Falada, der du hangest!«

Da antwortete der Kopf:
»O du junge Königin, da du gangest,
Wenn das deine Mutter wüßte,
Ihr Herz tät' ihr zerspringen.«

Wortlos trieb sie die Gänse zur Stadt hinaus auf das Feld. Kaum war sie auf der Wiese angekommen, setzte sie sich nieder und löste ihre Haare. Die schimmerten wie pures Gold. Kurdchen sah das, freute sich, wie sie glänzten, und wollte ihr ein paar ausreißen. Da sprach sie:
»Weh', weh', Windchen,
Nimm Kurdchen sein Hütchen,
Und laß ihn danach jagen,
Bis mein Haar gebürstet und gekämmt,
Bis ich meinen Zopf geflochten
Und wieder schön zur Schneck' gewunden.«

Da kam ein so starker Wind, daß er Kurdchens Hut weit über die Wiese entführte und es ihm nachlaufen mußte. Bevor der Junge zurück war, hatte das Mädchen sein dichtes Haar gekämmt, geflochten und wieder hochgesteckt, so daß er kein einziges Haar erwischen konnte. Kurdchen ärgerte das, und er sprach deshalb den ganzen Tag nicht mit ihm. Sie hüteten die Gänse, bis es Abend war, und gingen dann nach Hause.

Den anderen Morgen, als sie die Gänse unter dem finsteren Tor hinaustrieben, sprach die Prinzessin:
»O du Falada, der du hangest!«

Und Falada antwortete:
»O du junge Königin, da du gangest,
Wenn das deine Mutter wüßte,
Das Herz tät' ihr zerspringen.«

Draußen setzte sie sich wieder auf die Wiese und fing an, ihr Haar auszukämmen. Kurdchen kam schnell gelaufen und wollte danach greifen, da sprach sie schnell:
»Weh', weh', Windchen,
Nimm Kurdchen sein Hütchen,
Und laß ihn danach jagen,
Bis mein Haar gebürstet und gekämmt,
Bis ich meinen Zopf geflochten
Und wieder schön zur Schneck' gewunden.«

Da erhob sich ein Wind und wehte ihm das Hütchen weit weg, so daß

Kurdchen ihm nachlaufen mußte. Und als es wiederkam, hatte sie längst ihr Haar zurechtgemacht, und es konnte keins davon erwischen. So hüteten sie die Gänse, bis es Abend wurde.

Zu Hause angekommen, ging Kurdchen zu dem alten König und sagte: »Mit dem Mädchen will ich nicht länger Gänse hüten.« — »Warum denn?« fragte der alte König. »Na ja, das ärgert mich den ganzen Tag.« Und er mußte dem König erzählen, was er denn so alles mit ihm erlebte. Und der kleine Kurd erzählte: »Morgens, wenn wir mit der Herde unterm finstern Tor durchkommen, sagt sie zu dem Pferdekopf an der Wand:
›Falada, da du hangest!‹

Darauf antwortet der Kopf:
›O du junge Königin, da du gangest,
Wenn das deine Mutter wüßte,
Das Herz tät' ihr zerspringen.‹

Und Kurd erzählte weiter, was auf der Gänsewiese geschehe und wie er seinem Hut nachlaufen müsse.

Der alte König befahl ihm, am nächsten Tag die Gänse wieder hinauszutreiben, als wäre nichts geschehen. Er selbst aber setzte sich, als der Morgen kam, hinter das finstere Tor und hörte, wie die Prinzessin mit dem Kopf des Falada sprach. Dann ging er auch auf das Feld und verbarg sich hinter einem Busch auf der Wiese. Da sah er mit eigenen Augen, wie die Gänsemagd und der Gänsejunge die Herde herantrieben und wie sie sich nach einer Weile setzte und ihre Haare löste und wie sie vor Glanz strahlten. Sofort sprach sie wieder:
»Weh', weh', Windchen,
Faß Kurdchen sein Hütchen,
Und laß ihn danach jagen,
Bis mein Haar gebürstet und gekämmt,
Bis ich meinen Zopf geflochten
Und wieder schön zur Schneck' gewunden.«

Da kam ein Windstoß und trug ihm den Hut weit, weit weg, so daß er lange zu laufen hatte. Die Gänsemagd aber kämmte und flocht in aller Ruhe ihre Locken.

Das alles beobachtete der alte König und ging dann unbemerkt zurück. Als die Gänsemagd heimkam, nahm er sie beiseite und fragte, warum sie das alles täte. »Das darf ich Euch nicht verraten. Und ich darf auch keinem anderen Menschen mein Leid klagen, denn das hab' ich unter freiem Himmel geschworen, weil ich sonst um mein Leben gekommen wäre.« Er drang in sie und ließ ihr keine Ruhe, aber er konnte nichts aus ihr herausbringen.

Da schlug er ihr vor: »Wenn du mir nichts sagen willst, so klag dem Eisenofen da dein Leid«, und ging fort. Die Prinzessin kroch in den eisernen Ofen, fing an zu jammern und zu weinen und schüttete endlich ihr Herz aus: »Da sitze ich nun von aller Welt verlassen und bin doch eine Königstochter. Eine falsche Kammerzofe hat mich mit Gewalt dazu gebracht, meine königlichen Kleider abzulegen, und hat meinen Platz neben meinem Bräutigam eingenommen, und ich muß als Gänsemagd dienen. Wenn das meine Mutter wüßte, das Herz tät' ihr zerspringen.«

Aber der alte König hatte an der Ofenröhre gelauscht und alles mitgehört. Er kam wieder herein und bat sie, aus dem Ofen herauszukriechen. Sie mußte königliche Kleider anlegen und war so schön, als wäre ein Wunder geschehen. Der alte König rief seinen Sohn und offenbarte ihm, daß er die falsche Braut habe. Sie sei bloß ein Kammermädchen. Seine wahre aber sei die einstige Gänsemagd. Der junge König war begeistert, als er sah, wie schön und tugendsam sie war. Sie gaben ein festliches Mahl, zu dem alle Leute und guten Freunde gebeten wurden. Obenan saßen der Bräutigam und die Königstochter zur einen und die Kammerfrau zur andern Seite. Aber die Kammerfrau war so verblendet, daß sie die Prinzessin in ihrem prächtigen Schmuck nicht erkennen konnte.

Als sie gegessen und getrunken hatten und bester Stimmung waren, wollte der alte König von der Kammerfrau ein Urteil hören. Er erzählte ihr die ganze Geschichte, und sie sollte ihm sagen, wie sie wohl einen solchen Betrug ahnden würde. Die falsche Braut begriff nicht, daß es sich um sie selbst handelte und war gar nicht nachsichtig: »Die verdient nichts Besseres, als splitternackt ausgezogen und in ein Faß gesteckt zu werden, das inwendig mit spitzen Nägeln beschlagen ist. Und zwei weiße Pferde müssen sie gaßauf, gaßab zu Tode schleifen.« — »Es geht um dich«, sprach der alte König, »du hast dein eigenes Urteil gesprochen, und danach soll mit dir verfahren werden.«

Als das Urteil vollzogen war, vermählte sich der junge König mit seiner wirklichen Gemahlin, und beide beherrschten ihr Reich in Frieden und Zufriedenheit.

Die drei Glückskinder

s war einmal ein Vater, der hatte drei Söhne. Er rief sie zu sich und schenkte dem ersten einen Hahn, dem zweiten eine Sense und dem dritten eine Katze. »Ich bin schon alt«, sagte er, »und mein Tod ist nah. Da wollte ich euch noch versorgen, bevor es mit mir zu Ende geht. Geld hab' ich keins, und was ich euch jetzt gebe, scheint wenig wert. Aber es kommt bloß darauf an, daß ihr es verständig verwendet. Sucht euch ein Land, wo diese Dinge noch unbekannt sind, dann werdet ihr euer Glück machen.«

Nach dem Tod des Vaters zog der älteste mit seinem Hahn in die weite Welt. Wo er auch hinkam, überall war der Hahn schon bekannt. In den Städten sah er ihn schon von weitem auf den Türmen sitzen und sich nach dem Wind drehen. In den Dörfern hörte er mehr als einen krähen. Und niemand wollte sich über das Tier wundern, so daß es gar nicht danach aussah, als würde er sein Glück damit machen.

Endlich aber kam er auf eine Insel, wo die Leute nichts von einem Hahn wußten. Sie verstanden nicht einmal, ihre Zeit einzuteilen. Sie wußten zwar, wenn's Morgen oder Abend war, aber nachts, wenn sie nicht gerade durchschliefen, wußte niemand, wie spät es war. »Seht«, sprach er, »was für ein stolzes Tier, es hat eine rubinrote Krone auf dem Kopf und trägt Sporne wie ein Ritter. Nachts ruft es dreimal zu einer bestimmten Zeit, und wenn es das letztemal ruft, geht die Sonne bald auf. Wenn's aber bei hellichtem Tag ruft, so richtet euch darauf ein, dann ändert sich gewiß das Wetter.« Den Leuten gefiel das. Sie blieben eine ganze Nacht wach und hörten mit großer Freude, wie der Hahn um zwei, vier und sechs Uhr laut und vernehmlich die Zeit abrief. Sie fragten ihn, ob das Tier nicht zu haben sei und wieviel er dafür verlange. »Etwa soviel, wie ein Esel Gold trägt«, antwortete er. »Ein Spottgeld für ein so kostbares Tier,« riefen sie alle zusammen und gaben ihm gern, was er gefordert hatte.

Als er mit dem Reichtum heimkam, staunten seine Brüder, und der zweite sprach: »Ich will mich auch aufmachen und sehen, ob ich meine Sense so gut losbekomme.« Es sah aber nicht danach aus, denn überall begegneten ihm Bauern mit Sensen über der Schulter wie er.

Doch zuletzt glückte es ihm auch auf einer Insel. Die Leute wußten nichts von einer Sense. Wenn dort das Korn reif war, fuhren sie Kanonen vor den Feldern auf und schossen das Getreide herunter. Das war eine unsichere Angelegenheit, denn manchmal schoß einer drüber hinaus, ein anderer traf statt des Halms die Ähren und schoß sie fort, so daß sie viele Verluste zu beklagen hatten. Und obendrein gab's einen schrecklichen Lärm. Da stellte sich der Mann hin und mähte das Getreide so lautlos und geschwind, daß die Leute Mund und Nase vor Verwunderung aufsperrten. Sie waren gewillt, ihm dafür zu geben, was er verlangte. Er bekam ein Pferd, dem so viel Gold aufgeladen wurde, wie es tragen konnte.

Nun wollte der dritte Bruder seine Katze auch an den richtigen Mann bringen. Es ging ihm wie den andern; solange er auf dem festen Land blieb, war nichts zu machen. Überall gab es Katzen, und es waren so viele, daß die neugeborenen Jungen meist im Wasser ertränkt wurden.

Endlich ließ er sich auf eine Insel überschiffen. Glücklicherweise traf es sich, daß dort noch nie einer eine Katze gesehen hatte. Die Mäuse hatten so überhand genommen, daß sie auf den Tischen und Bänken tanzten, der Hausherr mochte daheim sein oder nicht. Die Leute jammerten sehr über diese Plage. Nicht einmal der König wußte sich in seinem Schloß vor ihnen zu retten. In allen Ecken pfiffen Mäuse und zernagten, was sie nur mit ihren Zähnen packen konnten. Da begann die Katze zu jagen und hatte bald ein paar Säle von Mäusen befreit. Da baten die Leute ihren König, das Wundertier für das Reich zu kaufen. Der König gab gern, was gefordert wurde — einen mit Gold beladenen Maulesel. Und der dritte Bruder brachte die meisten Schätze von allen heim.

Die Katze machte sich in dem königlichen Schloß mit den Mäusen eine echtes Vergnügen und biß so viele tot, daß sie nicht mehr zu zählen waren. Aber ihr wurde von der Arbeit heiß und sie bekam Durst. Sie blieb stehen, drehte den Kopf in die Höhe und schrie: »Miau, miau.« Als der König samt allen seinen Leuten dieses seltsame Geschrei vernahm, erschraken sie und flohen in Panik aus dem Schloß. Der König hielt Rat, was am besten zu tun sei. Zuletzt wurde beschlossen, einen Boten an die Katze zu entsenden und sie aufzufordern, das Schloß zu verlassen oder damit zu rechnen, daß Gewalt gegen sie angewandt würde. Die Räte sagten: »Lieber wollen wir uns von den Mäusen plagen lassen — an das Übel sind wir gewöhnt, als unser Leben einem solchen Untier preiszugeben.« Ein Edelknabe mußte hinaufgehen und die Katze fragen, ob sie das Schloß gutwillig räumen wolle. Die Katze aber, deren Durst nur noch größer geworden war, antwortete bloß: »Miau, miau, miau.« Der Edelknabe verstand »Durchaus, durchaus nicht« und überbrachte dem König die Antwort. »Nun«, sprachen die Räte, »dann soll sie der Gewalt weichen.« Es wurden Kanonen aufgefahren und das Schloß in Brand geschossen. Als das Feuer den Saal erreichte, in dem die Katze saß, sprang sie schnell zum Fenster hinaus. Die Belagerer aber hörten nicht eher auf, als bis das ganze Schloß in Schutt und Asche lag.

DIE SIEBEN SCHWABEN

inmal hatten sich sieben Schwaben zusammengetan. Der erste war der Herr Schulz, also der Schultheiß oder auch Gemeindevorsteher, der zweite der Jackli, der dritte der Marli, der vierte der Jergli, der fünfte der Michal, der sechste der Hans und der siebente der Veitli. Alle sieben hatten sich vorgenommen, durch die Welt zu ziehen, Abenteuer zu suchen und große Taten zu vollbringen.

Damit sie nicht unbewaffnet in die Welt gingen und Gefahren trotzen konnten, entschlossen sie sich, sich zwar nur einen einzigen, aber dafür recht starken und langen Spieß machen zu lassen. Mit vereinten Kräften packten sie diesen Spieß alle sieben zusammen an. Vorn ging der kühnste und männlichste, das mußte der Herr Schultheiß sein, und dann folgten die andern der Reihe nach. Der Veitli war der letzte.

Nun geschah es eines Tages im Heumonat, wie man den Juli vor langen Zeiten nannte, als sie schon einen weiten Weg zurückgelegt hatten, das nächste Dorf aber, wo sie über Nacht bleiben wollten, noch ein gutes Stück entfernt war, daß in der Dämmerung auf einer Wiese eine riesige Hornisse nicht weit von ihnen hinter einer Staude vorbeiflog und feindselig brummte. Der Schultheiß erschrak so sehr, daß er fast den Spieß hätte fallen lassen und ihm der Angstschweiß ausbrach. »Horcht, horcht«, rief er seinen Gesellen zu. »Mein Gott, ich höre eine Trommel!«

Der Jackli, der hinter ihm den Spieß hielt und dem ich weiß nicht was für ein Geruch in die Nase gestiegen war, sprach: »Etwas ist ohne Zweifel im Gange; denn ich rieche Pulver und Zündschnur.« Bei diesen Worten begann der Herr Schulz die Flucht zu ergreifen und sprang im Nu über einen Zaun. Weil er aber direkt auf die Zinken eines Rechens sprang, der vom Heumachen da liegengeblieben war, fuhr ihm der Stiel ins Gesicht und versetzte ihm einen kräftigen Schlag. »O wei, o wei«, schrie der Herr Schulz, »nimm mich gefangen, ich ergeb' mich, ich ergeb' mich!« Die andern sechs kamen auch alle einer nach dem andern über den Zaun gesprungen und schrien: »Ergibst du dich, so ergeb' ich mich auch! Ergibst du dich, so ergeb' ich mich auch!« Endlich, als sie keinen Feind sahen, der sie binden und fortführen wollte, merkten sie, daß sie sich geirrt hatten. Und damit die Geschichte nicht unter die Leute käme und sie nicht gehänselt und verspottet würden, schworen sie sich alle, so lange darüber Stillschweigen zu bewahren, bis einer unverhofft zu schwätzen anfinge.

Danach zogen sie weiter. Die zweite Gefahr, die auf sie lauerte, läßt sich mit der ersten nicht im geringsten vergleichen. Nach etlichen Tagen führte sie ihr Weg durch ein Brachfeld. Da saß ein Hase in der Sonne und schlief. Er hatte die Ohren aufgestellt und die großen, gläsernen Augen starr aufstehen. Da erschraken sie alle zusammen beim Anblick dieses schrecklichen wilden Tieres und beratschlagten, was zu tun das am wenigsten Gefährliche sei. Am liebsten wären sie geflohen, aber sie fürchteten, das Ungeheuer würde ihnen nachsetzen und alle mit Haut und Haar verschlingen. Deshalb sprachen sie: »Wir müssen einen großen und gefährlichen Kampf bestehen, frisch gewagt ist halb gewonnen!«, und sie faßten alle sieben den Spieß an, der Herr Schulz vorn und der Veitli hinten. Der Schultheiß wollte den Spieß noch eine Weile zurückhalten, den Veitli hinten aber hatte der Mut gepackt. Er wollte losbrechen und rief:

»Stoß zu in aller Schwabe Name
Sonst wünsch i, daß ihr möcht erlahme.«

Aber der Hans wußte, wie er ihn treffen konnte, und sprach:
»Beim Element, du hascht gut schwätze,
Bischt stets der letscht beim Drachehetze.«

Der Michal rief:
»Es wird nit fehle um ei Haar,
So ischt er wohl der Teufel gar.«

Darauf kam der Jergli an die Reihe, der sprach:
»Ischt er es nit, so ischts sei Muter
Oder des Teufels Stiefbruder.«

Der Marli hatte plötzlich einen guten Einfall und sagte zum Veitli:
»Gang, Veitli, gang, gang du voran,
I will dahinte vor di stahn.«

Der Veitli hörte aber nicht drauf, und der Jackli sagte:
»Der Schulz, der muß der erschte sei,
Denn ihm gebührt die Ehr allei.«

Da nahm sich der Schultheiß ein Herz und sprach gewichtig:
»So zieht denn herzhaft in den Streit,
Hieran erkennt man tapfre Leut.«

Und sie gingen alle zusammen auf den vermeintlichen Drachen los. Der Herr Schulz segnete sich und rief Gott um Beistand an. Weil aber alles nichts helfen wollte und er dem Feind immer näher kam, schrie er in großer Angst: »Hau! Hurlehau! Hau hauhau!« Davon erwachte der Hase, erschrak und sprang eilig davon. Als ihn der Schultheiß so über das Feld flüchten sah, rief er voll Freude:

»Potz, Veitli, lueg, lueg, was isch das?
Das Ungehüer ischt a Has.«

Die sieben Schwaben aber suchten weiter Abenteuer und kamen an die Mosel. Damals war sie noch ein moosiges, stilles und tiefes Wasser. Nur wenige Brücken führten darüber, und an mehreren Stellen mußte man sich mit einem Kahn übersetzen lassen. Weil die sieben Schwaben von alledem nichts wußten, riefen sie einem Mann zu, der jenseits des Wassers seine Arbeit verrichtete, wie man dort hinüberkommen könne. Der Mann aber verstand wegen der Entfernung und wegen ihres schwäbischen Dialektes nicht, was sie wollten, und rief in seinem Trierisch: »Wat? Wat? Was?« Da meinte der Schultheiß zu verstehen, er riefe nichts anderes als: »Wate, wate durchs Wasser.« Weil er der vorderste war, begann er sich auf den Weg zu machen und in die Mosel hineinzugehen. Nicht lange, so versank er im Schlamm und in den ans Ufer treibenden tiefen Wellen, seinen Hut aber jagte der Wind hinüber an das jenseitige Ufer. Dort setzte sich ein Frosch daneben und quakte: »Wat, wat, wat.«

Die sechs andern verstanden das drüben als »Wat, wat, wat!« und sprachen zueinander: »Unser Freund, der Herr Schulz, ruft uns. Wenn der hinüberwaten kann, warum sollen wir's nicht auch tun?« Sie sprangen schnell alle auf einmal ins Wasser und ertranken.

Und so brachte ein einziger Frosch sechs Schwaben ums Leben, und niemand von dem Schwabenbund kam je wieder nach Hause zurück.

Die goldene Gans

Es war einmal ein Mann, der hatte drei Söhne. Der jüngste wurde Dummling genannt, verachtet und verspottet und bei jeder Gelegenheit zurückgesetzt.

Einmal geschah es, daß der älteste in den Wald gehen wollte, um Holz zu hauen. Bevor er ging, packte ihm seine Mutter noch einen schönen, feinen Eierkuchen und eine Flasche Wein ein, damit er nicht Hunger und Durst litte. Im Wald begegnete ihm ein altes, graues Männlein. Das entbot ihm einen guten Tag und sprach: »Gib mir doch ein Stück Kuchen aus deiner Tasche und laß mich einen Schluck von deinem Wein trinken, ich bin so hungrig und durstig.« Der kluge Sohn aber antwortete: »Wenn ich dir meinen Kuchen und meinen Wein gebe, hab' ich selber nichts, mach, verschwinde«, ließ das Männlein stehen und ging fort. Als er nun anfing, einen Baum zu behauen, dauerte es nicht lange, da hieb er fehl. Die Axt traf seinen Arm, und er mußte heimgehen und sich verbinden lassen. Das hatte dieses graue Männchen verursacht.

Darauf ging der zweite Sohn in den Wald, und die Mutter gab ihm, wie dem ältesten, einen Eierkuchen und eine Flasche Wein mit. Auch ihm begegnete das alte, graue Männchen und bat ihn um ein Stück Kuchen und einen Trunk Wein. Aber auch der zweite Sohn sprach ganz bieder: »Was ich dir gebe, das geht mir selber ab, pack dich«, ließ das Männchen stehen und ging fort. Die Strafe blieb nicht aus; nach ein paar Hieben in den Baum traf er sein Bein, so daß er nach Hause getragen werden mußte.

Da sagte der Dummling: »Vater, laß mich gehen und Holz hauen.« Sein Vater aber erwiderte: »Deine Brüder haben sich Schaden dabei getan, laß die Finger davon, du kannst das doch sowieso nicht.« Der Dummling aber bettelte so lange, bis er endlich sagte: »Dann geh, durch Schaden wirst du klug.« Die Mutter gab ihm einen Kuchen, der war mit Wasser in der Asche gebacken, und dazu eine Flasche saures Bier.

Als er in den Wald kam, begegnete auch ihm das alte, graue Männchen, grüßte ihn und sprach: »Gib mir ein Stück von deinem Kuchen und einen Trunk aus deiner Flasche, ich bin so hungrig und durstig.« Der Dummling antwortete ihm: »Ich habe aber nur Aschenkuchen und saures Bier, wenn dir das recht ist, dann wollen wir uns setzen und essen.« Sie setzten sich, und als der Dummling seinen Aschenkuchen heraushielte, da war's der feinste Eierkuchen, und das saure Bier hatte sich in einen guten Wein verwandelt. Sie aßen und tranken, danach sprach das Männlein: »Weil du

ein gutes Herz hast und von dem Deinigen gern andern etwas abgibst, will ich dir Glück bescheren. Dort steht ein alter Baum, den hau um. Zwischen seinen Wurzeln wirst du etwas finden.« Dann verabschiedete sich das Männlein von ihm.

Der Dummling ging und hieb den Baum um. Als er fiel, saß zwischen seinen Wurzeln eine Gans mit Federn aus reinem Gold. Er nahm sie unter den Arm und ging in ein Wirtshaus. Da wollte er übernachten.

Der Wirt aber hatte drei Töchter. Die sahen die Gans, waren neugierig, was das für ein wunderlicher Vogel sei, und hätten gar zu gern eine seiner goldenen Federn gehabt. Die älteste dachte: »Es wird sich schon eine Gelegenheit finden, wo ich mir eine Feder ausziehen kann.« Und als der Dummling einmal hinausgegangen war, packte sie die Gans beim Flügel, aber Finger und Hand blieben fest daran kleben.

Bald darauf kam die zweite und dachte an nichts anders mehr, als sich eine goldene Feder zu holen. Kaum aber hatte sie ihre Schwester angerührt, blieb auch sie fest hängen. Endlich kam auch die dritte in gleicher Absicht. Da riefen ihr die beiden zu: »Bleib weg, um Himmels willen, bleib weg.« Aber sie begriff nicht, warum sie wegbleiben sollte, und dachte: »Sind die dabei, so kann ich auch dabeisein«, und lief zu ihnen. Wie sie ihre

Schwester anrührte, blieb sie an ihr hängen. Und alle drei mußten die Nacht bei der Gans zubringen.

Am andern Morgen nahm der Dummling die Gans unter den Arm, setzte seine Wanderung fort und bekümmerte sich nicht um die drei Mädchen, die daranhingen. Sie mußten immer hinter ihm herlaufen, links und rechts, wie's ihm gerade paßte. Mitten auf dem Feld begegnete ihnen der Pfarrer, und als er den Aufzug sah, sprach er: »Schämt ihr euch nicht, einem jungen Burschen durchs Feld nachzulaufen? Schickt sich denn das?« Er faßte die jüngste bei der Hand und wollte sie wegziehen. Aber als er sie anrührte, blieb er ebenfalls hängen und mußte selber hinterherlaufen.

Es dauerte nicht lange, da trafen sie den Küster. Als der den Herrn Pfarrer sah, wunderte er sich und rief: »Nanu, Herr Pfarrer, wohin so geschwind? Vergessen Sie nicht, daß wir heute noch eine Kindstaufe haben«, lief auf ihn zu und faßte ihn am Ärmel, blieb aber auch fest hängen. Wie die fünf so hintereinander hertrabten, kamen zwei Bauern vom Feld. Der Pfarrer sprach sie an und bat sie, ihn und den Küster loszumachen. Kaum aber hatten sie den Küster angerührt, blieben sie hängen. Jetzt waren es schon sieben, die dem Dummling mit der Gans nachliefen.

Sie kamen in eine Stadt. Dort herrschte ein König, der eine furchtbar ernste Tochter hatte, die nie lachte. Deshalb hatte er ein Gesetz erlassen, daß derjenige sie zur Gemahlin bekäme, der sie zum Lachen brächte.

Als der Dummling das hörte, ging er mit seiner Gans und ihrem Anhang zur Königstochter. Als die die sieben Menschen wie eine Gänseschar hintereinander herlaufen sah, fing sie überlaut zu lachen an und wollte gar nicht wieder aufhören.

Der Dummling verlangte sie deshalb zur Braut, aber dem König gefiel der Schwiegersohn nicht. Er machte allerlei Einwände und wollte, daß er erst einen Mann bringen sollte, der einen Keller voll Wein austrinken könne. Der Dummling dachte an das graue Männchen und ging hinaus in den Wald. An der Stelle, wo er den Baum abgehauen hatte, sah er einen Mann sitzen, der machte ein ganz betrübtes Gesicht. Der Dummling fragte, was er sich so zu Herzen nähme. Da erwiderte er: »Ich habe einen riesigen Durst und kann ihn nicht löschen. Kaltes Wasser vertrage ich nicht, ein Faß Wein habe ich zwar schon ausgetrunken, aber was ist ein Tropfen auf einen heißen Stein?« — »Da kann ich dir helfen«, sagte der Dummling, »komm mit mir, du sollst dich satt trinken.«

Er führte ihn in des Königs Keller, und der Mann machte sich über die großen Fässer her. Er trank und trank, daß ihm die Hüften weh taten, und bevor der Tag herum war, hatte er den ganzen Keller ausgetrunken. Der Dummling verlangte daraufhin erneut seine Braut.

Der König aber ärgerte sich, daß ein so einfältiger Bursch, der von jedem Dummling genannt wurde, seine Tochter bekommen sollte, und stellte neue Bedingungen: Er müsse erst einen Mann heranschaffen, der einen Berg voll Brot aufessen könne. Der Dummling besann sich nicht lange, sondern ging gleich hinaus in den Wald. Da saß auf demselben Platz ein Mann, der schnürte sich den Leib mit einem Riemen zusammen, machte ein griesgrämiges Gesicht und beschwerte sich: »Ich habe schon einen ganzen Backofen voll Brot gegessen, aber was hilft das alles, wenn man so großen Hunger hat wie ich. Mein Magen bleibt leer, und ich muß meinen Gürtel ganz eng schnüren, wenn ich nicht vor Hunger sterben will.« Der Dummling war froh darüber und sprach: »Komm und geh mit, du sollst dich satt essen.« Er führte ihn an den Hof des Königs. Der hatte das gesamte Mehl aus dem ganzen Reich zusammenfahren und einen ungeheuern Berg Brot davon backen lassen. Der Mann aus dem Wald stellte sich davor, fing an zu essen, und in einem Tag war der ganze Berg verschwunden.

Der Dummling forderte zum drittenmal seine Braut, der König aber suchte wieder nach einer Ausflucht und verlangte ein Schiff, das zu Lande und zu Wasser fahren könne: »Sobald du damit angesegelt kommst«, sagte er, »sollst du sofort meine Tochter zur Gemahlin haben.«

Der Dummling ging geradeswegs in den Wald. Da saß das alte, graue Männchen, dem er seinen Kuchen gegeben hatte, und sagte: »Ich habe für dich getrunken und gegessen, ich will dir auch das Schiff geben; das alles tue ich, weil du mir gegenüber barmherzig gewesen bist.« Da gab er ihm ein Schiff, das zu Land und zu Wasser fahren konnte.

Als das der König sah, konnte er ihm seine Tochter nicht länger vorenthalten. Und so wurde Hochzeit gefeiert.

Nach des Königs Tod erbte der Dummling das Reich und lebte noch lange vergnügt mit seiner Gemahlin.

DER TREUE JOHANNES

Es war einmal ein König, der war alt und krank und dachte bei sich: »Das wird wohl das Totenbett sein, auf dem ich liege.« Da hieß er seinen getreuen Johannes kommen. Der getreue Johannes war sein liebster Diener und wurde von ihm so genannt, weil er ihm sein Leben lang treu gewesen war. Als Johannes an das Bett trat, sprach der König zu ihm: »Mein lieber Johannes, ich fühle, daß mein Ende herannaht. Meine einzige Sorge ist mein Sohn. Er ist noch sehr jung und weiß sich nicht immer Rat. Wenn du mir nicht versprichst, ihm alles beizubringen, was er wissen muß, und sein Pflegevater zu sein, kann ich meine Augen nicht in Ruhe schließen.« Da antwortete der getreue Johannes: »Ich will ihn nicht verlassen und ihm genauso treu dienen wie Euch, und wenn's mein Leben kosten sollte.«

Da sprach der König: »So sterb' ich getrost und in Frieden.« Und er fuhr fort: »Nach meinem Tode sollst du ihm das ganze Schloß zeigen, alle Zimmer, Säle und Gewölbe und alle Schätze, die darin liegen; aber die letzte Kammer auf dem langen Gang darfst du ihm nicht öffnen. Dort ist das Bild der Prinzessin vom goldenen Dach verborgen. Wenn er es erblickt, wird er in heißer Liebe zu ihr entflammen und ohnmächtig werden und ihretwegen in große Gefahren geraten. Davor sollst du ihn bewahren.« Und als der getreue Johannes dem König nochmals die Hand darauf gab, schwieg dieser still, legte seinen Kopf auf das Kissen und starb.

Nachdem sie den alten König zu Grabe getragen hatten, erzählte der treue Johannes dem jungen König, was er seinem Vater auf dem Sterbebett versprochen hatte, und sagte: »Ich will mein Versprechen halten und dir treu sein, wie ich es ihm war, und sollte es mein Leben kosten.«

Als die Trauerzeit vorüber war, sprach der treue Johannes zu ihm: »Es ist Zeit, daß du dein Erbe siehst; ich will dir dein väterliches Schloß zeigen.« Da führte er ihn überall herum, treppauf und treppab, und ließ ihn alle die Reichtümer und prächtigen Zimmer sehen. Nur die eine Kammer öffnete er nicht, in der das gefährliche Bild stand. Das Bild stand so, daß der Blick sofort darauf fiel, wenn die Tür aufging. Es war so wunderbar gemalt, daß man meinte, es leibte und lebte und es gäbe nichts Lieblicheres und Schöneres auf der ganzen Welt.

Dem jungen König aber war es nicht entgangen, daß der getreue Johannes immer an einer gewissen Tür vorbeiging. Deshalb fragte er ihn: »Warum schließt du mir die niemals auf?« — »Es ist etwas in der Kammer«,

antwortete er, »vor dem du erschrickst.« Aber der König erwiderte: »Ich habe das ganze Schloß gesehen; ich will auch wissen, was hier drin ist.« Und er wollte die Tür mit Gewalt öffnen. Der getreue Johannes aber hielt ihn zurück und sprach: »Ich habe es deinem Vater auf seinem Totenbett versprochen, daß du nicht sehen sollst, was in der Kammer steht; es könnte dir und mir großes Unglück bringen.« — »Im Gegenteil«, antwortete der junge König, »wenn ich sie nicht betreten kann, so ist das mein sicheres Verderben. Ich fände so lange Tag und Nacht keine Ruhe, bis ich es mit eigenen Augen gesehen hätte. Ich rühre mich nicht eher von der Stelle, als bis du aufgeschlossen hast.« Da sah der getreue Johannes, daß es nicht mehr zu ändern war, und suchte mit schwerem Herzen und unter vielen Seufzern aus dem großen Bund den Schlüssel heraus.

Als er die Tür geöffnet hatte, trat er zuerst ein, denn er wollte das Bildnis zudecken, damit der König nichts davon sähe. Aber was half das? Der König stellte sich auf die Zehenspitzen und sah ihm über die Schulter. Und als er das herrliche, von Gold und Edelsteinen glitzernde Bildnis des jungen Mädchens erblickte, fiel er ohnmächtig um. Der getreue Johannes hob ihn auf, trug ihn auf sein Bett und dachte voll Sorgen: »Das Unglück ist geschehen, mein Gott, was soll nur daraus werden!« Dann stärkte er ihn mit Wein, bis er wieder zu sich kam. Seine ersten Worte waren: »Ach! Wer ist das bezaubernde Bild?« — »Das ist die Königstochter vom goldenen Dach«, antwortete Johannes. Da fuhr der König fort: »Meine Liebe zu ihr ist unbeschreiblich groß. So groß, daß sie sich nicht ausdrücken ließe, wenn alle Blätter an den Bäumen Zungen wären. Mein Leben würde ich daransetzen, sie zu erringen. Du bist mein getreuer Johannes, du mußt mir helfen.«

Der treue Diener überlegte lange, wie die Sache anzufangen wäre, denn es war ein schwieriges Unterfangen, der Prinzessin auch nur von Angesicht zu Angesicht zu begegnen. Endlich hatte er sich einen Weg ausgedacht und sprach zum König: »Alles, was sie um sich hat, ist aus Gold — Tische, Stühle, Schüsseln, Becher, Näpfe und aller Hausrat. In deinem Schatz liegen fünf Tonnen Gold, laß eine von den Goldschmieden des

Reichs zu allerhand Gefäßen und Gerätschaften, zu allerhand Vögeln, Wild und Fabeltieren verarbeiten. Das wird ihr gefallen, wir wollen zu ihr fahren und unser Glück versuchen.«

Der König ließ alle Goldschmiede herbeiholen. Sie mußten Tag und Nacht arbeiten, bis endlich die herrlichsten Dinge fertig waren. Als alles auf einem Schiff verladen war, zog der getreue Johannes Kaufmannskleider an. Der König mußte das gleiche tun, damit sie niemand erkennen konnte. Dann fuhren sie über das Meer und fuhren so lange, bis sie zu der Stadt kamen, in der die Prinzessin vom goldenen Dach wohnte.

Der treue Johannes befahl dem König, auf dem Schiff zurückzubleiben und auf ihn zu warten. »Vielleicht«, sprach er, »bring' ich die Prinzessin mit, darum sorgt dafür, daß alles in Ordnung ist. Laßt die Goldgefäße aufstellen und das ganze Schiff ausschmücken.« Darauf suchte er sich in sein Schürzchen allerlei Goldsachen zusammen, ging an Land und geradeswegs zum königlichen Schloß.

Als er in den Schloßhof kam, stand neben dem Brunnen ein hübsches Mädchen mit zwei goldenen Eimern in der Hand und schöpfte Wasser. Als es das glitzernde Wasser forttragen wollte und sich umdrehte, bemerkte es den fremden Mann und fragte, wer er sei. »Ich bin ein Kaufmann«, erwiderte er, öffnete seine kleine Schürze und ließ sie hineinschauen. Da rief sie: »Oh, was für schöne goldene Dinge!«, setzte die Eimer nieder und betrachtete ein Stück nach dem andern. »Das muß unsere Prinzessin sehen, die hat so große Freude an Goldsachen, daß sie Euch alles abkauft.«

Es nahm ihn bei der Hand und führte ihn hinauf, denn es war die Kammerzofe. Als die Prinzessin die Waren sah, war sie ganz vergnügt und sprach: »Die Sachen sind so schön gearbeitet, daß ich dir alles abkaufe.« Aber der getreue Johannes sprach: »Ich bin nur der Diener eines reichen Kaufmanns. Was ich hier habe, ist nichts gegen das, was mein Herr auf seinem Schiff hat, und das ist das Künstlerischste und Herrlichste, was je in Gold gearbeitet wurde.« Sie wollte alles hergebracht haben, aber er sprach: »Dazu würden wir mehrere Tage brauchen, so viel ist das. Und man brauchte mehrere Säle, um alles aufzustellen. In Eurem Schloß ist nicht genügend Raum dafür.«

Das stachelte die Neugierde der Prinzessin immer mehr an, so daß sie endlich einwilligte: »Führe mich auf das Schiff, ich will selbst zu deinem Herrn gehen und mir die Schätze ansehen.«

Mit Vergnügen führte sie der getreue Johannes zu dem Schiff. Und als der König sie erblickte, sah er, daß sie noch schöner war als auf dem Bild. Er hatte das Gefühl, als wollte ihm das Herz zerspringen. Sie bestieg das Schiff, und der König führte sie unter Deck. Der getreue Johannes aber blieb beim Steuermann zurück und befahl ihm, mit dem Schiff abzulegen: »Setz alle Segel, es soll wie ein Vogel dahinfliegen.«

Der König zeigte seinem Gast inzwischen drinnen das goldene Geschirr, jedes Stück einzeln — alle Schüsseln, Becher, Näpfe, die Vögel, das Wild und die Fabeltiere. Viele Stunden vergingen, während die Prinzessin sich alles besah, und in ihrer Freude merkte sie nicht, daß das Schiff fuhr. Nachdem sie das letzte betrachtet hatte, dankte sie dem Kaufmann und wollte heim. Als sie jedoch auf das Schiffsdeck trat, sah sie, daß sie sich fern vom Land auf hoher See befanden und mit vollen Segeln dahinflogen.

»Ach«, rief sie erschrocken, »ich bin betrogen worden, ihr habt mich entführt, ich bin in die Gewalt eines Kaufmanns geraten. Lieber möchte ich sterben!« Der König aber faßte sie bei der Hand und erklärte ihr: »Ich bin kein Kaufmann, ich bin ein König und nicht geringer von Geburt als du. Daß ich dich mit List entführte, geschah aus übergroßer Liebe zu dir. Als ich dein Bild zum erstenmal sah, bin ich ohnmächtig umgefallen.« Als die Prinzessin vom goldenen Dach das hörte, beruhigte sie sich. Und der König gewann ihre Zuneigung und ihr Herz, so daß sie gern einwilligte, seine Gemahlin zu werden.

Während sie auf dem hohen Meer dahinsegelten, trug es sich zu, daß der getreue Johannes, als er vorn auf dem Schiff saß und Musik machte, in der Luft drei Raben erblickte. Da hörte er auf zu spielen und hörte zu, worüber sie miteinander sprachen, denn er verstand ihre Sprache. Der eine rief: »Sieh einmal, er führt die Prinzessin vom goldenen Dach heim.« — »Ja«, antwortete der zweite, »aber er hat sie noch nicht.« Der dritte fügte hinzu: »Das ist nicht wahr, sie sitzt bei ihm im Schiff.«

Da fing der erste wieder an: »Was hilft ihm das! Wenn sie an Land kommen, wird ihm ein fuchsrotes Pferd entgegenlaufen. Er wird sich hinaufschwingen wollen, und wenn er das tut, erhebt es sich mit ihm in die Lüfte und er sieht seine junge Braut nie wieder.«

Darauf sprach der zweite: »Gibt es gar keine Rettung?« — »Aber sicher. Wenn ein anderer schnell aufsitzt, das Gewehr aus dem Halfter herauszieht und das Pferd damit erschießt, ist der junge König gerettet. Aber wer weiß das schon! Und wenn's jemand wüßte und es ihm sagte, würde er von den Zehen bis zum Knie versteinern.«

Da sprach der zweite: »Ich weiß noch mehr. Auch wenn das Pferd getötet wird, behält der junge König seine Braut nicht. Wenn sie zusammen ins Schloß kommen, liegt dort ein fertiges Hochzeitshemd in einer Schale und sieht aus, als wär's aus Gold und Silber gewebt. Es ist aber nichts als Schwefel und Pech. Wenn es der König anzieht, verbrennt es ihn bis aufs Mark.«

Der dritte fragte ihn: »Gibt es da gar keine Rettung?« — »O ja«, antwortete der zweite, »wenn einer mit Handschuhen das Hemd packen und ins Feuer werfen würde, damit es verbrennt, wäre der junge König gerettet. Aber was hilft's! Wer es weiß und es ihm sagt, dessen Leib wird vom Knie bis zum Herzen zu Stein.«

Da sprach der dritte: »Ich weiß noch mehr. Auch wenn jemand das Hemd verbrennt, hat der junge König seine Braut noch nicht. Wenn nach der Hochzeit der Tanz beginnt und die junge Königin tanzt, wird sie plötzlich erbleichen und wie tot umfallen. Wenn sie niemand aufhebt und ihr aus ihrer rechten Brust drei Tropfen Blut zieht und sie wieder ausspeit, muß sie sterben. Aber wenn der, der das weiß, es dem König verrät, verwandelt er sich von Kopf bis Fuß zu Stein.«

Die Raben flogen weiter, und der getreue Johannes hatte alles gut verstanden. Von da an war er in sich gekehrt und traurig. Verschwieg er seinem Herrn, was er gehört hatte, so wurde dieser unglücklich. Verriet er es ihm aber, so mußte er selbst sein Leben opfern. Endlich aber sprach er zu sich: »Ich rette meinen Herrn, und sollte ich selbst dabei zugrunde gehen.«

Als sie ans Land kamen, geschah das, was die Raben vorhergesagt hatte. Es kam ein prächtiger fuchsroter Hengst gelaufen. »Wohlan«, sprach der König, »der soll mich in mein Schloß tragen«, und wollte aufsitzen.

Doch der treue Johannes kam ihm zuvor, schwang sich schnell darauf, zog das Gewehr aus dem Halfter und schoß das Pferd nieder. Da riefen die andern Diener des Königs, die dem treuen Johannes nicht gewogen waren: »Wie schändlich, ein so schönes Tier zu töten! Es war eines Königs würdig!« Aber der König sprach: »Schweigt und laßt ihn in Ruhe. Es ist mein getreuester Johannes, wer weiß, wozu das gut ist!«

Sie gingen ins Schloß, und da stand im Saal eine Schale mit dem fertigen Hochzeitshemd. Es sah aus, als wäre es von Gold und Silber. Der junge König ging darauf zu und griff danach, aber Johannes schob ihn weg, packte das Hemd mit Handschuhen an, warf es ins Feuer und ließ es verbrennen. Die anderen Diener fingen wieder an zu murren und sagten: »Seht, nun verbrennt er gar des Königs Hemd.« Aber der junge König sprach: »Wer weiß, wozu es gut ist. Laßt ihn gehen, es ist mein treuer Johannes.«

Nun wurde Hochzeit gefeiert. Der Tanz fing an. Als auch die junge Braut zu tanzen begann, beobachtete sie Johannes sehr aufmerksam. Auf einmal erbleichte sie und fiel wie tot zu Boden. Der treue Johannes sprang eilends hinzu, hob sie auf und trug sie in ein Zimmer. Dort legte er sie hin, kniete neben ihr nieder, sog die drei Blutstropfen aus ihrer rechten Brust und spuckte sie aus. Die Königin begann sofort wieder zu atmen und sich zu erholen, aber der junge König hatte alles mit angesehen.

Und weil er nicht wußte, warum der getreue Johannes das getan hatte, wurde er zornig und befahl: »Ins Gefängnis mit ihm!«

Am nächsten Morgen wurde der getreue Johannes verurteilt und zum Galgen geführt. Und als er oben stand und gerichtet werden sollte, sprach er: »Jeder, der sterben soll, darf vor seinem Ende noch einmal reden, soll auch ich dieses Recht haben?« — »Ja«, antwortete der König, »es sei dir gewährt.« Da sprach Johannes: »Mein König, du hast mich zu Unrecht verurteilt; ich bin dir immer treu gewesen«, und erzählte, wie er auf dem Meer das Gespräch der Raben belauscht hatte und wie er das alles hätte tun müssen, um seinen Herrn zu retten. Da rief der König: »Oh, du mein treuester Johannes, Gnade! Gnade! Führt ihn herunter.« Aber der treue Johannes war bei seinem letzten Wort leblos umgefallen und zu Stein erstarrt.

Dem König und der Königin ging das sehr zu Herzen; der König war untröstlich: »Wie übel habe ich so große Treue belohnt!« Er ließ die steinerne Statue in seinem Schlafzimmer neben sein Bett aufstellen. Sooft er sie ansah, weinte er und sprach: »Ach, könnte ich dich wieder lebendig machen, mein guter Johannes.«

Die Zeit verging und die Königin gebar Zwillinge — zwei Buben. Sie wuchsen heran und waren die Freude ihrer Eltern. Einmal, als die Königin in der Kirche war und die zwei Kinder mit ihrem Vater im Zimmer saßen und spielten, sah dieser wieder traurig die steinerne Statue an, seufzte und rief: »Ach, könnt' ich dich wieder lebendig machen, mein Johannes.«

Da sprach der Stein: »Ja, du kannst mich wieder lebendig machen, wenn du dein Liebstes dafür opfern willst.« Da rief der König: »Alles, was ich auf der Welt habe, will ich für dich hingeben.« Der Stein sprach weiter: »Wenn du mit eigener Hand deinen beiden Kindern den Kopf abschlägst und mich mit ihrem Blut bestreichst, werde ich wieder lebendig.«

Der König erschrak, als er hörte, daß er seine liebsten Kinder selbst töten sollte. Doch er dachte an die große Treue und daran, daß der getreue Johannes für ihn gestorben war, zog sein Schwert und hieb mit eigener Hand den Kindern den Kopf ab. Und als er mit ihrem Blut den Stein bestrichen hatte, kehrte das Leben in ihn zurück und Johannes stand wieder frisch und gesund vor ihm. Er sprach zum König: »Deine Treue soll nicht unbelohnt bleiben«, nahm die Häupter der Kinder, setzte sie auf und bestrich die Wunden mit ihrem Blut. Sofort wurden sie wieder heil, sprangen herum und spielten weiter, als wäre nichts geschehen.

Der König freute sich riesig. Und als er die Königin kommen sah, versteckte er Johannes und die beiden Kinder in einem großen Schrank. Als sie hereintrat, sprach er zu ihr: »Hast du gebetet in der Kirche?« — »Ja«, antwortete sie, »aber ich habe beständig an deinen treuen Johannes gedacht und daß ihm durch uns ein solches Unglück widerfahren ist.« Da sprach er zu seiner Frau: »Meine Liebe, wir können ihm das Leben wiedergeben. Aber es kostet uns unsere beiden Söhnlein, die müssen wir opfern.«

Die Königin wurde ganz bleich und erschrak bis ins tiefste Herz, doch sie bezwang sich: »Wir sind es ihm wegen seiner großen Treue schuldig.«

Da freute er sich, daß sie genauso dachte wie er, schloß den Schrank auf, holte die Kinder und den treuen Johannes heraus und sprach: »Gott sei gelobt, er ist erlöst; und unsere Söhne haben wir auch wieder«, und erzählte ihr, wie sich alles zugetragen hatte.

Da lebten sie zusammen glücklich bis an ihr Ende.

Der Teufel und seine Grossmutter

instwar einmal ein großer Krieg. Der König hatte viele Soldaten, aber er gab ihnen wenig Sold, so daß sie davon nicht leben konnten.

Da taten sich drei zusammen und wollten desertieren. Einer sprach zum andern: »Wenn wir erwischt werden, hängt man uns. Was sollen wir machen?« Der andere sprach: »Seht dort das große Kornfeld, wenn wir uns da verstecken, findet uns kein Mensch; das Heer darf nicht hinein und muß morgen weiterziehen.« Sie krochen in das Feld, aber das Heer zog nicht weiter, sondern blieb rundherum liegen. So saßen sie zwei Tage und zwei Nächte im Korn und hatten so großen Hunger, daß sie glaubten, sterben zu müssen. Hätten sie aber das Feld verlassen, wäre ihnen der Tod auch gewiß gewesen. Da sprachen sie: »Was hat es uns geholfen, daß wir ausgerissen sind; wir gehen hier elend zugrunde.«

Da kam ein feuriger Drache durch die Luft geflogen, landete neben ihnen und fragte sie, warum sie sich versteckt hielten. Sie antworteten: »Wir sind drei Soldaten und sind desertiert, weil unser Sold zu gering war. Wenn wir hier bleiben, müssen wir Hungers sterben, wenn wir herausgehen, hängt man uns an den Galgen.« — »Wenn ihr mir sieben Jahre dienen wollt«, sagte der Drache, »führe ich euch mitten durchs Heer, ohne daß euch jemand erwischt.« — »Wir haben keine andere Wahl. Wir müssen's annehmen«, antworteten sie.

Da packte sie der Drache mit seinen Klauen, trug sie durch die Luft über das Heer hinweg und setzte sie weit weg davon wieder auf die Erde.

Aber der Drache war niemand anders als der Teufel. Er gab ihnen eine kleine Peitsche und sprach: »Wenn ihr die Peitsche schwingt und damit knallt, springt soviel Geld um euch herum, wie ihr verlangt. Ihr könnt dann wie große Herren leben, euch Pferde halten und in Kutschen fahren. Nach sieben Jahren aber seid ihr mein eigen.«

Dann ließ er sie alle drei in einem Buch unterschreiben. »Nach diesen sieben Jahren«, sprach er, »will ich euch erst noch ein Rätsel aufgeben. Könnt ihr das erraten, sollt ihr frei sein und ich entlasse euch aus meiner Gewalt.«

Dann flog der Drache davon, und sie reisten mit ihrer Peitsche durch die Welt. Sie hatten Geld in Fülle, ließen sich herrschaftliche Kleider machen, und wo sie waren, lebten sie in Freude und Herrlichkeit. Sie fuhren mit Pferd und Wagen, aßen und tranken, taten aber nichts Böses.

Die Zeit verstrich wie im Flug, und als die sieben Jahre zu Ende gingen, wurde es zweien gewaltig angst und bang. Der dritte aber nahm's auf die leichte Schulter und sprach: »Kameraden, habt keine Angst, ich bin nicht auf den Kopf gefallen, ich errate das Rätsel.« Sie gingen hinaus aufs Feld, saßen da, und die beiden machten betrübte Gesichter. Da kam eine alte Frau vorbei und fragte sie, warum sie so traurig seien. »Ach, kümmert Euch nicht um uns, Ihr könnt uns doch nicht helfen.« — »Wer weiß«, antwortete sie, »vertraut mir nur euren Kummer an.« Da erzählten sie ihr, daß sie dem Teufel fast sieben Jahre lang gedient hatten, daß er ihnen Geld wie

Heu beschafft habe, daß sie sich ihm aber hätten verschreiben müssen. Nun seien sie ihm verfallen, wenn sie nach den sieben Jahren nicht sein Rätsel lösen könnten. Die Alte sprach: »Wenn euch geholfen werden soll, muß einer von euch in den Wald bis zu einer eingestürzten Felswand gehen, die wie ein Häuschen aussieht. Dort muß er eintreten, dann wird er Hilfe finden.«

Die zwei Traurigen dachten: »Das wird uns doch nicht retten«, und blieben sitzen. Der dritte aber, der Lustige, machte sich auf den Weg und ging so weit in den Wald, bis er die Felsenhütte fand. In dem Häuschen saß eine steinalte Frau – des Teufels Großmutter. Sie fragte ihn, woher er käme und was er hier wolle. Er erzählte ihr alles, was geschehen war. Und weil er ihr gut gefiel, hatte sie Erbarmen und versprach, ihm zu helfen. Sie hob einen großen Stein hoch, der über einem Keller lag, und sagte: »Verstecke dich da, du kannst alles hören, was hier gesprochen wird. Sitz aber still und reg dich nicht. Wenn der Drache kommt, will ich ihn wegen des Rätsels ausfragen. Mir sagt er alles. Achte gut darauf, was er antwortet.«

Um zwölf Uhr nachts kam der Drache geflogen und verlangte sein Essen. Die Großmutter deckte den Tisch und trug Trank und Speise auf. Das machte ihn vergnügt, und sie aßen und tranken zusammen.

Da fragte sie ihn im Gespräch, wie der Tag gewesen sei und wieviel Seelen er gekriegt habe. »Heute wollte mir nichts so recht glücken«, antwortete er, »aber ich habe drei Soldaten in Reserve, die sind mir sicher.« — »Ja, Soldaten«, sagte sie, »die sind gewitzt, die können dir noch entkommen.« Der Teufel erwiderte höhnisch: »Die sind mein. Denen gebe ich nur noch ein Rätsel auf, aber die können das nie erraten.« — »Was für ein Rätsel?« fragte sie. »Dir will ich's verraten: In der großen Nordsee liegt eine tote Meerkatze, das soll ihr Braten sein. Die Rippe eines Wals, das ist ihr silberner Löffel. Und ein alter, hohler Pferdefuß, das wird ihr Weinglas.«

Als der Teufel zu Bett gegangen war, hob die Großmutter den Stein hoch und ließ den Soldaten heraus. »Hast du dir auch alles gut gemerkt?« — »Ja«, sprach er, »ich weiß genug und will mir schon helfen.« Danach mußte er auf einem andern Weg durchs Fenster heimlich und in aller Eile zu seinen Kameraden zurückgehen.

Er erzählte ihnen, wie der Teufel von seiner Großmutter überlistet worden war und wie er die Auflösung des Rätsels von ihm gehört hatte. Da waren sie alle fröhlich und guter Dinge, nahmen die Peitsche und schlugen sich so viel Geld, daß es auf der Erde herumsprang.

Als die sieben Jahre ganz um waren, kam der Teufel mit dem Buch, zeigte ihnen ihre Unterschriften und sprach: »Ich nehme euch mit in die Hölle, dort serviere ich euch eine Mahlzeit. Wenn ihr erratet, was ihr für einen Braten bekommt, dann sollt ihr frei sein und dürft auch die Peitsche behalten.«

Da fing der erste Soldat an: »In der großen Nordsee liegt eine tote Meerkatze, das wird wohl der Braten sein.« Der Teufel ärgerte sich, machte »Hm! Hm! Hm!« und fragte den zweiten: »Was soll euer Löffel sein?« — »Eine Walrippe bekommen wir als silbernen Löffel.« Der Teufel schnitt ein Gesicht, knurrte wieder dreimal «Hm! Hm! Hm!« und sprach zum dritten: »Wißt ihr auch, was euch als Weinglas dienen soll?« — »Ein alter Pferdefuß soll unser Weinglas sein.«

Da flog der Teufel mit einem lauten Schrei davon und hatte keine Gewalt mehr über sie.

Aber die drei behielten die Peitsche, schlugen Geld, soviel sie wollten, und lebten vergnügt bis an ihr Ende.

Einäuglein, Zweiäuglein und Dreiäuglein

s war einmal eine Frau, die hatte drei Töchter. Die älteste hieß Einäuglein, weil sie nur ein einziges Auge mitten auf der Stirn hatte, und die mittlere Zweiäuglein, weil sie zwei Augen hatte wie andere Menschen, und die jüngste Dreiäuglein, weil sie drei Augen hatte. Das dritte stand bei ihr auch mitten auf der Stirn.

Weil aber Zweiäuglein nicht anders aussah als andere Menschenkinder, konnten es seine Schwestern und seine Mutter nicht leiden. Sie sprachen zu ihm: »Du mit deinen zwei Augen bist nicht besser als das gewöhnliche Volk, du gehörst nicht zu uns«, denn sie hielten sich für etwas Besseres. Sie stießen es herum, gaben ihm nur die abgetragensten Kleider, und es bekam nur das zu essen, was sie übrigließen. Überhaupt taten sie ihm Herzeleid an, wo sie nur konnten.

Es trug sich zu, daß Zweiäuglein hinaus aufs Feld mußte, um die Ziege zu hüten. Aber es war noch ganz hungrig, weil ihm seine Schwestern fast nichts zu essen übriggelassen hatten. Es setzte sich auf einen Feldrain und begann zu weinen. Es weinte so sehr, daß zwei Bächlein aus seinen Augen flossen. Und als es in seinem Jammer einmal aufsah, erblickte es ein altes grauhaariges Mütterchen neben sich, das fragte: »Zweiäuglein, warum weinst du?« Zweiäuglein antwortete: »Soll ich da nicht weinen? Weil ich zwei Augen habe wie andere Menschen, können mich meine Schwestern und meine Mutter nicht leiden. Sie stoßen mich aus einer Ecke in die andere, geben mir abgetragene Kleider und nur das zu essen, was sie übriglassen. Heute war es so wenig, daß ich noch ganz hungrig bin.« Da erwiderte die weise Frau: »Zweiäuglein, trockne dir dein Gesicht. Ich verrate dir etwas, damit du nicht mehr zu hungern brauchst. Sag nur zu deiner Ziege:
›Zicklein, meck,
Tischlein deck‹.

Dann wird ein sauber gedecktes Tischchen mit den schönsten Speisen vor dir stehen. Du kannst dann davon essen, soviel du Lust hast. Und wenn du satt bist und das Tischlein nicht mehr brauchst, so sprich nur:
›Zicklein, meck,
Tischlein weg.‹

Dann verschwindet es wieder.« Darauf ging die weise Frau fort. Zweiäuglein aber dachte: »Ich muß gleich einmal probieren, ob es wahr ist, was sie gesagt hat, denn mich hungert gar zu sehr«, und sprach:

»Zicklein, meck,
Tischlein deck.«

Kaum hatte es die Worte ausgesprochen, stand ein weiß gedecktes Tischlein mit Teller, Messer und Gabel und silbernem Löffel vor ihm. Ringsherum standen die schönsten Speisen, dampften und waren noch warm, als wären sie eben aus der Küche gekommen. Da sagte Zweiäuglein das kürzeste Gebet her, das es wußte. »Herrgott, sei unser Gast zu aller Zeit, Amen«, langte zu und ließ sich's schmecken. Und als es satt war, tat es, wie die weise Frau es ihm gelehrt hatte, und sagte:

»Zicklein, meck,
Tischlein weg.«

Sofort war das Tischchen und alles, was darauf stand, wieder verschwunden. »Das ist ein schöner Haushalt«, dachte Zweiäuglein und war ganz vergnügt und guter Dinge.

Abends, als es mit seiner Ziege heimkam, fand es ein irdenes Schüsselchen mit ein bißchen Essen, das ihm die Schwestern hingestellt hatten, aber es rührte nichts an. Am andern Tag zog es mit seiner Ziege wieder hinaus und ließ die paar Brocken, die sie ihm gelassen hatten, liegen.

Das erste- und das zweitemal bemerkten es die Schwestern gar nicht. Als es aber jeden Tag geschah, wurden sie aufmerksam und sprachen: »Da ist was nicht in Ordnung mit Zweiäuglein, das läßt jedesmal sein Essen stehen und hat doch früher alles aufgeputzt, was ihm hingestellt wurde. Das muß andere Wege gefunden haben.« Um ihm auf die Schliche zu kommen, sollte Einäuglein mitgehen, wenn Zweiäuglein die Ziege auf die Weide trieb, und darauf achten, was es vorhätte und ob ihm jemand etwas zu essen und zu trinken brächte.

Als sich Zweiäuglein auf den Weg machte, trat Einäuglein zu ihm und sprach: »Ich will mit aufs Feld und sehen, ob du die Ziege auch richtig hütest, wie es sich gehört.« Aber Zweiäuglein merkte, was Einäuglein im Schilde führte.

Es trieb die Ziege ins hohe Gras und sprach: »Komm, Einäuglein, wir wollen uns hinsetzen, und ich will dir was vorsingen.« Einäuglein setzte sich hin und war von dem ungewohnten Weg und der Sonnenhitze müde. Und Zweiäuglein sang immer:
»Einäuglein? Wachst du?
Einäuglein, schläfst du?«

Da machte Einäuglein sein Auge zu und schlief ein. Und als Zweiäuglein sah, daß es fest schlief und nichts verraten konnte, sprach es:
»Zicklein, meck,
Tischlein deck«,

setzte sich an sein Tischlein und aß und trank, bis es satt war, dann rief es wieder:
»Zicklein, meck,
Tischlein weg«,

und alles war sofort verschwunden. Zweiäuglein weckte nun Einäuglein und sprach: »Einäuglein, du willst hüten und schläfst dabei ein. Inzwischen hätte die Ziege wer weiß wohin laufen können. Komm, wir gehen nach Hause.«

Das taten sie, und Zweiäuglein ließ wieder sein Schüsselchen unangerührt stehen. Einäuglein konnte der Mutter nicht berichten, warum es nicht essen wollte, und sagte zu seiner Entschuldigung: »Ich war draußen eingeschlafen.«

Am andern Tag sprach die Mutter zu Dreiäuglein: »Diesmal gehst du mit und paßt auf, ob Zweiäuglein draußen ißt und ob ihm jemand Essen und Trinken bringt, denn essen und trinken muß es heimlich.«

Da trat Dreiäuglein zum Zweiäuglein und sprach: »Ich will mitgehen und sehen, ob du die Ziege auch richtig hütest.« Aber Zweiäuglein merkte, was Dreiäuglein im Sinn hatte, und trieb die Ziege wieder ins hohe Gras. Dann sprach es: »Wir wollen uns hierher setzen, Dreiäuglein, und ich singe dir was vor.« Dreiäuglein setzte sich und war müde von dem Weg und der Sonnenhitze, und Zweiäuglein begann sein Lied wie am Tag zuvor:
»Dreiäuglein, wachst du?«

Aber statt zu singen:
»Dreiäuglein, schläfst du?«

sang es aus Unbedachtsamkeit:
»Zweiäuglein, schläfst du?«

Und wiederholte immer:
»Dreiäuglein, wachst du?
Zweiäuglein, schläfst du?«

Bis dem Dreiäuglein zwei Augen zufielen und schliefen. Aber das dritte, das von dem Sprüchlein nicht angeredet wurde, schlief nicht ein. Zwar machte es Dreiäuglein zu, aber nur aus List, als schliefe es auch damit. Doch es blinzelte damit und konnte alles genau sehen. Als Zweiäuglein meinte, Dreiäuglein schliefe fest, sagte es sein Sprüchlein:
»Zicklein, meck,
Tischlein deck«,

aß und trank nach Herzenslust und ließ dann das Tischlein wieder verschwinden:
»Zicklein, meck,
Tischlein weg.«

Aber Dreiäuglein hatte alles mit angesehen. Zweiäuglein kam zu ihm, weckte es und sprach: »Ei, Dreiäuglein, bist du eingeschlafen? Du kannst gut hüten! Komm, wir gehen heim.« Als sie nach Hause kamen, aß Zweiäuglein wieder nichts, und Dreiäuglein sprach zur Mutter: »Ich weiß nun, warum das hochmütige Ding nichts ißt. Wenn es draußen zur Ziege spricht:
›Zicklein, meck,
Tischlein deck‹,

so steht ein Tischlein vor ihm. Mit viel besserem Essen, als wir's hier haben. Und wenn es satt ist, sagt es:
›Zicklein, meck,
Tischlein weg‹

und alles ist wieder verschwunden. Ich habe alles genau mit angesehen. Zwei Augen hatte es mir mit einem Sprüchlein eingeschläfert, aber das eine auf der Stirn, das war zum Glück wachgeblieben.«

Da rief die neidische Mutter: »Du willst es besser haben als wir? Dir soll die Lust daran vergehen!« Sie holte ein Schlachtmesser und stieß es der Ziege ins Herz, daß sie tot umfiel.

Als Zweiäuglein das sah, ging es traurig hinaus, setzte sich auf den Feldrain und weinte bittere Tränen um seine Ziege. Da stand auf einmal die weise Frau wieder neben ihm und sprach: »Zweiäuglein, was weinst du?« — »Soll ich da nicht weinen!« antwortete es. »Die Ziege, die mir jeden Tag den Tisch so schön deckte, wenn ich Euer Sprüchlein hersagte, hat meine Mutter erstochen. Nun muß ich wieder Hunger und Kummer leiden.«

Die weise Frau sprach: »Zweiäuglein, ich will dir einen guten Rat geben. Bitte deine Schwestern um das Eingeweide der geschlachteten Ziege und vergrab es vor der Haustür in der Erde. Das wird dir Glück bringen.« Sie verschwand, und Zweiäuglein ging heim und sprach zu seinen Schwestern: »Liebe Schwestern, gebt mir doch etwas von meiner Ziege, ich verlange nichts Gutes, mir reicht das Eingeweide.« Da lachten sie und sprachen: »Das kannst du haben, wenn du weiter nichts willst.« Und Zweiäuglein nahm das Eingeweide und vergrub es abends in aller Stille nach dem Ratschlag der weisen Frau vor der Haustür.

Am andern Morgen, als sie erwachten und vor die Haustür traten, stand dort ein wunderbarer, prächtiger Apfelbaum. Seine Blätter waren von Silber und seine Früchte von reinem Gold. Es gab sicher nichts Schöneres und Wertvolleres auf der weiten Welt.

Keiner wußte, wie der Baum über Nacht hierher gekommen war. Nur Zweiäuglein ahnte, daß er aus den Eingeweiden der Ziege gewachsen war, denn er stand ganz genau an der Stelle, wo es diese in der Erde begraben hatte.

Da sprach die Mutter zu Einäuglein: »Steig hinauf, mein Kind, und pflück uns die Früchte vom Baum ab.« Einäuglein stieg hinauf, aber als es nach einem der goldenen Äpfel greifen wollte, rutschte ihm der Zweig aus den Händen. Und das wiederholte sich jedesmal, so daß es keinen einzigen Apfel brechen konnte, es mochte sich anstellen, wie es wollte.

Da sprach die Mutter: »Dreiäuglein, steig du hinauf, du kannst mit deinen drei Augen besser um dich schauen

als Einäuglein.« Einäuglein rutschte vom Baum, und Dreiäuglein stieg hinauf. Aber Dreiäuglein war nicht geschickter und mochte schauen, wie es wollte. Die goldenen Äpfel wichen immer vor ihm zurück.

Endlich wurde die Mutter ungeduldig und stieg selbst hinauf, konnte aber so wenig wie Einäuglein und Dreiäuglein eine Frucht fassen und griff immer ins Leere.

Da sprach Zweiäuglein: »Ich werde hinaufsteigen, vielleicht gelingt es mir eher.« Die Schwestern riefen zwar: »Du, mit deinen zwei Augen, was willst du schon!« Aber Zweiäuglein stieg hinauf, und die goldenen Äpfel zogen sich nicht vor ihm zurück, sondern ließen sich von selbst in seine Hand herab, so daß es einen nach dem andern abpflücken konnte und sein ganzes Schürzchen voll mit herunterbrachte.

Die Mutter nahm sie ihm ab, und statt Zweiäuglein besser zu behandeln, wurden Einäuglein und Dreiäuglein nur noch neidischer, daß es ganz allein die Früchte holen konnte, und gingen noch härter mit ihm um.

Es trug sich zu, daß ein junger Ritter daherkam, als sie einmal zusammen unter dem Baum standen. »Geschwind, Zweiäuglein«, riefen die beiden Schwestern, »kriech unter das Faß, damit wir uns deinethalben nicht zu schämen brauchen«, und stürzten über das arme Zweiäuglein in aller Eile ein leeres Faß, das gerade neben dem Baum stand. Dann schoben sie noch schnell die goldenen Äpfel, die es abgebrochen hatte, darunter.

Als nun der Ritter näher kam (es war ein schöner Mann), blieb er stehen, bewunderte den prächtigen Baum von Gold und Silber und fragte die beiden Schwestern: »Wem gehört dieser schöne Baum? Wer mir einen Zweig davon gibt, kann verlangen, was er möchte.« Da antworteten Einäuglein und Dreiäuglein, der Baum gehöre ihnen und sie wollten ihm gern einen Zweig abbrechen. Trotz ihrer großen Mühe aber war keines dazu imstande, denn die Zweige und Früchte wichen jedesmal vor ihnen zurück.

Da sprach der Ritter: »Das ist ja seltsam, daß der Baum euch gehört und ihr trotzdem nicht die Macht habt, etwas davon abzubrechen.« Sie blieben dabei, der Baum wäre ihr Eigentum.

Wie sie das sagten, rollte Zweiäuglein unter dem Faß ein paar goldene Äpfel hervor, so daß sie zu des Ritters Füßen rollten, denn Zweiäuglein war bös, daß Einäuglein und Dreiäuglein nicht die Wahrheit sagten. Als der Ritter die Äpfel sah, wunderte er sich und fragte, wo sie herkämen. Einäuglein und Dreiäuglein antworteten, sie hätten noch eine Schwester, die dürfte sich aber nicht sehen lassen, weil sie nur zwei Augen hätte wie andere gewöhnliche Menschen.

Der Ritter aber verlangte sie zu sehen und rief: »Zweiäuglein, komm hervor.« Da kam Zweiäuglein ganz getrost unter dem Faß hervor, und der Ritter war verwundert über seine große Schönheit und sprach: »Zweiäuglein, du kannst mir sicher einen Zweig vom Baum abbrechen.« — »Ja«, antwortete

Zweiäuglein, »das kann ich, denn der Baum gehört mir.« Es stieg hinauf und brach mühelos einen Zweig mit feinen silbernen Blättern und goldenen Früchten ab und reichte ihn dem Ritter. Da sprach der Ritter: »Zweiäuglein, was soll ich dir dafür geben?« — »Ach«, antwortete Zweiäuglein, »ich leide Hunger und Durst, Kummer und Not vom frühen Morgen bis zum späten Abend; wenn Ihr mich mitnehmen und erlösen wolltet, wäre ich glücklich.« Da hob der Ritter Zweiäuglein auf sein Pferd und brachte es heim auf sein väterliches Schloß. Dort bekam es schöne Kleider, Essen und Trinken nach Herzenslust. Und weil er es so lieb hatte, ließ er sich mit ihm einsegnen. Die Hochzeit wurde ein großes, freudiges Fest.

Als der schöne Ritter Zweiäuglein mitnahm, beneideten es seine zwei Schwestern erst recht um sein Glück. »Aber der Wunderbaum bleibt uns doch«, beruhigten sie sich. »Auch wenn wir keine Früchte davon pflücken können, wird jeder davor stehenbleiben, zu uns kommen und ihn rühmen. Wer weiß, wo unser Weizen noch blüht!« Aber am andern Morgen war der Baum verschwunden und ihre Hoffnung dahin. Als Zweiäuglein aus seinem Zimmerfenster hinaussah, stand er zu seiner großen Freude davor.

Zweiäuglein lebte lange Zeit vergnügt. Einmal kamen zwei arme Frauen zu ihm auf das Schloß und baten um einen Almosen. Zweiäuglein sah sie sich genauer an und erkannte seine Schwestern Einäuglein und Dreiäuglein, die so in Armut geraten waren, daß sie umherziehen und ihr Brot erbetteln mußten. Zweiäuglein aber hieß sie willkommen und tat ihnen Gutes und pflegte sie. Da bereuten die beiden von Herzen, was sie ihrer Schwester in der Jugend Böses angetan hatten.

Der Zaunkönig

n alten Zeiten, da hatte jeder Klang noch Sinn und Bedeutung. Wenn der Hammer des Schmieds ertönte, so rief er: »Schmied mir das! Schmied mir das!« Wenn der Hobel des Tischlers schnarrte, so sprach er: »Da hast du's! Da hast du's!« Fing das Räderwerk der Mühle zu klappern an, so sprach es: »Hilf, Herrgott! Hilf, Herrgott!« Und war der Müller ein Betrüger und ließ die Mühle an, fragte sie erst langsam: »Wer ist da? Wer ist da?«, dann antwortete sie schnell: »Der Müller! Der Müller!«, und endlich ganz geschwind: »Stiehlt tapfer, stiehlt tapfer, vom Achtel drei Sechstel.«

Damals hatten auch die Vögel ihre eigene Sprache, die jeder verstehen konnte. Jetzt klingt es nur wie Zwitschern, Kreischen und Pfeifen und bei einigen wie Musik ohne Worte.

Einmal kam es den Vögeln in den Sinn, sie wollten nicht länger ohne Herrn sein und sich einen der ihren zum König wählen.

Nur einer, der Kiebitz, war dagegen; frei hatte er gelebt und frei wollte er sterben. Und angstvoll hin und her fliegend, rief er: »Wo bleib' ich? Wo soll ich bleiben?« Er zog sich in einsame und unwirtliche Sümpfe zurück und zeigte sich nicht wieder unter den übrigen.

Die Vögel wollten nun über die Sache beraten. Deshalb kamen sie an einem schönen Maimorgen alle aus den Wäldern und Feldern zusammen — Adler und Buchfink, Eule und Krähe, Lerche und Sperling, was soll ich sie alle nennen? Selbst der Kuckuck kam und der Wiedehopf, sein Küster, der so heißt, weil er sich immer ein paar Tage früher hören läßt. Auch ein ganz kleiner Vogel, der noch keinen Namen hatte, mischte sich unter die Schar. Das Huhn, das zufällig von der ganzen Sache nichts gehört hatte, staunte über die große Versammlung. »Was, was, was ist denn da los?« gakkerte es, aber der Hahn beruhigte seine liebe Henne und sagte: »Lauter reiche Leut'!« Er erzählte ihr auch, was sie vorhatten.

Es wurde beschlossen, daß derjenige König werden sollte, der am höchsten fliegen konnte. Ein Laubfrosch, der im Gebüsch saß, rief warnend, als er das hörte: »Natt, natt, natt! Natt, natt, natt!«, weil er meinte, es würden deshalb viele Tränen vergossen werden. Die Krähe aber sagte: »Quark auch!« Aber alles sollte friedlich ablaufen.

Gleich an diesem schönen Morgen wollten sie aufsteigen, damit niemand hinterher sagen könnte: »Ich wäre wohl noch höher geflogen, aber der Abend kam, da konnte ich nicht mehr.«

Auf ein gegebenes Zeichen erhob sich die ganze Schar in die Lüfte. Der Staub stieg vom Feld auf. Es war ein gewaltiges Sausen und Brausen und Flügelschlagen, und es sah aus, als stiege eine schwarze Wolke hoch zum Himmel.

Die kleinen Vögel blieben bald zurück, konnten nicht weiter und fielen wieder auf die Erde. Die größern hielten es länger aus, aber keiner konnte es dem Adler gleichtun. Der stieg so hoch, daß er der Sonne hätte die Augen aushacken können.

Und als er sah, daß die andern nicht so hoch fliegen konnten wie er, dachte er: »Was sollst du noch höher fliegen, du bis doch der König«, und fing an, sich wieder herabzulassen. Die Vögel unter ihm riefen ihm alle zu: »Du mußt unser König sein, keiner ist höher geflogen als du.«

»Ausgenommen ich«, schrie ein kleiner Kerl ohne Namen, der sich in den Brustfedern des Adlers verkrochen hatte. Und da er nicht müde war, stieg er auf und stieg so hoch, daß er Gott auf seinem Stuhl sitzen sehen konnte. Als er so weit gekommen war, legte er seine Flügel zusammen, sank herab und rief unten mit feiner, durchdringender Stimme: »König bin ick! König bin ick!«

»Du unser König?« schrien die Vögel zornig. »Durch Ränke und List hast du es dahin gebracht.«

Sie dachten sich eine andere Bedingung aus: Derjenige sollte ihr König sein, der am tiefsten in die Erde fallen könne. Das war ein Bild, wie die Gans mit ihrer breiten Brust auf den Boden klatschte! Oder der Hahn schnell ein Loch scharrte! Die Ente kam am schlimmsten weg. Sie sprang in einen Graben, verrenkte sich dabei die Beine und watschelte mit dem Ausruf zum nahen Teich: »So ein Krach! So ein Krach!« Der Kleine ohne Namen aber suchte sich ein Mauseloch, schlüpfte hinein und rief mit seiner feinen Stimme von dort: »König bin ick! König bin ick!«

»Du unser König?« riefen die Vögel noch zorniger. »Meinst du, wir lassen deine Zirkusstückchen gelten?«

Sie beschlossen, ihn in seinem Loch gefangenzuhalten und auszuhungern. Die Eule wurde als Wache davorgestellt; sie sollte den Betrüger auf keinen Fall herauslassen, wenn ihr das Leben lieb wäre.

Als es Abend geworden war und die Vögel von den Anstrengungen des Flugs müde waren, gingen sie mit Weib und Kind zu Bett. Die Eule blieb allein vor dem Mauseloch stehen und blickte mit ihren großen Augen unverwandt hinein. Inzwischen aber war auch sie müde geworden und dachte: »Ein Auge kannst du wohl zumachen, du wachst ja noch mit dem andern. Und der kleine Bösewicht kann mir nicht aus seinem Loch entkommen.« Also machte sie das eine Auge zu und schaute mit dem andern starr auf das Mauseloch.

Der kleine Kerl guckte mit dem Kopf heraus und zog ihn wieder zurück.

Dann machte die Eule das eine Auge wieder auf und das andere zu und wollte das die ganze Nacht abwechselnd tun. Aber als sie das eine Auge wieder einmal zumachte, vergaß sie, das andere aufzutun, und als die beiden Augen zu waren, schlief sie ein. Der Kleine merkte das bald und schlüpfte heraus.

Von der Zeit an darf sich die Eule nicht mehr am Tage sehen lassen, sonst sind die andern Vögel hinter ihr her und zerzausen ihr die Federn. Sie fliegt nur zur Nachtzeit aus, haßt aber und verfolgt die Mäuse, weil sie solche böse Löcher machen.

Auch der kleine Vogel läßt sich nicht gern sehen, weil er fürchtet, es ginge ihm an den Kragen, wenn er erwischt würde. Er schlüpft in den Zaunhecken herum, und wenn er sich ganz sicher fühlt, ruft er zuweilen: »König bin ick!« Deshalb nennen ihn die andern Vögel spöttisch »Zaunkönig«.

Niemand aber war froher als die Lerche, daß sie dem Zaunkönig nicht zu gehorchen brauchte. Sobald sich die Sonne blicken läßt, steigt sie in die Lüfte und ruft: »Ach, wie ist das schön! Schön ist das! Schön! Ach, wie ist das schön!«

Der Arme und der Reiche

Vor alten Zeiten, als der liebe Gott noch selbst auf Erden unter den Menschen wandelte, trug es sich zu, daß er eines Abends müde war und ihn die Nacht überfiel, bevor er zu einer Herberge kommen konnte.

An seinem Weg standen zwei Häuser einander gegenüber, das eine groß und schön, das andere klein und ärmlich. Das große gehörte einem reichen, das kleine einem armen Mann.

Da dachte sich unser Herrgott: »Dem Reichen werde ich nicht zur Last fallen; bei ihm will ich übernachten.« Als der Reiche an seine Tür klopfen hörte, machte er das Fenster auf und fragte den Fremdling, was er suche. Der Herr antwortete: »Ich bitte um ein Nachtlager.« Der Reiche guckte den Wandersmann von Kopf bis Fuß abschätzend an, und weil der liebe Gott schlicht gekleidet war und nicht aussah wie einer, der viel Geld in der Tasche hatte, schüttelte er den Kopf und sprach: »Ich kann Euch nicht aufnehmen, meine Kammern liegen voll Kräuter und Samen. Und wenn ich jeden beherbergen sollte, der an meine Tür klopft, könnte ich selber zum Bettelstab greifen. Sucht Euch anderswo ein Unterkommen.« Damit schlug er sein Fenster zu und ließ den lieben Gott stehen.

Der liebe Gott kehrte ihm den Rücken und ging hinüber zu dem kleinen Haus. Kaum hatte er angeklopft, klinkte der Arme schon sein Türchen auf und bat den Wandersmann einzutreten. »Bleibt die Nacht über bei uns«, sagte er, »es ist schon finster, und heute könnt Ihr nicht mehr weiterwandern.« Das gefiel dem lieben Gott, und er trat ein.

Die Frau des Armen reichte ihm die Hand, hieß ihn willkommen und sagte, er möchte sich's bequem machen und mit dem vorliebnehmen, was sie hätten. Viel sei es nicht, aber sie gäben es von Herzen gern. Dann setzte sie Kartoffeln aufs Feuer, und während sie kochten, melkte sie ihre Ziege, damit sie ein wenig Milch dazu hätten. Und als der Tisch gedeckt war, setzte sich der liebe Gott nieder und aß mit ihnen. Die bescheidene Kost schmeckte ihm, denn am Tisch saßen vergnügte Gesichter.

Nachdem sie gegessen hatten und es Zeit zum Schlafen war, rief die Frau heimlich ihren Mann und sprach: »Hör, wir wollen uns heute nacht ein Strohlager machen, damit der arme Wanderer in unserem Bett schlafen

und sich richtig ausruhen kann. Er ist den ganzen Tag über gegangen, da wird man müde.« — »Sehr gern«, antwortete er, »ich biete es ihm an«, ging zum lieben Gott und bat ihn, sich in ihr Bett zu legen und seine Glieder ordentlich auszuruhen. Der liebe Gott wollte den beiden Alten ihr Lager nicht wegnehmen, aber sie ließen so lange nicht locker, bis er das Angebot endlich annahm. Sich selbst aber machten sie ein Strohlager auf der Erde.

Am andern Morgen standen sie schon vor Tag auf und kochten dem Gast ein Frühstück, so gut es ging. Als nun die Sonne durchs Fenster schien und der liebe Gott aufgestanden war, aß er wieder mit ihnen und wollte dann seines Weges ziehen. Als er in der Tür stand, wandte er sich noch einmal um und sprach: »Weil ihr so mitleidig und fromm seid, könnt ihr euch dreierlei wünschen; ich werde es euch erfüllen.«

Da sagte der Arme: »Was soll ich mir anderes wünschen als die ewige Seligkeit und daß wir zwei, solange wir leben, gesund bleiben und unser notdürftiges tägliches Brot haben. Als drittes weiß ich nicht, was.« Der liebe Gott sprach: »Möchtest du nicht lieber ein neues Haus anstelle des alten?« — »O ja«, sagte der Mann, »wenn das ginge, so wär's mir ganz lieb.« Da erfüllte der Herr ihre Wünsche, verwandelte das Haus in ein neues, gab ihnen nochmals seinen Segen und zog weiter.

Es war schon heller Tag, als der Reiche aufstand. Er lehnte sich ins Fenster und sah gegenüber ein neues, reinliches Haus mit roten Ziegeln, wo gestern noch eine ärmliche Hütte gestanden hatte. Da machte er große Augen, rief seine Frau und sprach: »Sag mir, was soll das heißen? Gestern abend stand da noch die alte, elende Hütte, und heute sehe ich ein schönes, neues Haus. Lauf hinüber und bringe in Erfahrung, wie das gekommen ist.« Die Frau ging und fragte den Armen aus. Er erzählte ihr: »Gestern abend kam ein Wanderer, der suchte Nachtherberge, und heute morgen beim Abschied hat er uns drei Wünsche gewährt. Die ewige Seligkeit, Gesundheit in diesem Leben und das notdürftige tägliche Brot dazu und zuletzt noch statt unserer alten Hütte ein schönes, neues Haus haben wir uns gewünscht.«

Die Frau des Reichen lief eilig zurück und erzählte ihrem Mann, was sich zugetragen hatte. Ihr Mann sprach: »Ich möchte mich am liebsten ohrfeigen und in den Hintern treten; hätte ich das nur gewußt! Der Fremde hatte zuerst hier bei uns übernachten wollen, aber ich habe ihn abgewiesen.« — »Beeil dich«, sprach die Frau, »nimm dein Pferd, da kannst du den Mann noch einholen. Und dann mußt du dir auch drei Wünsche gewähren lassen.«

Der Reiche befolgte den Rat, jagte mit seinem Pferd davon und holte den lieben Gott noch ein. Er bot seine ganze Beredsamkeit auf und bat, er möchte es ihm nicht übelnehmen, daß er ihn nicht gleich eingeladen habe. Er habe den Schlüssel zur Haustür gesucht, derweil sei er weggegangen. Auf dem Rückweg müsse er unbedingt bei ihm einkehren. »Ja sicher«, sprach der liebe Gott, »wenn ich einmal zurückkomme tue, ich das.«

Da fragte der Reiche, ob er nicht auch drei Wünsche frei hätte wie sein Nachbar. Ja, erwiderte der liebe Gott, das hätte er wohl. Doch es sei nicht gut für ihn, er solle sich lieber nichts wünschen. Der Reiche meinte, er würde sich schon etwas aussuchen, das ihm Glück bringe, wenn er nur wüßte, daß es erfüllt würde. Da sprach der liebe Gott: »Reit heim, und drei Wünsche, die du aussprichst, sollen in Erfüllung gehen.«

Nun hatte der Reiche, was er verlangte. Er ritt heimwärts und fing an nachzusinnen, was er sich wünschen sollte. Wie er so überlegte und die Zügel schleifen ließ, fing das Pferd an zu springen, so daß er ständig in seinen Gedanken gestört wurde und sich gar nicht konzentrieren konnte. Er klopfte seiner Stute den Hals und sagte: »Sei ruhig, Liese«, aber das Pferd bäumte sich aufs neue auf. Da wurde er ärgerlich und rief ganz ungeduldig: »Dann brich dir den Hals!« Kaum hatte er das ausgesprochen, fiel er plumps! auf die Erde. Und das Pferd lag tot am Boden und regte sich nicht mehr; damit war sein erster Wunsch erfüllt.

Weil er aber von Natur geizig war, wollte er das Sattelzeug nicht im Stich lassen. Er schnitt es ab, nahm es auf seinen Rücken und mußte nun zu Fuß gehen. »Du hast noch zwei Wünsche übrig«, dachte er und tröstete sich damit. Wie er langsam durch den Sand ging und die Mittagssonne heiß brannte, wurde es ihm so warm und verdrießlich zumute. Der Sattel drückte ihn, und es war ihm immer noch nicht eingefallen, was er sich wünschen sollte. »Wenn ich mir auch alle Reiche und Schätze der Welt wünschte«, sprach er zu sich selbst, »so fällt mir danach sicher noch allerhand ein, dieses und jenes, das weiß ich im voraus. Ich muß die Wünsche so formulieren, daß mir gar nichts mehr zu wünschen übrig bleibt.«

Dann seufzte er und sprach: »Ja, wenn ich der bayerische Bauer wäre, der auch drei Wünsche frei hatte, der wußte sich zu helfen. Der wünschte sich als erstes recht viel Bier, als zweites soviel Bier, wie er trinken könnte, und als drittes noch ein Faß Bier dazu.«

Manchmal meinte er, jetzt hätte er es gefunden, aber dann schien es ihm doch zu wenig. Da kam ihm so in den Sinn, wie gut es seine Frau jetzt hätte daheim in einer kühlen Stube und wie sie es sich wohlschmecken ließe. Das ärgerte ihn tüchtig, und ohne daß er sich dessen bewußt war, sprach er so hin: »Ich wollte, die säße daheim auf dem Sattel und könnte nicht herunter, anstatt daß ich ihn da auf meinem Rücken schleppen muß.« Kaum war das letzte Wort aus seinem Munde, da war der Sattel verschwunden und er merkte, daß sein zweiter Wunsch auch in Erfüllung gegangen war.

Da wurde ihm erst recht heiß, er fing an zu laufen und wollte sich daheim ganz einsam in seine Kammer hinsetzen und sich etwas Großes für den letzten Wunsch ausdenken.

Wie er aber die Stubentür aufmachte, sah er seine Frau mitten im Raum auf dem Sattel. Sie konnte nicht herunter, jammerte und schrie. Da sprach er: »Gib dich zufrieden, ich will dir alle Reichtümer der Welt herbeiwünschen, nur bleib da sitzen.« Sie schalt ihn einen Schafskopf und sprach: »Was helfen mir alle Reichtümer der Welt, wenn ich auf dem Sattel sitzen muß; du hast mich draufgewünscht, jetzt mußt du mir auch wieder herunterhelfen.« Er mochte wollen oder nicht, er mußte sich als drittes wünschen, daß sie vom Sattel frei käme und heruntersteigen könne. Der Wunsch wurde sofort erfüllt.

Er hatte also nichts als Ärger, Mühe, Scheltworte und ein verlorenes Pferd davon. Die Armen aber lebten vergnügt, still und fromm bis an ihr seliges Ende.

DER MEISTERDIEB

ines Tages saß vor einem ärmlichen Haus ein alter Mann mit seiner Frau und wollte von der Arbeit ein wenig ausruhen. Auf einmal fuhr eine prächtige, von vier Rappen gezogene Kutsche vor, aus der ein reichgekleideter Herr stieg.

Der Bauer stand auf, trat zu dem Herrn und fragte, was er wünsche und womit er ihm dienen könne. Der Fremde reichte dem Alten die Hand und sagte: »Ich wünsche mir nichts anderes, als einmal ein ländliches Gericht zu genießen. Bereitet mir Kartoffeln zu, wie ihr sie zu essen pflegt, dann will ich mich an euren Tisch setzen und sie mit Genuß verzehren. Der Bauer lächelte und sagte: »Ihr seid ein Graf oder Fürst oder gar ein Herzog. Vornehme Herren haben manchmal solche Gelüste; Euren Wunsch werden wir gern erfüllen.«

Seine Frau ging in die Küche und fing an, Kartoffeln zu waschen und zu reiben. Sie wollte ihm Klöße kochen, wie sie bei ihnen üblich waren.

Während sie in der Küche arbeitete, sagte der Bauer zu dem Fremden: »Kommt einstweilen mit mir in den Garten, denn ich habe dort noch etwas zu tun.« Im Garten hatte er Löcher gegraben und wollte Bäume setzen. »Habt Ihr keine Kinder«, fragte der Fremde, »die Euch bei der Arbeit behilflich sein könnten?« — »Nein«, antwortete der Bauer, »ich hatte zwar einen Sohn«, fügte er hinzu, »aber der ist schon vor vielen Jahren in die weite Welt gegangen. Es war ein ungeratener Junge, klug und verschlagen, aber er wollte nichts lernen und machte lauter böse Streiche; zuletzt lief er mir fort, und seitdem habe ich nichts von ihm gehört.« Der Alte nahm ein Bäumchen, setzte es in ein Loch und stieß einen Pfahl daneben; und als er Erde hineingeschaufelt und sie festgestampft hatte, band er den Stamm unten, oben und in der Mitte mit einem Strohseil fest an den Pfahl. »Aber«, sprach der Herr, »warum bindet Ihr den krummen, knorrigen Baum, der dort in der Ecke fast bis auf dem Boden liegt, nicht auch an einen Pfahl, damit er gerade wächst?« Der Alte lächelte und erwiderte: »Ihr redet, wie Ihr's versteht. Man sieht, daß Ihr Euch nicht mit der Gärtnerei abgegeben habt. Der Baum dort ist alt und verknorzt, den kann niemand mehr geradebiegen; Bäume muß man ziehen, solange sie jung sind.«

»Es ist wie mit Eurem Sohn«, sagte der Fremde, »hättet Ihr ihn erzogen, als er noch jung war, so wäre er nicht fortgelaufen; jetzt wird er auch hart und knorrig geworden sein.« — »Freilich«, antwortete der Alte, »es ist schon lange her, seit er fort ist; er wird sich verändert haben.«

»Würdet Ihr ihn noch erkennen, wenn er vor Euch stände?« fragte der Fremde. »Am Gesicht schwerlich«, antwortete der Bauer, »aber er hat ein Muttermal auf der Schulter, das wie eine Bohne aussieht.«

Als er das gesagt hatte, zog der Fremde seine Jacke aus, entblößte seine Schulter und zeigte dem Bauern die Bohne. »Herrgott«, rief der Alte, »du bist wirklich mein Sohn«, und die Liebe zu seinem Kind regte sich in seinem Herzen. »Aber«, setzte er hinzu, »wie kannst du mein Sohn sein! Du bist ein großer Herr geworden und lebst in Reichtum und Überfluß. Wie bist du dazu gekommen?« — »Ach, Vater«, erwiderte der Sohn, »der junge Baum war an keinen Pfahl gebunden und ist krumm gewachsen. Jetzt ist er zu alt; er wird nicht wieder gerade. Wie ich das alles erworben habe? Ich bin ein Dieb geworden. Aber erschrick nicht, ich bin ein Meisterdieb. Für mich gibt es weder Schloß noch Riegel; wonach mich gelüstet, das ist mein. Glaub nicht, daß ich stehle wie ein gewöhnlicher Dieb, ich nehme nur vom Überfluß der Reichen. Arme Leute sind vor mir sicher; ich gebe ihnen lieber, als daß ich ihnen etwas nehme. Auch alles, was ich ohne Mühe, List und Gewandtheit haben kann, das rühre ich nicht an.« — »Ach, mein Sohn«, sagte der Vater, »trotzdem gefällt es mir nicht, ein Dieb bleibt ein Dieb. Ich sage dir, das nimmt kein gutes Ende.«

Er führte ihn zur Mutter, und als sie hörte, daß es ihr Sohn war, weinte sie vor Freude. Als er ihr aber sagte, daß er ein Meisterdieb geworden sei, schossen ihr zwei Tränenströme über das Gesicht. Endlich sagte sie: »Auch wenn er ein Dieb geworden ist, ist er noch immer mein Sohn. Ich habe ihn wenigstens noch einmal gesehen.«

Sie setzten sich an den Tisch, und er aß mit seinen Eltern wieder einmal die gewöhnliche Kost, die er so lange nicht gegessen hatte. Der Vater sprach: »Wenn unser Herr, der Graf drüben im Schloß, erfährt, wer du bist und was du treibst, nimmt er dich gewiß nicht auf die Arme und wiegt dich, wie er es tat, als er dich am Taufstein hielt, sondern er läßt dich am Galgenstrick schaukeln.« — »Sei unbesorgt, Vater, er wird mir nichts tun, denn ich verstehe mein Handwerk. Ich will heute noch zu ihm gehen.«

Als sich der Abend näherte, setzte sich der Meisterdieb in seinen Wagen und fuhr zum Schloß. Der Graf empfing ihn höflich, weil er ihn für einen vornehmen Mann hielt. Als sich der Fremde zu erkennen gab, erbleichte er und schwieg eine ganze Weile. Endlich sprach er: »Du bist mein Patenkind, deshalb will ich Gnade vor Recht ergehen lassen und nachsichtig mit dir verfahren. Weil du dich rühmst, ein Meisterdieb zu sein, will ich deine Kunst auf die Probe stellen. Wenn du sie aber nicht bestehst, mußt du mit des Seilers Tochter Hochzeit halten, und das Gekrächze der Raben wird deine Musik sein.« — »Herr Graf«, antwortete der Meister, »denkt Euch drei Dinge aus, die so schwer sein können, wie sie wollen. Wenn ich diese Aufgaben nicht löse, könnt Ihr mit mir tun, was Ihr möchtet.«

Der Graf sann einige Augenblicke nach, dann sprach er: »Wohlan, zum ersten sollst du mir mein Leibpferd aus dem Stall stehlen, zum andern sollst du mir und meiner Gemahlin, wenn wir eingeschlafen sind und ohne daß wir es merken, das Bettuch unter dem Leib und dazu meiner Gemahlin den Trauring wegnehmen. Zum dritten und letzten mußt du den Pfarrer und den Küster aus der Kirche stehlen. Überlege dir das alles gut, sonst geht's dir an den Kragen.«

Der Meister begab sich in die nächstliegende Stadt. Dort kaufte er einer alten Bauersfrau die Kleider ab und zog sie an. Dann färbte er sich das Gesicht braun und bemalte es mit Runzeln, so daß ihn kein Mensch wiedererkannt hätte. Er füllte ein Fäßchen mit altem Ungarwein und mischte einen starken Schlaftrunk bei. Das Fäßchen legte er in einen Tragkorb, den er auf den Rücken nahm, und ging mit bedächtigen, schwankenden Schritten zum gräflichen Schloß.

Es war schon dunkel, als er anlangte; er setzte sich in den Hof auf einen Stein, fing an zu husten wie eine alte, brustkranke Frau und rieb die Hände, als wenn er fröre. Vor der Tür des Pferdestalls lagen Soldaten um ein Feuer; einer bemerkte die Frau und rief ihr zu: »Komm näher, altes Mütterchen, und wärme dich bei uns. Du hast sicher kein Nachtlager und schläfst, wo du kannst.« Die Alte trippelte zu ihnen und bat, ihr den Korb vom Rücken zu heben. Dann setzte sie sich zu ihnen ans Feuer. »Was hast du da in deinem Fäßchen, du alte Schachtel?« fragte einer. »Einen guten Schluck Wein«, antwortete sie, »ich ernähre mich vom Handel. Für Geld und gute Worte gebe ich euch gern ein Glas.« — »Nur her damit«, sagte der Soldat, und als er ein Glas gekostet hatte, rief er: »Wenn der Wein gut ist, so trinke ich lieber ein Glas mehr«, ließ sich nochmals einschenken, und die andern folgten seinem Beispiel. »Heda, Kameraden«, rief einer denen zu, die im Stall saßen, »hier ist ein Mütterchen, das hat Wein, der so alt ist wie es selber, nehmt euch einen Schluck, der wärmt euch mehr als unser Feuer.«

Die Alte trug ihr Fäßchen in den Stall. Einer saß auf dem gesattelten Leibpferd des Grafen, ein anderer hielt den Zaum in der Hand, und ein dritter hatte den Schwanz gepackt. Sie schenkte ein, soviel sie verlangten, bis die Quelle versiegte. Nicht lange, da fiel dem einen der Zaum aus der Hand, er sackte in sich zusammen und fing an zu schnarchen. Der andere ließ den Schwanz los, legte sich nieder und schnarchte noch lauter. Der, der im

Sattel saß, blieb zwar sitzen, kippte aber mit dem Kopf fast bis auf den Hals des Pferdes, schlief und blies mit dem Mund wie ein Schmiedebalg. Die Soldaten draußen waren schon längst eingeschlafen; sie lagen auf der Erde und regten sich nicht, als wären sie aus Stein.

Als der Meisterdieb sah, daß ihm sein Plan geglückt war, gab er dem einen statt des Zaums ein Seil und dem andern anstelle des Schwanzes einen Strohwisch in die Hand. Aber was sollte er mit dem anfangen, der auf dem Rücken des Pferdes saß? Herunterwerfen wollte er ihn nicht, er hätte aufwachen und Lärm machen können. Er wußte sich zu helfen: er schnallte die Sattelgurte auf, knüpfte ein paar Seile, die in Ringen an der Wand hingen, am Sattel fest und zog den schlafenden Reiter mit dem Sattel in die Höhe. Die Seile schlug er um den Pfosten und machte sie fest. Das Pferd hatte er schnell von der Kette losgebunden, aber wenn er über das steinerne Pflaster des Hofs geritten wäre, hätte man den Lärm im Schloß gehört. Deshalb umwickelte er ihm vorher die Hufe mit alten Lappen, führte es vorsichtig hinaus, schwang sich auf und jagte davon.

Als der Tag angebrochen war, sprengte der Meister auf dem gestohlenen Pferd zu dem Schloß. Der Graf war gerade aufgestanden und blickte aus dem Fenster. »Guten Morgen, Herr Graf«, rief er ihm zu, »hier ist das Pferd, das ich glücklich aus dem Stall geholt habe. Seht nur, wie schön Eure Soldaten daliegen und schlafen, und wenn Ihr in den Stall geht, werdet Ihr sehen, wie bequem sich's Eure Wächter gemacht haben.« Der Graf mußte lachen. Dann sprach er: »Einmal ist dir's gelungen, aber das zweite Mal wird's nicht so glücklich ablaufen. Und ich warne dich, wenn du mir als Dieb begegnest, so behandle ich dich auch wie einen Dieb.«

Als die Gräfin abends zu Bett gegangen war, schloß sie die Hand mit dem Trauring fest zur Faust, und der Graf sagte: »Alle Türen sind verschlossen und verriegelt, ich bleibe wach und werde auf den Dieb warten. Wenn er durch das Fenster einsteigt, schieße ich ihn nieder.« Der Meisterdieb aber ging in der Dunkelheit hinaus zum Galgen, schnitt einen armen Sünder vom Strick ab und trug ihn zum Schloß. Dort stellte er eine Leiter an das Fenster des Schlafgemachs, setzte den Toten auf seine Schultern und fing an hinaufzusteigen. Als er so hoch gekommen war, daß der Kopf des Toten am Fenster erschien, drückte der Graf eine Pistole auf ihn ab. Sofort ließ der Meister den armen Sünder herabfallen, sprang selbst von der Leiter und versteckte sich in einer Ecke.

Die Nacht war so mondhell, daß der Meister deutlich sehen konnte, wie der Graf aus dem Fenster auf die Leiter stieg, herabkletterte und den Toten in den Garten trug. Dort grub er ein Loch, um ihn hineinzulegen.
»Jetzt«, dachte der Dieb, »ist der günstige Augenblick gekommen«, schlich behend aus seinem Winkel und stieg die Leiter hinauf direkt ins Schlafgemach der Gräfin. »Liebe Frau«, fing er mit der Stimme des Grafen an,

»der Dieb ist tot, aber er ist doch mein Patenkind und mehr ein Schelm als ein Bösewicht gewesen. Ich will ihn nicht der öffentlichen Schande preisgeben, auch mit den armen Eltern habe ich Mitleid. Ich werde ihn, bevor der Tag anbricht, selbst im Garten begraben, damit die Sache nicht ruchbar wird. Dazu brauche ich das Bettuch, denn ich will die Leiche einhüllen und wie einen Hund verscharren.« Die Gräfin gab ihm das Tuch. »Weißt du was«, sagte der Dieb weiter, »ich habe eine Anwandlung von Großmut, gib mir noch den Ring; der Unglückliche hat sein Leben gewagt; er mag ihn ins Grab mitnehmen.« Sie wollte dem Grafen nicht widersprechen, und obgleich sie es ungern tat, zog sie den Ring vom Finger und reichte ihn hin.

Der Dieb verschwand mit beiden Dingen und kam glücklich nach Hause, bevor der Graf im Garten mit seiner Totengräberarbeit fertig war.

Was zog der Graf für ein langes Gesicht, als der Meister am andern Morgen kam und ihm das Bettuch und den Ring brachte! »Kannst du hexen?« sprach er. »Wer hat dich aus dem Grab geholt, in das ich dich selbst gelegt habe, und dich wieder lebendig gemacht?« — »Mich habt Ihr nicht begraben«, sagte der Dieb, »sondern den armen Sünder vom Galgen«, und erzählte ausführlich, was geschehen war.

Der Graf mußte ihm zugestehen, daß er ein gescheiter und listiger Dieb war. »Aber noch bist du nicht zu Ende«, setzte er hinzu, »du hast noch die dritte Aufgabe zu lösen, und wenn dir das nicht gelingt, so hilft dir alles nichts.« Der Meister lächelte und gab keine Antwort.

Als die Nacht hereingebrochen war, kam er mit einem langen Sack auf dem Rücken, einem Bündel unter dem Arm und einer Laterne in der Hand

zur Dorfkirche. Im Sack hatte er Krebse, im Bündel kurze Wachslichter. Er setzte sich auf den Gottesacker, holte einen Krebs heraus und klebte ihm ein Wachslicht auf den Rücken, dann zündete er es an, setzte den Krebs auf den Boden und ließ ihn kriechen. Er fuhr fort, bis der Sack leer war. Dann zog er ein langes, schwarzes Gewand an, das wie eine Mönchskutte aussah, und klebte sich einen grauen Bart an.

Als er endlich ganz unkenntlich war, nahm er den Sack, ging in die Kirche und stieg auf die Kanzel. Die Turmuhr schlug eben zwölf; als der letzte Schlag verklungen war, rief er mit lauter, gellender Stimme: »Hört zu, ihr sündigen Menschen, das Ende aller Dinge ist gekommen, der Jüngste Tag ist nahe; hört, hört. Wer mit mir in den Himmel will, der krieche in den Sack. Ich bin Petrus; draußen auf dem Gottesacker wandeln die Gestorbenen und sammeln ihre Gebeine. Kommt, kommt und kriecht in den Sack, die Welt geht unter.«

Das Geschrei war im ganzen Dorf zu hören. Der Pfarrer und der Küster hatten es zuerst vernommen. Und als sie die Lichter sahen, merkten sie, daß etwas Ungewöhnliches vorging, und betraten die Kirche.

Sie hörten der Predigt eine Weile zu, da stieß der Küster den Pfarrer an und sprach: »Es wäre nicht übel, wenn wir die Gelegenheit nutzten und zusammen vor Einbruch des Jüngsten Tags auf leichte Art in den Himmel kämen.« — »Freilich«, erwiderte der Pfarrer, »das sind auch meine Gedanken gewesen. Wenn Ihr Lust habt, wollen wir uns auf den Weg machen.« — »Ja«, antwortete der Küster, »aber Ihr, Herr Pfarrer, habt den Vortritt; ich folge Euch.« Der Pfarrer stieg auf die Kanzel, wo der Meister den Sack öffnete, und kroch zuerst hinein. Dann folgte der Küster.

Sofort band der Meister den Sack fest zu, schleifte ihn die Kanzeltreppe hinab, zog auf die gleiche Weise durch das Dorf und endlich die Schloßtreppe hinauf. Da rief er: »Jetzt sind wir auf der Himmelstreppe.« Oben angelangt, schob er den Sack in den Taubenschlag, und als die Tauben herumflatterten, sagte er: »Hört ihr, wie die Engel sich freuen und mit den Flügeln schlagen?« Dann schob er den Riegel vor und ging fort.

Am andern Morgen begab er sich zum Grafen und sagte ihm, daß er auch die dritte Aufgabe gelöst und Pfarrer und Küster aus der Kirche gestohlen habe. »Sie liegen in einem Sack oben im Taubenschlag und bilden sich ein, sie wären im Himmel.« Der Graf ging selbst hinauf und überzeugte sich, daß er die Wahrheit gesprochen hatte. Als er Pfarrer und Küster aus dem Gefängnis befreit hatte, sprach er: »Du bist ein Erzdieb und hast deine Sache gewonnen. Für diesmal kommst du mit heiler Haut davon, aber verschwinde aus meinem Land; denn wenn du dich noch einmal hier blicken läßt, kannst du auf deine Erhöhung am Galgen rechnen.

Der Erzdieb nahm Abschied von seinen Eltern, ging wieder in die weite Welt, und niemand hat je wieder etwas von ihm gehört.

Das blaue Licht

s war einmal ein Soldat, der hatte dem König lange Jahre treu gedient. Als der Krieg zu Ende war und der Soldat der vielen Wunden wegen, die er als Soldat empfangen hatte, nicht weiterdienen konnte, sprach der König zu ihm: »Du kannst gehen, ich brauche dich nicht mehr. Geld bekommst du nicht, denn Lohn erhält nur der, der mir Dienste dafür leistet.«

Da wußte der Soldat nicht, womit er sein Leben fristen sollte, ging voll Sorgen fort und lief den ganzen Tag, bis er abends in einen Wald kam. Als die Finsternis einbrach, sah er ein Licht, dem näherte er sich und kam zu einem Haus, in dem eine Hexe wohnte. »Gib mir ein Nachtlager und ein wenig Essen und Trinken«, bat er sie, »ich komme sonst um.« — »Oho«, antwortete sie, »wer würde einem hergelaufenen Soldaten etwas geben? Doch ich will barmherzig sein und dich aufnehmen, wenn du tust, was ich von dir will.« — »Was verlangst du?« fragte der Soldat. »Daß du mir morgen meinen Garten umgräbst.«

Der Soldat willigte ein und arbeitete den folgenden Tag aus allen Kräften, konnte aber bis zum Abend nicht fertig werden. »Ich sehe wohl«, sprach die Hexe, »daß du heute nicht weiter kannst; ich will dich noch eine Nacht behalten, dafür sollst du mir morgen ein Fuder Holz kleinhacken.« Der Soldat brauchte dazu den ganzen Tag, und abends machte ihm die Hexe den Vorschlag, noch eine Nacht zu bleiben. »Du sollst morgen nur eine leichte Arbeit tun. Hinter meinem Haus ist ein alter, wasserleerer Brunnen. Mein Licht ist mir hineingefallen, es brennt blau und verlischt nicht, das sollst du mir wieder heraufholen.«

Den anderen Tag führte ihn die Alte zum Brunnen und ließ ihn in einem Korb hinab. Er fand das blaue Licht und machte ihr ein Zeichen, daß sie ihn wieder hinaufziehen sollte. Sie zog ihn auch in die Höhe, aber als er fast am Rand war, streckte sie die Hand aus und wollte ihm das blaue Licht abnehmen. »Nein«, sagte er und merkte ihre bösen Gedanken, »das Licht gebe ich dir nicht eher, als bis ich mit beiden Füßen auf dem Erdboden stehe.« Da geriet die Hexe in Wut, ließ ihn in den Brunnen fallen und ging fort.

Der arme Soldat fiel, ohne Schaden zu nehmen, auf den feuchten Boden. Das blaue Licht brannte zwar weiter, aber was half ihm das? Es sah aus, als würde er dem Tod nicht entgehen. Er saß eine Weile ganz traurig. Da griff er zufällig in seine Tasche und fand seine Tabakspfeife, die noch halb gestopft war. »Das soll mein letztes Vergnügen sein«, dachte er, zog sie

heraus, zündete sie an dem blauen Licht an und fing an zu rauchen. Als der Dampf in die Höhe stieg, stand auf einmal ein kleines, schwarzes Männchen vor ihm und fragte: »Herr, was befiehlst du?« — »Was hätte ich dir zu befehlen?« erwiderte der Soldat ganz verwundert. »Ich muß alles tun«, sagte das Männchen, »was du verlangst.« — »Gut«, sprach der Soldat, »so hilf mir zuerst aus dem Brunnen.« Das Männchen nahm ihn bei der Hand und führte ihn durch einen unterirdischen Gang, vergaß aber nicht, das blaue Licht mitzunehmen. Es zeigte ihm unterwegs die Schätze, die die Hexe zusammengebracht und hier versteckt hatte, und der Soldat nahm soviel Gold, wie er tragen konnte.

Als er oben war, sprach er zu dem Männchen: »Nun geh, bind die alte Hexe und führ sie vor Gericht.« Es dauerte nicht lange, da kam sie auf einem wilden Kater mit furchtbarem Geschrei schnell wie der Wind vorbeigeritten. Aber genauso schnell war das Männchen zurück. »Es ist alles erledigt«, sprach es, »und die Hexe hängt schon am Galgen. Herr, was befiehlst du weiter?« — »Im Augenblick nichts«, antwortete der Soldat, »du kannst nach Hause gehen; sei aber gleich bei der Hand, wenn ich dich rufe.« — »Du brauchst nur deine Pfeife an dem blauen Licht anzuzünden,« sprach das Männchen, »dann steh' ich sofort vor dir.« Darauf verschwand es.

Der Soldat kehrte in die Stadt zurück, aus der er gekommen war. Er ging in den besten Gasthof, ließ sich schöne Kleider machen und befahl dann dem Wirt, ihm ein Zimmer so prächtig wie möglich einzurichten. Als es fertig war und der Soldat es bezogen hatte, rief er das schwarze Männchen und sprach. »Ich habe dem König treu gedient, er aber hat mich fortgeschickt und mich hungern lassen. Dafür will ich mich jetzt rächen.« — »Was soll ich tun?« fragte der Kleine. »Spätabends, wenn die Prinzessin im Bett liegt, bring sie schlafend hierher. Sie soll als Magd bei mir dienen.« Das Männchen sprach: »Für mich ist das ein leichtes, für dich aber ein gefährliches Ding, wenn das herauskommt, wird es dir schlecht ergehen.«

Als es zwölf geschlagen hatte, sprang die Tür auf, und das Männchen trug die Prinzessin herein. »Aha, du bist da?« rief der Soldat. »Frisch an die Arbeit! Geh, hol den Besen und kehr die Stube.« Als sie fertig war, mußte sie zu seinem Sessel kommen. Er streckte ihr die Füße entgegen und sprach: »Zieh mir die Stiefel aus.« Dann warf er sie ihr ins Gesicht, und sie mußte sie aufheben, putzen und auf Hochglanz polieren. Sie tat alles, was er ihr befahl, ohne Widerstreben, stumm und mit halbgeschlossenen Augen. Beim ersten Hahnenschrei trug sie das Männchen wieder in das königliche Schloß und in ihr Bett zurück.

Am Morgen ging die Prinzessin zu ihrem Vater und erzählte ihm, sie habe einen seltsamen Traum gehabt: »Ich wurde blitzschnell durch die Straßen getragen und in das Zimmer eines Soldaten gebracht, dem mußte ich als Magd dienen und aufwarten. Ich mußte alle gewöhnlichen Arbeiten machen — die Stube kehren und die Stiefel putzen. Es war wohl nur ein Traum, aber ich bin so müde, als hätte ich das wirklich alles getan.« — »Der Traum könnte wahr gewesen sein«, sprach der König, »ich will dir einen Rat geben. Stecke deine Tasche voll Erbsen und mache ein kleines Loch in die Tasche. Wirst du wieder abgeholt, so fallen sie heraus und hinterlassen eine Spur auf der Straße.«

Bei diesem Gespräch stand das Männchen unsichtbar im Zimmer und hörte alles mit an. Nachts, als es die schlafende Königstochter wieder durch die Straßen trug, fielen zwar einzelne Erbsen aus der Tasche, aber sie konnten keine Spur machen, weil das listige Männchen vorher in allen

Straßen Erbsen verstreut hatte. Die Prinzessin mußte wieder bis zum Hahnenschrei Mägdedienste leisten.

Der König schickte am folgenden Morgen seine Leute aus, um die Spur zu suchen – vergeblich, denn in allen Straßen saßen die armen Kinder, lasen Erbsen auf und sagten: »Es hat heute nacht Erbsen geregnet.« – »Wir müssen uns etwas anderes einfallen lassen«, sprach der König. »Behalt deine Schuhe an, wenn du dich zu Bett legst. Und bevor du von dort zurückkehrst, verstecke einen davon. Wir werden ihn dann schon finden.« Das schwarze Männchen vernahm den Anschlag, und als der Soldat abends verlangte, es solle die Prinzessin wieder bringen, riet es ihm ab und sagte, gegen diese List wüßte es kein Mittel. Wenn der Schuh bei ihm gefunden würde, könnte es ihm schlecht ergehen. »Tue, was ich dir sage«, erwiderte der Soldat, und die Prinzessin mußte auch in der dritten Nacht wie eine Magd arbeiten. Aber bevor sie zurückgebracht wurde, versteckte sie einen Schuh unter dem Bett.

Am andern Morgen ließ der König in der ganzen Stadt den Schuh seiner Tochter suchen. Er wurde bei dem Soldaten gefunden. Der Soldat selbst, der sich auf Bitten des Kleinen zum Tor hinausgemacht hatte, wurde bald eingeholt und ins Gefängnis gebracht. Er hatte sein Bestes bei der Flucht vergessen, das blaue Licht und das Gold, und hatte nur noch einen Dukaten in der Tasche. Als er nun mit Ketten gefesselt am Fenster seines Gefängnisses stand, sah er einen seiner Kameraden vorbeigehen. Er klopfte an die Scheibe, und als er herbeikam, sagte er: »Sei so gut und hol mir das kleine Bündel, das ich im Gasthaus habe liegenlassen, ich gebe dir dafür einen Dukaten.« Der Kamerad lief hin und brachte ihm das Verlangte.

Sobald der Soldat wieder allein war, steckte er seine Pfeife an und ließ das schwarze Männchen kommen. »Keine Angst«, sprach es zu seinem Herrn, »geh hin, wo sie dich hinführen, und laß alles geschehen, nimm nur das blaue Licht mit.« Am anderen Tag wurde Gericht über den Soldaten gehalten, und obgleich er nichts Böses getan hatte, verurteilten ihn die Richter zum Tode. Als er hinausgeführt wurde, bat er den König um eine letzte Gnade. »Was für eine?« fragte der König. »Daß ich auf dem Weg noch eine Pfeife rauchen darf.« — »Du kannst drei rauchen«, antwortete der König, »aber glaube nicht, daß ich dir das Leben schenke.«

Da zog der Soldat seine Pfeife heraus und zündete sie an dem blauen Licht an. Sobald ein paar Rauchringe aufgestiegen waren, stand das Männchen da, hatte einen kleinen Knüppel in der Hand und sprach: »Was befiehlt mein Herr?« — »Schlag die falschen Richter und ihre Häscher nieder und verschone auch den König nicht, der mich so schlecht behandelt hat.« Da fuhr das Männchen wie der Blitz, zickzack, hin und her, und wen es mit seinem Knüppel nur anrührte, der fiel schon zu Boden und getraute sich nicht mehr, sich zu regen.

Der König bekam es mit der Angst zu tun. Er verlegte sich aufs Bitten, und um sein Leben zu retten, gab er dem Soldaten das Reich und seine Tochter zur Frau.

AUF REISEN GEHN

s war einmal eine arme Frau, die hatte einen Sohn, der hätte furchtbar gern eine Reise gemacht. Da sagte die Mutter: »Wie willst du reisen? Wir haben ja gar kein Geld dafür.« — »Ich will mir schon zu helfen wissen«, erwiderte der Sohn, »ich werde immer sagen: ›Nicht viel, nicht viel, nicht viel.‹«

Er wanderte schon ein schönes Weilchen und sprach immer vor sich hin: »Nicht viel, nicht viel, nicht viel.«

Da kam er zu ein paar Fischern und sagte: »Gott helf euch! Nicht viel, nicht viel.« — »Was sagst du, dummer Kerl, nicht viel?« Und als sie das Netz herauszogen, waren wirklich nicht viele Fische drin. Da ging einer von den Fischern mit einem Stock auf den Jungen los und schimpfte: »Du wirst gleich Dresche beziehen!« und schlug auf ihn los. »Was hätte ich denn sagen sollen?« fragte der Junge. »›Fangt viel, fangt viel!‹ mußt du sagen.«

Er ging weiter und sprach vor sich hin: »Fangt viel, fangt viel«, bis er zu einem Galgen kam. Da sollte gerade ein armer Sünder gerichtet werden. Da sagte er: »Guten Morgen, fangt viel, fangt viel.« — »Was sagst du, dummer Kerl, fangt viel? Soll es denn noch mehr böse Leute auf der Welt geben? Sind's dir noch nicht genug?« Und dann kriegte er wieder eins übergezogen. »Was soll ich denn sagen?« — »Du mußt sagen: ›Gott tröste die arme Seele‹.«

Der Junge wanderte wieder eine Zeitlang und sagte: »Gott tröste die arme Seele!«

Da kam er an einen Graben. Dort stand ein Abdecker, der zog einem Pferd die Haut ab. Der Junge sagte: »Guten Morgen, Gott tröste die arme Seele!« — »Was erzählst du da, du dummer Kerl?«, sprach der Schinder und gab ihm mit seinem Schinderhaken eins hinter die Ohren, daß er nur noch Sterne sah. »Was hätte ich denn sagen sollen?« — »Du mußt sagen: ›Da lieg im Graben, du Aas‹.«

Er ging weiter und sprach immer vor sich hin: »Da lieg im Graben, du Aas! Da lieg im Graben, du Aas!«

Er begegnete einem Wagen voll Leute und sagte: »Guten Morgen! Da lieg im Graben, du Aas!« Da kippte der Wagen um, direkt in einen Graben. Der Knecht nahm seine Peitsche und verdrosch den Jungen so, daß er zu seiner Mutter heimkriechen mußte.

Er war froh, daß er wieder zu Hause war, und war für sein ganzes Leben von der Reiselust geheilt.

Die Geschenke des kleinen Volkes

in Schneider und ein Goldschmied waren zusammen auf Wanderschaft. Eines Abends, als die Sonne hinter den Bergen versunken war, vernahmen sie von fern Musik, die immer deutlicher wurde. Es klang ungewöhnlich, aber so anmutig, daß sie alle Müdigkeit vergaßen und rasch weiterschritten. Der Mond war schon aufgegangen, als sie zu einem Hügel gelangten, auf dem sie eine Menge kleiner Männer und Frauen erblickten. Sie hatten sich an den Händen gefaßt und wirbelten mit größter Lust und Freude im Tanz. Dazu sangen sie auf das lieblichste. Das war die Musik, die die Wanderer gehört hatten. In der Mitte saß ein altes Männchen, das etwas größer war als die übrigen. Es hatte eine bunte Jacke an, und über seine Brust hing ein eisgrauer Bart herab.

Die beiden blieben verwundert stehen und sahen dem Treiben zu. Der Alte winkte, sie sollten nähertreten, und das kleine Volk öffnete bereitwillig seinen Kreis. Der Goldschmied, der einen Höcker hatte und ziemlich keck war, trat näher. Der Schneider empfand zuerst eine gewisse Scheu und hielt sich zurück, doch als er sah, wie lustig es herging, faßte er sich ein Herz und kam nach. Alsbald schloß sich der Kreis wieder, und die Kleinen sangen und tanzten in den wildesten Sprüngen weiter.

Der Alte aber nahm das breite Messer, das an seinem Gürtel hing, wetzte es, und als es scharf genug war, blickte er sich nach den Fremden um. Sie bekamen Angst, aber sie hatten keine Zeit, lange zu überlegen. Der Alte packte den Goldschmied und schor ihm in größter Geschwindigkeit Haupthaar und Bart. Das gleiche geschah auch dem Schneider. Doch ihre Angst verschwand, als der Alte nach vollbrachter Arbeit beiden freundlich auf die Schultern klopfte, als wollte er sagen, sie hätten es richtig gemacht, daß sie alles ohne Sträuben willig über sich ergehen lassen hatten. Er zeigte mit dem Finger auf einen Haufen Kohlen, der unweit auf der Seite lag, und deutete ihnen durch Gebärden an, daß sie ihre Taschen damit füllen sollten. Beide gehorchten, obwohl sie nicht wußten, was sie mit den Kohlen machen sollten. Dann gingen sie weiter, um ein Nachtlager zu suchen. Als sie ins Tal gekommen waren, schlug die Glocke des benachbarten Klosters Mitternacht. In dem Augenblick verstummte der Gesang, alles war verschwunden und der Hügel lag in einsamem Mondschein.

Die beiden Wanderer fanden eine Herberge und deckten sich auf dem Strohlager mit ihren Jacken zu, vergaßen aber wegen ihrer Müdigkeit,

die Kohlen vorher aus den Taschen herauszunehmen. Ein schwerer Druck auf ihren Gliedern weckte sie früher als gewöhnlich. Sie griffen in die Taschen und wollten ihren Augen nicht trauen, als sie sahen, daß sie nicht mit Kohlen, sondern mit reinem Gold gefüllt waren. Auch Haupthaar und Bart war wieder in aller Fülle vorhanden.

Auf einmal waren sie reiche Leute. Der Goldschmied aber, der seiner habgierigen Natur gemäß mehr in seine Taschen eingesackt hatte, hatte noch einmal soviel wie der Schneider. Wenn aber ein Habgieriger viel hat, verlangt er noch mehr. Der Goldschmied machte dem Schneider den Vorschlag, noch einen Tag zu bleiben und am Abend noch einmal hinauszugehen, um sich bei dem Alten auf dem Berg noch größere Schätze zu holen.

Der Schneider wollte nicht und sagte: »Ich habe genug und bin zufrieden; jetzt werde ich Meister, heirate meinen angenehmen Gegenstand (wie er seine Liebste nannte) und werde ein glücklicher Mann.« Doch dem Goldschmied zu Gefallen wollte er den einen Tag noch bleiben.

Abends hängte sich der Goldschmied noch ein paar Taschen über die Schulter, um recht viel einsacken zu können, und machte sich auf den Weg zum Hügel. Er fand, wie in der vorigen Nacht, das kleine Volk bei

Gesang und Tanz, der Alte schor ihn abermals glatt und deutete ihm an, Kohlen mitzunehmen. Er zögerte nicht einzustecken, was nur in seine Taschen gehen wollte, kehrte ganz glückselig heim und deckte sich mit der Jacke zu.

»Wenn das Gold auch drückt«, sprach er, »ich will das schon ertragen«, und schlief endlich mit dem süßen Vorgefühl ein, morgen als steinreicher Mann aufzuwachen. Als er die Augen öffnete, erhob er sich schnell, um die Taschen zu untersuchen. Aber wie erstaunt war er, als er nichts herauszog als schwarze Kohlen. Er mochte so oft hineingreifen, wie er wollte. »Noch bleibt mir das Gold, das ich in der Nacht zuvor gewonnen habe«, dachte er und holte es herbei, aber wie erschrak er, als er sah, daß es ebenfalls wieder zu Kohlen geworden war. Als er sich mit der schwarzbestäubten Hand an die Stirn schlug, fühlte er, daß sein ganzer Kopf kahl und glatt war wie das Kinn. Aber sein Mißgeschick war noch nicht zu Ende. Er merkte erst jetzt, daß ihm zu dem Höcker auf dem Rücken noch ein zweiter ebensogroßer vorn auf der Brust gewachsen war.

Da erkannte er die Strafe der Habgier und begann laut zu weinen. Der gute Schneider, der davon aufgeweckt wurde, tröstete den Unglücklichen, so gut es ging, und sprach: »Du bist mein Kamerad auf der Wanderschaft gewesen, du sollst bei mir bleiben und mit von meinem Schatz zehren.«

Er hielt Wort, aber der arme Goldschmied mußte sein Lebtag die beiden Höcker tragen und seinen kahlen Kopf mit einer Mütze bedecken.

Schneeweißchen und Rosenrot

s war einmal eine arme Witwe, die lebte einsam in einem kleinen Häuschen. Vor dem Häuschen war ein Garten, darin standen zwei Rosenbäumchen. Das eine trug weiße, das andere rote Rosen. Und sie hatte zwei Töchter, die glichen den beiden Rosenbäumchen.

Das eine hieß Schneeweißchen, das andere Rosenrot. Die beiden waren fromm und gut, arbeitsam und unverdrossen; auf der Welt gab es keine zwei Kinder, die braver gewesen wären. Schneeweißchen war nur stiller und sanfter als Rosenrot. Rosenrot lief lieber über Wiesen und Felder, suchte Blumen und lief den Vögeln hinterher, und Schneeweißchen saß daheim bei der Mutter, half ihr im Haushalt oder las ihr vor, wenn gerade nichts zu tun war.

Die beiden Schwestern hatten einander so lieb, daß sie sich immer an den Händen hielten, sooft sie zusammen ausgingen. Und wenn Schneeweißchen sagte: »Wir wollen uns nie verlassen«, so fügte Rosenrot hinzu: »Solange wir leben.« Und die Mutter erinnerte sie daran: »Was die eine hat, soll sie mit der andern teilen.«

Oft liefen die Mädchen im Wald allein umher und sammelten rote Beeren, aber kein Tier tat ihnen etwas zuleide, sondern sie kamen vertraulich näher; das Häschen fraß ein Kohlblatt aus ihren Händen, das Reh graste an ihrer Seite, der Hirsch sprang ganz lustig vorbei und die Vögel blieben auf den Ästen sitzen und sangen, was sie konnten. Nie stieß ihnen etwas Böses zu. Wenn sie sich im Wald verspätet hatten und die Nacht sie überfiel, legten sie sich nebeneinander ins Moos und schliefen bis zum Morgen. Ihre Mutter wußte das und mußte sich ihretwegen keine Sorge machen.

Als sie wieder einmal im Wald übernachtet hatten und das Morgenrot sie aufweckte, sahen sie ein schönes Kind in einem weißen, glänzenden Kleidchen neben ihrem Lager sitzen. Es stand auf und schaute sie ganz freundlich an, sprach aber nichts und ging tiefer in den Wald hinein. Und als sich die Mädchen umschauten, sahen sie, daß sie ganz nahe an einem Abgrund geschlafen hatten und gewiß hinuntergestürzt wären, wenn sie in der Dunkelheit noch ein paar Schritte weitergegangen wären. Die Mutter aber war überzeugt, das müßte der Schutzengel gewesen sein, der über guten Kindern wacht.

Schneeweißchen und Rosenrot hielten das Häuschen der Mutter reinlich und in Ordnung, daß es eine Freude war hineinzuschauen.

Im Sommer besorgte Rosenrot das Haus und stellte der Mutter jeden Morgen, ehe sie aufwachte, einen Blumenstrauß vors Bett, darin war von jedem Bäumchen eine Rose. Im Winter machte Schneeweißchen Feuer an und hängte den Kessel an den Feuerhaken. Der Kessel war aus Messing, glänzte aber wie Gold, so sauber war er gescheuert.

Abends, wenn die Flocken fielen, sagte die Mutter: »Geh, Schneeweißchen, und schieb den Riegel vor.«

Dann setzten sie sich alle drei an den Herd, und die Mutter nahm die Brille und las aus einem großen Buch vor. Die beiden Mädchen saßen und spannen und hörten zu. Neben ihnen lag ein Lämmchen auf dem Boden, und hinter ihnen auf einer Stange saß ein weißes Täubchen und hatte sein Köpfchen unter den Flügel gesteckt.

Eines Abends klopfte jemand an die Tür. Die Mutter sprach: »Geschwind, Rosenrot, mach auf, es wird ein Wanderer sein, der Obdach sucht.«

Rosenrot schob den Riegel weg und dachte, es wäre ein armer Mann. Draußen aber stand ein Bär, der seinen dicken, schwarzen Kopf zur Tür hereinsteckte. Rosenrot schrie laut auf und lief zurück; das Lämmchen blökte, das Täubchen flatterte auf, und Schneeweißchen versteckte sich hinter Mutters Bett.

Der Bär fing an zu sprechen und sagte: »Keine Angst, ich tue euch nichts, ich bin halb erfroren und will mich nur ein wenig bei euch wärmen.« — »Du armer Bär«, sprach die Mutter, »leg dich ans Feuer und gib nur acht, daß dir dein Pelz nicht verbrennt.« Dann rief sie: »Schneeweißchen, Rosenrot, kommt hervor, der Bär tut euch nichts, er ist nicht bös.« Da kamen sie beide aus ihren Verstecken, und nach und nach näherten sich auch das Lämmchen und das Täubchen und hatten keine Furcht vor ihm.

Der Bär bat sie: »Kinder, klopft mir ein wenig den Schnee aus dem Pelz.«

Sie holten den Besen und kehrten dem Bären das Fell. Er aber streckte sich ans Feuer und brummte ganz vergnügt und behaglich. Es dauerte nicht lange, da hatten sie sich mit dem unbeholfenen Gast angefreundet und trieben Schabernack mit ihm. Der Bär ließ sich's gern gefallen, nur wenn sie's gar zu arg trieben, rief er:

»Kinder, laßt mich am Leben,
Schneeweißchen, Rosenrot,
Schlägst dir den Bräut'gam tot.«

Als Schlafenszeit war und alle zu Bett gingen, sagte die Mutter zum Bären: »Du kannst in Gottes Namen da am Herd liegenbleiben, da bist du vor Kälte und schlechtem Wetter geschützt.«

Sobald der Tag graute, ließen ihn die beiden Kinder hinaus, und er trabte über den Schnee in den Wald.

Von nun an kam der Bär jeden Abend zu einer bestimmten Stunde, legte sich an den Herd und erlaubte den Mädchen, Schabernack mit ihm zu treiben, soviel sie wollten. Bald waren sie so an ihn gewöhnt, daß sie die Tür nicht eher zuriegelten, als bis ihr schwarzer Freund da war.

Als das Frühjahr gekommen und draußen alles grün war, sagte der Bär eines Morgens zu Schneeweißchen: »Nun muß ich fort und darf den ganzen Sommer nicht wiederkommen.« — »Wo gehst du hin, lieber Bär?« fragte Schneeweißchen. »Ich muß in den Wald und meine Schätze vor den bösen Zwergen hüten. Im Winter, wenn die Erde hart gefroren ist, müssen sie unten bleiben und können sich nicht hindurcharbeiten, aber jetzt, wo die Sonne die Erde aufgetaut und erwärmt hat, kommen sie herauf, durchstöbern alles und stehlen.«

Schneeweißchen war ganz traurig über den Abschied. Als es ihm die Tür aufriegelte und der Bär sich hinausdrängte, blieb er am Türhaken hängen. Da schien es Schneeweißchen, als hätte es Gold durchschimmern sehen; aber es war seiner Sache nicht gewiß.

Nach einiger Zeit schickte die Mutter die Kinder in den Wald, um Reisig zu sammeln. Auf dem Weg fanden sie einen großen Baum, der lag gefällt auf dem Boden, und neben dem Stamm hüpfte zwischen dem Gras etwas auf und ab. Als sie näher kamen, sahen sie einen Zwerg mit einem alten, runzligen Gesicht und einem ellenlangen, schneeweißen Bart. Das Ende des Bartes war in eine Spalte des Baums eingeklemmt, und der Kleine wußte nicht, wie er sich helfen sollte.

Er glotzte die Mädchen mit seinen roten, feurigen Augen an und schrie: »Was steht ihr da! Helft mir lieber!« — »Was hast du gemacht, kleines Männchen?« fragte Rosenrot.

»Dumme, neugierige Gans«, antwortete der Zwerg, »den Baum habe ich mir spalten wollen, um kleines Holz in der Küche zu haben. Es wäre alles nach Wunsch gegangen, aber das verwünschte Holz war zu glatt, der Keil sprang unversehens heraus, und der Baum fuhr so schnell zusammen, daß ich meinen schönen, weißen Bart nicht mehr herausziehen konnte. Da lacht ihr albernen, glatten Milchgesichter! Pfui, wie garstig ihr seid!«

Die Kinder gaben sich alle Mühe, aber sie konnten den Bart nicht herausziehen, er steckte zu fest. »Ich will Hilfe holen«, sprach Rosenrot. »Ihr Schafsköpfe«, schimpfte der Zwerg, »wer wird gleich Leute herbeirufen, ihr beiden seid mir schon zwei zuviel; fällt euch nichts Besseres ein?«

»Sei nur nicht so ungeduldig«, sagte Schneeweißchen, »mir wird schon was einfallen«, holte eine kleine Schere aus der Tasche und schnitt das Ende des Bartes ab. Sobald der Zwerg sich frei fühlte, griff er nach einem Sack, der zwischen den Baumwurzeln steckte und mit Gold gefüllt war, hob ihn heraus und brummte vor sich hin: »Ungehobeltes Volk, schneidet mir ein Stück von meinem stolzen Bart ab! Lohn's euch der Kuckuck!«, schwang seinen Sack auf den Rücken und ging fort, ohne die Kinder noch eines Blicks zu würdigen.

Eines Tages wollten Schneeweißchen und Rosenrot Fische zum Mittagbrot angeln. Als sie sich dem Bach näherten, sahen sie, daß etwas wie eine große Heuschrecke auf das Wasser zuhüpfte, als wollte es hineinspringen. Sie liefen hin und erkannten den Zwerg. »Wo willst du hin?« sagte Rosenrot. »Seht ihr nicht, daß mich der verwünschte Fisch hineinziehen will?« schrie der Zwerg.

Der Kleine hatte dagesessen und geangelt, und unglücklicherweise hatte der Wind seinen Bart mit der Angelschnur verflochten. Als gleich darauf ein großer Fisch anbiß, fehlten dem schwachen Geschöpf die Kräfte, ihn herauszuziehen; der Fisch behielt die Oberhand und zog den Zwerg zu sich hin. Zwar hielt er sich an allen Halmen und Binsen fest, aber das half nicht viel, er war in beständiger Gefahr, ins Wasser gezogen zu werden.

Die Mädchen kamen zur rechten Zeit. Sie hielten ihn fest und versuchten, den Bart von der Schnur loszumachen. Aber vergebens, Bart und Schnur hatten sich fest ineinander verheddert. Es blieb nichts anderes übrig, als die Schere zu nehmen.

Als der Zwerg das sah, schrie er sie an: »Sind das Manieren, ihr Ziegen, einen so zuzurichten? Nicht genug, daß ihr mir den Bart unten abgestutzt habt, jetzt schneidet ihr mir den besten Teil davon ab. Euch soll der Donner jagen, und die Schuhsohlen sollt ihr dabei verlieren!« Dann holte er einen Sack Perlen aus dem Schilf und, ohne ein weiteres Wort zu sagen, verschwand er hinter einem Stein.

Es trug sich zu, daß die Mutter die beiden Mädchen bald darauf in die Stadt schickte. Der Weg führte sie über eine Heide, auf der hier und da mächtige Felsenstücke verstreut lagen. Da sahen sie einen großen Vogel langsam über sich kreisen. Gleich darauf hörten sie einen durchdringenden, jämmerlichen Schrei. Sie liefen hin und sahen mit Schrecken, daß der Adler ihren alten Bekannten, den Zwerg, forttragen wollte. Die mitleidigen Kinder hielten gleich das Männchen fest und rissen sich so lange mit dem Adler darum, bis er seine Beute losließ.

Als der Zwerg sich vom ersten Schrecken erholt hatte, schrie er mit seiner kreischenden Stimme: »Konntet ihr nicht behutsamer mit mir umgehen? Ihr habt so an meinem dünnen Jäckchen gezogen, daß es überall zerfetzt und durchlöchert ist. Ihr unbeholfenes und täppisches Gesindel, das ihr seid!« Dann schnappte er sich einen Sack mit Edelsteinen und schlüpfte damit unter den Felsen in seine Höhle.

Die Mädchen waren schon an seinen Undank gewöhnt; sie setzten ihren Weg fort und erledigten ihre Sachen in der Stadt. Als sie auf dem Heimweg wieder auf die Heide kamen, überraschten sie den Zwerg, der auf einem sauberen Plätzchen seinen Sack mit Edelsteinen ausgeschüttet und nicht gedacht hatte, daß so spät noch jemand vorbeikommen würde.

»Was steht ihr da und haltet Maulaffen feil!« schrie der Zwerg, und sein aschgraues Gesicht wurde zinnoberrot vor Zorn.

Er wollte sie weiter beschimpfen, als laut brummend ein schwarzer Bär aus dem Wald herantrabte. Erschrocken sprang der Zwerg auf, aber er konnte nicht mehr zu seinem Schlupfwinkel gelangen. Da rief er voller Angst: »Lieber Herr Bär, verschont mich, ich will Euch alle meine Schätze geben. Da, die beiden gottlosen Mädchen, die packt, das sind für Euch zarte Bissen, fett wie junge Wachteln, die freßt in Gottes Namen.« Der Bär kümmerte sich nicht um seine Worte, versetzte dem boshaften Kerl einen einzigen Schlag mit der Tatze, und der regte sich nicht mehr.

Die Mädchen waren fortgelaufen, aber der Bär rief ihnen nach: »Schneeweißchen und Rosenrot, fürchtet euch nicht, wartet, ich geh' mit euch.« Und als der Bär bei ihnen war, fiel die Bärenhaut ab. Vor ihnen stand ein schöner, ganz in Gold gekleideter Mann. »Ich bin eines Königs Sohn«, sprach er, »und der gottlose Zwerg, der mir meine Schätze gestohlen hatte, verwünschte mich dazu, als wilder Bär im Wald zu leben, bis ich durch seinen Tod erlöst würde. Jetzt hat er seine wohlverdiente Strafe.«

Schneeweißchen wurde mit ihm und Rosenrot mit seinem Bruder vermählt. Und sie teilten sich die großen Schätze miteinander, die der Zwerg in seiner Höhle zusammengetragen hatte. Die alte Mutter lebte noch lange Jahre ruhig und glücklich bei ihren Kindern. Die zwei Rosenbäumchen aber nahm sie mit, und sie standen vor ihrem Fenster und trugen jedes Jahr die schönsten Rosen, das eine weiße und das andere rote.

Der Vogel Greif

Es war einmal ein König. Wo er regierte und wie er geheißen hat, weiß ich nicht mehr. Er hatte keinen Sohn, nur eine einzige Tochter. Die war immer krank, und kein Doktor konnte sie heilen. Da wurde dem König geweissagt, seine Tochter werde sich an Äpfeln gesundessen. Er ließ im ganzen Land bekanntmachen: Wer seiner Tochter Äpfel bringe, an denen sie sich gesundessen könne, der bekäme sie zur Frau und würde König werden und über das Reich herrschen.

Das hörte auch ein Bauer, der drei Söhne hatte. Er sprach zum ältesten: »Geh auf den Speicher, nimm einen Handkorb voll der schönsten Äpfel mit den roten Backen und trag sie zu Hof; vielleicht kann sich die Königstochter gesund daran essen, und du darfst sie heiraten und wirst König.«

Der Bursche tat, wie ihm geheißen wurde, und machte sich auf den Weg. Als er eine Zeitlang gegangen war, begegnete er einem kleinen eisgrauen Männlein; das fragte ihn, was er da im Handkorb habe. Da sagte Ulrich — denn so hieß er: »Froschschenkel.« Das Männchen sagte darauf: »Nun, so sollen's welche sein und bleiben« und ging weiter. Endlich kam Ulrich vors Schloß und ließ sich anmelden; er habe Äpfel, die die Prinzessin gesund machen würden, wenn sie davon äße. Das freute den König gewaltig, und er ließ den Ulrich vor. Aber, o weh! Als er den Korb aufdeckte, hatte er statt Äpfel Froschschenkel im Korb, die noch zappelten. Der König wurde böse und ließ ihn zum Haus hinausjagen.

Als Ulrich heimkam, erzählte er dem Vater, wie es ihm ergangen war.

Da schickte der Vater den nächsten Sohn, der Samuel hieß; aber dem erging es genauso wie Ulrich. Auch ihm begegnete das kleine eisgraue Männchen, das ihn fragte, was er da im Korb habe. Der Samuel antwortete: »Schweineborsten«, und das eisgraue Männlein sagte: »Nun, so sollen's welche sein und bleiben.« Als er nun vors Königsschloß kam und sagte, er habe Äpfel, an denen sich die Königstochter gesundessen könne, wollten sie ihn nicht einlassen und sagten, er sei doch schon dagewesen und habe sie zum Narren gehalten. Samuel aber bestand darauf, er habe wirklich Äpfel, sie sollten ihn nur einlassen. Endlich glaubten sie ihm und führten ihn vor den König. Aber als er seinen Korb aufdeckte, waren lauter Schweineborsten darin. Der König wurde so furchtbar zornig, daß er den Samuel aus dem Haus peitschen ließ.

Als er heimkam, erzählte er, wie es ihm ergangen war.

Da kam der jüngste Bub, den sie nur den dummen Hans nannten, und fragte den Vater, ob er auch Äpfel ins Schloß bringen dürfe. »Ja«, lachte der Vater, »du wärst gerade der Richtige dazu! Wenn die Gescheiten nichts ausrichten, was wolltest du da machen!« Der Bub aber ließ nicht locker: »Doch, Vater, ich will auch gehen.« — »Geh mir doch weg, du dummer Kerl, du mußt warten, bis du gescheiter wirst«, erwiderte der Vater gereizt und kehrte ihm den Rücken. Der Hans aber zupfte ihn hinten am Kittel: »Doch, Vater, ich will auch gehen.« — »Na dann, meinetwegen; du wirst wohl bald wieder zurückkommen«, gab der Vater unwirsch zur Antwort. Der Bub aber freute sich sehr und sprang hoch. »Ja, benimm dich wie ein Verrückter; du wirst von Tag zu Tag dümmer«, hänselte ihn der Vater.

Das machte aber dem Hans nichts aus, er ließ sich seine Freude nicht verderben. Weil es schon auf die Nacht zuging, dachte er, es wäre besser, bis zum Morgen zu warten.

Nachts konnte er nicht schlafen; und wenn er doch einmal eine Weile eingeschlummert war, so träumte ihm von schönen Prinzessinnen, von Schlössern, Gold und Silber und allerhand solchen Sachen.

Frühmorgens machte er sich auf den Weg. Schon bald darauf begegnete ihm das kleine mürrische Männchen in seinem eisgrauen Gewand und fragte ihn, was er da im Korb habe. Der Hans gab ihm zur Antwort, er habe Äpfel, an denen sich die Königstochter gesundessen solle. »Nun«, sagte das Männlein, »sie sollen es sein und bleiben.«

Aber am Hof wollten sie den Hans durchaus nicht einlassen; denn es seien schon zwei dagewesen und hätten gesagt, sie brächten Äpfel, aber der eine habe Froschschenkel und der andere Schweineborsten gehabt.

Der Hans ließ nicht nach mit Bitten und beteuerte, er habe gewiß keine Froschschenkel, sondern die schönsten Äpfel, die im ganzen Königreich wüchsen. Weil er nun so treuherzig redete, meinten die Torhüter, der könne nicht lügen. Sie ließen ihn ein und hatten auch recht daran getan. Denn als der Hans seinen Korb vor dem König aufdeckte, da lagen lauter goldgelbe Äpfel darin. Der König freute sich und ließ seiner Tochter sofort welche davon bringen. Er harrte in banger Erwartung auf die Nachricht, was sie für Wirkung getan hatten.

Aber es dauerte nicht lange, da erhielt er Bericht — von wem wohl? Von seiner Tochter selbst! Sobald sie von den Äpfeln gegessen hatte, war sie gesund aus dem Bett gesprungen. Wie sich der König freute, läßt sich gar nicht beschreiben!

Aber trotzdem wollte er dem Hans seine Tochter nicht zur Frau geben und forderte von ihm, er müsse ihm zuerst noch ein Boot machen, das auf dem trockenen Land noch besser fahre als im Wasser.

Der Hans nahm die Bedingung an, ging heim und erzählte, wie es ihm ergangen war.

Da schickte der Vater den Ulrich ins Holz, um ein solches Boot zu zimmern. Er arbeitete fleißig und pfiff dazu. Um Mittag herum, als die Sonne am höchsten stand, kam ein kleines eisgraues Männlein und fragte, was er da mache. Ulrich gab ihm zur Antwort: »Rührlöffel.« Das eisgraue Männlein sagte darauf: »Nun, so sollen's welche sein und bleiben.« Am Abend meinte Ulrich, er hätte jetzt sein Boot fertig; aber als er sich hineinsetzte, waren es lauter Rührlöffel.

Am andern Tag ging der Samuel in den Wald; aber es ging ihm genauso wie dem Ulrich.

Am dritten Tag kam der dumme Hans an die Reihe. Er arbeitete recht fleißig, so daß der ganze Wald von den kräftigen Schlägen der Axt widerhallte; dazu sang und pfiff er lustig. Zu Mittag, als es am heißesten war,

kam wieder das kleine Männlein und fragte, was er da mache. «Ein Boot, das auf dem trockenen Land besser fährt als auf dem Wasser.« Wenn er das schaffe, bekomme er die Königstochter zur Frau. »Nun«, sagte das Männlein, »dann soll es so eins werden und bleiben.«

Am Abend, als die Sonne golden unterging, war der Hans fertig mit seinem Boot und mit allem, was dazugehörte. Er setzte sich hinein und ruderte der Königsstadt zu. Das Boot aber schoß dahin wie der Wind.

Der König sah es von weitem, wollte aber dem Hans seine Tochter immer noch nicht geben. Er wollte von Hans, daß er erst noch hundert Hasen vom frühen Morgen bis zum späten Abend hüte. Und wenn auch nur ein einziger fehle, so bekäme er die Tochter nicht.

Der Hans war damit einverstanden. Gleich am andern Tag ging er mit seiner Herde auf die Weide und paßte sehr genau auf, daß ihm keiner davonlief. Es dauerte nicht lange, da kam eine Magd vom Schloß und sagte zum Hans, er solle ihr schnell einen Hasen geben, sie hätten Besuch bekommen. Der Hans merkte sehr wohl die Absicht und sagte, er gebe keinen her; der König könne dann morgen seinem Besuch mit Hasenpfeffer aufwarten. Die Magd aber ließ nicht locker und fing an zu schimpfen. Da schlug Hans vor, er wolle einen Hasen hergeben, wenn die Königstochter selber komme. Das sagte die Magd im Schloß; und die Königstochter ging wirklich selbst.

Unterdessen aber kam wieder das kleine Männlein zu Hans und fragte ihn, was er da tue. Ja, er müsse da hundert Hasen hüten, und wenn ihm keiner weglaufe, dürfe er die Königstochter heiraten und werde König. »Schön«, sagte das Männlein, »da hast du ein Pfeifchen. Wenn dir einer fortläuft und du pfeifst, dann kommt er wieder zurück.«

Als nun die Königstochter kam, gab ihr der Hans einen Hasen in die Schürze. Aber kaum war sie etwa hundert Schritte weg, pfiff der Hans und der Hase sprang ihr aus der Schürze und — hast du nicht gesehen — wieder zurück zur Herde.

Als es Abend geworden war, pfiff der Hasenhirt noch einmal und zählte nach, ob alle da seien, und trieb sie dann zum Schloß. Der König wunderte sich, wie nur der Hans imstande gewesen sein könne, hundert Hasen zu hüten, ohne daß ihm einer davongelaufen war.

Trotzdem wollte er ihm aber die Prinzessin nicht geben und verlangte von ihm erst noch eine Feder aus dem Schwanz des Vogels Greif.

Der Hans machte sich gleich auf den Weg und marschierte rüstig vorwärts. Am Abend kam er zu einem Schloß und bat um ein Nachtlager, denn damals gab es noch keine Wirtshäuser. Der Schloßherr gewährte es ihm gern und fragte ihn, wohin er wolle. Der Hans gab darauf zur Antwort: »Zum Vogel Greif.« — »So, zum Vogel Greif? Man sagt von ihm, er wisse alles. Wir haben den Schlüssel zu einer eisernen Geldkiste verloren; Ihr könntet

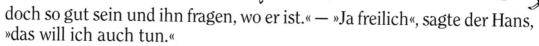

doch so gut sein und ihn fragen, wo er ist.« — »Ja freilich«, sagte der Hans, »das will ich auch tun.«

Am frühen Morgen ging er weiter und kam unterwegs zu einem anderen Schloß, in dem er wieder über Nacht blieb. Als die Leute dort vernahmen, daß er zum Vogel Greif wolle, erzählten sie ihm, daß im Hause eine Tochter krank sei. Sie hätten bisher alle Mittel versucht, aber keines wolle anschlagen. Er solle doch so gut sein und den Vogel Greif fragen, was die Tochter wieder gesund machen könne. Der Hans sagte, das wolle er gern tun, und ging weiter.

Da kam er zu einem Wasser, und statt einer Fähre war da ein riesengroßer Mann, der alle Leute hinübertragen mußte. Der Mann fragte den Hans, wo die Reise hingehe. »Zum Vogel Greif«, sagte der Hans. »Nun, wenn Ihr zu ihm kommt«, bat der Mann, »dann fragt ihn, warum ich alle Leute über das Wasser tragen muß.« Da sagte der Hans: »Ja, bei Gott, ja, das will ich tun.« Da nahm ihn der Mann auf die Achsel und trug ihn hinüber.

Endlich kam nun der Hans zum Haus des Vogels Greif. Aber es war nur seine Frau daheim, der Vogel Greif selbst nicht. Sie fragte ihn, was er wolle, und Hans erzählte ihr alles: daß er eine Feder aus des Vogels Schwanz holen solle und daß sie in einem Schloß den Schlüssel zu einer Geldkiste verloren hätten, und er solle den Vogel Greif fragen, wo der Schlüssel sei; dann sei in einem andern Schloß eine Tochter krank und er wolle wissen, was die Tochter gesund machen könne; dann sei nicht weit von hier ein Wasser, und ein Mann müsse alle Leute hinübertragen, und er möchte gern wissen, warum.

Da sagte die Frau: »Seht, mein guter Freund, kein Christ kann mit dem Vogel Greif reden, er frißt sie alle. Wenn Ihr aber wollt, könnt Ihr Euch unter sein Bett legen und ihm nachts, wenn er recht fest schläft, eine Feder aus dem Schwanz reißen. Und wegen der Sachen, die Ihr wissen wollt, will ich ihn selber fragen.«

Der Hans war mit allem einverstanden und legte sich unters Bett. Am Abend, als der Vogel Greif heimkam und in die Stube trat, sagte er: »Frau, da riecht's nach Mensch.« — »Ja«, sagte seine Frau, »'s ist heut' einer dagewesen, aber er ist wieder fort.« Da sagte der Vogel Greif nichts mehr. Mitten in der Nacht, als der Vogel Greif tüchtig schnarchte, langte Hans hinauf und riß ihm eine Feder aus dem Schwanz. Da schreckte der Vogel Greif plötzlich auf und sagte: »Frau, es riecht nach Mensch, und es ist mir, als habe mich jemand am Schwanz gezogen.« Da antwortete die Frau: »Du hast sicher geträumt, und ich hab' es dir ja heute schon gesagt, es war ein Mensch da; aber er ist wieder fort. Der hat mir allerhand Sachen erzählt. Sie hätten in einem Schloß den Schlüssel zu einer Geldkiste verloren und könnten ihn nicht mehr finden.« — »Oh, die Narren«, lachte der Vogel Greif, »der Schlüssel liegt im Holzhaus hinter der Tür unter einem Holzstoß.«

»Und dann hat er auch gesagt, in einem Schloß sei eine Tochter krank, und sie wüßten kein Mittel, um sie gesund zu machen.« — »Oh, die Narren«, sagte der Vogel Greif, »unter der Kellerstiege hat sich eine Kröte ein Nest aus den Haaren der Prinzessin gemacht, und wenn sie die Haare wiederbekommt, so wird sie gesund.« — »Und dann hat er auch noch gesagt, es gäbe ein Wasser und einen Mann, der alle Leute darübertragen müsse.« — »Oh, der Narr«, sprach der Vogel, »wenn er nur einmal einen mitten hineinstellen würde, brauchte er keinen mehr hinüberzutragen.«

Am Morgen stand der Vogel Greif früh auf und ging fort. Da kam Hans unter dem Bett hervor und hatte eine schöne Feder. Dazu hatte er gehört, was der Vogel Greif von dem Schlüssel und der Tochter und dem Mann erzählt hatte. Die Frau des Vogels Greif erzählte ihm alles noch einmal, damit er nichts vergesse, dann machte er sich auf den Heimweg.

Zuerst kam er zu dem Mann am Wasser. Der fragte ihn gleich, was der Vogel Greif gesagt habe. Hans versprach, es ihm zu sagen, wenn er ihn hinübergetragen habe, da trug ihn der Mann hinüber. Als er drüben war, sagte ihm Hans, er sollte nur einmal einen mitten ins Wasser stellen, das wäre dann das letzte Mal gewesen. Da freute sich der Mann sehr und sagte dem Hans, er wolle ihn zum Dank noch einmal hin- und zurücktragen. Hans lehnte natürlich ab: Nein, er wolle ihm die Mühe ersparen, er sei mit ihm zufrieden, und ging weiter.

Er kam zu dem Schloß mit der kranken Prinzessin. Die nahm er auf die Schulter, denn sie konnte nicht laufen, trug sie die Kellerstiege hinunter, holte das Krötennest unter der untersten Stufe hervor und gab es der Prinzessin in die Hände. Sie sprang ihm von der Schulter, stieg vor ihm die Stiege hinauf und war ganz gesund. Vater und die Mutter freuten sich riesig und machten dem Hans reiche Geschenke. Sie gaben ihm alles, was er nur wollte.

Als Hans in das andere Schloß kam, ging er gleich ins Holzhaus und fand wirklich hinter der Tür unter dem Holzstoß den Schlüssel und brachte ihn dem Schloßherrn. Der freute sich nicht weniger und gab dem Hans zur Belohnung eine Menge von dem Gold, das in der Kiste war, und noch allerhand anderes, wie Kühe und Schafe und Ziegen.

Als der Hans mit all den Sachen, mit dem Geld und dem Gold und Silber, mit den Kühen, Schafen und Ziegen zum König kam, da fragte der ihn, wo er das alles her habe.

Da sagte der Hans, der Vogel Greif gebe einem soviel man wolle. Der König dachte, er könne das auch brauchen, und machte sich auf den Weg zum Vogel Greif. Als er zu dem Wasser kam, war er der erste nach dem Hans, der kam, und der Mann stellte ihn mitten im Wasser ab und ging fort. Und der König ertrank.

Der Hans aber heiratete die Prinzessin und wurde König.

Die drei Brüder

Es war einmal ein Mann, der hatte drei Söhne und weiter nichts an Vermögen als das Haus, in dem er wohnte. Nun hätte jeder nach seinem Tode gern das Haus gehabt, dem Vater war aber einer so lieb wie der andere. Da wußte er nicht, wie er's anfangen sollte, daß er keinem Unrecht tat. Verkaufen wollte er es auch nicht, weil's von seinen Vorfahren war, sonst hätte er das Geld unter sie geteilt.

Da hatte er endlich einen Einfall. Er sprach zu seinen Söhnen: »Geht in die Welt und bewährt euch. Jeder soll sein Handwerk erlernen, und wer das beste Meisterstück macht, soll das Haus haben.«

Damit waren die Söhne einverstanden. Der älteste wollte Hufschmied, der zweite Barbier und der dritte Fechtmeister werden. Sie einigten sich auf eine Zeit, wann sie wieder nach Haus kommen wollten, und zogen fort.

Es traf sich auch, daß jeder einen tüchtigen Meister fand, wo er was Rechtschaffenes lernte. Der Schmied mußte des Königs Pferd beschlagen und dachte: »Nun kann dir's nicht fehlen, du kriegst das Haus.« Der Barbier rasierte lauter vornehme Herren und meinte auch, das Haus wäre sein. Der Fechtmeister kriegte manchen Hieb, biß aber die Zähne zusammen und ließ sich's nicht verdrießen, denn er dachte bei sich: »Fürchtest du dich vor einem Hieb, so bekommst du das Haus niemals.«

Als nun die festgesetzte Zeit herum war, trafen sie sich alle bei ihrem Vater. Sie wußten nicht, wie sie dem Vater ihre Kunst am besten vorführen sollten, setzten sich zusammen und beratschlagten.

Wie sie so saßen, kam auf einmal ein Hase übers Feld dahergelaufen. »Ei«, sagte der Barbier, »der kommt wie gerufen«, nahm Becken und Seife, schäumte so lange, bis der Hase in die Nähe kam, dann seifte er ihn in vollem Laufe ein und rasierte ihm auch in vollem Laufe ein Stutzbärtchen. Dabei schnitt er ihn nicht einmal, und kein Haar tat ihm weh.

»Das gefällt mir«, sagte der Vater, »wenn sich die andern nicht gewaltig anstrengen, ist das Haus dein.«

Es dauerte nicht lange, so sahen sie einen Herrn in einer Kutsche, der in voller Fahrt auf sie zuraste. »Nun sollt Ihr sehen, Vater, was ich kann«, sprach der Hufschmied, sprang dem Wagen nach, riß dem Pferd im vollen Lauf die vier Hufeisen ab und schlug auch während des Laufs vier neue wieder an. »Du bist ein ganzer Kerl«, sprach der Vater, »du machst deine Sachen so gut wie dein Bruder; ich weiß nicht, wem ich das Haus geben soll.«

Da sprach der dritte: »Vater, laßt mich auch einmal gewähren«, und weil es anfing zu regnen, zog er seinen Degen und schwenkte ihn in Kreuzhieben über seinem Kopf, so daß ihn kein einziger Tropfen traf. Als der Regen stärker wurde und es endlich wie aus Eimern goß, schwang er den Degen immer schneller und blieb so trocken, als säße er unter einem sicheren Dach. Als das der Vater sah, staunte er und sprach: »Du hast das beste Meisterstück gemacht, das Haus ist dein.«

Seine beiden Brüder waren damit zufrieden, wie sie vorher gelobt hatten, und weil sie sich so gern hatten, blieben sie alle drei zusammen im Haus und trieben ihr Handwerk. Und weil sie so gut gelernt hatten und so geschickt waren, verdienten sie viel Geld.

So lebten sie vergnügt bis in ihr Alter zusammen. Und als der eine krank wurde und starb, grämten sich die beiden andern so sehr darüber, daß sie auch krank wurden und bald starben. Da wurden sie, weil sie so geschickt gewesen waren und sich so gern gehabt hatten, alle drei zusammen in ein Grab gelegt.

Die Sterntaler

Es war einmal ein kleines Mädchen, dem waren Vater und Mutter gestorben. Es war so arm, daß es kein Kämmerchen mehr hatte, um darin zu wohnen, und kein Bettchen, um darin zu schlafen. Und endlich gar nichts mehr als die Kleider auf dem Leib und ein Stückchen Brot in der Hand, das ihm ein mitleidiges Herz geschenkt hatte.

Aber es war gut und fromm. Und weil es so von aller Welt verlassen war, ging es im Vertrauen auf den lieben Gott hinaus ins Feld. Da begegnete ihm ein armer Mann, der sprach: »Ach, gib mir etwas zu essen, ich bin so hungrig.« Es reichte ihm das ganze Stück Brot und sagte: »Gott segne dir's« und ging weiter. Da kam ein Kind, das jammerte und sprach: »Mir ist so kalt an meinem Kopf, schenk mir etwas, womit ich ihn bedecken kann.« Da nahm es seine Mütze ab und gab sie ihm. Und als es noch eine Weile gegangen war, kam wieder ein Kind, das hatte kein Leibchen an und fror; da gab es ihm seins; und noch weiter, da bat eins um ein Röcklein, da gab es seins auch noch weg.

Endlich gelangte es in einen Wald, es war schon dunkel geworden. Da kam noch ein Kind und bat um ein Hemdlein, und das fromme Mädchen dachte: »Es ist dunkle Nacht, da sieht dich niemand, du kannst wohl dein Hemd weggeben«, zog das Hemd aus und gab es auch noch weg.

Und wie es so stand und gar nichts mehr hatte, fielen auf einmal die Sterne vom Himmel und wurden zu lauter harten, blanken Talern.

Und obgleich es sein Hemdlein weggegeben hatte, hatte es auf einmal ein neues an. Das war vom allerfeinsten Leinen. Da sammelte es die Taler auf und war sein Lebtag lang reich.

Vom Fischer und seiner Frau

s waren einmal ein Fischer und seine Frau, die wohnten zusammen in einer alten halbverfaulten Strohhütte, dicht an der See, und der Fischer ging alle Tage angeln; und er angelte und angelte.

So saß er auch einmal neben seiner Angel und sah starr in das klare Wasser hinein; und er saß und saß. Plötzlich ging die Angel auf den Grund, ganz tief hinunter, und als der Fischer sie heraufholte, zog er einen großen Butt heraus. Da sagte der Fisch zu ihm:

»Hör einmal, Fischer, ich bitte dich, laß mich leben! Ich bin kein richtiger Fisch, ich bin ein verwunschener Prinz. Was hättest du davon, wenn du mich tötest? Ich würde dir doch nicht recht schmecken; setze mich lieber wieder ins Wasser und laß mich schwimmen.«

»Nun«, sagte der Mann, »du brauchst nicht so viele Worte zu machen; einen Fisch, der sprechen kann, hätte ich sowieso schwimmen lassen.«

Damit setzte er ihn wieder ins klare Wasser. Der Fischer stand auf und ging zu seiner Frau in die Strohhütte.

»Mann«, sagte die Frau, »hast du heute nichts gefangen?«

»Nein«, sagte der Mann, »ich fing einen Fisch, der sagte, er sei ein verwunschener Prinz, da habe ich ihn wieder schwimmen lassen.«

»Hast du dir denn nichts gewünscht?« fragte die Frau.

»Nein«, sagte der Mann, »was hätte ich mir denn wünschen sollen?«

»Das kann doch nicht wahr sein«, regte sich seine Frau auf, »ist das nicht schlimm, daß wir immer in so einer elenden Strohhütte wohnen müssen? Es ist eklig hier und stinkt. Du hättest uns doch ein kleines Häuschen wünschen können! Geh wieder hin und ruf den Fisch; sag ihm, wir möchten gern ein kleines Häuschen haben. Er gibt uns gewiß eines.«

»Ach«, wehrte sich der Mann, »wozu soll ich noch einmal hingehen?«

»Sag ihm«, forderte ihn seine Frau auf, »du hättest ihn doch gefangen und wieder schwimmen lassen, er tut es gewiß. Geh gleich hin.«

Der Mann wollte gar nicht gern gehen, aber er wollte seine Frau nicht reizen. So machte er sich auf den Weg. Als er ans Ufer kam, war die See ganz grün und gelb und gar nicht mehr so klar. Er stellte sich hin und sagte:

»Manntje, Manntje, Timpe Te,
Buttje, Buttje in der See,
Meine Frau, die Ilsebill,
Will nicht so, wie ich gern will.«

Da kam der Fisch geschwommen und sagte: »Na, was will sie denn?«

»Ach«, sagte der Mann, »ich hatte dich doch gefangen, und meine Frau sagt, ich hätte mir auch etwas wünschen sollen. Sie mag nicht mehr in einer Strohhütte wohnen, sie möchte gern ein Häuschen.«

»Geh nur hin« sagte der Fisch, »sie hat es schon.«

Der Mann ging nach Hause. Die alte windschiefe Strohhütte war verschwunden, und an ihrer Stelle stand ein schmuckes kleines Häuschen, und seine Frau saß vor der Tür auf einer Bank. »Komm herein, sieh, nun ist's doch viel besser.«

Und sie gingen hinein. Das Häuschen hatte einen kleinen Vorraum, eine herrliche Stube und eine Schlafkammer mit einem Bett für jeden, dazu Küche und Speisekammer. Alles war aufs beste ausgestattet und aufs schönste hergerichtet. Hinter dem Haus war ein kleiner Hof mit Hühnern und Enten und ein kleiner Garten mit Gemüse und Obst.

»Sieh«, freute sich die Frau, »ist das nicht nett?« — »Ja«, sagte der Mann, »so soll's bleiben, nun wollen wir recht vergnügt leben.«

»Das wollen wir uns noch überlegen«, sagte die Frau. Und dann aßen sie und gingen zu Bett.

So ging das wohl acht oder vierzehn Tage, da beschwerte sich die Frau: »Höre, Mann, eigentlich ist das Häuschen viel zu eng, und der Hof und der Garten sind viel zu klein. Der Fisch hätte uns auch ein größeres Haus schenken können. Ich möchte gern in einem großen steinernen Schloß wohnen. Geh zum Fisch, er soll uns ein Schloß schenken.«

»Ach, Frau«, sagte der Mann, »das Häuschen ist doch gut genug, was wollen wir in einem Schloß wohnen!« — »Ach was«, sagte die Frau, »geh nur hin, für den Fisch ist das eine Kleinigkeit.«

»Nein, Frau, ich gehe nicht«, sagte der Mann, »der Fisch hat uns erst das Häuschen gegeben. Was soll ich schon wieder zu ihm gehen? Es könnte den Fisch verdrießen.«

»Döskopp«, erwiderte die Frau, »erzähl nichts. Für den Fisch ist das eine Kleinigkeit und er tut's sicher gern. Geh nur zu ihm.«

Dem Mann wurde es schwer ums Herz, er ging ungern. Er sprach zu sich selber: »Das ist nicht recht«, ging aber doch.

Als er an die See kam, war das Wasser gar nicht mehr grün und gelb, sondern ganz violett und dunkelblau und grau und dick, doch es war noch ruhig. Da stellte er sich hin und sagte:

»Manntje, Manntje, Timpe Te,
Buttje, Buttje in der See,
Meine Frau, die Ilsebill,
Will nicht so,
wie ich gern will.«

»Na, was will sie denn?« fragte der Fisch.

»Ach«, sagte der Mann halb betrübt, »sie will in einem großen steinernen Schloß wohnen.«

»Geh nur hin, sie steht vor der Tür«, sagte der Fisch.

Da machte sich der Mann auf den Weg nach Hause. Als er aber dort ankam, stand anstelle des Häuschens ein großer, steinerner Palast da. Seine Frau stand oben auf der Treppe und wollte hineingehen. Da nahm sie ihn bei der Hand und sagte: »Komm nur herein.«

Er ging mit ihr hinein. In dem Schloß war ein großer Flur mit marmornem Estrich. Überall wimmelte es von Dienerschaft; die Diener rissen vor ihnen große Türen auf. Die Wände waren alle blank und mit schönen Tapeten überzogen, Tische und Stühle in den Zimmern waren aus Gold, kristallene Kronleuchter hingen von den Decken herab, und in allen Sälen und Zimmern lagen Teppiche auf dem Boden. Die Tische bogen sich unter den aufgetragenen Speisen, und die allerbesten Weine standen auf den Tischen. Hinter dem Schloß befand sich ein großer Hof mit Pferde- und Kuhstall und den schönsten Kutschen. In einem großen, herrlichen Garten dufteten die schönsten Blumen, und an den Bäumen hingen seltene Früchte. Daran schloß sich ein Park an, wohl eine halbe Meile lang, mit Hirschen und Rehen und Hasen und allem, was man sich wünschen kann.

»Na«, sagte die Frau, »ist das nicht schön?«

»Tatsächlich«, sagte der Mann, »aber so soll es auch bleiben; wir wollen nun auch in dem schönen Schloß wohnen und zufrieden sein.«

»Das wollen wir uns noch überlegen«, sprach die Frau, »und wollen darüber schlafen.« Damit gingen sie zu Bett.

Am andern Morgen wachte die Frau als erste auf. Es war eben Tag geworden, und sie sah von ihrem Bett aus das herrliche Land vor sich liegen. Der Mann schlief noch, aber sobald er sich regte, stieß sie ihn mit dem Ellbogen in die Seite und sagte: »Schnell, steh auf und guck einmal aus dem Fenster! Sieh, könnten wir nicht König werden über dieses ganze Land? Geh zum Fisch, wir wollen König sein.«

»Was fällt dir ein«, brummte der Mann, »wozu sollen wir König werden? Ich habe keine Lust dazu.«

»Wenn du keine Lust hast, dann will ich König werden, damit du's weißt!« antwortete sie. »Geh zum Fisch und sag ihm, er soll mich zum König machen.« »Mach keinen Unsinn, Frau«, wehrte sich der Mann, »was hast du davon? Ich werde das dem Fisch nicht sagen.«

»Und warum nicht?«, sagte die Frau gereizt. »Geh sofort hin, ich muß König werden.«

Letztendlich machte sich der Mann auf, wenn auch ungern. »So eine Schande«, sprach er vor sich hin, »das ist aber gar nicht recht!« Er war ganz betrübt über das, was sich seine Frau in den Kopf gesetzt hatte.

Und als er an die See kam, war sie ganz schwarzgrau, und das Wasser gärte von innen heraus und roch ganz faul. Da stellte er sich hin und sagte:
»Manntje, Manntje, Timpe Te,
Buttje, Buttje in der See,
Meine Frau, die Ilsebill,
Will nicht so, wie ich gern will.«

»Nun, was will sie denn?« fragte der Fisch. »Ach«, sagte der Mann, »sie will König werden.«

»Geh nur hin, sie ist es schon«, sagte der Fisch.

Da ging der Mann wieder. Und als er an den Palast kam, war das Schloß viel größer geworden. Es hatte einen großen Turm und herrliche Verzierungen daran. Vor dem Tor stand eine Schildwache, auf dem Hof marschierten viele Soldaten mit Pauken und Trompeten. Und als er in das Schloß kam, war alles aus purem Marmor mit Gold und samtenen Decken mit großen, goldenen Quasten. Da gingen die Türen in den Saal auf, wo sich der ganze Hofstaat versammelt hatte. Seine Frau saß auf einem hohen Thron aus Gold und Diamanten und hatte eine große, goldene Krone auf und ein Zepter aus purem Gold und Edelsteinen in der Hand. Zu beiden Seiten standen sechs Hofdamen in einer Reihe, eine immer einen Kopf kleiner als die andere. Er blieb wie versteinert stehen.

»Ach, Frau, bist du nun König?«

»Ja«, sagte die Frau, »nun bin ich König.«

Da stand er und sah sie an, und als er sie eine Zeitlang schweigend betrachtet hatte, sagte er: »Ach, Frau, wie schön, daß du König bist! Jetzt haben wir alles, was wir uns wünschen könnten.«

»Nein, Mann«, sagte die Frau und begann ganz unruhig zu werden, »mir wird hier die Zeit so lang, ich kann das nicht mehr aushalten. Geh hin zum Fisch, König bin ich, nun will ich auch Kaiser werden.«

»Mein Gott, Frau«, sagte der Mann, »wozu willst du Kaiser werden?«

»Mann«, sagte sie mit erhobener Stimme, »geh zum Fisch, ich will Kaiser werden und basta.«

»Übertreib das nicht«, sagte der Mann, »Kaiser kann er nicht machen, ich mag das vom Fisch nicht verlangen. Es gibt nur einen Kaiser im Reich. Kaiser kann der Fisch nie und nimmer machen.«

»Erzähl doch nicht«, sagte die Frau, »ich bin König und du nur mein Mann! Beeil dich! Wenn er Könige machen kann, kann er auch Kaiser machen. Ich will Kaiser sein und basta. Geh schon!«

Was blieb ihm weiter übrig! Er ging zwar, aber ihm war ganz bange; er dachte bei sich: »Das kann nicht gutgehen; Kaiser ist zu unverschämt, der Fisch wird's am Ende müd'.«

Mit weichen Knien kam er an die See. Die war ganz schwarz und dick und begann so von innen herauf zu gären. Die Wellen waren schaumbedeckt, ein Windstoß fuhr drüber hin und wühlte sie auf, so daß ihm ein Grausen ankam. Er stellte sich hin und rief mit zitternder Stimme:

»Manntje, Manntje, Timpe Te,
Buttje, Buttje in der See,
Meine Frau, die Ilsebill,
Will nicht so, wie ich gern will.«

»Nun, was will sie denn?« fragte der Fisch. »Ach, Fisch«, sagte er, »meine Frau will Kaiser werden.«

»Geh nur hin«, sagte der Fisch, »sie ist es schon.«

Da ging der Mann nach Hause. Als er dort ankam, war das ganze Schloß aus poliertem Marmor mit alabasternen Figuren und goldenem Zierat. Vor dem Tor marschierten die Soldaten, bliesen Trompeten und schlugen Pauken und Trommeln. Im ganzen Schloß taten Barone, Grafen und Herzöge Dienst. Sie machten ihm die Türen auf, die aus lauter Gold waren. Und als er den Saal betrat, saß seine Frau auf einem riesigen Thron aus einem einzigen Stück Gold. Sie hatte eine mächtige, hohe goldene Krone auf, die war ganz mit Brillanten und Karfunkelsteinen besetzt. In der einen Hand hielt sie das Zepter und in der andern Hand den Reichsapfel; zu beiden Seiten standen die Begleiter in zwei Reihen, einer immer kleiner als der andere, vom allergrößten, über zwei Meter hohen Riesen bis zum allerkleinsten Zwerg, der war nur so groß wie mein kleiner Finger. Und vor ihr stand eine Menge Fürsten und Herzöge.

Der Mann stand schüchtern vor ihr und sprach: »Frau, bist du nun Kaiser?« — »So ist es«, sagte sie, »ich bin Kaiser.«

Er kam näher heran und konnte die Augen nicht von ihr lassen. Nachdem er eine Weile schweigend dagestanden hatte, sagte er: »Ach, Frau, wie schön, daß du Kaiser bist!«

»Mann«, sagte sie hochnäsig, »was guckst du so? Ich bin jetzt Kaiser und will auch Papst werden. Steh nicht hier rum; mach, daß du zum Fisch kommst!«

»Besinn dich endlich«, redete er ihr gut zu, »was willst du denn noch mehr! Was zuviel ist, ist zuviel. Papst kannst du nicht werden, Papst ist zu verwegen, das geht nicht gut. Einen Papst kann er doch nicht machen.«

»Red nicht«, sagte sie befehlend, »ich will unbedingt Papst werden. Beeil dich und geh, ich muß heut' noch Papst werden.«

»Nein, auf keinen Fall«, sagte der Mann. »Das werde ich nicht von ihm verlangen. Das geht nicht gut, das ist ein zu schweres Kaliber! Wer hätte so was schon gehört! Zum Papst kann dich der Fisch nicht machen.«

»Mann, was für Unsinn!« schrie ihn die Frau an. »Wenn er einen Kaiser machen kann, kann er auch einen Papst machen. Pack dich! Ich bin Kaiser, und du bist nur mein Mann. Du wirst tun, was ich will!«

Ihm wurde angst und bange, aber er ging. Es war ihm ganz elend zumute, er zitterte und bebte, und Knie und Beine schlotterten ihm. Und da fegte ein Sturm übers Land, die Wolken flogen dahin, es wurde düster wie gegen Abend. Die Blätter wehten von den Bäumen, das Wasser rauschte und brauste, als ob es kochte, die Wellen schlugen an das Ufer, und in der Ferne sah er die Schiffe, wie sie in Not auf den Wellen tanzten und sprangen. In der Mitte war der Himmel noch so ein bißchen blau, aber an den Seiten zog es herauf wie ein schweres Gewitter. Da stellte er sich in der Angst recht verzagt hin und sagte:

»Manntje, Manntje, Timpe Te,
Buttje, Buttje in der See,
Meine Frau, die Ilsebill,
Will nicht so, wie ich gern will.«

»Nun, was will sie denn?« fragte der Fisch. »Ach«, sagte der Mann, »sie will Papst werden.«

»Geh nur hin, sie ist es schon.«

Als er an die Stelle kam, wo der Palast gestanden hatte, war es wie eine große, von lauter Palästen umgebene Kirche. Dort mußte er sich durch das Volk drängeln. Drinnen war alles von tausend und abertausend Lichtern erleuchtet; seine Frau war in lauter Gold gekleidet und saß auf einem noch viel höheren Thron. Sie hatte drei große goldene Kronen auf, und um sie her wimmelte es nur so von geistlichem Staat. Zu beiden Seiten standen zwei Reihen Lichter, das größte war so dick wie der allergrößte Turm, und das kleinste war wie das allerkleinste Küchenlicht. Alle die Kaiser und Könige lagen vor ihr auf den Knien und küßten ihr den Pantoffel.

»Frau«, fragte der Mann und sah sie sich richtig an, »bist du nun Papst?«

»Aber natürlich«, sagte sie stolz, »ich bin Papst.«

Er stellte sich vor sie hin und sah sie an, als wäre sie eine Erscheinung. Es war ihm, als sähe er in die helle Sonne. Nach einer Weile verdrehte er die Augen und seufzte: »Ach, Frau, wie schön, daß du Papst bist!«

Sie saß ganz steif da wie ein Klotz und rührte und regte sich nicht. Da sagte er: »Frau, nun sei zufrieden, jetzt bist du Papst, nun kannst du nichts höheres mehr werden.«

»Das will ich mir noch überlegen«, sagte die Frau. Damit gingen sie beide zu Bett. Aber sie war nicht zufrieden; die Gier ließ sie nicht schlafen, sie dachte immer noch darüber nach, was sie noch werden könnte.

Der Mann schlief gut und fest, er war den Tag über viel gelaufen. Die Frau aber konnte die ganze Nacht nicht schlafen. Sie überlegte nur immer, was sie wohl noch werden könnte, aber ihr fiel nichts ein.

Als die Sonne aufging und sie das Morgenrot sah, richtete sie sich im Bett auf und sah hinein. Als sie aus dem Fenster die Sonne so heraufsteigen sah, dachte sie plötzlich: »Könnte ich nicht auch Sonne und Mond aufgehen lassen?«

Sie stieß ihren Mann mit dem Ellbogen in die Rippen: »Wach auf, geh zum Fisch, ich will werden wie der liebe Gott.« Der Mann war noch halb im Schlaf, aber was er hörte, versetzte ihm so einen Schreck, daß er aus dem Bett fiel. Er glaubte, er hätte sich verhört, rieb sich die Augen und fragte: »Was war das, Frau — was hast du gesagt?«

»Wenn ich nicht bestimmen kann, wann Sonne und Mond aufgehen, halte ich das nicht aus! Ich hab' keine ruhige Stunde mehr, wenn ich sie nicht selbst aufgehen lassen kann. Geh, beeil dich, ich will werden wie der liebe Gott.« Sie warf ihrem Mann einen so bösen Blick zu, daß ihn ein Schauer überlief.

»Gib endlich Ruhe, Frau!« bat sie der Mann und fiel vor ihr auf die Knie. »Das kann der Fisch gewiß nicht. Kaiser und Papst kann er machen; ich bitte dich, geh in dich und bleibe Papst.«

Da geriet sie in helle Wut. Die Haare flogen ihr wild um den Kopf, sie riß sich das Mieder auf, gab ihm eins mit dem Fuß und schrie: »Ich halt's nicht aus, ich halt's nicht länger aus. Willst du wohl gleich gehen!« Da schlüpfte er in seine Hosen und lief weg wie von Sinnen.

Draußen aber tobte der Sturm, daß er kaum auf den Beinen stehen konnte. Häuser und Bäume wurden umgeweht, die Berge bebten, Felsen rollten in die See, und der Himmel war pechschwarz. Es donnerte und blitzte, die See ging hoch. Die schwarzen Wellen waren wie Kirchtürme und Berge und alle hatten eine weiße Schaumkrone. Da schrie er und konnte sein eigenes Wort nicht hören:

»Manntje, Manntje, Timpe Te,
Buttje, Buttje in der See,
Meine Frau, die Ilsebill,
Will nicht so, wie ich gern will.«

»Nun, was will sie denn?« fragte der Fisch. »Ach«, sagte der Mann, »sie will werden wie der liebe Gott.« — »Geh nur hin, sie sitzt schon wieder in der alten, zerfallenen Strohhütte.«

Und dort sitzen sie beide bis auf den heutigen Tag.

Der arme Müllerbursch und das Kätzchen

n einer Mühle lebte einst ein alter Müller, der hatte weder Frau noch Kinder, aber drei Müllerburschen, die bei ihm dienten. Wie sie nun etliche Jahre bei ihm gewesen waren, sagte er eines Tages zu ihnen: »Ich bin alt und will mich zur Ruhe setzen; geht und zieht in die Welt, und wer das beste Pferd nach Hause bringt, dem will ich die Mühle geben. Er soll mich dann dafür bis an meinen Tod verpflegen.«

Der dritte der Burschen aber war Hans, der Kleinknecht, den die andern für ein bißchen beschränkt hielten. Dem gönnten sie die Mühle nicht; und er wollte sie dann später nicht einmal.

Also zogen alle drei miteinander von dannen. Als sie aus dem Dorf hinaus waren, sagten die zwei zu Hans: »Du kannst ruhig hierbleiben, du

kommst dein Lebtag zu keinem Pferd.« Hans aber ging doch mit, und als es Nacht war, kamen sie an eine Höhle. Dort legten sie sich schlafen. Die zwei Klugen warteten, bis Hans eingeschlafen war, dann standen sie auf, machten sich heimlich fort und ließen Hänschen liegen. Und sie meinten, sie hätten das recht klug angestellt. Ja, aber wer weiß, vielleicht haben sie sich auch verrechnet!

Als nun die Sonne aufgegangen war und Hans aufwachte, lag er in einer tiefen Höhle. Er guckte sich überall um und rief dann: »Ach Gott, wo bin ich da nur hingeraten!«

Er erhob sich, krabbelte aus der Höhle und ging in den Wald. »Ich bin hier ganz allein und verlassen, wie soll ich nun zu einem Pferd kommen!« sagte er traurig zu sich selbst. Wie er so in Gedanken dahinging, begegnete ihm ein kleines, buntes Kätzchen. Das fragte ganz freundlich: »Na, Hans, wohin des Wegs?« — »Ach, das ist egal; du kannst mir doch nicht helfen.«

»Ich weiß recht wohl, was du möchtest«, sprach das Kätzchen, »du willst ein hübsches Pferd haben. Komm mit zu mir und sei sieben Jahre lang mein treuer Knecht. Dann will ich dir eins geben, wie du es dein Lebtag nicht schöner gesehen hast.«

»Nun, das eine wunderliche Katze«, dachte Hans, »aber sehen will ich doch, ob das wahr ist, was sie sagt.«

Da nahm sie ihn mit in ihr verwunschenes Schlößchen. Dort waren lauter Kätzchen, die ihr dienten; sie sprangen flink die Treppe

hinauf und hinab, waren lustig und guter Dinge. Abends, als sie sich zu Tisch setzten, mußten drei Musik machen; eins strich den Baß, das andere die Geige, und das dritte spielte Trompete. Dabei blies es die Backen auf, so sehr es nur konnte.

Als sie gegessen hatten, wurde der Tisch weggetragen, und die Katze sprach: »Nun komm, Hans, und tanze mit mir.«

»Nein«, antwortete er, »mit einer Miezekatze tanze ich nicht, das habe ich noch niemals getan.«

»So bringt ihn ins Bett«, sagte sie zu den Kätzchen.

Da leuchtete ihm eins auf dem Weg zu seiner Schlafkammer, eins zog ihm die Schuhe aus, eins die Strümpfe, und zuletzt blies eins das Licht aus. Am andern Morgen kamen sie wieder

und halfen ihm aus dem Bett. Eins zog ihm die Strümpfe an, eins band ihm die Strumpfbänder, eins holte die Schuhe, eins wusch ihn, und eins trocknete ihm mit dem Schwanz das Gesicht ab.

»Das lass' ich mir gefallen«, freute sich Hans.

Er selbst aber mußte der Katze auch dienen und alle Tage Holz hacken. Dazu bekam er eine Axt aus Silber, Keile und eine Säge von Silber und den Schläger aus Kupfer. Nun, da hackte er eben Holz. Er hatte sich im Schloß gut eingerichtet und hatte sein gutes Essen und Trinken. Aber die ganze Zeit sah er niemand anderen als die bunte Katze und ihr Gesinde.

Einmal sprach sie zu ihm: »Geh, Hans, und mähe meine Wiese und mache das Gras trocken.« Sie gab ihm eine Sense aus Silber und einen Wetzstein aus Gold, befahl ihm aber, auch alles wieder richtig abzuliefern.

Hans ging und tat, was ihm geheißen wurde. Nach getaner Arbeit trug er Sense, Wetzstein und Heu nach Haus und fragte, ob sie ihm noch nicht seinen Lohn geben wolle.

»Nein, noch nicht«, sagte die Katze, »zuerst mußt du noch etwas für mich tun. Da ist Bauholz aus Silber, dazu Zimmeraxt, Winkeleisen und was sonst nötig ist, alles aus Silber. Baue mir zuerst ein kleines Häuschen.«

Hans baute auch noch das Häuschen und beschwerte sich, daß er nun alles getan und trotzdem noch kein Pferd habe. Aber die sieben Jahre waren ihm vergangen wie ein halbes. Die Katze fragte ihn, ob er ihre Pferde sehen wolle.

»Gern«, sagte Hans. Da öffnete sie ihm das Häuschen, und wie sie die Tür aufmachte, sah er zwölf herrliche Pferde darinstehen. Ach, wie stolz sie waren, wie sie glänzten und schimmerten! Hans lachte das Herz im Leib!

Er bekam noch zu essen und zu trinken, dann sprach die Katze zu ihm: »Geh heim, dein Pferd geb' ich dir jetzt noch nicht mit; in drei Tagen komm' ich selbst und bring' dir's nach.«

Hans bereitete sich auf seine Rückkehr vor; die Katze zeigte ihm noch den Weg zur Mühle. Sie hatte ihm nicht einmal neue Kleider gegeben, sondern er mußte sein altes, lumpiges Kittelchen behalten, das er mitgebracht hatte und das ihm in den sieben Jahren überall zu kurz geworden war.

Als er heimkam, waren die beiden andern Müllerburschen auch schon da. Jeder hatte zwar sein Pferd mitgebracht, aber das eine war blind und das andere lahm.

Sie fragten ihn: »Hans, und wo hast du dein Pferd?«

»In drei Tagen wird's nachkommen.«

Da lachten sie ihn aus und sagten: »Na ja, wo wolltest du auch ein Pferd herkriegen, das wird was Rechtes sein!«

Hans ging in die Stube, aber der Müller warf ihn hinaus. Er solle nicht an ihren Tisch kommen, weil er so abgerissen und zerlumpt sei, daß man sich schämen müsse, wenn ihn jemand hier sehe.

Sie reichten ihm ein bißchen Essen vor die Mühle, und als sie abends schlafen gingen, wollten ihm die zwei andern kein Bett geben. Er mußte deshalb ins Gänseställchen kriechen und sich auf das bißchen hartes Stroh legen, das da war.

Als er am Morgen aufwachte, waren die drei Tage schon herum. Und auf einmal kam eine Kutsche mit sechs Pferden, die glänzten, daß man nicht genug staunen konnte. Und ein Diener brachte noch ein siebentes, das war für den armen Müllerburschen bestimmt.

Aus der Kutsche aber stieg eine prächtige Prinzessin und ging in die Mühle: die Königstochter — das war das kleine, bunte Kätzchen, dem der Hans sieben Jahre gedient hatte.

Sie fragte den Müller, wo denn der Mahlbursch, der Kleinknecht, sei. Da sagte der Müller: »Den können wir nicht in die Mühle lassen, der ist ganz abgerissen und liegt im Gänsestall.« Da befahl die Königstochter, ihn gleich holen zu lassen.

Also holten sie ihn aus dem Gänsestall heraus. Er mußte sogar sein Kittelchen zusammenhalten, um sich zu bedecken. Der Diener aber reichte ihm prächtige Kleider und mußte ihn waschen und anziehen. Als er fertig war, konnte kein König schöner aussehen als er.

Danach verlangte die Prinzessin die Pferde zu sehen, die die andern Mahlburschen mitgebracht hatten. Aber das eine war blind und das andere lahm. Da ließ sie den Diener das siebente Pferd bringen. Als der Müller das sah, staunte er. So eins sei ihm noch nicht auf den Hof gekommen.

»Das ist für den dritten Mahlbursch, für Hans«, sagte sie.

»Da muß er die Mühle erhalten«, entschied der Müller.

Die Königstochter aber sprach, da sei das Pferd, er solle es behalten und seine Mühle dazu. Sie nahm ihren treuen Hans bei der Hand, setzte ihn in die Kutsche und fuhr mit ihm davon. Zuerst fuhren sie zu dem kleinen Häuschen, das er mit dem silbernen Werkzeug gebaut hatte. Das aber hatte sich in ein großes Schloß verwandelt, in dem alles aus Silber und Gold war. Darauf heirateten sie, und er war reich, so reich, daß er für sein Lebtag genug hatte.

Darum soll keiner sagen, daß einer, der ein bißchen seltsam ist, deshalb nichts Rechtes werden könne.

Der Grabhügel

Es war einmal ein reicher Bauer, der stand eines Tages in seinem Hof und schaute nach seinen Feldern und Gärten. Das Korn wuchs kräftig, und die Obstbäume hingen voller Früchte. Das Getreide des vorigen Jahrs lag noch in so mächtigen Haufen auf dem Boden, daß es die Balken kaum zu tragen vermochten. Er ging auch in den Stall, da standen gut gemästete Ochsen, fette Kühe und spiegelblanke Pferde. Dann kehrte er in seine Stube zurück und warf einen Blick auf die eisernen Kästen, in denen sein Geld lag. Als er so dastand und seinen Reichtum übersah, klopfte es auf einmal heftig bei ihm an.

Es klopfte aber nicht an die Tür seiner Stube, sondern an die Tür seines Herzens. Sie tat sich auf, und er hörte eine Stimme, die zu ihm sprach: »Hast du den Deinen damit Wohltaten geleistet? Hast du die Not der Armen gelindert? Hast du mit den Hungrigen dein Brot geteilt? War dir genug, was du besaßest, oder hast du nur immer mehr gewollt?«

Das Herz zögerte nicht mit der Antwort: »Ich bin hart und unerbittlich gewesen und habe den Meinigen niemals etwas Gutes erwiesen. Ist ein Armer gekommen, so habe ich meine Augen abgewandt. Ich habe mich um Gott nicht gekümmert, sondern nur an die Mehrung meines Reichtums gedacht. Auch wenn alles mein eigen gewesen wäre, was der Himmel bedeckte, ich hätte trotzdem nicht genug gehabt.«

Als er diese Antwort vernahm, erschrak er tüchtig; die Knie fingen an zu zittern, und er mußte sich niedersetzen.

Da klopfte es abermals an, diesmal aber an seiner Stubentür. Es war sein Nachbar, ein armer Mann, der einen Haufen Kinder hatte, die er nicht mehr satt bekommen konnte. »Ich weiß«, hatte der Arme gedacht, »mein Nachbar ist reich, aber er ist ebenso hart. Ich glaube nicht, daß er mir hilft, aber meine Kinder schreien nach Brot, da will ich es wagen.«

Er sprach zu dem Reichen: »Ihr gebt nicht leicht etwas von dem Eurigen weg, aber ich stehe da wie einer, dem das Wasser bis zum Hals geht; meine Kinder hungern, leiht mir vier Sack Korn.«

Der Reiche sah ihn lange an; da begann der erste Sonnenstrahl der Milde einen Tropfen von dem Eis der Habsucht abzuschmelzen.

»Vier Sack Korn werde ich dir nicht leihen«, antwortete er, »sondern acht will ich dir schenken. Aber eine Bedingung mußt du mir erfüllen.«

»Was soll ich für dich tun?« sprach der Arme.

»Wenn ich tot bin, sollst du drei Nächte an meinem Grab wachen.«

Dem Bauer wurde bei dieser Forderung unheimlich zumut. Doch in der Not, in der er sich befand, hätte er allem zugestimmt. Er sagte also zu und trug das Korn heim.

Es war, als hätte der Reiche geahnt, was geschehen würde. Nach drei Tagen fiel er plötzlich tot um. Man wußte nicht recht, wie es zugegangen war, aber niemand trauerte um ihn.

Als er bestattet war, fiel dem Armen sein Versprechen ein. Gern wäre er davon entbunden gewesen, aber er dachte: »Er hat sich gegen dich mildtätig erwiesen, du hast mit seinem Korn deine hungrigen Kinder gesättigt. Und auch wenn es nicht so wäre, du hast dein Versprechen einmal gegeben und mußt es nun halten.«

Bei einbrechender Nacht ging er auf den Kirchhof und setzte sich auf den Grabhügel. Es war alles still, nur der Mond schien auf die Gräber. Manchmal flog eine Eule vorbei und ließ ihren klagenden Schrei hören. Als die Sonne aufging, begab er sich ungefährdet heim. Auch die zweite Nacht ging ruhig vorüber. Am Abend des dritten Tages empfand er eine besondere Angst. Es war ihm, als stünde ihm noch etwas bevor.

Als er zur Kirche kam, erblickte er an der Mauer des Kirchhofs einen Mann, den er noch nie gesehen hatte. Er war nicht mehr jung, hatte Narben im Gesicht, und seine Augen blickten scharf und feurig. Er hatte sich ganz in einen alten Mantel gehüllt, und nur große Reiterstiefel waren sichtbar. »Was sucht Ihr hier?« redete ihn der Bauer an. »Gruselt Euch nicht auf dem einsamen Kirchhof?«

»Ich suche nichts«, antwortete er, »aber ich fürchte mich auch vor nichts. Ich bin wie der Junge, der ausging, das Gruseln zu lernen. Der aber bekam die Königstochter und große Reichtümer, ich aber bin immer arm geblieben. Ich bin nichts als ein abgedankter Soldat und will hier die Nacht zubringen, weil ich kein Obdach habe.« — »Wenn Ihr keine Furcht habt«, sprach der Bauer, »so bleibt bei mir und helft mir dort das Grab bewachen.« »Wache halten ist Sache des Soldaten«, antwortete er, »was uns hier begegnet, Gutes oder Böses, das wollen wir gemeinsam tragen.«

Alles blieb still bis Mitternacht. Da hörten sie auf einmal ein schneidendes Pfeifen in der Luft, und die beiden Wächter erblickten den Bösen, der leibhaftig vor ihnen stand. »Fort, ihr Halunken«, rief er ihnen zu, »der im Grab da ist mein. Wenn ihr nicht verschwindet, dreh' ich euch die Hälse um.«

»Mein verehrter Herr mit der roten Feder«, sprach der Soldat, »Ihr seid nicht mein Hauptmann, ich brauch' Euch nicht zu gehorchen, und das Fürchten hab' ich noch nicht gelernt. Geht Eurer Wege, wir bleiben hier sitzen.« Der Teufel dachte: »Mit Gold fängst du die zwei Haderlumpen am besten«, zog gelindere Saiten auf und fragte ganz friedfertig, ob sie nicht einen Beutel Gold annehmen und damit heimgehen wollten. »Das ist ein Wort«, antwortete der Soldat, »aber mit einem Beutel voll Gold ist uns nicht gedient. Wenn Ihr soviel Gold geben wollt, wie da in einen meiner Stiefel geht, so wollen wir Euch das Feld räumen und abziehen.«

»Soviel habe ich nicht bei mir«, sagte der Teufel, »aber ich will es holen.«

Als der Teufel verschwunden war, zog der Soldat seinen linken Stiefel aus, schnitt die Sohle von dem Stiefel ab und stellte ihn neben den Grabhügel in das hohe Gras an den Rand einer halb überwachsenen Grube. »Das wär's«, sprach er, »jetzt kann der Schornsteinfeger kommen.«

Beide setzten sich und warteten. Es dauerte nicht lange, da kam der Teufel und hatte ein Säckchen Gold in der Hand.

»Schüttet es nur hinein«, sprach der Soldat und hob den Stiefel ein wenig in die Höhe, »das wird aber nicht genug sein.« Der Schwarze leerte das Säckchen, der Stiefel blieb leer. »Dummer Teufel«, rief der Soldat, »das reicht nicht. Habe ich es nicht gleich gesagt? Kehrt nur wieder um und holt mehr.«

Der Teufel schüttelte den Kopf, ging und kam nach einer Stunde mit einem viel größeren Sack unter dem Arm zurück. Das Gold klingelte, als es hinabfiel, aber der Stiefel blieb leer. Der Teufel blickte mit seinen glühenden Augen selbst hinein und überzeugte sich von der Wahrheit. »Ihr habt unverschämt starke Waden«, rief er und verzog den Mund.

»Meint Ihr«, erwiderte der Soldat, »ich hätte einen Pferdefuß wie Ihr? Seit wann seid Ihr so knauserig? Macht, daß Ihr mehr Gold herbeischafft, sonst wird aus unserm Handel nichts.«

Der Unhold trollte sich; diesmal blieb er länger aus, und als er endlich erschien, keuchte er unter der Last eines Sackes. Er schüttete ihn in den Stiefel, der sich aber so wenig füllte wie vorher. Er wurde wütend und wollte dem Soldaten den Stiefel aus der Hand reißen, aber in dem Augenblick erschien der erste Strahl der aufgehenden Sonne am Himmel und der Böse entfloh mit lautem Geschrei. Die arme Seele war gerettet.

Der Bauer wollte das Gold teilen, aber der Soldat sprach: »Gib den Armen, was mir zufällt. Ich ziehe zu dir, und wir wollen von dem übrigen in Ruhe und Frieden leben, solange es Gott gefällt.«

Der Mond

or Zeiten gab es ein Land, in dem die Nacht immer dunkel und der Himmel wie ein schwarzes Tuch darüber ausgebreitet war, denn dort ging niemals der Mond auf, und kein Stern blinkte in der Finsternis. Bei der Erschaffung der Welt hatte das nächtliche Licht ausgereicht.

Aus diesem Land gingen einmal vier Burschen auf die Wanderschaft und gelangten in ein anderes Reich, wo abends, wenn die Sonne hinter den Bergen verschwunden war, auf einer Eiche eine leuchtende Kugel stand, die weit und breit ein sanftes Licht ausstrahlte. Man konnte dabei alles gut sehen, auch wenn es nicht so leuchtete wie das Licht der Sonne.

Die Wanderer blieben stehen und fragten einen Bauern, der da mit seinem Wagen vorbeifuhr, was das für ein Licht sei. »Das ist der Mond«, antwortete dieser, »unser Schultheiß – das ist der Bürgermeister – hat ihn für drei Taler gekauft und an der Eiche befestigt. Er muß täglich Öl aufgießen und ihn sauber erhalten, damit er immer hell brennt. Dafür erhält er von uns wöchentlich einen Taler.«

Als der Bauer fort war, sagte der eine von ihnen: »Diese Lampe könnten wir brauchen, wir haben daheim eine Eiche, die ist genauso groß. Da können wir sie dranhängen. Was für eine Freude, wenn wir nachts nicht mehr in der Finsternis herumtappen müssen!«

»Wißt ihr was?« sprach der zweite. »Wir holen Wagen und Pferde und entführen den Mond. Sie können sich hier einen andern kaufen.«

»Ich kann gut klettern«, sprach der dritte, »ich hole ihn herunter.«

Der vierte brachte einen Wagen mit Pferden, der dritte stieg auf den Baum, bohrte ein Loch in den Mond und zog ein Seil hindurch. Als die glänzende Kugel auf dem Wagen lag, deckten sie ein Tuch darüber, damit niemand den Raub bemerke. Sie brachten ihn glücklich in ihr Land und stellten ihn auf eine hohe Eiche.

Alte und Junge freuten sich, als die neue Lampe ihr Licht über alle Felder leuchten ließ und Stuben und Kammern damit erfüllte. Die Zwerge kamen aus den Felsenhöhlen, und die kleinen Wichtelmänner tanzten in ihren roten Röckchen auf den Wiesen Ringelreihen.

Die vier versorgten den Mond mit Öl, putzten den Draht und erhielten wöchentlich ihren Taler.

Aber sie wurden alte Greise, und als der eine erkrankte und seinen Tod voraussah, verlangte er, daß ihm der vierte Teil des Mondes als sein Eigentum mit in das Grab gegeben werden sollte. Als er gestorben war, stieg der Bürgermeister auf den Baum und schnitt mit der Heckenschere ein Viertel ab, das in den Sarg gelegt wurde. Das Licht des Mondes nahm ab, aber noch nicht merklich. Als der zweite starb, wurde ihm das zweite Viertel mitgegeben, und das Licht verminderte sich. Noch schwächer wurde es nach dem Tod des dritten, der gleichfalls seinen Teil mitnahm. Und als der vierte begraben wurde, trat die alte Finsternis wieder ein.

Wenn die Leute abends ohne Laterne ausgingen, stießen sie mit den Köpfen zusammen.

Als sich aber die Teile des Monds in der Unterwelt wieder zusammenfügten, wurden dort, wo immer Dunkelheit geherrscht hatte, die Toten unruhig und erwachten aus ihrem Schlaf. Sie staunten, als sie wieder sehen konnten; das Mondlicht war für sie genug, denn ihre Augen waren so schwach geworden, daß sie den Glanz der Sonne nicht ertragen hätten. Sie erhoben sich und nahmen ihre alten Lebensgewohnheiten wieder auf. Ein Teil ging zu Spiel und Tanz, andere liefen in die Wirtshäuser, wo sie sich betranken, tobten und zankten und sich sogar prügelten. Der Lärm wurde immer ärger und drang endlich bis in den Himmel hinauf.

Der heilige Petrus, der das Himmelstor bewachte, glaubte, die Unterwelt wäre in Aufruhr geraten, und rief die himmlischen Heerscharen zusammen, die den bösen Feind, wenn er mit seinen Gesellen den Aufenthaltsort der Seligen stürmen wollte, zurückjagen sollten. Da der aber nicht kam, setzte er sich auf sein Pferd und ritt durch das Himmelstor hinab in die Unterwelt. Dort brachte er die Toten zur Ruhe und befahl ihnen, sich wieder in ihre Gräber zu legen.

Den Mond aber nahm er mit und hängte ihn oben am Himmel auf.

Der Eisenofen

Zu alten Zeiten, als das Wünschen noch geholfen hat, war ein Prinz von einer alten Hexe verwünscht worden. Er mußte im Wald in einem riesigen Eisenofen sitzen. Der Prinz brachte viele Jahre dort zu, und niemand konnte ihn erlösen.

Einmal kam eine Prinzessin in den Wald, die hatte sich verlaufen und konnte den Weg in ihres Vaters Reich nicht wiederfinden. Neun Tage war sie so herumgeirrt und stand zuletzt vor dem eisernen Kasten. Plötzlich hörte sie eine Stimme aus dem Ofen fragen: »Wo kommst du her, und wo willst du hin?«

Sie antwortete: »Ich habe meines Vaters Königreich verloren und kann den Weg nach Hause nicht finden.«

Da sprach's aus dem Eisenofen: »Ich will dir wieder nach Hause helfen, und zwar sehr schnell, wenn du mir versprichst, das zu tun, was ich von dir verlange. Ich bin ein Königssohn und sogar von höherem Rang als du. Und ich will dich heiraten.«

Da erschrak sie und dachte: »Lieber Gott, was soll ich mit einem Eisenofen anfangen!« Weil sie aber gern wieder zu ihrem Vater zurückgekehrt wäre, versprach sie alles, was er verlangte.

Die Stimme sprach: »Du mußt wiederkommen, ein Messer mitbringen und ein Loch in das Eisen schaben.«

Dann gab er ihr einen Begleiter; der ging neben ihr her und sprach kein Wort. Es dauerte kaum zwei Stunden, da war sie zu Hause.

Die Freude war groß im Schloß, als die Königstochter wiederkam. Der alte König fiel ihr um den Hals und küßte sie. Sie war aber sehr betrübt und sprach: »Lieber Vater, was ich ausgestanden habe! Ich hätte nie wieder aus dem großen, wilden Wald nach Hause gefunden, wenn ich nicht zu einem eisernen Ofen gekommen wäre. Ich habe dafür aber versprechen müssen, daß ich wieder zu ihm zurückkehre, ihn erlöse und heirate.«

Der alte König erschrak so sehr, daß er beinahe in Ohnmacht gefallen wäre, denn er hatte nur diese einzige Tochter. Sie beratschlagten und beschlossen, die schöne Müllerstochter an ihrer Stelle zu schicken. Sie führten sie hinaus in den Wald, gaben ihr ein Messer und sagten, sie solle an dem Eisenofen schaben. Sie schabte auch vierundzwanzig Stunden lang, konnte aber nicht das geringste abschaben.

Als nun der Tag anbrach, rief's in dem Eisenofen: »Mir scheint, es ist Tag draußen.« Da antwortete sie: »Das scheint mir auch, ich glaube, ich höre meines Vaters Mühle klappern.« — »Du bist also eine Müllerstocher. Geh sofort ins Schloß und laß die Königstochter herkommen.«

Da ging sie zum König und richtete ihm aus, daß der draußen nicht sie, sondern seine Tochter wolle.

Da erschrak der alte König, und die Tochter weinte. Sie hatten jedoch noch eine Schweinehirtentochter, die war noch schöner als die Müllerstochter, der wollten sie Geld geben, damit sie für die Prinzessin zum eisernen Ofen ginge. Sie wurde in den Wald gebracht und mußte auch vierundzwanzig Stunden lang schaben; sie brachte aber auch nichts runter.

Als der Tag anbrach, rief's im Ofen: »Mir scheint, es ist Tag draußen.« Da antwortete sie: »Das scheint mir auch, ich meine, ich hörte meines Vaters Horn.« — »Du bist also eine Schweinehirtentochter. Geh und laß die

Königstochter kommen und sag ihr, daß das geschieht, was ich ihr versprochen habe. Wenn sie nicht kommt, wird im ganzen Reich alles zerfallen und einstürzen und kein Stein auf dem andern bleiben.«

Als die Königstochter das hörte, fing sie an zu weinen. Aber es ging nicht anders, sie mußte ihr Versprechen halten. Sie nahm Abschied von ihrem Vater, steckte ein Messer ein und ging zu dem Eisenofen in den Wald.

Als sie angekommen war, begann sie zu schaben, und das Eisen gab nach. Als zwei Stunden vorbei waren, hatte sie schon ein kleines Loch geschabt. Da guckte sie hinein und sah einen wunderschönen Jüngling, der von Gold und Edelsteinen schimmerte. Er gefiel ihr so, daß sie sich Hals über Kopf in ihn verliebte. Sie schabte weiter und machte das Loch so groß, daß er herauskonnte.

Da sprach er: »Du bist mein, und ich bin dein, du bist meine Braut und hast mich erlöst.«

Er wollte sie mit in sein Reich nehmen, aber sie bat ihn, sie noch einmal zu ihrem Vater gehen zu lassen, und der Prinz erlaubte es ihr. Doch sie sollte mit ihrem Vater nicht mehr als drei Worte sprechen und dann sofort wiederkommen. Sie ging heim, und natürlich sprach sie mehr als drei Worte. Da verschwand der Eisenofen sofort und wurde über gläserne Berge und schneidende Schwerter weiterverrückt. Doch der Prinz war erlöst und nicht mehr darin eingeschlossen.

Sie nahm Abschied von ihrem Vater und nahm etwas Geld mit, aber nicht viel. Sie ging wieder in den großen Wald und suchte den Eisenofen, doch der war nicht mehr zu finden. Neun Tage suchte sie, da wurde ihr Hunger so groß, daß sie sich nicht zu helfen wußte, denn sie hatte nichts mehr zum Leben. Als es Abend wurde, kletterte sie auf einen kleinen Baum und wollte hier die Nacht zubringen, weil sie sich vor den wilden Tieren fürchtete. Als Mitternacht herankam, sah sie von fern ein kleines Lichtchen und dachte: »Vielleicht finde ich dort Rettung«, stieg vom Baum und ging dem Licht nach. Auf dem Weg aber betete sie.

Sie kam zu einem kleinen, alten Häuschen, das ganz von Gras umwachsen war; vor dem Haus stand ein kleiner Holzstapel. Sie dachte: »Ach, wo bist du nur hingeraten!«, guckte durchs Fenster hinein und sah nichts anderes als kleine, dicke Kröten, dazu einen reich mit Wein und Braten gedeckten Tisch. Teller und Becher waren aus Silber. Da faßte sie sich ein Herz und klopfte an. Die Dicke rief:

»Jungfer grün und klein,
Kleines Hutzelbein,
Hutzelbeins Hündchen,
Hutzel hin und her,
Laß geschwind sehen,
Wer draußen wär.«

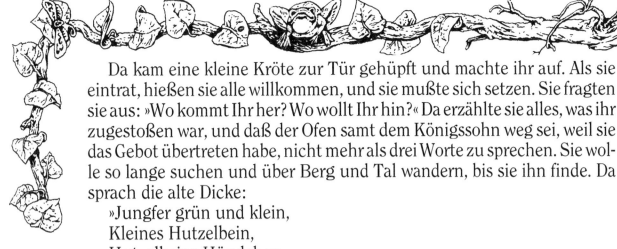

Da kam eine kleine Kröte zur Tür gehüpft und machte ihr auf. Als sie eintrat, hießen sie alle willkommen, und sie mußte sich setzen. Sie fragten sie aus: »Wo kommt Ihr her? Wo wollt Ihr hin?« Da erzählte sie alles, was ihr zugestoßen war, und daß der Ofen samt dem Königssohn weg sei, weil sie das Gebot übertreten habe, nicht mehr als drei Worte zu sprechen. Sie wolle so lange suchen und über Berg und Tal wandern, bis sie ihn finde. Da sprach die alte Dicke:

»Jungfer grün und klein,
Kleines Hutzelbein,
Hutzelbeins Hündchen,
Hutzel hin und her,
Bring mir die große Schachtel her.«

Und die kleine Kröte brachte die Schachtel. Dann gaben sie ihr zu essen und zu trinken und bereiteten ihr ein schönes Bett aus Samt und Seide. Sie legte sich hinein und schlief in Gottes Namen.

Als es Tag wurde, stand sie auf. Die alte Kröte gab ihr drei Nadeln aus der großen Schachtel. Die werde sie brauchen, denn sie müsse über einen hohen, gläsernen Berg und über drei schneidende Schwerter und über ein großes Wasser. Wenn sie das alles durchstehe, bekomme sie ihren Liebsten wieder. Die Kröte gab ihr drei Dinge, die sie gut behüten sollte: drei große Nadeln, ein Pflugrad und drei Nüsse.

Dann reiste die Prinzessin ab. Und wie sie an den gläsernen, furchtbar glatten Berg kam, steckte sie die drei Nadeln abwechselnd hinter die Füße und dann wieder nach vorn und gelangte auf diese Weise über den Berg. Und als sie ihn überwunden hatte, versteckte sie sie an einer Stelle, die sie sich gut merkte.

Danach kam sie zu den drei schneidenden Schwertern. Da stellte sie sich auf ihr Pflugrad und rollte hinüber. Endlich kam sie zu einem großen See, und nachdem sie übergesetzt hatte, zu einem großen, schönen Schloß.

Sie ging hinein und bewarb sich um einen Dienst. Sie sagte, sie sei eine arme Magd und wolle sich gerne verdingen. Sie wußte aber, daß der Prinz dort war, den sie aus dem eisernen Ofen im großen Wald erlöst hatte. Sie wurde auch für geringen Lohn als Küchenmädchen angenommen.

Nun hatte der Königssohn schon wieder eine andere an der Seite, die er heiraten wollte, denn er glaubte, sie wäre längst gestorben. Abends, als sie aufgewaschen hatte und fertig war, faßte sie in die Tasche und fand die drei Nüsse, die ihr die alte Kröte gegeben hatte. Sie biß eine auf und wollte den Kern essen. Da war ein prächtiges Kleid drin.

Als das die Braut hörte, kam sie und wollte es ihr abkaufen, denn das sei kein Kleid für eine Dienstmagd. Die lehnte aber ab, sie wolle es nicht verkaufen. Doch wenn sie ihr einen Wunsch erfülle, sollte sie es umsonst haben. Sie wollte nämlich eine Nacht in der Kammer ihres Bräutigams verbringen. Die Braut erlaubte es ihr, weil das Kleid so schön war und sie so etwas noch nicht hatte.

Als es Nacht war, sagte sie zum Prinzen: »Das närrische Ding will in deiner Kammer schlafen.« — »Wenn du's erlaubst, bin ich nicht dagegen«, sprach er. Aber sie hatte ihrem künftigen Mann ein Schlafmittel in den Wein getan.

Der Prinz und die vermeintliche Magd gingen in die Kammer schlafen, und er schlief so fest, daß sie ihn nicht wecken konnte. Sie weinte die ganze Nacht und rief: »Ich habe dich erlöst aus dem wilden Wald und aus einem eisernen Ofen, ich habe dich gesucht und bin über einen gläsernen Berg, über drei schneidende Schwerter und über ein großes Wasser gegangen, ehe ich dich fand, und du willst mich doch nicht hören.«

Die Diener saßen vor der Kammertür und hörten, wie sie die ganze Nacht weinte, und sagten es am Morgen ihrem Herrn.

Und wie sie am andern Abend aufgewaschen hatte, biß sie die zweite Nuß auf. Da war noch ein weit schöneres Kleid drin. Als das die Braut sah, wollte sie auch dieses Kleid kaufen. Aber Geld wollte das Mädchen nicht

und bat sich aus, noch einmal in der Kammer des Bräutigams schlafen zu dürfen. Die Braut gab ihm auch diesmal ein Schlafmittel, und er schlief so fest, daß er nichts hören konnte. Das Küchenmädchen weinte die ganze Nacht und rief: »Ich habe dich erlöst aus einem Wald und aus einem eisernen Ofen, ich habe dich gesucht und bin über einen gläsernen Berg, über drei schneidende Schwerter und über ein großes Wasser gegangen, ehe ich dich fand, und du willst mich doch nicht hören.«

Wieder hörten die Diener vor der Kammertür, wie sie die ganze Nacht weinte, und sagten es am Morgen ihrem Herrn.

Und als sie am dritten Abend aufgewaschen hatte, biß sie die dritte Nuß auf und fand ein noch schöneres Kleid, das starrte von purem Gold. Als es die Braut sah, wollte sie es haben, das Mädchen aber gab es nur um den Preis, daß es zum drittenmal in der Kammer des Bräutigams schlafen durfte.

Der Bräutigam aber war vorsichtig und trank den Schlaftrunk nur zum Schein. Als sie nun anfing zu weinen und zu rufen: »Liebster Schatz, ich habe dich erlöst aus dem grausamen, wilden Wald und aus einem eisernen Ofen«, da sprang der Prinz auf und sprach: »Du bist die Rechte, du bist mein und ich bin dein.«

Noch in der Nacht fuhr er mit ihr in einem Wagen davon. Vorher nahmen sie der falschen Braut die Kleider weg, damit sie nicht aufstehen konnte.

Als sie zu dem großen Wasser kamen, setzten sie mit einem Schiff über, und vor den drei schneidenden Schwertern setzten sie sich aufs Pflugrad, und vor dem gläsernen Berg steckten sie die drei Nadeln in den Berg.

Dann gelangten sie endlich zu dem alten, kleinen Häuschen, aber wie sie eintraten, war's ein großes Schloß. Die Kröten waren alle erlöst und lauter Königskinder und waren voller Freude.

Sie feierten ihre Vermählung und blieben in dem Schloß; es war viel größer als das ihres Vaters.

Weil aber der alte König jammerte, daß er allein bleiben sollte, holten sie ihn zu sich und hatten zwei Reiche und führten eine gute Ehe.

Die Eule

Vor vielen hundert Jahren, als die Menschen noch lange nicht so klug und verschmitzt waren wie heutzutage, hat sich in einer kleinen Stadt eine seltsame Geschichte zugetragen.

Von ungefähr war eine der großen Eulen, die man Uhu nennt, aus dem benachbarten Wald während der Nacht in die Scheune eines Bauern geraten und wagte bei Tagesanbruch nicht, ihren Schlupfwinkel wieder zu verlassen, denn sie fürchtete sich vor den anderen Vögeln, die immer, wenn sie sich blicken ließ, ein furchtbares Geschrei erhoben.

Als der Hausknecht morgens in die Scheune kam, um Stroh zu holen, erschrak er so gewaltig beim Anblick des Uhus, der da in einer Ecke saß, daß er davonlief und seinem Herrn verkündete, ein Ungeheuer, wie er es zeit seines Lebens nicht erblickt habe, sitze in der Scheune, verdrehe die Augen im Kopf und könne einen ohne Umstände verschlingen.

»Ich kenne dich schon«, sagte sein Herr, »einer Amsel im Feld nachzujagen, dazu hast du Mut genug, aber wenn du ein totes Huhn liegen siehst, holst du dir erst einen Stecken, bevor du ihm zu nahe kommst. Ich muß doch selbst nachsehen, was das für ein Ungeheuer ist«, setzte er hinzu, ging ganz tapfer in die Scheune und schaute sich um.

Als er aber das seltsame und greuliche Tier mit eigenen Augen sah, überfiel ihn eine nicht geringere Angst als den Knecht. Mit ein paar Sätzen war er aus der Scheune heraus, lief zu seinen Nachbarn und bat sie flehentlich, ihm gegen ein unbekanntes und gefährliches Tier Beistand zu leisten. Ohnehin könne die ganze Stadt in Gefahr geraten, wenn es aus der Scheune ausbräche, in der es saß.

Alle Straßen waren auf einmal voller Lärm und Geschrei. Die Bürger kamen mit Spießen, Heugabeln, Sensen und Äxten bewaffnet herbei, als wollten sie gegen wer weiß was für einen Feind antreten. Zuletzt erschienen auch die Ratsherrn mit dem Bürgermeister an der Spitze.

Als sie sich auf dem Markt geordnet hatten, zogen sie zu der Scheune und umringten sie von allen Seiten. Dann trat einer der Beherztesten hervor und ging mit gefälltem Spieß hinein, kam aber gleich darauf mit einem Schrei und totenbleich wieder herausgelaufen und konnte kein Wort hervorbringen. Noch zwei andere wagten sich hinein, es erging ihnen aber nicht besser.

Endlich trat einer vor, ein großer, starker Mann, der wegen seiner Kriegstaten berühmt war, und sprach: »Wenn ihr das Ungetüm bloß anguckt, werdet ihr es nie vertreiben. Hier muß Ernst gemacht werden. Aber ich sehe, daß ihr alle zu Weibern geworden seid und keiner den Fuchs beißen will.«

Er ließ sich Harnisch, Schwert und Spieß bringen und rüstete sich zum Angriff. Alle rühmten seinen Mut, obwohl viele um sein Leben besorgt waren. Die beiden Scheunentore wurden aufgemacht, so daß man den Uhu sehen konnte, der sich inzwischen in die Mitte auf einen großen Querbalken gesetzt hatte. Der Mann ließ eine Leiter bringen, und als er sie angelegt hatte und sich vorbereitete hinaufzusteigen, riefen ihm alle zu, er solle tapfer sein. Sie empfahlen ihn dem heiligen Georg, der den Drachen getötet hatte.

Als er aber oben war und die Eule sah, daß er sich ihr näherte, und verwirrt von der Menge und dem Geschrei der Leute, verdrehte sie die Augen, sträubte ihr Gefieder, breitete die Flügel aus, schnappte mit dem Schnabel und ließ ihr »Uhu, Uhu« mit rauher Stimme hören.

»Stoß zu, stoß zu!« rief die Menge draußen dem tapferen Helden zu. »Wer hier stände, wo ich stehe«, antwortete er, »würde nicht ›Stoß zu‹ rufen.« Er setzte zwar den Fuß noch eine Staffel höher, aber dann fing er an zu zittern und machte sich halb ohnmächtig auf den Rückweg.

Nun war keiner mehr übrig, der sich der Gefahr hätte aussetzen wollen. »Das Ungeheuer«, sagten sie, »hat den stärksten Mann, der unter uns zu finden war, durch sein Schnappen und Anfauchen vergiftet und tödlich verwundet. Sollen wir andern auch unser Leben in die Schanze schlagen?« Sie beratschlagten, was zu tun sei, wenn nicht die ganze Stadt zugrunde gehen sollte. Lange Zeit schien alles vergeblich, bis endlich der Bürgermeister einen Ausweg fand. »Meiner Meinung nach«, sprach er, »sollten wir aus dem Gemeindesäckel diese Scheune samt allem, was darin ist, Getreide, Stroh und Heu, dem Eigentümer bezahlen und ihn entschädigen, dann aber das ganze Gebäude und damit das fürchterliche Tier abbrennen. Dann braucht niemand mehr sein Leben daransetzen. Hier ist kein Grund zu sparen, und Knauserei wäre falsch am Platz.« Alle stimmten ihm bei.

Die Scheune wurde an allen vier Ecken angezündet und mit ihr die Eule jämmerlich verbrannt. Wer's nicht glauben will, der gehe hin und frage selbst nach.

Brüderchen und Schwesterchen

in Brüderchen nahm sein Schwesterchen an der Hand und sprach: »Seit unsere Mutter tot ist, haben wir keine gute Stunde mehr. Die Stiefmutter schlägt uns alle Tage, und wenn wir zu ihr kommen, stößt sie uns mit den Füßen fort. Die harten Brotkrusten, die übrigbleiben, sind unsere Speise. Dem Hündlein unter dem Tisch geht's besser als uns, dem wirft sie doch manchmal einen guten Bissen zu. Daß Gott erbarm, wenn das unsere Mutter wüßte! Komm, wir wollen miteinander in die weite Welt gehen.« Sie gingen den ganzen Tag über Wiesen, Felder und Steine, und wenn es regnete, sprach das Schwesterchen: »Der Herrgott und unsere Herzen, die weinen zusammen!« Abends kamen sie in einen großen Wald und waren so müde von Jammer, Hunger und dem langen Weg, daß sie sich in einen hohlen Baum setzten und einschliefen.

Am andern Morgen, als sie aufwachten, stand die Sonne schon hoch am Himmel und schien heiß in den Baum hinein. Da sprach das Brüderchen: »Schwesterchen, mich dürstet, wenn ich ein Brünnlein wüßte, ginge ich hin und tränke davon. Es scheint, ich höre eins rauschen.« Das Brüderchen stand auf, nahm sein Schwesterchen an der Hand und ging das Brünnlein suchen.

Die böse Stiefmutter aber war eine Hexe und hatte sehr wohl gesehen, wie die beiden Kinder fortgegangen waren. Sie war ihnen nachgeschlichen, heimlich, wie die Hexen schleichen, und hatte alle Brunnen im Wald verwünscht. Als sie nun eine Quelle fanden, die wie Silber glitzernd über die Steine sprang, wollte das Brüderchen daraus trinken.

Aber das Schwesterchen hörte, wie sie im Rauschen sprach: »Wer aus mir trinkt, wird ein Tiger; wer aus mir trinkt, wird ein Tiger.«

Da rief das Schwesterchen: »Ich bitte dich, Brüderchen, trink nicht, sonst wirst du ein wildes Tier und zerreißt mich.«

Das Brüderchen trank nicht, obwohl es so großen Durst hatte, und sprach: »Ich will warten bis zur nächsten Quelle.«

Als sie zum zweiten Brünnlein kamen, hörte das Schwesterchen, wie auch das sprach: »Wer aus mir trinkt, wird ein Wolf; wer aus mir trinkt, wird ein Wolf.«

Da rief das Schwesterchen: »Brüderchen, ich bitte dich, trink nicht, sonst wirst du ein Wolf und frißt mich.«

Das Brüderchen trank nicht und sprach: »Ich will warten, bis wir zur

nächsten Quelle kommen, aber dann muß ich trinken, du kannst sagen, was du willst; mein Durst ist gar zu groß.«

Und als sie zum dritten Brünnlein kamen, hörte das Schwesterchen, wie es im Rauschen sprach: »Wer aus mir trinkt, wird ein Reh; wer aus mir trinkt, wird ein Reh.«

Das Schwesterchen sprach: »Ach, Brüderchen, ich bitte dich, trink nicht, sonst wirst du ein Reh und läufst mir fort.« Aber das Brüderchen hatte sich gleich am Brünnlein niedergekniet, hinabgebeugt und getrunken. Und als die ersten Tropfen auf seine Lippen kamen, lag es als Rehkitz da.

Nun weinte das Schwesterchen über das arme verwünschte Brüderchen, und das Rehlein weinte auch und saß ganz traurig neben ihm.

Da sprach das Mädchen endlich: »Beruhige dich, liebes Rehlein, ich will dich niemals verlassen.« Dann band es ein goldenes Strumpfband ab, legte es dem Reh um den Hals, rupfte Binsen und flocht ein weiches Seil daraus, um es daran zu führen. Und sie gingen immer tiefer in den Wald hinein.

Als sie lange, lange gegangen waren, kamen sie endlich an ein kleines Haus, und das Mädchen schaute hinein. Und weil es leer war, dachte es: »Hier können wir bleiben.« Es suchte Laub und Moos und richtete dem Reh ein weiches Lager her. Und jeden Morgen ging es aus und sammelte Wurzeln, Beeren und Nüsse. Für das Reh brachte es zartes Gras mit. Das fraß es ihm aus der Hand, war vergnügt und spielte vor ihm herum.

Abends, wenn Schwesterchen müde war und sein Gebet gesprochen hatte, legte es seinen Kopf auf den Rücken des Rehkitzes wie auf ein Kissen und schlief sanft darauf ein. Wenn das Brüderchen nur seine menschliche Gestalt gehabt hätte, es wäre ein herrliches Leben gewesen.

Es dauerte eine Zeitlang, daß sie so allein in der Wildnis lebten. Da trug es sich zu, daß der König des Landes eine große Jagd abhielt. Hörnerblasen, Hundegebell und das lustige Geschrei der Jäger schallte durch die Bäume. Das Rehlein hörte es und wäre gar zu gern dabeigewesen.

»Schwesterlein«, sprach es, »laß mich hinaus zur Jagd, ich kann's nicht mehr länger aushalten.« Es bettelte so lange, bis das Mädchen einwilligte. »Aber«, sprach es zu ihm, »komm mir ja abends wieder, vor den wilden Jägern verschließ' ich meine Tür. Und damit ich dich erkenne, klopf an und sprich: »Mein Schwesterlein, laß mich herein.« Wenn du das nicht sagst, schließ' ich meine Tür nicht auf.« Das Rehlein sprang lustig hinaus und fühlte sich so wohl und ungebunden in freier Luft.

Der König und seine Jäger sahen das schöne Tier und setzten ihm nach, aber sie konnten es nicht einholen. Und wenn sie meinten, sie hätten es gewiß, da sprang es über das Gebüsch davon und war verschwunden. Als es dunkel wurde, lief es zu dem Häuschen, klopfte und sprach: »Mein Schwesterlein, laß mich herein.« Die kleine Tür wurde aufgemacht, es sprang hinein und ruhte sich die ganze Nacht auf seinem weichen Lager aus.

Am andern Morgen begann die Jagd von neuem, und als das Rehlein wieder das Jagdhorn und das »Ho, ho!« der Jäger hörte, hatte es keine Ruhe und sprach: »Schwesterchen, mach mir auf, ich muß hinaus.« Das Schwesterchen öffnete ihm die Tür und sprach: »Aber am Abend mußt du wieder dasein und dein Sprüchlein sagen.«

Als der König und seine Jäger das Reh mit dem goldenen Halsband wieder erblickten, jagten sie ihm alle nach. Aber es war ihnen zu schnell und behend. So ging das den ganzen Tag. Endlich hatten es die Jäger umzingelt, und einer verwundete es ein wenig am Fuß, so daß es hinken mußte und nur langsam fortlaufen konnte. Da schlich ihm ein Jäger bis zu dem Häuschen nach und hörte, wie es rief: »Mein Schwesterlein, laß mich herein«, und sah, daß die Tür aufging und sofort wieder zugeschlossen wurde.

Der Jäger merkte sich alles gut und erzählte dem König, was er gesehen und gehört hatte. Da sprach der König: »Morgen soll noch einmal gejagt werden.«

Das Schwesterchen aber erschrak gewaltig, als es sah, daß sein Reh verwundet war. Es wusch ihm das Blut ab, legte Kräuter auf und sprach: »Geh auf dein Lager, liebes Rehlein, damit du wieder heil wirst.« Die Wunde aber war so gering, daß das Reh am Morgen nichts mehr davon spürte.

Als es das Jagdgetümmel draußen hörte, sprach es wieder: »Ich kann's nicht aushalten, ich muß dabeisein; so bald soll mich keiner kriegen.«

Das Schwesterchen weinte und sprach: »Sie werden dich diesmal töten, und ich bin dann allein im Wald und von aller Welt verlassen. Ich laß dich nicht hinaus.«

»Dann sterb' ich hier vor Betrübnis«, antwortete das Reh. »Wenn ich das Jagdhorn höre, ist mir's, als müßte ich davonlaufen!« Da konnte das Schwesterchen nicht anders und schloß ihm schweren Herzens die Tür auf. Und das Reh sprang gesund und fröhlich in den Wald.

Als es der König erblickte, sprach er zu seinen Jägern: »Jagt ihm den ganzen Tag bis in die Nacht nach, aber daß ihm keiner etwas zuleide tut.« Sobald die Sonne untergegangen war, sprach der König zum Jäger:

»Nun komm und zeige mir das Waldhäuschen.« Als er vor der Tür stand, klopfte er an und rief: »Lieb Schwesterlein, laß mich herein.« Da ging die Tür auf und der König trat ein.

Da stand ein Mädchen, das war so schön, wie er noch keins gesehen hatte. Das Mädchen erschrak, als es sah, daß nicht sein Reh, sondern ein Mann hereinkam, der eine goldene Krone auf dem Haupt hatte. Aber der König sah es freundlich an, reichte ihm die Hand und sprach: »Willst du mit mir auf mein Schloß gehen und meine liebe Frau werden?«

»Ich würde schon gern«, antwortete das Mädchen, »aber das Reh muß mitgehen, das verlaß ich nicht.«

Der König versprach ihm: »Es soll bei dir bleiben, solange du lebst, und es soll ihm an nichts fehlen.«

Da kam es hereingesprungen. Das Schwesterchen band es wieder an das Binsenseil, nahm dies selbst in die Hand und verließ mit ihm das Waldhäuschen für immer.

Der König hob das schöne Mädchen auf sein Pferd und ritt mit ihm in sein Schloß, wo die Hochzeit mit großer Pracht gefeiert wurde. Es war nun Königin, und sie lebten lange Zeit vergnügt zusammen. Das Reh wurde gehegt und gepflegt und sprang in dem Schloßgarten herum.

Die böse Stiefmutter aber, um deretwillen die Kinder ihr Elternhaus verlassen hatten, glaubte, das Schwesterchen wäre im Wald umgekommen

und das Brüderchen sei als Reh von den Jägern erschossen worden. Als sie nun hörte, daß sie so glücklich waren und es ihnen so gut ging, wurden Neid und Mißgunst in ihrem Herzen rege und ließen ihr keine Ruhe. Sie hatte keinen andern Gedanken, als wie sie die beiden doch noch ins Unglück stürzen könnte.

Ihre richtige Tochter, die häßlich war wie die Nacht und nur ein Auge hatte, machte ihr Vorwürfe und sprach: »Eine Königin zu werden, das Glück hätte mir gebührt.«

»Keine Angst«, beruhigte sie die Alte, »wenn der rechte Augenblick da ist, werde ich schon bei der Hand sein.«

Als nun die Zeit gekommen war und die Königin einen hübschen Knaben zur Welt gebracht hatte, als der König gerade auf der Jagd war, nahm die alte Hexe die Gestalt der Kammerfrau an, trat in die Stube, wo die Königin lag, und sprach zu der jungen Mutter: »Kommt, das Bad ist fertig. Es wird euch wohltun und frische Kräfte geben. Schnell, bevor das Wasser kalt wird.« Ihre Tochter war sofort zur Hand. Sie trugen die schwache Königin in die Badestube und legten sie in die Wanne. Dann schlossen sie die Tür ab und liefen davon. In der Badestube aber hatten sie ein so starkes Feuer gemacht, daß die schöne junge Königin bald erstickte.

Als dies vollbracht war, nahm die Alte ihre Tochter, setzte ihr eine Haube auf und legte sie anstelle der Königin ins Bett. Sie gab ihr auch die Gestalt und das Aussehen der Königin, nur das verlorene Auge konnte sie ihr nicht wiedergeben. Damit es aber der König nicht merkte, mußte sie sich auf die Seite legen, wo sie kein Auge hatte. Am Abend, als der König heimkam und hörte, daß ihm ein Söhnlein geboren worden war, freute er sich sehr und wollte ans Bett seiner Frau gehen und sehen, was sie machte.

Da rief die Alte schnell: »Um alles in der Welt, laßt die Vorhänge zu, die Königin darf noch nicht ins Licht sehen und muß Ruhe haben.« Der König verließ sie, ohne zu merken, daß eine falsche Königin im Bett lag.

Um Mitternacht, als alles schlief, sah die Kinderfrau, die im Kinderzimmer neben der Wiege saß und als einzige noch wachte, wie die Türe aufging und die wirkliche Königin hereintrat. Sie hob das Kind aus der Wiege, nahm es in ihren Arm und gab ihm zu trinken. Dann schüttelte sie ihm sein Kissen auf, legte es wieder hinein und deckte es mit dem Deckbett zu. Sie vergaß aber auch das Reh nicht. Sie ging in die Ecke, wo es lag, und streichelte ihm über den Rücken. Dann ging sie schweigend wieder zur Tür hinaus.

Die Kinderfrau fragte am andern Morgen die Wächter, ob jemand während der Nacht ins Schloß gegangen wäre, aber sie antworteten: »Nein, wir haben niemand gesehen.« So kam sie viele Nächte und sprach niemals ein Wort dabei. Die Kinderfrau sah sie immer, aber sie getraute sich nicht, jemandem etwas davon zu sagen.

Als eine Zeit verflossen war, begann die Königin in der Nacht zu reden und sprach:

»Was macht mein Kind? Was macht mein Reh?
Nun komm ich noch zweimal und dann nimmermehr.«

Die Kinderfrau antwortete ihr nicht, aber als sie wieder verschwunden war, ging sie zum König und erzählte ihm alles. »Mein Gott«, sprach der König, »was soll das heißen! Ich will in der nächsten Nacht selbst bei meinem Kind wachen.« Abends ging er in das Kinderzimmer. Um Mitternacht erschien die Königin wieder und sprach:

»Was macht mein Kind? Was macht mein Reh?
Nun komm ich noch einmal und dann nimmermehr.«

Dann pflegte sie ihr Kind wie gewöhnlich und verschwand. Der König hatte sich auch nicht getraut, sie anzusprechen, aber er wachte auch in der folgenden Nacht. Und wieder sprach sie:

»Was macht mein Kind? Was macht mein Reh?
Nun komm ich noch diesmal und dann nimmermehr.«

Da konnte der König nicht an sich halten, sprang zu ihr und sprach: »Du kannst niemand anders sein als meine liebe Frau.« Da antwortete sie: »Ja, ich bin deine liebe Frau.« Und in dem Augenblick hatte sie durch Gottes Gnade das Leben wieder erhalten. Sie war frisch, rosig und gesund.

Darauf erzählte sie dem König den Frevel, den die böse Hexe und ihre Tochter an ihr verübt hatten. Der König ließ beide vor Gericht stellen, das über sie das Urteil sprach. Die Tochter wurde in den Wald geführt und kam elend um, die Hexe aber wurde zum Tod verurteilt. Und als sie tot war, verwandelte sich das Reh und erhielt seine menschliche Gestalt wieder.

Schwesterchen und Brüderchen aber waren glücklich bis an ihr Ende.

DIE KLUGE ELSE

Es war einmal ein Mann, der hatte eine Tochter, die wurde die kluge Else genannt.

Als sie nun erwachsen war, sprach der Vater: »Wir wollen sie heiraten lassen.«

»Ja«, sagte die Mutter, »wenn nur einer käme, der sie haben wollte.«

Endlich kam von weit her einer, der hieß Hans und hielt um sie an. Er machte aber zur Bedingung, daß die kluge Else auch wirklich gescheit sein müsse. »Oh«, sprach der Vater, »die hat Zwirn im Kopf«, und die Mutter sagte: »Ach, die sieht den Wind auf der Gasse laufen und hört die Fliegen husten.«

»Damit alles klar ist«, sprach der Hans, »wenn sie nicht tatsächlich klug ist und Vernunft hat, nehme ich sie nicht.«

Als sie so am Tisch saßen und gegessen hatten, forderte die Mutter ihre Tochter auf: »Else, geh in den Keller und hol Bier.«

Die kluge Else nahm den Krug von der Wand, ging in den Keller und klapperte unterwegs brav mit dem Deckel, damit ihr die Zeit ja nicht zu lang würde. Als sie unten war, holte sie ein Stühlchen und stellte es vors Faß, damit sie sich nicht zu bücken brauchte und ihrem Rücken ja nicht weh täte und er unverhofften Schaden nähme.

Dann stellte sie die Kanne vor sich und drehte den Hahn auf, und während das Bier in die Kanne liefe, wollte sie wenigstens ihre Augen nicht müßig lassen. Sie sah an die Wand hinauf und erblickte nach vielem Herumschauen eine Kreuzhacke genau über sich, die die Maurer aus Versehen hatten steckenlassen.

Da fing die kluge Else an zu weinen und sprach: »Wenn ich den Hans kriege und wir kriegen ein Kind und das ist groß und wir schicken das Kind in den Keller, damit es Bier zapfen soll, fällt ihm die Kreuzhacke auf den Kopf und schlägt es tot.« Sie saß da und weinte und schrie aus Leibeskräften über das bevorstehende Unglück.

Die oben warteten auf den Trank, aber die kluge Else kam immer noch nicht. Da sprach die Frau zur Magd: »Geh in den Keller und sieh, wo die Else bleibt.«

Die Magd ging und fand sie vor dem Faß sitzend und laut schreiend. »Else, was weinst du?« fragte die Magd. »Ach«, antwortete sie, »soll ich nicht weinen? Wenn ich den Hans kriege und wir kriegen ein Kind und es ist

groß und soll hier Bier zapfen, fällt ihm vielleicht die Kreuzhacke auf den Kopf und schlägt es tot.«

Da sprach die Magd: »Was haben wir für eine kluge Else!« setzte sich zu ihr und fing auch an, über das Unglück zu weinen.

Nach einer Weile, als die Magd nicht wiederkam und die droben durstig waren, sprach der Mann zum Knecht: »Geh hinunter in den Keller und sieh, wo die Else und die Magd bleiben.«

Der Knecht ging hinab und sah die kluge Else und die Magd, wie sie zusammen weinten. Da fragte er: »Was weint ihr denn?«

»Ach«, sprach die Else, »soll ich nicht weinen? Wenn ich den Hans kriege und wir kriegen ein Kind und das ist groß und soll hier Bier zapfen, so fällt ihm die Kreuzhacke auf den Kopf und schlägt es tot.« Da sprach der Knecht: »Was haben wir für eine kluge Else!«, setzte sich zu ihr und fing auch an, laut zu heulen.

Oben warteten sie auf den Knecht, als aber auch er nicht kam, sprach der Mann zur Frau: »Geh du hinunter in den Keller und sieh nach, wo die Else bleibt.«

Die Frau ging hinab und fand alle drei in Wehklagen. Sie fragte nach der Ursache, da erzählte ihr die Else, daß ihr zukünftiges Kind wohl von der Kreuzhacke totgeschlagen würde, wenn es erst groß wäre und Bier zapfen sollte und die Kreuzhacke herabfiele. Da sprach auch die Mutter:

»Ach, was haben wir für eine kluge Else!« und setzte sich zu ihnen und weinte mit.

Der Mann oben wartete noch ein Weilchen, als aber seine Frau nicht wiederkam und sein Durst immer stärker wurde, sprach er: »Ich muß selbst in den Keller gehn und sehen, wo die Else bleibt.«

Als er aber in den Keller kam und alle beisammensaßen und weinten und er die Ursache hörte, daß das Kind der Else schuld wäre, das sie vielleicht einmal zur Welt brächte und das von der Kreuzhacke totgeschlagen werden könnte, wenn es gerade zur Zeit, wo sie herabfiele, daruntersäße, um Bier zu zapfen, da rief er: »Was für eine kluge Else!«, setzte sich zu ihnen und weinte auch mit.

Der Bräutigam blieb lange oben allein. Da niemand wiederkommen wollte, dachte er: »Sie werden unten auf dich warten, du mußt auch gehen und sehen, was los ist.«

Als er in den Keller kam, saßen alle fünf da und schrien und jammerten ganz erbärmlich, einer immer mehr als der andere.

»Was für ein Unglück ist denn geschehen?« fragte er.

»Ach, lieber Hans«, sprach die Else, »wenn wir heiraten und ein Kind haben und es ist groß, und wenn wir es dann vielleicht hierher schicken, damit es Bier zapft, kann ihm die Kreuzhacke, die da oben steckengeblieben ist, den Kopf zerschlagen, wenn sie herabfallen sollte. Ist das nicht zum Weinen?«

»Nun«, sprach Hans, »mehr Verstand ist für meinen Haushalt nicht nötig. Weil du so eine kluge Else bist, will ich dich haben«, faßte sie bei der Hand, nahm sie mit hinauf und heiratete sie.

Als sie mit dem Hans eine Weile zusammenlebte, sprach er: »Frau, ich will arbeiten gehen und Geld verdienen, geh du aufs Feld und schneid das Korn, damit wir Brot haben.«

»Ja, mein lieber Hans, das will ich tun.«

Nachdem der Hans fort war, kochte sie sich einen guten Brei und nahm ihn mit aufs Feld. Als sie zum Acker kam, sprach sie zu sich selbst: »Was soll ich tun? Schneid' ich eher oder ess' ich eher? Ach was, ich will erst essen.« Sie aß ihren Topf mit Brei aus, und als sie dick und satt war, sprach sie wieder: »Was soll ich tun? Schneid' ich eher oder schlaf' ich eher? Ach was, ich will erst schlafen.« So legte sie sich ins Korn und schlief ein.

Der Hans war längst wieder zu Hause, aber die Else wollte und wollte nicht kommen, da sprach er: »Was hab' ich für eine kluge Else, die ist so fleißig, daß sie nicht einmal nach Hause kommt und ißt.«

Als es Abend geworden war und sie immer noch ausblieb, ging Hans hinaus und wollte sehen, was sie geschnitten hätte. Aber das Korn stand noch alles auf dem Halm, und die Else lag im Korn und schlief. Da eilte Hans geschwind heim und holte Vogelgarn mit kleinen Schellen und hängte es um sie herum. Aber sie schlief noch immer fest.

Dann ging er heim, verschloß die Haustür, setzte sich auf seinen Stuhl und arbeitete.

Als es schon ganz dunkel war, erwachte die kluge Else endlich, und als sie aufstand, rumpelte es um sie herum, und die Schellen klingelten bei jedem Schritt, den sie tat. Da erschrak sie, wurde irre, ob sie auch wirklich die kluge Else wäre, und sprach: »Bin ich's oder bin ich's nicht?«

Sie wußte aber nicht, was sie darauf antworten sollte, und stand eine Zeitlang zweifelnd. Endlich sagte sie sich: »Ich will nach Hause gehen und fragen, ob ich's bin oder ob ich's nicht bin, die werden's ja wissen.«

Sie lief zu ihrer Haustür, aber die war verschlossen. Da klopfte sie an das Fenster und rief: »Hans, ist die Else drin?«

»Ja«, antwortete der Hans, »sie ist hier.«

Da erschrak sie und sprach: »Ach Gott, dann bin ich's nicht« und ging zu einer anderen Tür. Als aber die Leute das Klingeln der Schellen hörten, wollten sie nicht aufmachen, und sie konnte nirgend Unterkunft finden.

Da lief sie zum Dorf hinaus, und niemand hat sie je wieder gesehen.

Das Wasser des Lebens

Es war einmal ein König, der war krank, und niemand glaubte, daß er je wieder gesund würde. Er hatte drei Söhne, die waren über seinen nahen Tod so betrübt, daß sie hinunter in den Schloßgarten gingen und weinten. Dort begegnete ihnen ein alter Mann, der sie nach ihrem Kummer fragte. Sie erzählten ihm, ihr Vater sei so krank, daß er wohl sterben müsse, denn es gebe nichts, was ihm helfen könne. Da sprach der Alte: »Aber ich weiß ein Mittel — das Wasser des Lebens. Aber es ist schwer zu finden.«

Der älteste Sohn sprach: »Ich werde es ganz gewiß finden«, ging zum kranken König und bat ihn, das Wasser des Lebens suchen zu dürfen, denn das allein könne ihn heilen. »Nein«, sprach der König, »die Gefahr dabei ist zu groß, lieber will ich sterben.« Der Prinz bat ihn aber so lange, bis er einwilligte. Er dachte in seinem Herzen: »Bringe ich das Wasser, dann bin ich meinem Vater der liebste und erbe das Reich.« Er machte sich auf die Reise.

Als er eine Zeitlang geritten war, begegnete er einem Zwerg. Der sprach ihn an und fragte: »Wohin so geschwind?« — »Dummer Knirps«, sagte der Prinz ganz stolz, »das brauchst du nicht zu wissen«, und ritt weiter.

Damit hatte er das kleine Männchen sehr beleidigt, und aus Zorn sprach es einen bösen Wunsch über den Prinzen.
Bald darauf geriet der junge

Mann in eine Bergschlucht, und je weiter er ritt, desto mehr näherten sich die Berge. Zuletzt war der Weg so schmal, daß sein Pferd keinen Schritt weiterkonnte. Es war auch nicht möglich, das Pferd zu wenden oder aus dem Sattel zu steigen, und der Prinz saß da wie eingesperrt.

Der kranke König wartete lange auf seinen ältesten Sohn, aber der kam nicht. Da erbot sich der zweite Sohn, das Wasser zu suchen. Er dachte: »Ist mein Bruder tot, so fällt das Reich mir zu.« Der König wollte auch ihn nicht ziehen lassen, endlich gab er nach. Der Prinz wählte denselben Weg wie sein Bruder. Auch er begegnete dem Zwerg, der ihn fragte, wohin er so eilig wolle. »Kleiner Knirps«, antwortete der Prinz, »das brauchst du nicht zu wissen« und ritt weiter. Aber der Zwerg verwünschte auch ihn. Er erlitt das gleiche Schicksal wie sein Bruder.

So geht's eben den Hochmütigen.

Als auch der zweite Sohn ausblieb, erbot sich der jüngste, das Wasser zu holen, und der König mußte ihn endlich ziehen lassen. Als der Prinz dem Zwerg begegnete und dieser ihn fragte, wohin er so eilig wolle, stand er ihm Rede und Antwort und sagte: »Ich suche das Wasser des Lebens, denn mein Vater ist sterbenskrank.« — »Weißt du auch, wo das zu finden ist?« — »Leider nicht«, erwiderte der Prinz. »Weil du dich betragen hast, wie sich's gehört, und nicht übermütig warst wie deine berechnenden Brüder, so will ich dir verraten, wie du zu dem Wasser des Lebens kommen kannst. Es quillt aus einem Brunnen im Hof eines verwunschenen Schlosses. Aber du kommst ohne diese eiserne Rute und zwei Laib Brot nicht in das Schloß. Mit der Rute schlag dreimal an das eiserne Schloßtor, dann wird es aufspringen. Drinnen liegen zwei Löwen, die den Rachen aufsperren. Wenn du jedem ein Brot hineinwirfst, beruhigen sie sich. Dann beeile dich und schöpfe von dem Wasser des Lebens, bevor es zwölf schlägt. Sonst fällt das Tor wieder zu und du bist eingesperrt.«

Der Prinz bedankte sich, nahm die Rute und das Brot und machte sich auf den Weg. Als er zum Schloß kam, war alles so, wie es der Zwerg vorausgesagt hatte. Das Tor sprang beim dritten Rutenschlag auf, und als er die Löwen mit dem Brot besänftigt hatte, trat er in das Schloß und kam in einen großen, schönen Saal. Dort saßen verwunschene Prinzen, denen zog er die Ringe vom Finger. Auch ein Schwert und ein Brot, die da lagen, nahm er mit. Dann kam er in ein Zimmer, in dem ein schönes junges Mädchen stand — die Prinzessin und Herrin des Schlosses. Sie freute sich, als sie ihn sah, küßte ihn und sagte, er habe sie erlöst und solle ihr ganzes Reich haben. Wenn er in einem Jahr wiederkomme, wollten sie ihre Hochzeit feiern. Dann sagte sie ihm noch, wo der Brunnen mit dem Lebenswasser sei. Er müsse sich aber beeilen und daraus schöpfen, bevor es zwölf schlage. Der Prinz wanderte weiter durch das Schloß und kam dabei in ein Zimmer, mit einem schönen, frisch überzogenen Bett. Und weil er müde war, legte er sich hinein und schlief sofort fest ein. Als er erwachte, schlug es gerade dreiviertel zwölf. Er sprang ganz erschrocken auf, lief zum Brunnen, schöpfte eilig das Wasser mit einem Becher, der daneben stand. Gerade als er zum eisernen Tor hinausging, schlug es zwölf. Das Tor fiel so heftig zu, daß es ihm noch ein Stück Ferse wegnahm.

Der Prinz aber war froh, daß er das Wasser des Lebens hatte und kam auf den Heimweg wieder an dem Zwerg vorbei. Als dieser das Schwert und das Brot sah, sprach er: »Damit hast du ein großes Gut gewonnen. Mit dem Schwert kannst du ganze Heere besiegen, das Brot aber wird niemals alt.« Der Prinz wollte wissen, warum seine Brüder nicht nach Hause zurückgekehrt seien, und fragte ihn danach. »Zwischen zwei Bergen stecken sie eingeschlossen«, sprach der Zwerg, »dahin habe ich sie verwünscht, weil sie so überheblich waren.« Da bat der Prinz den Zwerg so lange, bis er sie freigab. Aber er warnte ihn und sprach: »Hüte dich vor ihnen, sie haben ein böses Herz.«

Als seine Brüder kamen, freute er sich und erzählte ihnen, wie es ihm ergangen war, wie er das Wasser des Lebens gefunden und einen Becher voll mitgenommen und eine schöne Prinzessin erlöst habe, die ein Jahr lang auf ihn warten wolle. Dann wollten sie heiraten, und er bekomme ein großes Reich.

Die Brüder ritten zusammen weiter und gerieten in ein Land, in dem Hunger und Krieg herrschten. Der König hatte alle Hoffnung auf ein Überleben aufgegeben, so groß war die Not. Da gab ihm der Prinz das Brot, mit dem er sein ganzes Reich speisen und sättigen konnte. Er gab ihm auch das Schwert, mit dem er die Heere seiner Feinde schlug. Danach ließ sich der Prinz sein Brot und Schwert wieder zurückgeben, und die drei Brüder ritten weiter. Sie kamen noch in zwei Länder, in denen Hunger und Krieg herrschten. Der Prinz gab den Königen jedesmal sein Brot und Schwert, so daß er drei Reiche damit rettete.

Nach diesen Abenteuern bestiegen die drei Brüder ein Schiff und fuhren

übers Meer. Während der Fahrt kamen die beiden älteren zu dem Schluß: »Der jüngste hat das Wasser des Lebens gefunden und wir nicht, dafür wird ihm unser Vater das Reich geben, das uns gebührt.« Von Haß erfaßt, verabredeten sie miteinander, ihren jüngsten Bruder zu verderben. Sie warteten, bis er einmal fest eingeschlafen war, stahlen ihm das Wasser des Lebens und füllten den Becher mit bitterem Meerwasser.

Als sie heimkamen, brachte der jüngste Prinz dem kranken König seinen Becher, damit der gesund werden solle. Kaum aber hatte der König ein wenig von dem bitteren Meerwasser getrunken, fühlte er sich noch kränker als zuvor. Wie er so jammerte, kamen die beiden älteren Söhne und klagten den jüngsten an, er habe ihn vergiften wollen. Nicht der jüngste, sondern sie seien es, die ihm das echte Wasser des Lebens brächten. Kaum hatte er davon getrunken, wurde er stark und gesund wie in seinen jungen Tagen. Die beiden Brüder verspotteten den jüngsten: »Du hast zwar das Wasser des Lebens gefunden und die Mühe damit gehabt, aber wir haben den Lohn. Du hättest klüger sein und die Augen offenhalten sollen. Wir haben es dir weggenommen, als du auf dem Meer eingeschlafen warst. Und übers Jahr holt sich einer von uns die schöne Königstochter. Aber hüte dich, uns zu verraten. Der Vater glaubt dir doch nicht. Solltest du auch nur ein einziges Wort sagen, hast du dein Leben verwirkt.

Der alte König war zornig über seinen jüngsten Sohn, denn er glaubte, der habe ihm nach dem Leben getrachtet. Er rief den Hof zusammen und ließ das Urteil über ihn sprechen: Er sollte heimlich erschossen werden.

Als der Prinz einmal, nichts Böses ahnend, auf die Jagd gehen wollte, mußte ihn des Königs Jäger begleiten. Als sie ganz allein draußen im Wald waren und der Jäger so traurig dreinsah, fragte ihn der Prinz, warum. Der Jäger sprach: »Ich darf dir's nicht sagen und sollte es doch tun.« Da ermunterte ihn der Prinz: »Sag nur frei heraus, worum es geht, ich will dir alles verzeihen.« — »Ach«, erwiderte der Jäger, »ich soll Euch erschießen, der König hat es mir befohlen.« Da erschrak der Prinz und bat: »Laß mich leben. Ich geb' dir mein königliches Gewand, und du gibst mir dafür deins.« Der Jäger war einverstanden: »Gerne, ich hätte doch nicht das Herz gehabt, auf Euch zu schießen.« Da tauschten sie die Kleider, und der Jäger ging heim. Der Prinz aber ging immer tiefer in den Wald hinein.

Eines Tages kamen zu dem alten König drei Wagen mit Gold und Edelsteinen für seinen jüngsten Sohn von den drei Königen, die mit des Prinzen Schwert die Feinde geschlagen und mit seinem Brot ihr Land ernährt hatten und die ihm dafür ihren Dank bezeigen wollten. Da kam dem alten König der Gedanke: »Sollte mein Sohn unschuldig gewesen sein?« Und er sprach zu seinen Leuten: »Wäre er doch noch am Leben! Wie tut mir's leid, daß ich ihn habe töten lassen!« — »Mein König, er lebt noch«, bekannte der Jäger, »ich konnte es nicht übers Herz bringen, Euren Befehl auszuführen«, und verriet dem König, was sich zugetragen hatte. Dem fiel ein Stein vom Herzen, und er ließ in allen Reichen verkünden, sein Sohn dürfe wieder nach Hause kommen.

Die Prinzessin aber hatte eine goldene Straße zu ihrem Schloß bauen lassen und ihre Leute angewiesen, nur denjenigen einzulassen, der darauf geradeswegs zu ihr geritten komme. Das sei der Richtige. Wer neben diesem Weg herreite, sei der Falsche und den sollten sie auch nicht einlassen.

Als das Jahr bald herum war, dachte der älteste Prinz, er wolle zur Königstochter gehen und sich für ihren Erlöser ausgeben. Dann bekäme er die Prinzessin zur Gemahlin und das Reich dazu. Als er sich dem Schloß näherte und die schöne, goldene Straße sah, dachte er: »Das wäre jammerschade, wenn du darauf rittest«, lenkte sein Pferd ab und ritt rechts neben dem Weg her. Am Schloßtor sagten ihm die Leute, er sei nicht der Richtige, er solle wieder fortreiten. Bald darauf machte sich der zweite Prinz auf den Weg. Auch er dachte: »Es wäre jammerschade um die Straße, da könnte etwas abgehen«, lenkte sein Pferd von dem Weg herunter und ritt links nebenher. Als er aber zum Tor kam, wurde auch er wieder fortgeschickt.

Als nun genau ein Jahr herum war, wollte der dritte Prinz, der im Wald lebte, zu seiner Liebsten reiten und bei ihr sein Leid vergessen. Wie er so dahinritt, dachte er immer nur an sie und wie gern er schon bei ihr wäre und sah die goldene Straße gar nicht. Sein Pferd lief mitten auf der Straße bis an das Tor. Es wurde ihm aufgemacht, und die Königstochter empfing ihn mit Freuden und sagte, er sei ihr Erlöser und der Herr des Königreichs.

Es wurde eine lustige und glückliche Hochzeit. Und als sie vorbei war, erzählte ihm seine junge Frau, daß sein Vater ihn zu sich entboten und ihm verziehen habe. Da ritt er in sein elterliches Schloß und erzählte seinem Vater alles, was geschehen war, wie seine Brüder ihn betrogen hatten und wie er dazu habe schweigen müssen. Der alte König wollte die beiden bestrafen, aber sie hatten sich auf einem Schiff übers Meer davongemacht und kamen nie in ihrem Leben wieder.

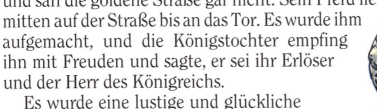

Die zertanzten Schuhe

Es war einmal ein König, der hatte zwölf Töchter, eine immer schöner als die andere. Sie schliefen zusammen in einem Saal, wo ihre Betten nebeneinanderstanden. Abends, wenn sie darin lagen, schloß der König die Tür selbst zu und verriegelte sie. Wenn er aber am Morgen die Tür aufschloß, sah er, daß ihre Schuhe zertanzt waren. Niemand konnte herausbringen, wie das zugegangen war.

Da ließ der König kundmachen, daß derjenige, der herausfinden könne, wo sie nachts tanzten, eine von ihnen zur Frau wählen könne und nach seinem Tod König werden solle. Wer sich aber meldete und es nach drei Tagen und Nächten nicht herausbringe, der habe sein Leben verwirkt.

Nicht lange danach meldete sich ein Königssohn und erbot sich, das Wagnis zu unternehmen. Er wurde gut aufgenommen und abends in ein Zimmer geführt, das an den Schlafsaal der Prinzessinnen stieß. Dort war sein Bett aufgeschlagen, und er sollte aufpassen, wo sie hingingen und tanzten. Damit sie nichts heimlich treiben oder an einer anderen Stelle den Raum verlassen konnten, wurde auch die Saaltür offengelassen. Dem Königssohn fiel es aber wie Blei auf die Augen, und er schlief ein. Als er am Morgen aufwachte, waren alle zwölf zum Tanz gewesen, denn ihre Schuhe standen da und hatten Löcher in den Sohlen. Den zweiten und dritten Abend ging es nicht anders. Weil er den Dingen nicht auf die Spur gekommen war, wurde ihm unbarmherzig sein Kopf abgeschlagen.

Danach kamen noch viele und meldeten sich zu dem Wagestück. Aber sie waren alle erfolglos und mußten ihr Leben lassen.

Nun trug es sich zu, daß sich ein armer Soldat, der wegen einer Verwundung nicht mehr dienen konnte, auf dem Weg in die Stadt befand, in der der König residierte. Unterwegs begegnete ihm eine alte Frau, die ihn fragte, wo er hinwolle. »Das weiß ich selbst nicht recht«, antwortete er und setzte im Scherz hinzu: »Ich hätte Lust, ausfindig zu machen, wo die Königstöchter ihre Schuhe zertanzen, und dann König zu werden.« — »Das ist gar nicht so schwer«, erwiderte die Alte, »du darfst nur den Wein nicht trinken, der dir abends gebracht wird. Du mußt tun, als wärst du fest eingeschlafen.« Darauf gab sie ihm ein Mäntelchen und sprach: »Wenn du das umhängst, bist du unsichtbar und kannst den zwölfen nachschleichen.«

Wie der Soldat den guten Rat bekommen hatte, wurde aus seinem Spaß auf einmal Ernst. Er faßte sich ein Herz, trat vor den König und meldete sich als Anwärter. Er wurde so gut aufgenommen wie die andern auch. Er bekam königliche Kleider, und abends zur Schlafenszeit wurde er in das Vorzimmer geführt. Als er zu Bett gehen wollte, kam die älteste Königstochter und brachte ihm einen Becher Wein. Er aber hatte sich einen Schwamm unter das Kinn gebunden, ließ den Wein da hineinlaufen und trank keinen Tropfen. Dann legte er sich nieder, und als er ein Weilchen gelegen hatte, fing er an zu schnarchen wie im tiefsten Schlaf. Das hörten die zwölf Königstöchter, lachten, und die älteste sprach: »Der hätte auch sein Leben sparen können.«

Danach standen sie auf, öffneten Schränke, Kisten und Kästen und holten prächtige Kleider heraus. Sie putzten sich vor den Spiegeln, sprangen herum und freuten sich auf den Tanz. Nur die jüngste sagte: »Ich weiß nicht, ihr freut euch, aber mir ist so seltsam und wunderlich zumute. Gewiß widerfährt uns ein Unglück.« — »Du bist eine Schneegans«, sprach die älteste, »die sich immer fürchtet. Hast du vergessen, wie viele Königssöhne schon umsonst dagewesen sind? Dem Soldaten hätt' ich nicht einmal einen Schlaftrunk zu geben brauchen, der Lümmel wäre doch nicht aufgewacht.«

Als sie alle fertig waren, sahen sie erst nach dem Soldaten, aber der hatte die Augen zugemacht, rührte und regte sich nicht. Sie glaubten ganz sicher zu sein, daß er fest schlief.

Dann ging die älteste Prinzessin an ihr Bett und klopfte daran. Sofort versank es im Boden, und die Mädchen stiegen durch die entstandene Öffnung hinab, eine nach der andern, die älteste voran. Der Soldat, der alles mit angesehen hatte, zauderte nicht lange, hängte sein Mäntelchen um und stieg hinter der jüngsten mit hinab. Mitten auf der Treppe trat er ihr ein wenig aufs Kleid, da erschrak sie und rief: »Was ist das? Wer hält mich am Kleid fest?« — »Sei nicht so einfältig«, sagte die älteste, »du bist an einem Haken hängengeblieben.« Da gingen sie vollends hinab, und wie sie unten waren, standen sie in einem wunderschönen Baumgang. Alle Blätter an den Bäumen waren aus Silber und schimmerten und glänzten. Der Soldat dachte: »Du willst dir ein Beweisstück mitnehmen«, und brach einen Zweig davon ab. Da gab es einen gewaltiger Krach im Baum.

Die jüngste rief wieder:

»Irgend etwas ist nicht in Ordnung, habt ihr den Knall gehört?« Die älteste aber beruhigte sie: »Das sind Freudenschüsse, weil wir unsere Prinzen bald erlöst haben.«

Dann kamen sie zu einem Baumgang, wo alle Blätter aus Gold, und endlich in einen dritten, wo sie aus klaren Diamanten waren. Von beiden brach der Soldat einen Zweig ab, wobei es jedesmal so stark krachte, daß die jüngste vor Schrecken zusammenzuckte. Aber die älteste blieb dabei, es wären Freudenschüsse.

Sie gingen weiter und kamen zu einem großen See. Darauf wiegten sich zwölf Boote, und in jedem Boot saß ein schöner Prinz. Alle hatten auf die zwölf Mädchen gewartet, und jeder nahm eines zu sich ins Boot. Der Soldat aber setzte sich mit zur jüngsten. Da sprach der Prinz: »Ich weiß nicht, das Boot ist heute viel schwerer als sonst. Ich muß aus allen Kräften rudern, wenn ich es fortbringen soll.« — »Wovon sollte das kommen?« fragte die jüngste. »Es wird vom warmen Wetter sein, mir ist auch so heiß.« Jenseits des Sees aber stand ein schönes, hell erleuchtetes Schloß, aus dem eine lustige Musik von Pauken und Trompeten erschallte. Sie ruderten hinüber, traten ein, und jeder Prinz tanzte mit seiner Liebsten. Der Soldat

aber tanzte unsichtbar mit. Wenn eine einen Becher mit Wein hielt, so trank er ihn aus, so daß er leer war, wenn sie ihn an den Mund setzte. Die jüngste versetzte das in Angst, aber die älteste brachte sie immer zum Schweigen. Sie tanzten bis drei Uhr morgens, bis alle Schuhe durchgetanzt waren und sie aufhören mußten.

Die Prinzen ruderten sie über das Wasser wieder zurück, und der Soldat setzte sich diesmal vorne zur ältesten ins Boot. Am Ufer nahmen sie von ihren Prinzen Abschied und versprachen, in der folgenden Nacht wiederzukommen.

Als sie an der Treppe waren, lief der Soldat voraus und legte sich schnell in sein Bett. Und als die zwölf langsam und müde heraufgetrippelt kamen, schnarchte er schon wieder so laut, daß es alle hören konnten, und sie sprachen: »Vor dem sind wir sicher.«

Sie zogen ihre schönen Kleider aus, räumten sie weg, stellten die zertanzten Schuhe unter die Betten und legten sich nieder. Am anderen Morgen wollte der Soldat nichts erzählen, sondern sich das wunderliche Treiben weiter mit ansehen. Deshalb ging er die zweite und auch die dritte Nacht wieder mit. Alles war wie das erstemal. Die Prinzessinnen tanzten jedesmal, bis die Schuhe entzwei waren. Das drittemal aber nahm er als Beweis einen Becher mit.

Als die Stunde gekommen war, wo er antworten sollte, steckte er die drei Zweige und den Becher zu sich und trat vor den König. Die zwölf Mädchen aber standen hinter der Tür und horchten, was er sagen werde. Als der König die Frage stellte: »Wo haben meine zwölf Töchter ihre Schuhe in der Nacht zertanzt?«, antwortete er: »Mit zwölf Prinzen in einem unterirdischen Schloß.« Er berichtete, was er erlebt hatte, und holte die Beweisstücke hervor. Da ließ der König seine Töchter kommen und fragte sie, ob der Soldat die Wahrheit gesagt habe. Wie sie sahen, daß sie verraten waren und Leugnen nichts half, mußten sie alles eingestehen. Darauf fragte ihn der König, welche er zur Frau haben wollte. Er antwortete: »Ich bin nicht mehr jung, gebt mir die älteste.« Da wurde noch am selben Tage die Hochzeit gefeiert und ihm das Reich nach des Königs Tod versprochen.

Aber die Prinzen wurden auf soviel Tage wieder verwünscht, wie sie Nächte mit den zwölf Prinzessinnen getanzt hatten.

Der Hase und der Igel

ie Geschichte, die ich euch, liebe Kinder, erzähle, scheint wie eine Lüge. Aber wahr ist sie doch, denn mein Großvater, von dem ich sie habe, pflegte immer, wenn er sie mir erzählte, zu sagen: »Wahr muß sie doch sein, mein Sohn, denn sonst könnte man sie ja nicht erzählen.« Die Geschichte aber hat sich so zugetragen:

Es war an einem Sonntagmorgen in der Herbstzeit, gerade als der Buchweizen blühte, aus dem die gute Grütze gekocht wird. Die Sonne war golden am Himmel aufgegangen, der Morgenwind wehte warm über die Stoppeln, die Lerchen sangen hoch am Himmel, die Bienen summten im Buchweizen, und die Leute gingen in ihrem Sonntagsstaat in die Kirche. Kurz, alle Geschöpfe waren vergnügt und der Igel auch.

Der Igel stand vor seiner Tür, hatte die Arme übereinander geschlagen, guckte dabei in den Morgenwind hinaus und trällerte ein Liedchen vor sich hin. So gut und so schlecht, wie eben am lieben Sonntagmorgen Igel zu singen pflegen.

Als er nun so halblaut vor sich hin sang, fiel ihm auf einmal ein, er könne doch, während seine Frau die Kinder wasche und anziehe, ein bißchen übers Feld spazierengehen und sehen, wie seine Kohlrüben standen. Die Kohlrüben wuchsen auf dem Feld, das seinem Haus am nächsten lag, und er pflegte mit seiner Familie davon zu essen. Deshalb sah er sie als seine eigenen an. Der Igel machte die Haustür hinter sich zu und schlug den Weg zum Feld ein. Er war noch nicht sehr weit vom Haus entfernt und wollte gerade um den Schlehenbusch vor dem Feld zum Kohlrübenacker hinaufschlendern, als ihm der Hase begegnete, der in ähnlichen Geschäften unterwegs war. Er wollte sich nämlich seinen Kohl ansehen.

Als der Igel den Hasen bemerkte, wünschte er ihm freundlich einen guten Morgen. Der Hase aber, der nach seiner Weise ein vornehmer Herr war und furchtbar hochfahrend dazu, erwiderte des Igels Gruß nicht, sondern sprach mit äußerst höhnischer Miene: »Wie kommt es denn, daß du schon am frühen Morgen herumläufst?« — »Ich gehe spazieren«, erwiderte der Igel.« — »Spazieren?« lachte der Hase. »Ich meine, du könntest deine Beine doch wohl zu besseren Dingen gebrauchen.«

Diese Antwort verdroß den Igel ungemein, denn alles kann ein Igel vertragen, aber auf seine Beine läßt er nichts kommen, eben weil sie von Natur krumm sind.

»Du bildest dir wohl ein«, gab es der Igel dem Hasen zurück, »daß du mit deinen langen Beinen mehr ausrichten kannst?« — »Daß du daran zweifelst!« sprach der Hase überheblich. »Das käme auf einen Versuch an«, meinte der Igel, »ich bin sicher, daß ich dich beim Wettlauf überhole.« — »Das ist zum Lachen, du mit deinen krummen Beinen!« sagte der Hase. »Aber meinetwegen, wenn du meinst und so eine übergroße Lust dazu hast. Was gilt die Wette?« — »Einen Golddukaten und eine Flasche Schnaps«, sagte der Igel. »Die Wette gilt«, lachte der Hase, »schlag ein, und dann kann's gleich losgehen.« — »Nein, so sehr eilt es wieder nicht«, meinte der Igel, »ich bin noch ganz nüchtern. Zuerst will ich nach Hause gehen und ein bißchen frühstücken. In einer halben Stunde bin ich wieder hier auf dem Platz.« Der Hase war damit einverstanden, und der Igel ging gemächlich nach Hause.

Unterwegs dachte der Igel bei sich: »Der Hase verläßt sich auf seine langen Beine, aber ich will ihn schon kriegen. Er ist zwar ein vornehmer Herr, aber doch nur ein dummer Kerl. Er soll nur schön zahlen.« Als der Igel nach Hause kam, sagte er zu seiner Frau: »Zieh dich schnell an, du mußt mit mir ins Feld hinaus.« — »Was gibt es denn?« fragte die Frau. »Ich habe mit dem Hasen um einen Golddukaten und eine Flasche Schnaps gewettet. Ich will mit ihm um die Wette laufen, und du sollst dabei sein.« — »O mein Gott, Mann«, schrie des Igels Frau, »du bist ja nicht gescheit. Hast du denn ganz den Verstand verloren?« — »Halt den Mund«, sagte der Igel, »das ist meine Sache. Mische dich nicht in Männergeschäfte. Marsch, zieh dich an, und dann komm mit.« Was sollte des Igels Frau machen? Sie mußte gehorchen, sie mochte wollen oder nicht.

Auf dem Weg zum Feld sprach der Igel zu seiner Frau: »Nun paß auf, was ich dir sage. Sieh, dort auf dem langen Acker wollen wir unseren Wettlauf machen. Der Hase läuft nämlich in der einen Furche und ich in der andern, und von oben fangen wir an. Nun hast du weiter nichts zu tun, als dich hier unten in die Furche zu stellen, und wenn der Hase auf der anderen Seite ankommt, ihm entgegenzurufen: »Ich bin schon hier!«

Damit waren sie am Acker angelangt. Der Igel wies seiner Frau ihren Platz an und ging den Acker hinauf. Als er oben ankam, war der Hase schon da. »Kann es losgehen?« fragte er. »Jawohl«, erwiderte der Igel. »Dann nur zu!« Und damit stellte sich jeder in seine Furche. Der Hase zählte: »Eins, zwei, drei!«, und los ging es. Wie ein Sturmwind jagte er den Acker hinunter. Der Igel aber lief nur ungefähr drei Schritte, dann duckte er sich in die Furche und blieb ruhig sitzen. Als der Hase in vollem Lauf unten am Acker ankam, rief ihm des Igels Frau entgegen: »Ich bin schon hier!« Der Hase stutzte und wunderte sich nicht wenig. Er kam gar nicht drauf, daß das der Igel nicht selbst sein konnte, der ihm das zurief, denn bekanntlich sieht die Igelin genauso aus wie ihr Mann.

Der Hase aber meinte: »Das geht nicht mit rechten Dingen zu.« Er rief: »Noch einmal, wieder herum!« Und fort ging es wie ein Sturmwind, so daß ihm die Ohren am Kopf flogen. Die Igelin blieb ruhig auf ihrem Platz. Als nun der Hase oben ankam, rief ihm der Igel entgegen: »Ich bin schon hier!« Der Hase aber schrie, ganz außer sich vor Ärger: »Nochmals gelaufen, wieder herum!« — »Mir recht«, antwortete der Igel, »meinetwegen so oft, wie du Lust hast.« So lief der Hase dreiundsiebzigmal, und der Igel hielt immer mit ihm mit. Jedesmal, wenn der Hase unten oder oben ankam, sagte der Igel oder seine Frau: »Ich bin schon hier!«

Zum vierundsiebzigstenmal aber kam der Hase nicht mehr am Ende der Furche an. Mitten auf dem Acker stürzte er zu Boden, das Blut floß ihm aus dem Hals, und er blieb tot liegen. Der Igel aber nahm seinen gewonnenen Golddukaten und die Flasche Schnaps, rief seine Frau aus der Furche ab, und beide gingen vergnügt nach Hause.

Und wenn sie nicht gestorben sind, leben sie heute noch.

So begab es sich, daß auf der Buxtehuder Heide der Igel den Hasen zu Tode gehetzt hat, und seit jener Zeit hat es sich kein Hase wieder einfallen lassen, mit dem Buxtehuder Igel um die Wette zu laufen.

Und die Moral von der Geschicht'?

Erstens sollte sich keiner, und wenn er sich für noch so vornehm hält, über einen geringen Mann lustig machen, und wäre es auch nur ein Igel.

Und zweitens ist es ratsam, wenn einer freit, daß er sich eine Frau aus seinem Stand nimmt, die just so aussieht wie er selbst.

Wer ein Igel ist, muß eben darauf sehen, daß seine Frau auch ein Igel ist.

Der Gevatter Tod

s war einmal ein armer Mann, der hatte zwölf Kinder und mußte Tag und Nacht arbeiten, damit er ihnen nur Brot geben konnte. Als nun das dreizehnte zur Welt kam, wußte er sich in seiner Not nicht zu helfen. Er lief hinaus auf die große Landstraße und wollte den ersten besten, der ihm begegnete, zu Gevatter bitten.

Der erste, den er traf, war der liebe Gott. Der wußte schon, was er auf dem Herzen hatte, und sprach zu ihm: »Armer Mann, du dauerst mich, ich will dein Kind aus der Taufe heben, will für es sorgen und es glücklich machen auf Erden.« Der Mann sprach: »Wer bist du?« — »Ich bin der liebe Gott.« — »Dich möchte ich nicht zum Gevatter«, sagte der Mann, »du gibst dem Reichen und läßt den Armen hungern.«

Er sagte das, weil er nicht wußte, wie weislich Gott Reichtum und Armut verteilt. Er wandte sich von dem Herrn ab und ging weiter.

Da trat der Teufel zu ihm und sprach: »Was suchst du? Wenn du mich zum Paten deines Kindes machst, will ich ihm Gold in Hülle und Fülle und alle Lust der Welt dazu geben.« Der Mann fragte: »Wer bist du?« — »Ich bin der Teufel.« — »Dich möchte ich nicht zum Gevatter«, sprach der Mann, »du betrügst und verführst die Menschen.«

Er ging weiter, da kam der dürrbeinige Tod auf ihn zu und sprach: »Nimm mich zum Gevatter.« Der Mann fragte: »Wer bist du?« — »Ich bin der Tod, der alle gleichmacht.« Da sprach der Mann: »Du bist der rechte, du holst den Reichen wie den Armen ohne Unterschied, du sollst mein Gevattersmann sein.« Der Tod antwortete: »Ich will dein Kind reich und berühmt machen, denn wer mich zum Freund hat, dem kann's an nichts fehlen.«

Der Mann sprach: »Kommenden Sonntag ist die Taufe, da stelle dich zu rechter Zeit ein.«

Der Tod erschien, wie er es versprochen hatte, und erfüllte ganz ordentlich seine Rolle als Gevatter.

Als der Knabe zu einem Jüngling herangewachsen war, kam eines Tages der Pate und hieß ihn mitgehen. Er führte ihn hinaus in den Wald, zeigte ihm ein Kraut, das da wuchs, und sprach: »Jetzt sollst du dein Patengeschenk erhalten. Ich mache dich zu einem berühmten Arzt. Wenn du zu einem Kranken gerufen wirst, so will ich dir jedesmal erscheinen. Steh' ich zu Häupten des Kranken, so kannst du unbesorgt versprechen, du wolltest ihn wieder gesund machen. Und gibst du ihm dann von jenem Kraut ein, so wird er genesen. Steh' ich aber zu Füßen des Kranken, so ist er mein, und du mußt sagen, alle Hilfe sei umsonst und kein Arzt der Welt könne ihn retten. Aber hüte dich, das Kraut gegen meinen Willen zu gebrauchen! Es könnte dir schlimm ergehen!«

Es dauerte nicht lange, so war der junge Mann der berühmteste Arzt auf der ganzen Welt. »Er braucht den Kranken nur anzusehen, da weiß er

schon, wie es um ihn steht, ob er wieder gesund wird oder ob er sterben muß«, hieß es von ihm. Die Leute kamen von weit und breit, holten ihn zu den Kranken und gaben ihm so viel Gold, daß er bald ein reicher Mann war.

Nun trug es sich zu, daß der König erkrankte. Der Arzt wurde gerufen und sollte sagen, ob Genesung möglich wäre. Als er aber ans Bett trat, stand der Tod zu Füßen des Kranken. Für ihn war also kein Kraut mehr gewachsen.

»Wenn ich doch einmal den Tod überlisten könnte«, dachte der Arzt, »er wird es mir ganz sicher übelnehmen. Aber vielleicht drückt er ein Auge zu, weil ich sein Pate bin. Ich will's wagen.« Er hob den Kranken hoch und legte ihn verkehrt herum, so daß der Tod zu seinen Häupten zu stehen kam. Dann gab er ihm von dem Kraut ein. Der König erholte sich und wurde wieder gesund.

Der Tod aber kam zu dem Arzt, machte ein böses und finsteres Gesicht und drohte mit dem Finger: »Du hast mich hinter's Licht geführt. Diesmal will ich dir's noch durchgehen lassen, weil du mein Patenkind bist. Aber wagst du das noch einmal, so geht dir's an den Kragen, und ich nehme dich selbst mit.«

Bald darauf wurde die Tochter des Königs von einer schweren Krankheit befallen. Sie war sein einziges Kind, er weinte Tag und Nacht, daß ihm die Augen erblindeten, und ließ bekanntmachen, daß der ihr Gemahl werden und die Krone erben sollte, der sie vom Tode errettete. Als der Arzt zum Bett der Kranken kam, erblickte er den Tod zu ihren Füßen. Er hätte sich an die Warnung seines Paten erinnern sollen, aber die große Schönheit der Königstochter und das Glück, ihr Gemahl werden zu können, berauschte ihn so, daß er alle Warnungen in den Wind schlug. Er sah nicht, daß ihm der Tod zornige Blicke zuwarf, die Hand in die Höhe hob und mit der dürren Faust drohte. Er nahm die Kranke auf die Arme und legte ihr Haupt dahin, wo die Füße gelegen hatten. Dann gab er ihr das Kraut ein, und sofort röteten sich ihre Wangen, und das Leben regte sich von neuem.

Als sich der Tod zum zweitenmal um sein Eigentum betrogen sah, ging er mit langen Schritten auf den Arzt zu und sprach: »Es ist vorbei mit dir, und jetzt bist du an der Reihe«, packte ihn mit seiner eiskalten Hand so hart, daß er sich nicht freimachen konnte, und führte ihn in eine unterirdische Höhle.

Dort sah der Arzt tausend und abertausend Lichter in unübersehbaren Reihen brennen. Einige waren groß, andere halbgroß, andere klein. Jeden Augenblick verloschen einige, und andere begannen zu brennen, so daß die Flämmchen in beständigem Wechsel hin und her zu hüpfen schienen. »Siehst du«, sprach der Tod, »das sind die Lebenslichter der Menschen. Die großen gehören Kindern, die halbgroßen Eheleuten in ihren besten

Jahren, die kleinen gehören Greisen. Doch auch Kinder und junge Leute haben oft nur ein kleines Lichtchen.«

»Zeig mir mein Lebenslicht«, sagte der Arzt und meinte, es wäre noch recht groß. Der Tod deutete auf ein kleines Stümmelchen, das eben auszugehen drohte, und sprach: »Siehst du, da ist es.« — »Ach, lieber Pate«, sagte der erschrockene Arzt, »zündet mir ein neues an, tut mir's zuliebe, damit ich mein Leben genießen kann, König und Gemahl der schönen Königstochter werde.«

»Ich kann nicht«, antwortete der Tod, »erst muß eins verlöschen, ehe ein neues anbrennt.«

»So setzt das alte auf ein neues, das gleich weiterbrennt, wenn jenes zu Ende ist«, bat der Arzt.

Der Tod stellte sich, als ob er seinen Wunsch erfüllen wollte, und langte nach einem frischen, großen Licht. Aber weil er sich rächen wollte, gab er beim Umstecken absichtlich nicht acht, und das Stückchen fiel um und verlosch. Der Arzt sank sofort zu Boden und war nun selbst in die Hand des Todes geraten.

Die zwei Brüder

s waren einmal zwei Brüder, ein reicher und ein armer. Der reiche war ein Goldschmied und bös von Herzen; der arme ernährte sich vom Besenbinden und war gut und redlich.

Der arme hatte zwei Kinder. Es waren Zwillingsbrüder, und sie ähnelten sich wie ein Tropfen Wasser dem andern. Die zwei Knaben gingen ab und zu in des Reichen Haus und erhielten von dem, was übrigblieb, manchmal etwas zu essen.

Es trug sich zu, daß der arme Mann, als er in den Wald ging, um Reisig zu holen, einen Vogel erblickte, der ganz golden und so schön war, wie er in seinem Leben nie etwas ähnliches gesehen hatte. Er hob ein Steinchen auf, warf nach ihm und traf ihn auch glücklich. Es fiel aber nur eine goldene Feder herab, und der Vogel flog fort. Der Besenbinder nahm die Feder und brachte sie seinem Bruder; der sah sie an und sprach: »Das ist pures Gold«, und gab ihm viel Geld dafür.

Am andern Tag stieg der Mann auf eine Birke und wollte ein paar Äste abhauen; da flog derselbe Vogel heraus. Und als der Mann suchte, fand er ein Nest mit einem Ei, das war ganz aus Gold. Er nahm das Ei mit heim und brachte es seinem Bruder. Der sprach auch diesmal: »Das ist pures Gold«, und gab ihm, was es wert war. Nach einer Weile fügte er hinzu: »Der Vogel reizt mich, den möcht' ich haben.«

Der Arme ging zum drittenmal in den Wald und sah den Goldvogel wieder auf dem Baum sitzen. Er nahm einen Stein, traf ihn und brachte ihn seinem Bruder. Der gab ihm einen großen Haufen Geld dafür. »Nun ist mir geholfen«, dachte er und ging zufrieden nach Hause.

Der Goldschmied war klug und listig und wußte genau, was das für ein Vogel war. Er rief seine Frau und sprach: »Brat mir den Goldvogel und sorge dafür, daß nichts davon wegkommt. Ich werde ihn ganz allein essen.«

Der Vogel war natürlich kein gewöhnlicher, sondern ein Wundervogel. Wer Herz und Leber aß, der fand jeden Morgen ein Goldstück unter seinem Kopfkissen.

Die Frau machte den Vogel zurecht, steckte ihn an einen Spieß und ließ ihn braten. Sie mußte jedoch die Küche unbedingt wegen einer anderen Arbeit verlassen. Und wie es der Zufall wollte, kamen gerade in dem Augenblick die beiden Kinder des armen Besenbinders in die Küche gelaufen. Sie stellten sich vor den Spieß und drehten ihn ein paarmal herum. Da bemerkten sie, daß zwei kleine Stückchen aus dem Vogel in die Pfanne gefallen waren.

Der eine hatte einen Einfall: »Die zwei kleinen Bissen essen wir. Ich bin so furchbar hungrig; das merkt ja doch niemand.« Und sie teilten sich die beiden Stückchen. Aber die Frau kam dazu, sah, daß sie etwas aßen, und fragte: »Was habt ihr denn gegessen?«

»Ein paar Stückchen, die aus dem Vogel herausgefallen waren«, antworteten sie.

»Das sind Herz und Leber gewesen«, sprach die Frau ganz erschrocken, und damit ihr Mann nichts vermißte und nicht böse wurde, schlachtete sie geschwind ein Hähnchen, nahm Herz und Leber heraus und legte es zu dem Goldvogel. Als er gar war, trug sie ihn dem Goldschmied auf, der ihn wirklich ganz allein verzehrte und nichts übrigließ.

Am andern Morgen aber, als er unter sein Kopfkissen griff und das Goldstück hervorzuholen gedachte, lag nichts darunter — so wie immer.

Die beiden Kinder aber ahnten nicht, welches Glück ihnen zuteil geworden war. Am andern Morgen, als sie aufstanden, fiel etwas auf die Erde und klingelte. Und als sie es aufhoben, da waren's zwei Goldstücke. Sie brachten sie ihrem Vater; der wunderte sich und sprach: »Wie sollte das zugegangen sein?« Als sie aber am andern Morgen wieder zwei fanden und das jeden Tag so weiterging, ging er zu seinem Bruder und erzählte ihm die seltsame Geschichte.

Der Goldschmied wußte gleich, wie es gekommen war und daß die Kinder Herz und Leber von dem Goldvogel gegessen hatten. Und um sich zu rächen und weil er neidisch und hartherzig war, sprach er zu seinem Bruder: »Deine Kinder sind mit dem Teufel im Bunde. Nimm das Gold nicht, und dulde sie nicht länger in deinem Haus, denn er hat Macht über sie und könnte dich selbst noch ins Verderben stürzen.«

Der Vater fürchtete den Bösen. Und obwohl es ihm schwerfiel, führte er die Zwillinge doch hinaus in den Wald und verließ sie traurigen Herzens.

Die beiden Kinder liefen kreuz und quer durch den Wald und suchten den Weg nach Hause, konnten ihn aber nicht finden, sondern verirrten sich immer weiter.

Endlich begegneten sie einem Jäger, der fragte: »Wem gehört ihr Kinder?« — »Wir sind des armen Besenbinders Jungen«, antworteten sie und erzählten ihm, daß ihr Vater sie nicht länger im Haus behalten wollte, weil jeden Morgen ein Goldstück unter ihrem Kopfkissen liege.

»Nun«, sprach der Jäger, »es ist nichts Schlimmes dabei, wenn ihr rechtschaffen bleibt und euch deshalb nicht auf die faule Haut legt.«

Weil ihm die Kinder gefielen und er selbst keine hatte, nahm sie der gute Mann mit nach Hause und sprach: »Ich will euer Vater sein und euch großziehen.« Sie lernten bei ihm das Waidhandwerk, und das Goldstück, das ein jeder beim Aufstehen fand, das hob er ihnen auf, wenn sie's in Zukunft nötig hätten.

Als sie herangewachsen waren, nahm sie ihr Pflegevater eines Tages mit in den Wald und sprach: »Heute sollt ihr euern Probeschuß tun, damit ich euch freisprechen und zu Jägern machen kann.«

Sie gingen mit ihm auf den Anstand und warteten lange, aber es kam kein Wild. Der Jäger blickte nach oben und sah eine Kette Schneegänse in der Gestalt eines Dreiecks fliegen. Da sagte er zu dem einen: »Nun schieß von jeder Ecke eine herunter.« Der tat's und vollbrachte damit seinen Probeschuß.

Bald darauf kam noch eine Kette angeflogen und hatte die Gestalt einer Zwei. Da sollte auch der andere von jeder Ecke eine herunterholen, und dem gelang sein Probeschuß auch. Darauf sprach der Pflegevater: »Ich spreche euch frei, ihr seid ausgelernte Jäger.«

Die beiden Brüder gingen in den Wald, beratschlagten miteinander und verabredeten etwas. Und als sie sich abends zum Essen an den Tisch gesetzt hatten, sagten sie zu ihrem Pflegevater: »Wir rühren die Speise nicht an und nehmen keinen Bissen, bevor Ihr uns eine Bitte gewährt habt.«

Er fragte sie nach ihrer Bitte, und sie antworteten: »Wir haben ausgelernt, nun müssen wir uns in der Welt bewähren. Erlaubt, daß wir auf Wanderschaft gehen.«

Da sprach der Alte mit Freuden: »Ihr redet wie brave Jäger, was ihr begehrt, ist mein eigener Wunsch gewesen. Zieht in die Welt, es wird euch wohlergehen.« Darauf aßen und tranken sie fröhlich zusammen.

Als der Tag kam, an dem sie gehen sollten, schenkte der Pflegevater jedem eine gute Büchse und einen Hund und ließ jeden von seinen gesparten Goldstücken nehmen, soviel er wollte. Darauf begleitete er sie ein Stück Wegs, und beim Abschied gab er ihnen noch ein blankes Messer und sprach: »Wenn ihr euch einmal trennt, dann stoßt dieses Messer am Scheideweg in einen Baum. Daran kann dann einer, wenn er zurückkommt, sehen, wie es seinem abwesenden Bruder ergangen ist, denn die Seite, nach welcher dieser ausgezogen ist, rostet, wenn er stirbt. Solange er aber lebt, bleibt sie blank.«

Die zwei Brüder wanderten gemeinsam, bis sie in einen Wald kamen, der so groß war, daß sie ihn unmöglich in einem Tag durchqueren konnten. Deshalb machten sie sich ein Nachtlager und aßen, was sie in ihre Jägertaschen gesteckt hatten. Aber auch am zweiten Tag erreichten sie den Waldrand noch nicht.

Weil sie nichts zu essen hatten, sprach der eine: »Wir müssen uns etwas schießen, sonst leiden wir Hunger«, lud seine Büchse und sah sich um. Und als ein alter Hase dahergelaufen kam, legte er an. Aber der Hase rief:

»Lieber Jäger, laß mich leben,
Ich will dir auch zwei Junge geben.«

Er sprang ins Gebüsch und brachte zwei Junge. Die Tiere spielten aber so munter und waren so artig, daß die Jäger es nicht übers Herz bringen konnten, sie zu töten. Sie behielten sie, und die kleinen Hasen folgten ihnen wie kleine Hündchen.

Bald darauf schlich ein Fuchs vorbei, den wollten sie niederschießen, aber der Fuchs rief:

»Lieber Jäger, laß mich leben,
Ich will dir auch zwei Junge geben.«

Er brachte auch zwei Füchslein, und die Jäger mochten auch sie nicht töten, sondern gaben sie den Hasen zur Gesellschaft. Und auch sie folgten ihnen auf den Fuß.

Nicht lange, da kam ein Wolf aus dem Dickicht. Die Jäger legten auf ihn an, aber der Wolf rief:

»Lieber Jäger, laß mich leben,
Ich will dir auch zwei Junge geben.«

Die zwei jungen Wölfe taten die Jäger zu den andern Tieren, und sie folgten ihnen nach. Darauf kam ein Bär, der wollte gern noch länger herumtraben, und rief:

»Lieber Jäger, laß mich leben,
Ich will dir auch zwei Junge geben.«

Die zwei jungen Bären wurden zu den andern gesellt, und nun waren sie schon zu acht. Und wer kam dann? Ein Löwe! Er schüttelte seine Mähne, aber die Jäger ließen sich nicht abschrecken und zielten auf ihn. Aber auch der Löwe sprach:

»Lieber Jäger, laß mich leben,
Ich will dir auch zwei Junge geben.«

Und er holte seine Jungen. Nun hatten die Jäger zwei Löwen, zwei Bären, zwei Wölfe, zwei Füchse und zwei Hasen, die ihnen nachzogen und dienten.

Natürlich war ihr Hunger damit nicht gestillt worden. Da sprachen sie zu den Füchsen: »Hört, ihr Schleicher, beschafft uns etwas zu essen, ihr seid ja listig und verschlagen.« Sie antworteten: »Nicht weit von hier liegt ein Dorf, wo wir schon manches Huhn geholt haben; wir wollen euch den Weg zeigen.« Sie gingen ins Dorf, kauften sich etwas zu essen, ließen auch ihren Tieren Futter geben und zogen weiter. Die Füchse kannten sich überall dort gut aus, wo Hühnerhöfe waren, und sie konnten den Jägern überall den Weg weisen.

Sie zogen eine Zeitlang umher, konnten aber keinen Dienst finden, wo sie hätten zusammenbleiben können. Da faßten sie einen Entschluß: »Es geht nicht anders, wir müssen uns trennen.« Sie teilten die Tiere, so daß jeder einen Löwen, einen Bären, einen Wolf, einen Fuchs und einen Hasen bekam. Dann nahmen sie Abschied, versprachen sich brüderliche Liebe bis in den Tod und stießen das Messer, das ihnen ihr Pflegevater mitgegeben hatte, in einen Baum. Der eine zog nach Osten, der andere nach Westen.

Der eine kam mit seinen Tieren in eine Stadt, die ganz mit schwarzem Flor überzogen war. Er ging in ein Wirtshaus und fragte den Wirt, ob er nicht seine Tiere beherbergen könne. Der Wirt gab ihnen einen Stall mit einem Loch in der Wand. Da kroch der Hase hinaus und holte sich einen Kohlkopf. Der Fuchs holte sich ein Huhn und dann auch noch den Hahn dazu. Der Wolf, der Bär und der Löwe konnten nicht hinaus, weil sie zu groß waren. Da ließ sie der Wirt hinbringen, wo eine Kuh auf dem Rasen lag, damit sie sich sattfressen konnten. Und erst als für seine Tiere gesorgt war, fragte er den Wirt, warum die Stadt mit Trauerflor ausgehängt sei. Der Wirt antwortete ihm: »Weil morgen unseres Königs einzige Tochter sterben wird.« — »Ist sie krank?« fragte der Jäger. — »Nein«, bekam er zur Antwort, »sie ist munter und gesund, aber sie muß trotzdem sterben.« — »Wieso?« fragte der Jäger. »Draußen vor der Stadt ist ein hoher Berg, dort wohnt ein Drache. Der muß jedes Jahr eine reine Jungfrau haben, sonst verwüstet er das ganze Land. Nun hat er schon alle Jungfrauen bekommen, und es ist niemand mehr übrig als die Prinzessin. Es gibt keine Gnade, auch sie muß ihm ausgeliefert werden. Das soll morgen geschehen.«

Da sprach der Jäger: »Warum tötet niemand den Drachen?« — »Ach«, antwortete der Wirt, »so viele Ritter haben's versucht. Aber alle haben es mit ihrem Leben bezahlt. Der König hat dem, der den Drachen besiegt, seine Tochter zur Frau versprochen, und er soll auch nach seinem Tod das Reich erben.«

Der Jäger sagte dazu weiter nichts, aber am andern Morgen nahm er seine Tiere und stieg mit ihnen auf den Drachenberg.

Oben stand eine kleine Kirche, und auf dem Altar standen drei gefüllte Becher. Daneben lag ein Zettel, darauf stand geschrieben: »Wer die Becher austrinkt, wird der stärkste Mann auf Erden und wird das Schwert führen, das vor der Türschwelle vergraben liegt.« Der Jäger trank noch nicht, ging hinaus und suchte das Schwert in der Erde, vermochte es aber nicht von der Stelle zu bewegen. Darauf ging er zurück in die Kirche, trank die Becher aus und war nun stark genug, um das Schwert zu heben. Seine Hand konnte es ganz leicht führen.

Als die Stunde kam, wo die Prinzessin dem Drachen ausgeliefert werden sollte, begleiteten sie der König, der Marschall und die Hofleute aus der Stadt. Sie sahen von weitem den Jäger oben auf dem Drachenberg und meinten, der Drache stehe da und erwarte sie. Wie gerne wäre sie unten geblieben! Aber es nützte alles nichts, sie mußte den schweren Gang antreten, weil sonst die ganze Stadt verloren gewesen wäre. Der König und die Hofleute kehrten voll großer Trauer heim, des Königs Marschall aber sollte dableiben und aus der Ferne alles mit ansehen.

Als die Königstochter oben auf dem Berg ankam, stand nicht der Drache da, sondern der junge Jäger. Er sprach ihr Trost zu und versprach, sie zu retten. Er führte sie in die Kirche und schloß sie darin ein.

Es dauerte gar nicht lange, da kam mit großem Gebraus ein siebenköpfiger Drache geflogen. Als er den Jäger erblickte, wunderte er sich und sprach: »Was hast du hier auf dem Berg zu suchen?« Der Jäger antwortete: »Ich will mit dir kämpfen.«

Da sprach der Drache: »Schon so mancher Ritter hat hier sein Leben gelassen, mit dir werde ich auch fertig«, und atmete Feuer aus sieben Rachen. Das Feuer sollte das trockene Gras anzünden und den Jäger in Glut und Dampf ersticken, aber die Tiere traten das Feuer aus.

Da griff der Drache den Jäger an, der aber schwang sein Schwert, daß es in der Luft sang, und schlug ihm drei Köpfe ab. Der Drache wurde jetzt erst recht wütend. Er erhob sich in die Luft, spie Feuerflammen und wollte sich auf ihn stürzen, aber der Jäger zückte sein Schwert noch einmal und hieb ihm wieder drei Köpfe ab. Das Untier wurde immer matter und sank zu Boden, trotzdem wollte es wieder auf den Jäger losgehen, aber der schlug ihm mit letzter Kraft den Schweif ab. Und weil er nicht mehr kämpfen konnte, rief er seine Tiere herbei, die rissen den Drachen in Stücke. Als der Kampf zu Ende war, schloß der Jäger die Kirche auf und fand die Königstochter auf der Erde liegen, weil sie vor Angst und Schrecken während des Kampfes ohnmächtig geworden war. Er trug sie hinaus vor die Kirche, und als sie wieder zu sich kam und die Augen aufschlug, zeigte er ihr den zerrissenen Drachen und sagte ihr, daß sie erlöst sei.

Sie ging voller Freude auf ihn zu und sprach: »Jetzt wirst du mein lieber Gemahl, denn mein Vater hat mich demjenigen versprochen, der den Drachen tötet.«

Sie nahm ihre Korallenkette ab und teilte sie zur Belohnung unter die Tiere auf. Jeder bekam einen Teil als Halsband, und der Löwe erhielt das goldene Schlößchen davon. Ihr Taschentuch mit ihrem Namen aber schenkte sie dem Jäger. Der schnitt aus den sieben Drachenköpfen die Zungen heraus, wickelte sie in das Tuch und verwahrte sie gut.

Als das geschehen war, und weil er von Feuer und Kampf so matt und müde war, sprach er zur Prinzessin: »Wir sind beide müde, wir wollen ein wenig schlafen.«

Sie war damit einverstanden, und sie ließen sich auf die Erde nieder. Der Jäger aber sprach zum Löwen: »Halte Wache, damit uns niemand im Schlaf überfällt«, und beide schliefen ein. Der Löwe legte sich neben sie, um zu wachen, aber auch er war vom Kampf müde. Deshalb rief er den Bären und sprach: »Leg dich neben mich, ich muß ein wenig schlafen, und wenn was kommt, so wecke mich auf.« Da legte sich der Bär neben ihn, aber er war auch müde und rief den Wolf und sagte zu ihm das gleiche. Wie der Löwe und der Bär so verhielten sich auch Wolf und Fuchs. Nur der arme Hase hatte niemanden, dem er die Wache hätte übertragen können. Er setzte sich neben die andern, und weil auch er müde war, schlief er ein.

Da schliefen sie nun alle — die Prinzessin, der Jäger, der Löwe, der Bär, der Wolf, der Fuchs und der Hase. Alle lagen in festem Schlaf.

Nur einer wachte: der Marschall, der von weitem beobachten sollte, was geschah. Als er den Drachen nicht mit der Prinzessin hatte fortfliegen sehen und alles auf dem Berg ruhig war, nahm er sich ein Herz und stieg hinauf. Auf der Erde fand er den Drachen in Stücke zerrissen, und nicht weit davon lagen die Königstochter und ein Jäger mit seinen Tieren in tiefem Schlaf.

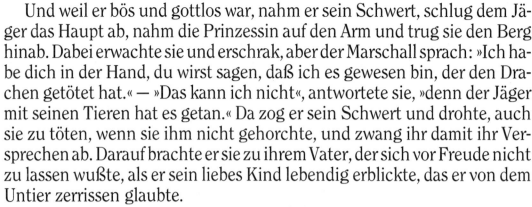

Und weil er bös und gottlos war, nahm er sein Schwert, schlug dem Jäger das Haupt ab, nahm die Prinzessin auf den Arm und trug sie den Berg hinab. Dabei erwachte sie und erschrak, aber der Marschall sprach: »Ich habe dich in der Hand, du wirst sagen, daß ich es gewesen bin, der den Drachen getötet hat.« — »Das kann ich nicht«, antwortete sie, »denn der Jäger mit seinen Tieren hat es getan.« Da zog er sein Schwert und drohte, auch sie zu töten, wenn sie ihm nicht gehorchte, und zwang ihr damit ihr Versprechen ab. Darauf brachte er sie zu ihrem Vater, der sich vor Freude nicht zu lassen wußte, als er sein liebes Kind lebendig erblickte, das er von dem Untier zerrissen glaubte.

Der Marschall forderte nun seine Belohnung: »Ich habe den Drachen getötet und die Prinzessin und das ganze Reich befreit, darum fordere ich sie zur Gemahlin, wie es versprochen ist.« Der König fragte seine Tochter: »Ist das wahr, was er sagt?« — »Ach ja«, antwortete sie, »es muß wohl wahr sein. Aber ich bedinge mir aus, daß erst über Jahr und Tag die Hochzeit gefeiert wird«, denn sie hoffte, in dieser Zeit etwas von ihrem lieben Jäger zu hören.

Auf dem Drachenberg aber lagen die Tiere neben ihrem toten Herrn und schliefen. Da kam eine große Hummel und setzte sich dem Hasen auf die Nase, aber der Hase wischte sie mit der Pfote ab und schlief weiter. Die Hummel kam zum zweitenmal, aber der Hase wischte sie wieder ab und schlief weiter. Da kam sie zum drittenmal und stach ihn in die Nase, so daß er aufwachte. Als der Hase wach war, weckte er den Fuchs und der Fuchs den Wolf und der Wolf den Bären und der Bär den Löwen.

Und als der Löwe aufwachte und sah, daß die Prinzessin fort war und sein Herr tot neben ihm lag, fing er an, fürchterlich zu brüllen, und rief: »Wer hat das getan? Bär, warum hast du mich nicht geweckt?« Der Bär fragte den Wolf, der Wolf den Fuchs und der Fuchs den Hasen: »Warum hast du mich nicht geweckt?« Der arme Hase hatte darauf keine Antwort, und so blieb die Schuld an ihm hängen. Alle wollten sie über ihn herfallen, aber er bettelte: »Bringt mich nicht um, ich will unsern Herrn wieder lebendig machen. Ich kenne einen Berg, da wächst eine Wurzel, wer die im Mund hat, der wird von aller Krankheit und allen Wunden geheilt. Aber der Berg liegt zweihundert Stunden von hier.« Da sprach der Löwe: »In vierundzwanzig Stunden mußt du wieder zurück sein und die Wurzel mitbringen.«

Da lief der Hase fort und war in vierundzwanzig Stunden mit der Wurzel wieder da. Der Löwe setzte dem Jäger den Kopf an, und der Hase steckte ihm die Wurzel in den Mund. Sofort fügte sich alles wieder zusammen, das Herz schlug, und das Leben kehrte zurück. Der Jäger erwachte und erschrak, als er die Prinzessin nicht mehr sah. Er dachte bei sich: »Sie ist wohl fortgegangen, während ich schlief, um mich loszuwerden.«

Der Löwe aber hatte in der Eile seinem Herrn den Kopf verkehrt herum

aufgesetzt, ohne daß dieser es in seiner Betrübnis über den Verlust der Königstochter gemerkt hätte. Erst zu Mittag, als er etwas essen wollte, sah er, daß er das Gesicht auf dem Rücken hatte. Er konnte das nicht begreifen und fragte die Tiere, was ihm im Schlaf widerfahren sei. Da erzählte ihm der Löwe, daß sie alle aus Müdigkeit eingeschlafen seien, und beim Erwachen hätten sie ihn tot, mit abgeschlagenem Haupt gefunden. Der Hase habe die Lebenswurzel geholt, er aber habe in der Eile den Kopf verkehrt gehalten, doch wolle er seinen Fehler wieder gutmachen. Er riß dem Jäger den Kopf wieder ab, drehte ihn herum, und der Hase heilte ihn mit der Wurzel fest.

Der Jäger aber war traurig, zog in der Welt herum und ließ seine Tiere vor den Leuten tanzen.

Es trug sich aber zu, daß er genau nach einem Jahr wieder in dieselbe Stadt kam, wo er die Königstochter vom Drachen erlöst hatte. Diesmal war die Stadt ganz mit rotem Scharlach ausgehängt.

Da fragte er den Wirt: »Was hat das zu bedeuten? Vor einem Jahr war die Stadt mit schwarzem Flor überzogen, was soll heute der rote Scharlach?« Der Wirt antwortete: »Vor einem Jahr sollte unseres Königs Tochter dem Drachen ausgeliefert werden, aber der Marschall hat mit ihm gekämpft und ihn getötet, und da soll morgen ihre Vermählung gefeiert werden. Deshalb war die Stadt damals mit schwarzem Flor zur Trauer und ist heute mit rotem Scharlach zur Freude ausgehängt.«

Am nächsten Tag, als die Hochzeit sein sollte, sprach der Jäger um die Mittagszeit zum Wirt: »Glaubt Er wohl, Herr Wirt, daß ich heute Brot von des Königs Tisch hier bei ihm essen werde?«

»Natürlich glaube ich das nicht,« sprach der Wirt. »Ich würde ruhig hundert Goldstücke darauf wetten.« Der Jäger nahm die Wette an und setzte einen Beutel mit genausoviel Goldstücken dagegen.

Dann rief er den Hasen und sprach: »Geh, lieber Springer, und hol mir von dem Brot, das die Königin ißt.« Das Häslein war die niedrigste »Charge« und konnte den Auftrag an keinen andern weitergeben, sondern mußte sich selbst auf die Beine machen. »O je«, dachte es, »wenn ich so allein durch die Straßen springe, werden mich die Metzgerhunde jagen.« Und so war es auch. Die Hunde liefen hinter ihm her und wollten ihm ans Fell. Aber es lief, hast du nicht gesehen und flüchtete sich in ein Schilderhaus, ohne daß es der Soldat bemerkte. Da kamen die Hunde und wollten es heraushaben, aber der Soldat verstand keinen Spaß und schlug mit dem Kolben auf sie ein, daß sie jaulend davonliefen. Als der Hase merkte, daß die Luft rein war, sprang er ins Schloß und schnurstracks zur Königstochter. Er setzte sich unter ihren Stuhl und kratzte an ihrem Bein. Da sagte sie: »Mach, daß du fortkommst!«, denn sie glaubte, es wäre ihr Hund. Als der Hase zum zweitenmal kratzte, sagte sie wieder: »Mach, daß du fortkommst!« in dem Glauben, es wäre ihr Hund.

Aber der Hase ließ sich nicht irremachen und kratzte zum drittenmal, da guckte sie herab und erkannte den Hasen an seinem Halsband. Sie nahm ihn auf ihren Schoß, trug ihn in ihr Zimmer und sprach: »Lieber Hase, was willst du?« Der antwortete: »Mein Herr, der den Drachen getötet hat, ist hier und schickt mich, ich soll um ein Brot bitten, wie es der König ißt.« Da freute sie sich sehr, ließ den Bäcker kommen und befahl ihm, ein Brot zu bringen, wie es der König aß. Da sprach das Häslein: »Aber der Bäcker muß mir's auch hintragen, damit mir die Metzgerhunde nichts tun.« Da trug es ihm der Bäcker bis an die Tür der Wirtsstube. Dort stellte sich der Hase auf die Hinterbeine, nahm das Brot in die Vorderpfoten und brachte es seinem Herrn.

Da sprach der Jäger: »Sieht Er, Herr Wirt, die hundert Goldstücke sind mein.« Der Wirt wunderte sich, aber der Jäger sagte weiter: »Ja, Herr Wirt, das Brot hätte ich, nun will ich aber auch von des Königs Braten essen.«

Der Wirt sagte zwar: »Das möchte ich gern sehen«, aber wetten wollte er nicht mehr.

Da rief der Jäger den Fuchs und sprach: »Mein Füchslein, geh und hol mir Braten, wie ihn der König ißt.« Der Rotfuchs wußte die Schliche besser, hielt sich an stille Ecken und Winkel, ohne daß ihn ein Hund gesehen hätte, setzte sich unter den Stuhl der Königstochter und kratzte an ihrem Bein. Als sie herabsah und den Fuchs am Halsband erkannte, nahm sie ihn mit in ihr Zimmer und sprach: »Lieber Fuchs, was willst du?« Darauf antwortete er: »Mein Herr, der den Drachen getötet hat, ist hier und schickt mich, ich soll um einen Braten bitten, wie ihn der König ißt.« Da ließ sie den Koch kommen, der mußte einen Braten herrichten, wie ihn der König aß, und ihn dem Fuchs bis an die Wirtshaustür tragen. Dort nahm ihm der Fuchs die Schüssel ab, wedelte mit seinem Schwanz erst noch die Fliegen auf dem Braten weg und brachte ihn dann seinem Herrn.

»Sieht Er, Herr Wirt«, sprach der Jäger, »Brot und Fleisch sind da, nun will ich auch Gemüse dazu essen, wie es der König ißt.«

Da rief er den Wolf und sprach: »Lieber Wolf, geh und hol mir von dem Gemüse, das der König ißt.« Der Wolf ging geradeswegs ins Schloß, weil er sich vor niemandem fürchtete, und als er in das Zimmer der Prinzessin kam, zog er sie hinten am Kleid, so daß sie sich umdrehen mußte. Sie erkannte ihn am Halsband und sprach: »Lieber Wolf, was willst du?« Er antwortete ihr: »Mein Herr, der den Drachen getötet hat, ist hier; ich soll um Gemüse bitten, wie es der König ißt.« Sie ließ den Koch kommen, der mußte Gemüse zubereiten, wie es der König aß, und es dem Wolf bis vor die Tür tragen. Der Wolf nahm ihm die Schüssel ab und brachte sie seinem Herrn.

»Sieht Er, Herr Wirt«, sprach der Jäger, »nun hab' ich Brot, Fleisch und Gemüse, aber ich will auch Gebäck, wie es der König ißt.«

Er rief den Bären und sprach: »Lieber Bär, du leckst doch gern etwas Süßes, geh und hol mir Gebäck, wie's der König ißt.« Da trabte der Bär zum Schloß, und jeder ging ihm aus dem Weg. Als er aber zur Wache kam, legte sie die Flinten auf ihn an und wollte ihn nicht ins königliche Schloß lassen. Er erhob sich in seiner ganzen Größe und gab ihr mit seinen Tatzen links und rechts ein paar Ohrfeigen, daß die ganze Wache zusammenlief. Dann ging er geradeswegs zur Königstochter, stellte sich hinter sie und brummte ein wenig. Da schaute sie sich um und erkannte den Bären, ließ ihn in ihr Zimmer mitgehen und fragte. »Lieber Bär, was willst du?« Er aber antwortete: »Mein Herr, der den Drachen getötet hat, ist hier und schickt mich, ich soll um Gebäck bitten, wie's der König ißt.« Da ließ sie den Konditor kommen, der mußte Gebäck backen, wie's der König aß, und dem Bären bis vor die Wirtshaustür tragen. Da leckte der Bär erst die Zuckererbsen auf, die heruntergerollt waren, dann stellte er sich aufrecht, nahm die Schüssel und brachte sie seinem Herrn.

»Sieht Er, Herr Wirt«, sprach der Jäger, »nun hab' ich Brot, Fleisch, Gemüse und Gebäck, aber ich will auch Wein, wie ihn der König trinkt.«

Er rief seinen Löwen und sprach: »Lieber Löwe, du trinkst dir doch gern einen Rausch an, geh und hol mir Wein, wie ihn der König trinkt.«

Da schritt der Löwe über die Straße, und die Leute liefen vor ihm davon. Als er an die Wache kam, wollte sie ihm den Weg versperren, aber er brüllte nur einmal, da liefen alle weg. Der Löwe ging zum königlichen Zimmer und klopfte mit seinem Schweif an die Tür. Die Königstochter kam heraus und wäre fast über den Löwen erschrocken, aber sie erkannte ihn an dem goldenen Schloß von ihrer Halskette, ließ ihn eintreten und sprach: »Lieber Löwe, was willst du?« Er antwortete: »Mein Herr, der den Drachen getötet hat, ist hier und schickt mich, ich soll um Wein bitten, wie ihn der König trinkt.« Da ließ sie den Mundschenk kommen, der sollte dem Löwen Wein

geben, wie ihn der König tränke. Der Löwe aber sprach: »Ich werde mitgehen und sehen, daß ich auch den richtigen kriege«, und ging mit dem Mundschenk in den Keller. Als sie unten waren, wollte der ihm von dem gewöhnlichen Wein zapfen, wie ihn des Königs Diener tranken, aber der Löwe sprach: »Halt! Ich will den Wein erst versuchen«, zapfte sich ein halbes Maß und schluckte es auf einmal hinunter. »Nein«, sagte er, »das ist nicht der richtige.« Der Mundschenk sah ihn schief an, sagte aber nichts und wollte ihm Wein aus dem Faß geben, das für des Königs Marschall bestimmt war. Da forderte der Löwe wieder: »Halt! Erst will ich den Wein kosten«, zapfte sich ein halbes Maß und trank es aus. »Der ist schon besser, aber noch nicht der richtige.« Der Mundschenk wurde ärgerlich und sprach: »Was versteht so ein dummes Vieh schon vom Wein.«

Aber der Löwe versetzte ihm einen Schlag hinter die Ohren, so daß er unsanft umfiel, und als er sich wieder aufgerappelt hatte, führte er den Löwen schweigend in einen kleinen, besonderen Keller, wo des Königs Wein lag, von dem sonst kein Mensch zu trinken bekam. Der Löwe zapfte sich erst ein halbes Maß und probierte, dann sprach er: »Das kann der richtige sein«, und hieß den Mundschenk sechs Flaschen füllen. Als der Löwe aber aus dem Keller ins Freie kam, schwankte er hin und her und war ein wenig betrunken, und der Mundschenk mußte ihm den Wein bis vor die Tür tragen. Dort nahm der Löwe den Henkelkorb in das Maul und brachte ihn seinem Herrn.

Da sprach der Jäger: »Sieht Er, Herr Wirt, da habe ich Brot, Fleisch, Gemüse, Gebäck und Wein, wie es der König hat, nun will ich mit meinen Tieren speisen«, setzte sich hin, aß und trank und gab dem Hasen, dem Fuchs, dem Wolf, dem Bären und dem Löwen auch davon zu essen und zu trinken und war guter Dinge, denn er sah, daß ihn die Königstochter noch liebhatte.

Und als sie mit dem Mittagessen fertig waren, sprach er: »Herr Wirt, nun hab' ich gegessen und getrunken, wie der König ißt und trinkt, jetzt will ich an des Königs Hof gehen und die Prinzessin heiraten.«

Da fragte der Wirt: »Wie wollt Ihr das machen, wo sie schon einen Bräutigam hat und heute die Vermählung gefeiert wird?« Da zog der Jäger das Taschentuch heraus, das ihm die Prinzessin auf dem Drachenberg gegeben hatte und in das die sieben Zungen des Untiers eingewickelt waren, und sprach: »Dazu soll mir das verhelfen, was ich da in der Hand halte.« Der Wirt sah sich das Tuch an und sprach: »Wenn ich alles glaubte, aber das nicht. Ich würde Haus und Hof darauf wetten.«

Der Jäger aber nahm einen Beutel mit tausend Goldstücken, stellte ihn auf den Tisch und sagte: »Das setze ich dagegen.«

Nun sprach der König an der königlichen Tafel zu seiner Tochter: »Was haben die wilden Tiere alle gewollt, die zu dir gekommen und in meinem

Schloß ein- und ausgegangen sind?« Da antwortete sie: »Das darf ich nicht sagen, aber schickt hin und laßt den Herrn dieser Tiere holen. Ihr würdet ein gutes Werk tun.«

Der König schickte einen Diener ins Wirtshaus und ließ den Fremden einladen. Der Diener kam gerade, als der Jäger mit dem Wirt wettete.

Da sprach er: »Sieht Er, Herr Wirt, da schickt der König einen Diener und läßt mich einladen, aber ich gehe noch nicht.«

Und zu dem Diener sagte er: »Ich lasse den Herrn König bitten, er soll mir königliche Kleider, einen Wagen mit sechs Pferden und Diener schikken, die mir aufwarten.«

Als der König die Antwort hörte, sprach er zu seiner Tochter: »Was soll ich tun?« Sie sagte: »Laßt ihn holen, wie er's verlangt. Ihr würdet ein gutes Werk tun.« Da schickte der König königliche Kleider, einen Wagen mit sechs Pferden und Diener, die ihm aufwarten sollten.

Als der Jäger sie kommen sah, sprach er: »Sieht Er, Herr Wirt, nun werde ich abgeholt, wie ich es verlangt habe«, zog die königlichen Kleider an, nahm das Tuch mit den Drachenzungen und fuhr zum König.

Als ihn der König kommen sah, sprach er zu seiner Tochter: »Wie soll ich ihn empfangen?« Da antwortete sie: »Geht ihm entgegen. Ihr würdet ein gutes Werk tun.« Da ging ihm der König entgegen und führte ihn in den Saal, und seine Tiere folgten ihm. Der König wies ihm einen Platz neben sich und seiner Tochter an.

Der Marschall saß auf der andern Seite, als Bräutigam, aber er erkannte den Jäger nicht mehr.

Nun wurden gerade die sieben Häupter des Drachen zur Schau aufgetragen, und der König sprach: »Die sieben Häupter hat der Marschall dem Drachen abgeschlagen, darum gebe ich ihm heute meine Tochter zur Gemahlin.«

Da stand der Jäger auf, öffnete die sieben Rachen und sprach: »Wo sind die sieben Zungen des Drachen?« Da erschrak der Marschall, wurde bleich und wußte nicht, was er antworten sollte. Endlich sagte er in seiner Angst: »Drachen haben keine Zungen.« Der Jäger erwiderte: »Die Lügner sollten keine haben, aber die Drachenzungen sind das Wahrzeichen des Siegers«, und wickelte das Tuch auf. Da lagen sie alle sieben drin, und er steckte jede Zunge in den Rachen, in den sie gehörte, und sie paßten genau. Darauf nahm er das Tuch, in das der Name der Königstochter eingestickt war, zeigte es der Prinzessin und fragte sie, wem sie es gegeben habe, da antwortete sie: »Dem, der den Drachen getötet hat.«

Und dann rief er seine Tiere, nahm jedem das Halsband und dem Löwen das goldene Schloß ab, zeigte alles der Prinzessin und fragte, wem es gehört habe. Sie antwortete: »Das Halsband und das goldene Schloß waren mein, ich habe es unter die Tiere verteilt, die den Drachen besiegen halfen.«

Da sprach der Jäger: »Als ich, müde von dem Kampf, ruhte und schlief, kam der Marschall und hieb mir den Kopf ab. Dann trug er die Königstochter fort und gab vor, er sei es gewesen, der den Drachen getötet habe. Daß er gelogen hat, beweise ich mit den Zungen, dem Tuch und dem Halsband.«

Und dann erzählte er, wie ihn seine Tiere durch eine wunderbare Wurzel geheilt hatten und daß er ein Jahr lang mit ihnen herumgezogen und endlich wieder hierhergekommen sei, wo er den Betrug des Marschalls durch die Erzählung des Wirtes erfahren habe.

Da fragte der König seine Tochter: »Ist das wahr, daß dieser Mann den Drachen getötet hat?« Da antwortete sie: »Ja, es ist wahr; jetzt darf ich die Schandtat des Marschalls offenbaren, weil sie ohne mein Zutun an den Tag gekommen ist, denn er hat mir das Versprechen zu schweigen abgezwungen. Darum aber habe ich mir ausbedungen, daß erst auf Jahr und Tag die Hochzeit gefeiert werden sollte.«

Da ließ der König zwölf Ratsherrn rufen, die über den Marschall das Urteil sprechen sollten. So wurde der Marschall bestraft.

Der König aber gab seine Tochter dem Jäger und ernannte ihn zu seinem Statthalter im ganzen Reich. Die Hochzeit wurde mit großen Freuden gefeiert, und der junge König ließ seinen Vater und Pflegevater holen und überhäufte sie mit Schätzen. Aber er vergaß auch den Wirt nicht, ließ ihn kommen und sprach zu ihm: »Sieht Er, Herr Wirt, die Prinzessin habe ich geheiratet, und Sein Haus und Hof sind mein.« Da sprach der Wirt: »Ja, das wäre rechtens.«

Der junge König aber sprach: »Ich werde Gnade walten lassen. Haus und Hof soll Er behalten, und die tausend Goldstücke schenke ich Ihm noch dazu.«

Der junge König und die junge Königin waren guter Dinge und lebten vergnügt. Er zog oft auf die Jagd, weil er seine Freude daran hatte, und die treuen Tiere begleiten ihn. In der Nähe aber lag ein Wald, von dem es hieß, es sei dort nicht geheuer und wer darin sei, komme nicht so leicht wieder heraus. Der junge König verspürte große Lust, darin zu jagen, und ließ dem alten König nicht eher Ruhe, als bis er es ihm erlaubte.

Er ritt mit großer Begleitung aus, und als er zu dem Wald kam, sah er eine schneeweiße Hirschkuh und sprach zu seinen Leuten: »Wartet hier, bis ich zurückkomme, ich will das schöne Wild jagen.« Er ritt ihr in den Wald nach, und nur seine Tiere folgten ihm. Seine Leute hielten an und warteten bis zum Abend, aber er kam nicht wieder. Da ritten sie heim und erzählten der jungen Königin: »Der junge König ist im Zauberwald einer weißen Hirschkuh nachgejagt und nicht wiedergekommen.« Da machte sie sich große Sorgen um ihn.

Er war dem schönen Tier immer weiter nachgeritten, konnte es aber niemals einholen. Wenn er meinte, es sei schußgerecht, entschwand es ihm und er sah es in weiter Ferne. Endlich verschwand es ganz. Nun merkte er, daß er tief in den Wald hineingeraten war, nahm sein Horn und blies, aber er bekam keine Antwort, denn seine Leute waren viel zu weit weg und konnten es nicht hören.

Weil die Nacht einbrach und er sah, daß er an diesem Tag nicht mehr nach Hause kommen konnte, stieg er ab, machte sich unter einem Baum ein Feuer und wollte hier übernachten. Als er am Feuer saß und seine Tiere sich auch neben ihn gelegt hatten, meinte er, er höre eine menschliche Stimme. Er schaute sich um, konnte aber niemanden erblicken. Bald darauf hörte er wieder ein Ächzen wie von oben her, da blickte er in die Höhe und sah eine alte Frau auf dem Baum sitzen. Sie jammerte in einem fort: »Hu, hu, hu, wie mich friert!« Da bot er ihr an: »Steig herab und wärme dich, wenn dich friert.« Sie aber sagte: »Nein, deine Tiere beißen mich.« Er antwortete ihr: »Sie tun dir nichts, altes Mütterchen, komm nur herunter.« Die Alte war eine Hexe. Sie sprach: »Ich will dir eine Rute vom Baum herabwerfen, wenn du sie damit auf den Rücken schlägst, tun sie mir nichts.«

Sie warf ihm eine kleine Rute herab, und er schlug seine Tiere damit. Sie lagen sofort unbeweglich da und waren in Stein verwandelt. Und als die Hexe vor den Tieren sicher war, sprang sie herunter und rührte auch ihn mit einer Rute an und verwandelte ihn in Stein. Lachend schleppte sie ihn und die Tiere in einen Graben, in dem schon mehr solche Steine lagen. Als der junge König gar nicht wiederkam, wurden Angst und Besorgnis der Königin immer größer.

Nun trug es sich zu, daß gerade in dieser Zeit der andere Bruder, der bei der Trennung nach Osten gewandert war, in das Königreich kam. Er hatte einen Dienst gesucht und keinen gefunden, war dann herumgezogen und hatte seine Tiere tanzen lassen. Da fiel ihm ein, doch einmal nach dem Messer zu sehen, das sie bei ihrer Trennung in einen Baumstamm gestoßen hatten, um zu erfahren, wie es seinem Bruder ginge.

Wie er zu dem Baum kam, war seines Bruders Seite halb verrostet und halb blank. Da erschrak er und dachte: »Meinem Bruder muß ein großes Unglück zugestoßen sein. Doch ich kann ihn vielleicht noch retten, denn die Hälfte des Messers ist noch blank.« Er zog mit seinen Tieren gen Westen, und als er zum Stadttor kam, trat ihm die Wache entgegen und fragte, ob sie ihn bei seiner Gemahlin anmelden sollten. Die junge Königin sei schon seit ein paar Tagen in großer Angst über sein Ausbleiben und fürchte, er sei im Zauberwald umgekommen. Die Wache glaubte nämlich, er wäre der junge König persönlich, so ähnlich sah er ihm. Außerdem liefen die gleichen wilden Tiere hinter ihm her.

Da merkte der junge Mann, daß von seinem Bruder die Rede war, und dachte: »Es ist das beste, ich gebe mich für ihn aus, dadurch kann ich ihn vielleicht leichter retten.« Er ließ sich von der Wache ins Schloß begleiten

und wurde mit großen Freuden empfangen. Die junge Königin glaubte auch, es wäre ihr Gemahl, und fragte ihn, warum er so lange ausgeblieben sei. Er antwortete: »Ich habe mich in einem Wald verirrt und konnte nicht eher wieder herausfinden.«

Abends wurde er in das königliche Bett gebracht, aber er legte ein zweischneidiges Schwert zwischen sich und die junge Frau. Sie wußte nicht, was das heißen sollte, getraute sich aber nicht zu fragen.

Er blieb ein paar Tage und versuchte herauszubekommen, was es mit dem Zauberwald auf sich hätte. Endlich sprach er: »Ich muß noch einmal in diesem Wald jagen.«

Der König und seine Tochter wollten es ihm ausreden, aber er bestand darauf und zog mit großer Begleitung hinaus. Als er in den Wald gekommen war, erging es ihm wie seinem Bruder. Er sah eine weiße Hirschkuh und sprach zu seinen Leuten: »Bleibt hier und wartet, bis ich wiederkomme, ich will das schöne Wild jagen«, ritt in den Wald, und seine Tiere liefen ihm nach. Aber er konnte die Hirschkuh nicht einholen und geriet so tief in den Wald, daß er darin übernachten mußte.

Und als er ein Feuer angemacht hatte, hörte er es über sich ächzen: »Hu, hu, hu, wie mich friert!« Da schaute er hinauf, und es saß dieselbe Hexe oben im Baum. Er sprach: »Wenn dich friert, dann komm herab, altes

Mütterchen, und wärme dich.« Sie antwortete: »Nein, deine Tiere beißen mich.« Er aber sprach: »Sie tun dir nichts.« Da rief sie: »Ich will dir eine Rute hinabwerfen, wenn du sie damit schlägst, tun sie mir nichts.«

Als der Jäger das hörte, wurde er mißtrauisch und sprach: »Meine Tiere schlage ich nicht, komm herunter, oder ich hole dich.« Da rief sie: »Was willst du? Du tust mir doch nichts!« Er aber antwortete: »Kommst du nicht, so schieß' ich dich herunter.« Da sprach sie: »Schieß nur zu, vor deinen Kugeln fürchte ich mich nicht.« Er legte an und schoß nach ihr, aber die Hexe war fest gegen alle Bleikugeln, lachte, daß es gellte, und rief: »Mich triffst du nicht, du Milchbart.«

Der Jäger wußte jetzt Bescheid, riß sich drei silberne Knöpfe vom Rock und lud damit die Büchse, denn dagegen war ihre Kunst machtlos. Und als er abdrückte, stürzte sie gleich mit Geschrei herab. Er stellte den Fuß auf sie und sprach: »Alte Hexe, wenn du nicht gleich gestehst, wo mein Bruder ist, so pack' ich dich mit beiden Händen und werfe dich ins Feuer.« Sie hatte furchtbare Angst, bat um Gnade und bekannte: »Er liegt mit seinen Tieren versteinert in einem Graben.«

Da zwang er sie, mit ihm hinzugehen, er drohte ihr und sprach: »Alte Meerkatze, jetzt machst du meinen Bruder und alle Geschöpfe, die hier liegen, lebendig, oder du kommst ins Feuer.« Sie nahm eine Rute und rührte die Steine an, da wurde sein Bruder mit den Tieren und alle anderen wieder lebendig — alle die Kaufleute, Handwerker und Hirten. Sie standen auf, dankten für ihre Befreiung und zogen heim.

Die Zwillingsbrüder aber küßten sich und freuten sich von Herzen. Dann ergriffen sie die Hexe, banden sie und legten sie ins Feuer, und als sie verbrannt war, tat sich der Wald von selbst auf und war licht und hell, und man konnte das königliche Schloß auf drei Stunden Wegs sehen.

Die zwei Brüder gingen zusammen nach Hause und erzählten sich auf dem Weg ihre Schicksale. Und als der eine sagte, er sei an des Königs Statt Herr im ganzen Lande, sprach der andere: »Das hab' ich gemerkt, denn als ich in die Stadt kam und für dich angesehen wurde, wurden mir alle königlichen Ehren zuteil. Die junge Königin hielt mich für ihren Gemahl, und ich mußte an ihrer Seite essen und in deinem Bett schlafen.« Als das der andere hörte, übermannte ihn die Eifersucht. Voller Zorn zog er sein Schwert und schlug seinem Bruder den Kopf ab.

Als dieser tot dalag und er sein rotes Blut fließen sah, reute es ihn gewaltig. »Mein Bruder hat mich erlöst«, rief er aus, »und ich habe ihn dafür getötet!« Er jammerte laut. Sein Hase aber erbot sich, von der Lebenswurzel zu holen, sprang fort, und brachte sie noch zur rechten Zeit. Der Tote wurde wieder ins Leben zurückgerufen, und er merkte gar nichts von der Wunde.

Darauf zogen sie weiter und der junge König sprach: »Du siehst aus wie ich, hast königliche Kleider an wie ich, und die Tiere folgen dir nach wie mir; wir wollen durch entgegengesetzte Tore in die Stadt gehen und von zwei Seiten zugleich beim alten König anlangen.«

Sie trennten sich, und dem alten König wurde zur gleichen Zeit von den Wachen beider Stadttore gemeldet, daß der junge König mit den Tieren von der Jagd zurück sei.

Da sprach der König: »Das ist unmöglich, die Tore liegen eine Stunde weit auseinander.« Inzwischen kamen bereits die beiden Brüder von zwei Seiten in den Schloßhof und stiegen die Schloßtreppe hinauf. Da sprach der König zu seiner Tochter: »Sag mir, welcher ist dein Gemahl? Einer sieht aus wie der andere, ich kann sie nicht unterscheiden.«

Die Königin rührte sich nicht, sie zitterte noch vor Angst und konnte es auch nicht sagen. Endlich fiel ihr das Halsband ein, das sie den Tieren gegeben hatte. Sie suchte und fand an dem einen Löwen ihr goldenes Schlößchen. Da rief sie vergnügt: »Der, dem dieser Löwe gehört, der ist mein rechter Gemahl.« Da lachte der junge König und sagte: »Ja, ich bin der richtige«, und sie setzten sich zusammen zu Tisch, aßen und tranken und waren fröhlich.

Abends, als der junge König zu Bett ging, sprach seine Frau: »Warum hast du die vorigen Nächte immer ein zweischneidiges Schwert in unser Bett gelegt? Ich habe geglaubt, du wolltest mich totschlagen.«

Da erkannte er, wie treu sein Bruder gewesen war.

Jorinde und Joringel

s war einmal ein altes Schloß mitten in einem großen, dichten Wald. In dem wohnte eine alte Frau ganz allein — sie war eine Erzzauberin. Am Tage verwandelte sie sich in eine Katze oder Nachteule, am Abend aber wurde sie wieder zu einem richtigen Menschen. Sie vermochte Wild und Vögel herbeizulocken, die sie dann schlachtete, kochte und briet. Wenn jemand sich dem Schloß auf hundert Schritte näherte, mußte er wie unter einem Zwang still stehen und konnte sich nicht von der Stelle bewegen, bis sie ihn lossprach. Wenn aber eine keusche Jungfrau in diesen Zauberkreis kam, so verwandelte sie diese in einen Vogel, sperrte sie in einen Korb ein und trug den Korb in eine Kammer ihres Schlosses. Sie hatte wohl schon siebentausend solcher Körbe mit so raren Vögeln im Schloß.

Nun lebte einmal eine Jungfrau, die hieß Jorinde. Sie war schöner als alle anderen Mädchen und einem schönen Jüngling namens Joringel versprochen. Sie waren in den Brauttagen und hatten ihr größtes Vergnügen aneinander.

Um nun einmal ungestört miteinander reden zu können, gingen sie in den Wald spazieren. »Wir müssen aufpassen«, sprach Joringel, »daß wir nicht zu nahe ans Schloß kommen.«

Es war ein schöner Abend, die Sonne schien zwischen den Stämmen der Bäume hell ins dunkle Grün des Waldes, und die Turteltaube sang kläglich auf den alten Maibuchen. Sie waren so mit sich beschäftigt, daß sie dabei gar nicht auf den Weg achteten. Jetzt wußten sie nicht, wo sie waren und wie sie wieder nach Hause finden sollten. Jorinde weinte zuweilen, setzte sich im Sonnenschein hin und jammerte. Joringel klagte auch. Sie waren so bestürzt, als sollten sie sterben. Die Sonne stand noch halb über dem Berg, und halb war sie schon untergegangen. Joringel sah durchs Gebüsch und erblickte auf einmal die alte Mauer des Schlosses ganz nahe. Er erschrak und es wurde ihm angst und bange. Jorinde sang:

»Mein Vöglein mit dem Ringlein rot,
Singt Leide, Leide, Leide;
Es singt dem Täubchen seinen Tod,
Singt Leide, Lei — zucküht, zucküht, zucküht.«

Joringel blickte nach Jorinde — seine Braut hatte sich in eine Nachtigall verwandelt, die sang: »Zucküht, zucküht«. Eine Eule mit glühenden

Augen flog dreimal um sie herum und schrie dreimal: »Schu, hu, hu, hu.« Joringel konnte sich nicht regen; er stand da wie ein Stein, konnte nicht weinen und nicht reden. Er konnte weder Hand noch Fuß regen. Inzwischen war die Sonne untergegangen. Die Eule flog in einen Strauch, und gleich darauf kam eine alte, krumme Frau daraus hervor – gelb und mager, große rote Augen, krumme Nase, die mit der Spitze ans Kinn reichte. Sie murmelte etwas, fing die Nachtigall und trug sie in der Hand fort. Joringel konnte nicht sprechen und nicht von der Stelle kommen; die Nachtigall war fort. Endlich kam die Alte wieder und sagte mit dumpfer Stimme: »Grüß dich, Zachiel, wenn der Mond ins Körbel scheint, bind los, Zachiel, zu guter Stund.« Damit gab sie Joringel wieder frei. Er fiel vor der Alten auf die Knie und bat sie, ihm seine Jorinde wiederzugeben. Aber sie erwiderte, er werde sie nie wiederbekommen, und ließ ihn stehen. Er rief, er weinte, er jammerte, aber alles war umsonst. »Oh, was soll mit mir geschehen?«

Joringel ging fort und kam endlich in ein nahes, ihm fremdes Dorf. Dort blieb er und hütete lange Zeit die Schafe. Oft ging er um das Schloß herum, aber er hielt sich immer in einem sicheren Abstand. Endlich träumte er einmal des Nachts, er fände eine blutrote Blume, in deren Mitte eine schöne, große Perle war. Er brach die Blume ab und ging damit zum Schloß. Alles, was er mit der Blume berührte, wurde vom Zauber erlöst. Weiter träumte er, er habe auf diese Weise seine Jorinde wiederbekommen.

Als er am Morgen erwachte, machte er sich auf, überall in Berg und Tal nach dieser Blume zu suchen. Am frühen Morgen des neunten Tages fand er die blutrote Blume. In der Mitte war ein großer Tautropfen, so groß wie die schönste Perle. Mit dieser Blume ging er Tag und Nacht, bis er zum Schloß kam. Als er auf hundert Schritte an das Schloß heran war, wurde er nicht steif wie eine Salzsäule, sondern ging weiter bis ans Tor.

Joringel freute sich sehr, berührte die Pforte mit der Blume, und sie sprang auf. Er ging hinein, überquerte den Hof und horchte, ob er nicht irgendwo die vielen Vögel zwitschern hörte. Endlich vernahm er sie und fand auch den Saal.

Dort fütterte die Zauberin gerade die Vögel in den siebentausend Körben. Als sie den Joringel sah, wurde sie böse, sehr böse. Sie schrie und spie Gift und Galle, aber sie konnte auf zwei Schritte nicht an ihn herankommen. Er kümmerte sich nicht um sie und besah sich die Körbe mit den Vögeln. Aber da war nicht nur eine, sondern viele hundert Nachtigallen — wie sollte er darunter seine Jorinde herausfinden? Wie er sich so umsah, bemerkte er, wie die Alte heimlich ein Körbchen mit einem Vogel wegnahm und damit auf die Tür zuging. Flugs sprang er hinzu und berührte das Körbchen, aber auch die Alte mit der Blume. Nun konnte sie nicht mehr zaubern. Jorinde fiel ihm um den Hals und war so schön wie eh und je. Dann verwandelte er auch alle die andern Vögel wieder zu Mädchen.

Er ging mit seiner Jorinde nach Hause, und sie lebten lange vergnügt zusammen.

Die sechs Schwäne

s war einmal ein König, der ging in einem großen Wald auf die Jagd. Er stellte einem Wild so eifrig nach, daß ihm niemand von seinen Leuten folgen konnte. Als der Abend herankam, hielt er an und blickte sich um. Da sah er, daß er sich verirrt hatte. Er suchte einen Weg aus dem Wald, aber er konnte keinen finden.

Da erblickte er eine alte Frau mit wackelndem Kopf, die auf ihn zukam; sie war aber eine Hexe.

»Liebe Frau«, sprach er sie an, »könnt Ihr mir nicht den Weg aus dem Wald zeigen?« — »Aber sicher, Herr König«, antwortete sie, »das kann ich. Aber ich habe eine Bedingung. Wenn Ihr die nicht erfüllt, kommt Ihr nie aus dem Wald und müßt da verhungern.«

»Was ist das für eine Bedingung?« fragte der König.

»Ich habe eine Tochter«, sagte die Alte, »die so schön ist, wie Ihr keine andere auf der Welt finden könnt. Sie hat es wohl verdient, Eure Gemahlin zu werden. Wenn Ihr sie zur Königin machen wollt, zeige ich Euch den Weg aus dem Wald.«

Dem König schnürte die Angst schon das Herz ab, und er willigte ein. Die Alte führte ihn zu ihrem Häuschen, wo ihre Tochter am Feuer saß. Sie empfing den König, als hätte sie ihn erwartet. Er sah sehr gut, wie schön sie war, aber sie gefiel ihm trotzdem nicht. Er konnte sie ohne heimliches Grausen nicht ansehen.

Nachdem er das Mädchen zu sich aufs Pferd gehoben hatte, zeigte ihm die Alte den Weg, und der König gelangte wieder in sein königliches Schloß, wo die Hochzeit gefeiert wurde.

Der König war schon einmal verheiratet gewesen und hatte von seiner ersten Gemahlin sieben Kinder, sechs Knaben und ein Mädchen, die er über alles auf der Welt liebte. Weil er nun fürchtete, die Stiefmutter könnte sie schlecht behandeln und ihnen sogar ein Leid antun, brachte er sie in ein einsames Schloß mitten in einem Wald. Es lag so verborgen, und der Weg war so schwer zu finden, daß er ihn selbst nicht gefunden hätte, wenn ihm nicht eine weise Frau ein Garnknäuel von wunderbarer Eigenschaft geschenkt hätte. Wenn er das Knäuel vor sich auf die Erde warf, wickelte sich das Garn von selbst ab und zeigte ihm den Weg.

Der König ging aber so oft zu seinen lieben Kindern, daß der Königin seine Abwesenheit auffiel. Sie wurde neugierig und wollte wissen, was er ganz allein draußen im Wald zu schaffen habe. Sie bestach seine Diener mit viel Geld, und die verrieten ihr nicht nur das Geheimnis, sondern erzählten ihr auch von dem Knäuel, das ganz allein den Weg zeigen konnte.

Die Königin fand nicht eher Ruhe, als bis sie herausgebracht hatte, wo der König das Knäuel aufbewahrte. Dann fertigte sie kleine weißseidene Hemdchen an. Und weil sie von ihrer Mutter die Hexenkünste gelernt hatte, so nähte sie einen Zauber mit hinein.

Als der König wieder einmal auf die Jagd geritten war, nahm sie die Hemdchen und ging in den Wald, und das Knäuel zeigte ihr den Weg. Die Kinder, die aus der Ferne jemanden kommen sahen, meinten, es wäre ihr Vater, und liefen ihm voll Freude entgegen. Die böse Königin aber warf über jedes Kind ein Hemdchen. Kaum hatten die Hemden ihre Körper berührt, verwandelten sich die Königskinder in Schwäne und flogen über den Wald davon.

Die Königin ging ganz vergnügt nach Hause und glaubte ihre Stiefkinder los zu sein. Aber das Mädchen war ihr mit den Brüdern nicht entgegengelaufen, und sie wußte nicht, daß es existierte. Am nächsten Tag kam der König zum Waldschloß, um seine Kinder zu besuchen. Aber er fand niemand als sein Töchterchen. »Wo sind deine Brüder?« fragte der König. »Ach, lieber Vater«, antwortete es, »die sind fort und haben mich allein zurückgelassen.« Und es erzählte ihm, daß es aus seinem Fenster mit angesehen habe, wie seine Brüder als Schwäne über den Wald davongeflogen seien. Es zeigte ihm auch die Federn, die sie im Hof hatten fallen lassen und die es aufgelesen hatte.

Trauer erfüllt das Herz des Königs, aber es kam ihm nicht in den Sinn, daß die Königin die böse Tat vollbracht haben könnte. Und weil er fürchtete, sein Töchterchen würde ihm auch geraubt, wollte er es mitnehmen. Aber es hatte Angst vor der Stiefmutter und bat den König, daß es diese eine Nacht noch im Waldschloß bleiben dürfe. Das arme Mädchen dachte: »Meines Bleibens ist hier nicht länger, ich werde meine Brüder suchen gehen.«

Und als die Nacht kam, verließ es insgeheim das Schloß und ging immer tiefer in den Wald hinein. Es ging die ganze Nacht und auch den anderen Tag, bis es vor Müdigkeit nicht weiterkonnte. Da sah es eine Waldhütte zwischen den Bäumen, stieg hinauf und fand ein Stube mit sechs kleinen Betten. Aber es getraute sich nicht, sich in eins hineinzulegen. Anstelle dessen kroch es unter eins, legte sich auf den harten Boden und wollte da die Nacht zubringen. Als die Sonne bald untergehen wollte, hörte es ein Rauschen und sah, daß sechs Schwäne zum Fenster hereingeflogen kamen. Sie setzten sich auf den Boden und bliesen sich gegenseitig alle Federn ab. Dann streiften sie ihre Schwanenhaut ab wie ein Hemd.

Das Mädchen erkannte seine Brüder, freute sich und kroch unter dem Bett hervor. Die Brüder waren nicht weniger erfreut, als sie ihr

Schwesterchen erblickten, aber ihre Freude war von kurzer Dauer. »Hier kannst du nicht bleiben«, sprachen sie zu ihm, »das ist eine Räuberherberge. Wenn die heimkommen und dich finden, ermorden sie dich.«

»Könnt ihr mich denn nicht beschützen?« fragte das Schwesterchen.

»Nein«, antwortete sie, »denn wir dürfen jeden Tag nur eine Viertelstunde lang unsere Schwanenhaut ablegen und uns in menschlicher Gestalt zeigen. Dann werden wir wieder in Schwäne verwandelt.«

Das Schwesterchen begann zu weinen: »Kann euch denn niemand erlösen?« »Ach nein«, antwortete die Brüder, »die Bedingungen sind zu schwer. Du dürftest sechs Jahre lang nicht sprechen und nicht lachen und müßtest in dieser Zeit für uns sechs Hemdchen aus Sternblumen zusammennähen. Wenn nur ein einziges Wort aus deinem Mund käme, wäre alle Mühe und Entbehrung umsonst gewesen.« Kaum hatten die Brüder fertiggesprochen, da war die Viertelstunde um, und sie flogen als Schwäne wieder zum Fenster hinaus.

Die Prinzessin jedoch faßte den festen Entschluß, ihre Brüder zu erlösen, und wenn es ihr Leben kostete. Das Mädchen verließ die Wildhütte, ging mitten in den Wald, setzte sich auf einen hohen Baum und brachte die Nacht dort zu. Am andern Morgen stieg es herab, sammelte Sternblumen und fing an zu nähen. Reden konnte es mit niemand, und zum Lachen hatte es keine Lust. Es saß da und kümmerte sich nur um seine Arbeit.

Es nähte und nähte, und die Zeit verging. Eines Tages geschah es, daß der König des Landes in dem Wald jagte und seine Jäger zu dem Baum kamen, auf dem das Mädchen saß.

Sie riefen ihm zu: »Wer bist du?«, aber es gab ihnen keine Antwort.

»Komm herunter zu uns«, forderten sie es auf, »wir wollen dir nichts zuleid tun.« Es schüttelte bloß den Kopf. »Wer bist du? Was machst du auf dem Baum?« fragte der König, aber es antwortete auch ihm nicht. Er fragte es in allen Sprachen, die er kannte, aber es blieb stumm wie ein Fisch. Seine Schönheit aber begeisterte ihn, und er faßte eine tiefe Zuneigung zu ihm. Er ließ ihm reiche Kleider anziehen, und es strahlte in seiner Schönheit wie der helle Tag. Aber es war kein Wort aus ihm herauszubringen. Er setzte es bei Tisch an seine Seite, und seine bescheidenen Mienen und seine Sittsamkeit gefielen ihm so sehr, daß er sprach: »Nur dich allein, und keine andere auf der Welt möchte ich heiraten.« Und nach ein paar Tagen vermählte er sich mit ihm.

Der König aber hatte eine böse Mutter, die war unzufrieden mit dieser Heirat und verleumdete die junge Königin, wo sie nur konnte. »Wer weiß, wo dieses Ding her ist«, sagte sie. »Nicht einmal reden kann sie. Sie ist eines Königs nicht würdig.«

Als die Königin das erste und dann das zweite Kind zur Welt brachte, nahm sie ihr die Alte weg und und klagte die Königin an, sie wäre eine

Menschenfresserin. Der König wollte es nicht glauben und litt nicht, daß man ihr ein Leid antat. Die Königin aber saß über ihren Hemden, nähte fleißig und achtete auf nichts anderes.

Als aber die Alte das dritte neugeborene Kind raubte und die Königin anklagte, die kein Wort zu ihrer Verteidigung vorbrachte, konnte der König nicht anders – er mußte sie dem Gericht übergeben. Und das verurteilte sie zum Tod durch das Feuer.

Als der Tag kam, an dem das Urteil vollstreckt werden sollte, war zugleich der letzte Tag von den sechs Jahren herum, die sie nicht sprechen und nicht lachen durfte, wenn sie ihre lieben Brüder aus der Macht des Zaubers befreien wollte. Sie hatte es geschafft, die sechs Hemden waren fast fertig geworden, nur am letzten fehlte noch der linke Ärmel.
Als das Feuer eben angezündet werden sollte, schaute sie sich noch einmal um. Da kamen sechs Schwäne durch die Luft gezogen und kamen immer näher. Die Schwäne senkten sich zu ihr, so daß sie ihnen die Hemden überwerfen konnte. Und wie sie davon berührt wurden, fielen die Schwanenhäute ab, und ihre Brüder standen leibhaftig vor ihr. Sie waren jung und schön; nur dem jüngsten fehlte der linke Arm, dafür hatte er einen Schwanenflügel am Rücken. Sie herzten und küßten sich, und die Königin ging zu dem König, der ganz bestürzt war.

Sie offenbarte ihrem Gemahl, daß sie unschuldig und zu Unrecht angeklagt sei. Die Kinder wurden herbeigeholt, und der König war überglücklich. Die böse Mutter des Königs aber wurde zur Strafe auf den Scheiterhaufen gebracht.

Und der König und die Königin? Die lebten zusammen mit ihren sechs Brüdern noch lange Jahre glücklich und zufrieden.

Jungfrau Maleen

s war einmal ein König, der hatte einen Sohn, der um die Tochter eines mächtigen Königs warb. Die hieß Maleen und war wunderschön. Weil ihr Vater sie mit einem andern vermählen wollte, wurde sie ihm versagt. Da sich aber beide von Herzen liebten, wollten sie nicht voneinander lassen, und Maleen wehrte sich: »Ich kann und will keinen andern zum Gemahl.«

Da geriet ihr Vater in Zorn und ließ einen finsteren Turm bauen, in den weder Sonne noch Mond schien. Als der fertig war, sprach der König zu seiner Tochter: »Darin sollst du sieben Jahre lang sitzen. Dann will ich kommen und sehen, ob dein trotziger Sinn gebrochen ist.« Es wurden für sieben Jahre Speise und Trank in den Turm getragen, dann wurde Maleen mit ihrer Kammerzofe eingemauert und damit von Himmel und Erde geschieden. Da saßen sie in der Finsternis und wußten nicht, wann Tag oder Nacht anbrach. Der Königssohn ging oft um den Turm herum und rief ihren Namen, aber kein Laut drang von außen durch die dicken Mauern. Was konnten die beiden anders tun als jammern und klagen?

Indessen verging die Zeit, und an der Abnahme von Speise und Trank merkten sie, daß sich die sieben Jahre ihrem Ende näherten. Sie dachten, ihre Erlösung sei nahe, aber kein Hammerschlag, und kein Stein wollte aus der Mauer fallen. Es schien, als habe man sie vergessen.

Als sie nur noch für kurze Zeit Nahrung hatten und einen jämmerlichen Tod voraussahen, sprach Maleen: »Wir müssen alles versuchen und sehen, ob wir die Mauer durchbrechen.« Sie nahm das Brotmesser, schabte und bohrte an dem Mörtel eines Steins, und wenn sie müde war, wurde sie von der Kammerzofe abgelöst. Nach langer Arbeit gelang es ihnen, einen Stein herauszunehmen, dann einen zweiten und dritten, und nach drei Tagen fiel der erste Lichtstrahl in ihre Dunkelheit. Endlich war die Öffnung so groß, daß sie herausschauen konnten. Der Himmel war blau, und eine frische Luft wehte ihnen entgegen, aber wie traurig sah ringsum alles aus: Das Schloß ihres Vaters lag in Trümmern, die Stadt und die Dörfer waren verbrannt, so weit man sehen konnte, die Felder weit und breit verheert; keine Menschenseele ließ sich blicken.

Als die Öffnung in der Mauer so groß war, daß sie hindurchkriechen konnten, sprang zuerst die Kammerzofe hinab, und dann folgte die Prinzessin. Aber wo sollten sie hingehen? Die Feinde hatten das ganze Reich verwüstet, den König verjagt und alle Einwohner erschlagen.

Sie zogen fort, aber sie fanden nirgends ein Obdach oder einen Menschen, der ihnen einen Bissen Brot gegeben hätte. Ihre Not war so groß, daß sie ihren Hunger an einem Brennesselstrauch stillen mußten. Als sie nach langer Wanderung in ein anderes Land kamen, boten sie ihre Dienste an, aber überall, wurden sie abgewiesen. Niemand wollte sich ihrer erbarmen. Endlich gelangten sie in eine große Stadt und gingen zum königlichen Hof. Aber auch da wollte man sie nicht, bis endlich der Koch sagte, sie könnten in der Küche bleiben und als Aschenputtel dienen.

Aber gerade der Sohn des Königs, in dessen Reich sie sich befanden, war Maleens Verlobter gewesen — der, dessentwegen sie von ihrem Vater eingesperrt worden war.

Sein Vater hatte auch ihm eine andere Braut bestimmt. Aber die war so häßlich von Angesicht wie bös von Herzen. Der Hochzeitstermin war festgesetzt und die Braut schon angelangt. Wegen ihrer großen Häßlichkeit wollte sie sich niemandem zeigen. Sie schloß sich in ihrer Kammer ein, und Maleen mußte ihr das Essen aus der Küche bringen. Als der Tag gekommen war, an dem die Braut mit dem Bräutigam in die Kirche gehen sollte, fürchtete sie, sie würde wegen ihrer großen Häßlichkeit von den Leuten verspottet und ausgelacht, wenn sie sich auf der Straße zeigte. Da sprach sie zu Maleen: »Dir wird ein großes Glück widerfahren. Ich habe mir den Fuß vertreten und kann nicht gut über die Straße gehen. Du sollst meine Brautkleider anziehen und meine Stelle einnehmen. Eine größere Ehre kann dir nicht zuteil werden.« Maleen aber schlug das aus und sagte: »Ich verlange keine Ehre, die mir nicht gebührt.« Die Braut versuchte alles; sie bot ihr sogar Gold an. Vergebens. Endlich wurde sie zornig: »Wenn du mir nicht gehorchst, kostet es dich dein Leben. Ich brauche nur ein Wort zu sagen, und dir wird der Kopf vor die Füße gelegt.« Da blieb Maleen nichts anderes übrig, als zu folgen und die prächtigen Kleider der Braut samt ihrem Schmuck anzulegen.

Als Maleen in den Thronsaal trat, staunten alle über ihre große Schönheit, und der König sprach zu seinem Sohn: »Das ist die Braut, die ich dir ausgewählt habe und die du zur Kirche führen sollst.« Der Bräutigam war überrascht und dachte: »Sie gleicht meiner Maleen. Man könnte glauben, sie sei es selbst. Aber sie sitzt schon lange im Turm gefangen oder ist tot.« Er nahm sie an der Hand und führte sie zur Kirche. Am Weg stand ein Brennnesselbusch. Zu dem sprach sie:

»Brennesselbusch,
Brennesselbusch so klein,
Was stehst du hier allein?
Es ist eine Zeit gewesen,
Da hab' ich dich ungesotten,
Ungebraten gegessen.«

»Was sagst du?« fragte der Königssohn. »Nichts«, antwortete sie, »ich dachte nur an Prinzessin Maleen.« Er wunderte sich, daß sie von ihr wußte, schwieg aber. Als sie an den Steg vor dem Kirchhof kamen, sprach sie:

»Kirchensteg, brich nicht,
Ich bin die richtige Braut nicht.«

»Was sagst du?« fragte der Königssohn. »Nichts«, antwortete sie, »ich dachte nur an Prinzessin Maleen.« — »Kennst du Maleen?« — »Nein«, antwortete sie, »wie sollte ich sie kennen, ich habe nur von ihr gehört.« Als sie an die Kirchtür kamen, sprach sie abermals:

»Kirchentür, knarr nicht,
Ich bin die richtige Braut nicht.«

»Was sagst du?« fragte er. »Ach«, antwortete sie, »ich habe nur an Prinzessin Maleen gedacht.« Da zog er ein kostbares Geschmeide hervor, legte es ihr um den Hals und hakte die Kettenringe ineinander.

Darauf betraten sie die Kirche. Der Priester legte vor dem Altar ihre Hände ineinander und vermählte sie. Er führte sie zurück, aber sie sprach auf dem ganzen Weg kein Wort. Als sie wieder im königlichen Schloß angelangt waren, eilte Maleen in die Kammer der Braut, legte die prächtigen Kleider und den Schmuck ab, zog ihren grauen Kittel wieder an und behielt nur das Geschmeide um den Hals, das ihr der Bräutigam umgelegt hatte.

Als es Nacht wurde und die Braut in das Zimmer des Königssohns geführt werden sollte, ließ sie den Schleier über ihr Gesicht fallen, damit der Prinz den Betrug nicht merken sollte. Als alle Leute gegangen waren, sprach er zu ihr: »Was hast du zu dem Brennesselbusch gesagt, der am Wege stand?« — »Zu welchem Brennesselbusch?« fragte sie. »Ich spreche doch nicht mit einem Brennesselbusch!« — »Wenn du es nicht getan hast, so bist du die richtige Braut nicht«, sagte er. Da half sie sich und sprach:

»Ich muß hinaus zu meiner Magd,
Die mir meine Gedanken tragt.«

Sie ging hinaus und fuhr das Mädchen an: »Du, was hast du zu dem Brennesselbusch gesagt?« — »Ich sagte nichts als:
Brennesselbusch,
Brennesselbusch so klein,
Was stehst du hier allein?
Es ist eine Zeit gewesen,
Da hab' ich dich ungesotten,
Ungebraten gegessen.«

Die Braut lief in die Kammer zurück und sagte: »Jetzt weiß ich, was ich zum Brennesselbusch gesagt habe«, und wiederholte die Worte, die sie eben gehört hatte. »Aber was sagtest du zu dem Kirchensteg, als wir darübergingen?« fragte der Prinz. »Zum Kirchensteg?« antwortete sie. »Ich spreche doch nicht mit einem Kirchensteg!« — »Dann bist du die richtige Braut nicht«. Da sagte sie wieder:

»Ich muß hinaus zu meiner Magd,
Die mir meine Gedanken tragt«,

lief aus dem Zimmer und fuhr Maleen an: »Du, was hast du zu dem Kirchensteg gesagt?« — »Ich sagte nichts als:
Kirchensteg, brich nicht,
Ich bin die richtige Braut nicht.«

»Das kostet dich dein Leben«, schrie die Braut, eilte aber in die Kammer zurück und sagte: »Jetzt weiß ich, was ich zu dem Kirchensteg gesagt habe«, und wiederholte die Worte. »Aber was sagtest du zu der Kirchentür?« — »Zur Kirchentür?« antwortete sie. »Ich spreche doch nicht mit einer Kirchentür.« Sie ging wieder hinaus und wollte von Maleen wissen: »Was hast du zu der Kirchentür gesagt?« — »Nichts als:
Kirchentür, knarr nicht,
Ich bin die richtige Braut nicht.«

»Das bricht dir den Hals«, schrie die Braut Maleen an und geriet in größten Zorn, eilte aber zurück in die Kammer und sagte: »Jetzt weiß ich, was ich zu der Kirchentür gesagt habe«, und wiederholte die Worte. »Aber wo hast du das Geschmeide, das ich dir an der Kirchentür

gab?« — »Was für ein Geschmeide?« antwortete sie. »Du hast mir kein Geschmeide gegeben.« — »Ich habe es dir selbst um den Hals gelegt und selbst eingehakt. Wenn du das nicht weißt, so bist du die richtige Braut nicht.« Er zog ihr den Schleier vom Gesicht, und als er ihre bodenlose Häßlichkeit sah, sprang er erschrocken zurück und sprach: »Wie kommst du hierher? Wer bist du?« — »Ich bin deine verlobte Braut, aber weil ich fürchtete, die Leute würden mich verspotten, wenn sie mich draußen erblickten, so habe ich dem Aschenputtel befohlen, meine Kleider anzuziehen und statt meiner zur Kirche zu gehen.«

»Wo ist das Mädchen?« wollte er wissen. »Ich will es sehen, geh und bring es her.« Sie ging hinaus und sagte den Dienern, das Aschenputtel sei eine Betrügerin, sie sollten es in den Hof hinabführen und ihm den Kopf abschlagen. Die Diener packten das Mädchen und wollten es fortschleppen, aber es schrie so laut um Hilfe, daß der Königssohn seine Stimme hörte, aus seinem Zimmer herbeieilte und den Befehl gab, es augenblicklich loszulassen.

Es wurden Lampen herbeigeholt, und da bemerkte er am Hals des Mädchens den Goldschmuck, den er ihm vor der Kirchentür gegeben hatte. »Du bist die richtige Braut«, sagte er, »die mit mir zur Kirche gegangen ist; komm mit in meine Kammer.«

Als sie beide allein waren, sprach er: »Du hast auf dem Kirchgang Prinzessin Maleen genannt, die meine verlobte Braut war. Wenn ich dächte, es wäre möglich, so müßte ich glauben, sie stehe vor mir. Du gleichst ihr in allem.« Sie antwortete: »Ich bin Maleen, die deinetwegen sieben Jahre in der Finsternis gefangengesessen, Hunger und Durst gelitten und so lange in Not und Armut gelebt hat. Aber heute scheint für mich die Sonne wieder. Ich bin dir in der Kirche angetraut und bin deine rechtmäßige Gemahlin.« Da küßten sie sich und waren glücklich bis an ihr Lebensende.

Die falsche Braut aber kam zur Strafe um ihren Kopf.

Der Turm, in dem die Prinzessin Maleen gesessen hatte, stand noch lange Zeit. Wenn die Kinder vorübergingen, so sangen sie:

»Kling, klang, Gloria,
Wer sitzt in diesem Turme da?
Da sitzt 'ne Königstochter drin,
Die kann ich nicht zu sehen krieg'n.
Die Mauer, die will nicht brechen,
Die Steine, die woll'n nicht fallen.
Hänschen mit der bunten Jack',
Komm und lauf mir hinterher.«

Die weisse und die schwarze Braut

ine Frau ging mit ihrer Tochter und Stieftochter auf das Feld, um Futter zu schneiden. Da ging der liebe Gott in Gestalt eines armen Mannes auf sie zu und fragte: »Wo führt der Weg ins Dorf?«

»Wenn Ihr den Weg kennen wollt«, erwiderte die Mutter, »dann sucht ihn Euch selber.« Und ihre Tochter setzte hinzu: »Wenn Ihr Angst habt, daß Ihr ihn nicht findet, dann nehmt Euch einen Wegweiser mit.« Die Stieftochter aber bot ihm an: »Komm, armer Mann, ich will dich führen.«

Der liebe Gott war zornig über die Mutter und ihre Tochter, wendete ihnen den Rücken zu und verwandelte sie. Beide waren auf einmal schwarz wie die Nacht und häßlich wie die Sünde. Der armen Stieftochter aber war Gott gnädig. Er ging mit ihr, und als sie sich dem Dorf näherten, segnete er sie und sprach: »Du kannst dir drei Dinge wünschen. Ich werde sie dir gewähren.« Da sprach das Mädchen: »Ich möchte gern so schön und rein sein wie die Sonne.« Sofort war es weiß und schön wie der helle, sonnige Tag. »Dann möchte ich einen Geldbeutel haben, der nie leer wird.« Auch den gab ihm der liebe Gott. Aber er gab ihm zu bedenken: »Vergiß das Beste nicht.«

Das Mädchen sagte: »Als drittes wünsche ich mir das ewige Himmelreich nach meinem Tode.« Dieses Versprechen wurde ihm ebenfalls gewährt, und der liebe Gott verabschiedete sich von ihm.

Als die Stiefmutter mit ihrer Tochter nach Hause kam und sah, daß sie beide kohlrabenschwarz und häßlich waren, die Stieftochter aber weiß und schön, wurde die Bosheit in ihren Herzen noch größer. Sie hatte nichts anders mehr im Sinn, als ihr ein Leid anzutun.

Die Stieftochter hatte einen Bruder namens Reginer, den sie sehr liebte. Ihm erzählte sie alles, was geschehen war.

Eines Tages sprach Reginer zu ihr: »Liebe Schwester, ich will dich malen, damit ich dein Bild immer vor mir sehe, denn ich habe dich so gern, daß ich dich immer anschauen möchte.« Sie war damit einverstanden, bat ihn aber: »Bitte, laß niemand das Bild sehen.« Er malte das Porträt seiner Schwester so getreu, daß es zu leben schien, und hängte das Bild in seiner Stube auf. Er wohnte im Schloß, denn er war der königliche Kutscher. Jeden Tag stand er davor und dankte Gott für das Glück seiner lieben Schwester.

Nun war aber gerade die Gemahlin des Königs, bei dem er diente, verstorben. Sie war so schön gewesen, daß man keine finden konnte, die ihr glich. Der König war über ihren Tod tieftraurig. Die Hofdiener bemerkten aber, daß der Kutscher täglich vor dem schönen Bild stand, mißgönnten es ihm und meldeten es dem König.

Der König ließ das Bild bringen, und als er sah, daß das Bildnis in allem seiner verstorbenen Frau glich, nur noch schöner war, so verliebte er sich unsterblich in das Porträt. Er ließ den Kutscher kommen und fragte, wen das Bild darstelle. »Das ist meine Schwester,« erwiderte der Kutscher. Da entschloß sich der König, keine andere als diese zur Gemahlin zu nehmen, gab ihm Wagen und Pferde und prächtige goldene Kleider und schickte ihn, seine erwählte Braut zu holen.

Als Reginer seiner Schwester diese Botschaft brachte, freute sie sich. Aber die Schwarze war eifersüchtig, sie mißgönnte ihr das Glück und wurde vor Ärger vielleicht noch schwärzer. Ihrer Mutter hielt sie vor: »Was helfen all Eure Künste, wenn Ihr mir ein solches Glück doch nicht zu verschaffen vermögt.«

»Beruhige dich«, antwortete die Alte, »ich werde schon dafür sorgen, daß du ihn bekommst.« Und durch ihre Hexenkünste trübte sie dem Kutscher die Augen, so daß er halb blind war, und der Weißen verstopfte sie die Ohren, so daß sie halb taub war. Dann stiegen sie in den Wagen. Zuerst die Braut in den herrlichen königlichen Kleidern, dann die Stiefmutter mit ihrer Tochter. Reginer saß auf dem Bock, um zu fahren. Als sie eine Weile unterwegs waren, rief der Kutscher:

»Deck dich zu, mein Schwesterlein,
Daß Regen dich nicht näßt,
Daß Wind dich nicht bestäubt,
Daß du schön und fein zum König kommst.«

Die Braut fragte: »Was sagte mein Bruder?« — »Ach«, sprach die Alte, »er hat gesagt, du sollst dein goldenes Kleid ausziehen und es deiner Schwester geben.« Da zog sie's aus und zog's der Schwarzen an, die gab ihr dafür ihren häßlichen, grauen Kittel.

So fuhren sie weiter. Eine Weile später rief der Bruder abermals:
»Deck dich zu, mein Schwesterlein,
Daß Regen dich nicht näßt,
Daß Wind dich nicht bestäubt,
Daß du schön und fein zum König kommst.«

Die Braut fragte wieder: »Was sagte mein Bruder?«

»Ach«, sprach die Alte, »er hat gesagt, du sollst deine goldene Haube deiner

Schwester geben.« Sie nahm die Haube ab und setzte sie der Schwarzen auf. Sie selbst saß barhäuptig da.

So fuhren sie weiter. Nicht lange danach rief der Bruder wieder:

»Deck dich zu, mein Schwesterlein,
Daß Regen dich nicht näßt,
Daß Wind dich nicht bestäubt,
Daß du schön und fein zum König kommst.«

Die Braut wunderte sich: »Was sagte mein Bruder?« — »Ach«, sprach die Alte, »er hat gesagt, du möchtest einmal aus dem Wagen sehen.« Sie fuhren gerade auf einer Brücke über einen tiefen Fluß. Als die Braut aufstand und sich aus dem Wagen beugte, stießen die beiden sie hinaus, so daß sie ins Wasser stürzte. In dem Augenblick, als sie im Wasser versank, stieg eine schneeweiße Ente aus dem Wasser und schwamm den Fluß hinab. Der Bruder hatte gar nichts davon gemerkt und fuhr weiter, bis sie an den Hof kamen. Da brachte er dem König die Schwarze als seine Schwester und meinte, sie wäre es wirklich, weil er nicht scharf sehen konnte und er doch die goldenen Kleider schimmern sah.

Als der König sah, wie furchtbar häßlich seine vermeintliche Braut war, wurde er sehr böse und befahl, den Kutscher in eine Schlangengrube zu werfen. Die alte Hexe aber vermochte den König so zu bestricken und ihm durch ihre Künste den Blick so zu trüben, daß er sie und ihre Tochter behielt. Sie kam ihm sogar ganz leidlich vor, und er vermählte sich wirklich mit ihr.

Eines Abends, als die schwarze Braut auf dem Schoß des Königs saß, kam eine weiße Ente über den Gossenstein in die Küche geschwommen und sagte zum Küchenjungen:

»Jungchen, mach Feuer an,
Daß ich meine Federn wärmen kann.«

Das tat der Küchenjunge und machte ihr ein Feuer auf dem Herd. Da kam die Ente und setzte sich daneben, schüttelte sich und strich sich die Federn mit dem Schnabel zurecht. Während sie so saß und sich wohlfühlte, fragte sie:

»Was macht mein Bruder Reginer?«

Der Küchenjunge antwortete:
»Er liegt in der Grube gefangen
Bei Ottern und bei Schlangen.«

Sie fragte weiter:
»Was macht die schwarze Hexe im Haus?«

Der Küchenjunge antwortete:
»Die sitzt warm
In des Königs Arm.«

Da antwortete die Ente:
»Daß Gott erbarm'!«

und schwamm den Gossenstein hinaus.

Am nächsten und am dritten Abend kam sie wieder und stellte dieselben Fragen. Da konnte der Küchenjunge nicht länger schweigen. Er ging zum König und erzählte ihm alles. Der König aber wollte es selbst sehen, ging den anderen Abend in die Küche, und als die Ente den Kopf durch den Gossenstein hereinsteckte, nahm er sein Schwert und hieb ihr den Hals durch. Auf einmal verwandelte sie sich in das schönste Mädchen, das er je gesehen hatte. Es glich genau dem Bild, das sein Kutscher, ihr Bruder, von ihm gemalt hatte. Der König war hocherfreut. Weil es ganz naß dastand, ließ er ihm königliche Kleider bringen. Dann erzählte es ihm, wie es durch List und Falschheit betrogen und dann in den Fluß geworfen worden war.

Als erstes bat es den König, seinen Bruder aus der Schlangenhöhle herauszulassen. Und als der König diese Bitte erfüllt hatte, ging er in das Zimmer, in dem sich die alte Hexe aufhielt, und fragte: »Was verdient eine, die so etwas getan hat?« und erzählte, was geschehen war. Sie war so verblendet, daß sie nicht merkte, daß es um sie und ihre Tochter ging, und sprach: »Die verdient, nackt ausgezogen und in ein Faß mit Nägeln gesteckt zu werden, das von einem Pferd über Stock und Stein gezogen wird.« Dieses Urteil wurde dann auch an ihr und ihrer schwarzen Tochter vollstreckt.

Der König heiratete die weiße, schöne Braut und belohnte den treuen Bruder, indem er ihn zu einem reichen und angesehenen Mann machte.

Die zwölf Brüder

s waren einmal ein König und eine Königin, die lebten zufrieden miteinander. Sie hatten zwölf Kinder, aber es waren lauter Buben.

Eines Tages sprach der König zu seiner Frau: »Wenn das dreizehnte Kind, was du zur Welt bringst, ein Mädchen ist, sollen die zwölf Buben sterben, damit sein Reichtum groß wird und das Königreich ihm allein zufällt.«

Er ließ sofort zwölf Särge machen, sie mit Hobelspänen füllen und in jeden ein Totenkissen legen. Dann ließ er sie in eine Kammer stellen, schloß sie zu, gab der Königin den Schlüssel und gebot ihr, niemandem etwas davon zu sagen.

Seitdem war die Königin ganz traurig. Tagelang saß sie untätig, bis der kleinste Sohn, der immer bei ihr war und den sie nach der Bibel Benjamin genannt hatte, zu ihr sprach: »Mutter, warum bist du so traurig?«

»Mein Kleiner«, antwortete sie, »das darf ich dir nicht sagen.« Der Junge ließ ihr aber so lange keine Ruhe, bis sie die Stube aufschloß und ihm die zwölf mit Hobelspänen gefüllten Totenladen zeigte. Sie sprach unter Tränen: »Mein liebster Benjamin, diese Särge hat dein Vater für dich und deine elf Brüder machen lassen, denn wenn ich ein Mädchen zur Welt bringe, sollt ihr alle getötet und in ihnen begraben werden.« Die Tränen liefen ihr übers Gesicht, während sie das sagte, aber ihr kleiner Sohn tröstete sie: »Weine nicht, Mutter, wir wollen uns schon irgendwie helfen. Wir werden von hier fliehen.«

Die Königin riet ihm: »Geh mit deinen elf Brüdern hinaus in den Wald und sucht euch einen möglichst hohen Baum. Einer von euch soll dort immer Wache halten und nach dem Schloßturm Ausschau halten. Wenn ich einen Sohn zur Welt bringe, werde ich eine weiße Fahne aufstecken lassen; dann dürft ihr wiederkommen. Gebär' ich aber ein Töchterlein, wird eine rote Fahne aufgesteckt. Dann müßt ihr fliehen, so schnell ihr könnt, und der liebe Gott behüte euch. Jede Nacht will ich aufstehen und für euch beten; im Winter, daß ihr euch an einem Feuer wärmen könnt; im Sommer, daß ihr nicht in der Hitze verschmachten müßt.«

Nachdem sie ihre Söhne gesegnet hatte, gingen sie hinaus in den Wald. Einer um den andern hielt Wacht; einer saß immer auf der höchsten Eiche und schaute nach dem Turm. Als elf Tage herum waren und die Reihe an Benjamin kam, sah er, wie eine Fahne aufgesteckt wurde. Aber es war nicht die weiße, sondern die rote Blutfahne, die verkündete, daß sie alle sterben sollten. Als die Brüder das hörten, wurden sie zornig und sprachen: »Warum sollten wir eines einzigen Mädchens wegen sterben? Wir schwören, daß wir uns rächen wollen. Wo immer wir ein Mädchen finden, soll sein Blut fließen.«

Darauf gingen sie tiefer in den Wald hinein, und wo er am dunkelsten war, fanden sie ein kleines verwunschenes Häuschen, das leer stand. »Hier lassen wir uns nieder«, beschlossen die Brüder. »Und du, Benjamin, du bist der jüngste und schwächste, du bleibst daheim und führst den Haushalt. Wir anderen wollen fürs Essen sorgen.«

Jeden Tag zogen die Jungen in den Wald und schossen Hasen, Rehe, Vögel und Täubchen. Alles, was zu essen war, brachten sie dem Benjamin. Der mußte es zubereiten und kochen, damit sie ihren Hunger stillen konnten. In dem Häuschen lebten sie zehn Jahre zusammen, und die Zeit wurde ihnen nicht lang.

Das Töchterchen, das die Königin, ihre Mutter, geboren hatte, war inzwischen herangewachsen. Es hatte ein gutes Herz, war sehr hübsch und hatte einen goldenen Stern auf der Stirn. Einmal, als sie große Wäsche hatten, sah es unter der übrigen Wäsche zwölf Männerhemden und fragte seine Mutter: »Wem gehören diese zwölf Hemden, für den Vater sind sie doch viel zu klein?«

Da antwortete die Königin schweren Herzens: »Liebes Kind, die gehören deinen zwölf Brüdern.« Das Mädchen fragte neugierig: »Wo sind meine zwölf Brüder, ich habe noch niemals von ihnen gehört.« »Gott allein weiß, wo sie sind«, seufzte sie, »sie irren wohl in der Welt herum.«

Sie führte das Mädchen zu der verschlossenen Kammer, schloß sie auf und zeigte ihm die zwölf Särge mit Hobelspänen und Totenkissen. »Diese Särge«, erklärte sie, »waren für deine Brüder bestimmt, aber sie sind heimlich fortgegangen, ehe du geboren wurdest.« Und sie erzählte ihm, was sich damals alles zugetragen hatte. Da tröstete das Mädchen sie: »Mutter, weine nicht, ich werde gehen und meine Brüder suchen.«

Das Mädchen nahm die zwölf Hemden und ging direkt in den großen, dunklen Wald. Es ging den ganzen Tag, und am Abend kam es zu dem verwunschenen Häuschen. Es trat ein und fand einen jungen Knaben, der das Kind fragte: »Wo kommst du her, und wo willst du hin?« Er staunte, daß es so schön war, königliche Kleider trug und einen Stern auf der Stirn hatte. »Ich bin die Tochter des Königs«, antwortete es, »und suche meine zwölf Brüder. Ich will gehen, so weit der Himmel blau ist, bis ich sie finde.« Es zeigte ihm auch die zwölf Hemden, die den Prinzen gehörten. Da sah Benjamin, daß es seine Schwester war, und sprach: »Ich bin Benjamin, dein jüngster Bruder.«

Das Mädchen fing vor Freude an zu weinen, und auch Benjamin weinte. Sie küßten und herzten sich vor großer Liebe. Dann sprach sein jüngster Bruder: »Liebes Schwesterlein, es gibt noch einen Vorbehalt. Wir hatten uns geschworen, daß jedes Mädchen, das uns begegnet, sterben soll, weil wir eines Mädchens wegen unser Königreich verlassen mußten.« — »Ich will gern sterben«, erwiderte es, »wenn ich euch dadurch erlösen kann.« — »Nein«, rief er, »du darfst nicht sterben! Setze dich unter diesen Waschzuber. Wenn die elf Brüder kommen, will ich schon einig mit ihnen werden.« Das tat es.

Und als es Nacht wurde, kamen die andern von der Jagd, und die Mahlzeit stand bereit. Als alle am Tisch saßen und aßen, fragten sie: »Was gibt's Neues?« — »Ihr wißt nichts?« erwiderte er. — »Nein«, schüttelten sie die Köpfe. »Ihr seid im Wald gewesen, und ich bin daheim geblieben und weiß doch mehr als ihr«, freute er sich. »Na, dann erzähle es uns doch«, riefen sie. Er sicherte sich ab: »Zuerst müßt ihr mir versprechen, daß das erste Mädchen, das uns begegnet, nicht getötet wird!« — »Nein, wir werden ihm nichts tun«, riefen sie alle, »wir verschonen es! Schnell, erzähle es uns.« Da sprach Benjamin: »Unsere Schwester ist da!« und hob den Waschzuber auf. Die Prinzessin kam in ihren königlichen Kleidern mit dem goldenen Stern auf der Stirn hervor. Wie schön, zart und fein sie war!

Das war eine Freude! Alle Brüder fielen ihr um den Hals und küßten sie und hatten sie von Herzen lieb.

Die Prinzessin blieb bei Benjamin zu Hause und half ihm bei der Arbeit. Die elf Prinzen zogen in den Wald, jagten Wild, fingen Vögel und Täubchen, damit sie zu essen hatten, und die Schwester und Benjamin sorgten für ihre Zubereitung. Sie suchte das Holz zum Kochen und die Kräuter zum Salat und stellte die Töpfe aufs Feuer, so daß die Mahlzeit immer fertig war, wenn die elf Brüder kamen. Sie hielt auch sonst Ordnung im Häuschen und deckte die Betten hübsch weiß und rein, und die Brüder waren immer zufrieden und lebten in großer Einigkeit mit ihrer Schwester.

Einmal hatten die beiden daheim eine gutes Gericht zubereitet. Sie hatten sich alle zusammen am Tisch eingefunden, aßen und tranken und waren fröhlich.

Zu dem verwunschenen Häuschen gehörte auch ein kleiner Garten, in dem zwölf Blumen wuchsen, die man auch Studenten nennt. Plötzlich hatte die Prinzessin den Einfall, daß sie ihren Brüdern eine Freude machen könnte. Sie pflückte die zwölf Blumen ab und gedachte, jedem eine neben den Teller zu legen. Als sie jedoch die Blumen abgebrochen hatte, verwandelten sich die zwölf Brüder sofort in zwölf Raben und flogen über den Wald davon. Das Haus mit dem Garten war auch verschwunden.

Nun war das arme Mädchen ganz allein in dem wilden Wald. Als es sich umschaute, stand eine alte Frau neben ihm. »Mein Kind, was hast du nur getan?« seufzte sie. »Warum hast du die zwölf weißen Blumen nicht stehenlassen? Das waren deine Brüder; nun sind sie für immer in Raben verwandelt.« Das Mädchen sprach weinend: »Gibt es denn gar kein Mittel, sie zu erlösen?« — »Nein«, sagte die Alte, »Es gibt keins auf der ganzen Welt, mit einer einzigen Ausnahme. Aber die Aufgabe ist so schwer, daß du sie nicht

wirst erfüllen können. Du müßtest sieben Jahre stumm sein, du dürftest nicht sprechen und nicht lachen. Und wenn du nur ein einziges Wort sprichst und nur eine halbe Stunde an den sieben Jahren fehlt, war alles umsonst. Du würdest deine Brüder mit diesem einzigen Wort töten.«

Das Mädchen zögerte nicht einen Moment. Im Stillen sprach es zu sich: »Ich fühle mit meinem ganzen Herzen, daß ich meine Brüder erlöse.« Es wanderte durch den Wald, bis es einen hohen Baum fand. Da kletterte es hinauf und machte sich beherzt ein Lager hoch in den Zweigen. Es spann und sprach nicht und lachte nicht.

Nun trug es sich zu, daß gerade in diesem Wald der junge König jagte. Er wurde von einem großen Windhund begleitet, der zu dem Baum lief, auf dem das Mädchen saß, an seinem Stamm hochsprang, jaulte und wie wild zu bellen begann. Damit rief er seinen Herrn herbei. Der König sah die hübsche Prinzessin mit dem goldenen Stern auf der Stirn und war gefesselt von ihrer Schönheit, so daß er ihr zurief, ob sie seine Gemahlin werden wolle. Sie gab keine Antwort, nickte aber ein wenig mit dem Kopf. Da stieg er selbst auf den Baum, trug sie herab, setzte sie auf sein Pferd und führte sie heim. Die Hochzeit wurde mit großer Pracht und Freude gefeiert; aber die Braut sprach und lachte auch jetzt nicht.

Als die Eheleute ein paar Jahre zufrieden miteinander gelebt hatten, fing die Mutter des Königs, die eine böse Frau war, an, die junge Königin zu verleumden. Sie stachelte den König auf: »Ein gemeines Bettelmädchen hast du dir mitgebracht! Wer weiß, was für gottlose Streiche sie heimlich treibt. Wenn sie stumm ist und nicht sprechen kann, dann könnte sie doch wenigstens einmal lachen. Aber wer nicht lacht, der hat ein schlechtes Gewissen.« Der König wollte zuerst nicht daran glauben, aber seine Mutter hetzte so lange und beschuldigte sie so vieler böser Dinge, daß er sich endlich überreden ließ und sie zum Tod verurteilte.

Im Hof wurde ein großes Feuer angezündet. Der König stand oben am Fenster und sah unter Tränen zu, weil er seine Frau noch immer liebhatte. Und als schon das Feuer an ihren Kleidern mit roten Zungen leckte, da waren die letzten Minuten der sieben Jahren verflossen. Zwölf Raben kamen gezogen und senkten sich nieder; und als sie die Erde berührten, verwandelten sie sich in die zwölf Prinzen, ihre Brüder, die sie erlöst hatte. Sie löschten die Flammen, befreiten ihre Schwester und küßten und herzten sie. Nun durfte die Königin wieder reden. Sie erzählte dem König, warum sie stumm gewesen war und niemals gelacht hatte. Der König freute sich, als er hörte, daß sie unschuldig war.

Und sie lebten alle zusammen in Einigkeit bis zu ihrem Tod.

Die böse Stiefmutter aber wurde vor Gericht gestellt und in ein Faß gesteckt, das mit siedendem Öl und giftigen Schlangen gefüllt war. Und sie starb eines schrecklichen Todes.

Die Brosamen auf dem Tisch

in Gockel sprach einmal zu seinen Hühnern: »Kommt schnell in die Stube herauf; wir wollen die Brosamen auf dem Tisch zusammenpicken. Unsere Frau ist fortgegangen, Besuche zu machen.« Da sagten die Hühner: »Nein, nein, wir kommen nicht. Weißt du, die Frau zankt immer mit uns.« Der Hahn lachte sie aus: »Sie weiß ja nichts davon, kommt nur! Sie gibt uns doch sonst nie was Gutes.« Die Hühner lehnten wieder ab: »Nein, nein, es kommt gar nicht in Frage, wir gehen nicht hinauf.«

Aber der Gockel ließ ihnen so lange keine Ruhe, bis sie endlich mitgingen und auf dem Tisch schnell die Brosamen aufpickten. Die Befürchtung der Hennen erfüllte sich — die Frau kam dazu. Sie nahm geschwind einen Stock, jagte sie weg und ging schlimm mit ihnen um. Als sie dann wieder vorm Haus standen, sagten die Hühner zum Gockel: »Ga-ga-ga-ga-ga-ganz, wie wir's gesagt!« Da lachte der Hahn und sagte nur: »Ha-ha-ha-hab' ich's doch gewußt!« Und dann konnten sie auseinandergehen.

Das Eselein

s lebten einmal ein König und eine Königin, die waren reich und hatten alles, was sie sich nur wünschen konnten, nur keine Kinder. Die Königin klagte Tag und Nacht darüber und sprach: »Ich bin wie ein Acker, auf dem nichts wächst.«

Endlich erfüllte Gott ihre Wünsche. Als das Kind aber zur Welt kam, sah es gar nicht aus wie ein Menschenkind, sondern es war ein kleines Eselein. Als die Mutter das erblickte, fing ihr Jammern und Geschrei erst recht an. Sie hätte lieber gar kein Kind gehabt als einen Esel, jammerte sie, man sollte ihn ins Wasser werfen, damit ihn die Fische fräßen.

Der König aber widersprach: »Nein, Gott hat ihn so gegeben, wie er ist. Jetzt soll er auch mein Sohn und Erbe sein, nach meinem Tod auf dem königlichen Thron sitzen und die königliche Krone tragen.«

Sie zogen also das Eselein auf, wie sie es mit einem Menschenkind getan hätten. Es machte gute Fortschritte, und auch die Ohren wuchsen fein hoch und gerade. Es war von fröhlichem Charakter, sprang lustig herum, spielte und hatte besonders Freude an der Musik. Es ging sogar zu einem berühmten Musiker und sprach: »Lehre mich deine Kunst. Ich will die Laute genauso gut schlagen können wie du.« — »Ach, lieber junger Herr«, antwortete der Musiker, »das wird Euch schwerfallen. Eure Finger sind nicht dazu geschaffen, sie sind viel zu groß. Ich fürchte, die Saiten halten das nicht aus.« Es halfen keine Ausreden, das Eselein wollte unbedingt Laute spielen. Es war beharrlich und fleißig und konnte es am Ende genauso gut wie sein Lehrer.

Einmal ging der junge Herr in Gedanken versunken spazieren und kam an einen Brunnen. Er schaute hinein und erblickte im spiegelhellen Wasser seine Eselsgestalt. Darüber war er so betrübt, daß er in die weite Welt ging. Nur einen einzigen treuen Gesellen nahm er mit. Die beiden zogen über Berg und Tal und kamen dabei in ein Reich, in dem ein alter König herrschte, der nur eine einzige, aber wunderschöne Tochter hatte. »Hier wollen wir eine Weile bleiben«, entschied das Eselein, klopfte ans Stadttor und rief: »Es steht ein Gast vor dem Tor; macht auf!« Als aber das Tor nicht aufgemacht wurde, setzte es sich hin, nahm seine Laute und spielte mit seinen Vorderfüßen aufs lieblichste. Da sperrte der Torhüter mächtig seine Augen auf, lief zum König und meldete: »Draußen vor dem Tor sitzt ein junger Esel, der schlägt die Laute wie ein gelernter Meister.«

»Dann laß mir den Musikant hereinkommen«, sprach der König.

Als aber ein Eselein mit einer Laute in den Saal trat, fing alles an, über es zu lachen. Es sollte sich unten zum Gesinde setzen und dort essen und trinken. Aber das Eselein sprach unwillig: »Ich bin kein gemeiner Stallesel, ich bin von vornehmem Blut!«

»Wenn du aus einer noblen Familie bist, dann setze dich zu den Soldaten«, wurde ihm angetragen. »Nein«, sprach es, »ich will am Tisch des Königs sitzen.« Der König lachte und sprach gutgelaunt: »Ja, wir erfüllen, was du verlangst, Eselein, komm her zu mir.« Dann fragte er: »Und wie gefällt dir meine Tochter?« Das Eselein wandte den Kopf, schaute sich die Prinzessin an, nickte und sprach: »Über alle Maßen gut. Sie ist so schön, wie ich noch keine gesehen habe.«

»Nun, so sollst du auch neben ihr sitzen«, sagte der König.

»Gern, mit dem größten Vergnügen«, sprach das Eselein erfreut und setzte sich an ihre Seite. Es aß und trank und betrug sich dabei sehr elegant und säuberlich.

Das edle Tier blieb eine Zeitlang an des Königs Hof. »Was hilft das alles, du mußt wieder heim«, dachte es eines Tages und ließ den Kopf traurig hängen. Es ging zum König und bat um seinen Abschied. Der König aber hatte den Esel liebgewonnen und wollte den Grund für seinen Kummer wissen: »Eselein, was ist mit dir? Du schaust ja sauer wie ein Essigkrug. Bleib bei mir, ich will dir alles geben, was du dir nur wünschst. Möchtest du Gold?« — »Nein«, schüttelte das Eselein den Kopf. — »Willst du Kostbarkeiten oder Schmuck?« — »Nein.« — »Willst du mein halbes Reich?« — »Auch das nicht.« — »Wenn ich nur wüßte, womit ich dir eine Freude machen könnte«, seufzte der König, »willst du meine hübsche Tochter zur Frau?«

»Ach ja«, nickte das Eselein, »die möchte ich furchtbar gern haben.« Auf einmal war es wieder ganz lustig und guter Dinge, denn genau das hatte es sich gewünscht.

Es wurde eine große, prächtige Hochzeit. Abends, als Braut und Bräutigam in ihre Schlafkammer geführt wurden, wollte der König wissen,

ob sich das Eselein auch weiter so fein artig und manierlich betrüge. Deshalb befahl er einem Diener, sich im Zimmer zu verstecken.

Die Jungvermählten betraten ihr Zimmer, der Bräutigam schob den Riegel vor die Tür, blickte sich um, und weil er glaubte, sie seien ganz allein, warf er seine Eselshaut ab. Da stand er als schöner, königlicher Jüngling vor der Braut. »Nun siehst du«, sprach er, »wer ich bin. Und du siehst auch, daß ich deiner nicht unwürdig bin.« Die Braut war überglücklich, küßte ihn und hatte ihn von Herzen lieb.

Kaum dämmerte der Morgen, sprang der junge Mann aus dem Bett und zog seine Tierhaut wieder über. Und niemand hätte gedacht, was sich darunter verbarg.

Bald eilte auch der alte König herbei. »Nanu«, rief er, »das Eselein ist schon munter! Du bist wohl recht traurig«, sprach er zu seiner Tochter, »daß du keinen richtigen Menschen zum Mann bekommen hast?«

»Ach was, liebster Vater, ich habe ihn so gern, als wäre er der schönste Mann der Welt. Mein Leben lang will ich ihn behalten.« Der König wunderte sich darüber, aber der Diener, der sich versteckt hatte, erzählte ihm alles. Der König war erstaunt: »Das kann doch nicht wahr sein.«

»Dann wacht in der kommenden Nacht selbst. Ihr werdet es mit eigenen Augen sehen. Und wißt Ihr was, Herr König«, riet der Diener seinem Herrn, »nehmt ihm die Haut weg und werft sie ins Feuer. Dann bleibt ihm nichts anderes übrig, als sich in seiner wirklichen Gestalt zu zeigen.«

»Das ist ein guter Rat«, sprach der König. Abends, als alle schliefen, schlich er sich in die Kammer. Als er an das Bett trat, erblickte er im Mondschein einen stolzen Jüngling in ruhigem Schlaf. Die Haut lag auf der Erde. Er nahm sie mit, ließ draußen ein gewaltiges Feuer anmachen und die Haut hineinwerfen. Er blieb selber so lange dabei, bis sie ganz zu Asche verbrannt war. Weil er aber sehen wollte, wie sich der Beraubte anstellen werde, blieb er die Nacht über wach und lauschte an der Tür.

Als der Jüngling beim ersten Morgenschein ausgeschlafen hatte, stand er auf und wollte seine Eselshaut anziehen, aber sie war nicht zu finden. Da erschrak er und sprach voll Trauer und Angst: »Jetzt werde ich fliehen müssen.« Als er aus dem Zimmer lief, stand der König vor der Tür und sprach: »Mein Sohn, wohin so eilig! Was hast du im Sinn? Bleib bei uns. Du bist ein schöner Mann, ich lasse dich nicht wieder fort. Ich gebe dir sofort die Hälfte meines Reiches; nach meinem Tode bekommst du es ganz.«

»Wenn nur jeder gute Anfang auch ein genauso gutes Ende nehmen würde«, sprach der Jüngling. »Ich bleibe bei Euch.«

Der alte König gab ihm das halbe Reich, und als er nach einem Jahr starb, wurde der junge Herrscher König des ganzen Reiches. Dazu erbte er nach dem Tode seines Vaters noch das seine dazu. Er lebte zufrieden und hatte alles, was er sich nur wünschte.

Die Goldkinder

s waren einst ein armer Mann und eine arme Frau, die hatten nichts als eine kleine Hütte und nährten sich vom Fischfang. Sie lebten von der Hand in den Mund. Eines Tages, als der Mann am Wasser saß und sein Netz ausgeworfen hatte, zog er einen Fisch heraus, der ganz golden war. Und als er den Fisch voll Verwunderung betrachtete, fing dieser an zu reden und sprach: »Hör, Fischer, wirf mich wieder ins Wasser. Dann mache ich deine kleine Hütte zu einem prächtigen Schloß.« Darauf antwortete der Fischer: »Was hilft mir ein Schloß, wenn ich nichts zu essen habe?« Der Goldfisch fuhr fort: »Auch dafür soll gesorgt sein. Im Schloß gibt es einen Schrank. Wenn du den aufschließt, wirst du die schönsten Speisen und soviel davon finden, wie du dir nur wünschst.« — »Wenn das so ist«, sprach der Mann, kann ich dir ja den Gefallen tun.« — »Aber«, sprach der Fisch, »da gibt es eine Bedingung: Du darfst keinem Menschen auf der Welt, wer immer es auch sein mag, verraten, woher dein Glück gekommen ist. Sprichst du nur ein einziges Wort, ist alles vorbei.«

Der Mann warf den Zauberfisch wieder ins Wasser und ging heim. Aber wo sonst seine Hütte gestanden hatte, stand jetzt ein großes Schloß. Natürlich machte er große Augen. Er trat ein und sah seine Frau in einem wunderschönen Kleid in einer prächtigen Stube sitzen. Sie war ganz vergnügt und sprach: »Mann, wie ist das auf einmal gekommen? Das gefällt mir sehr.« — »Ja«, sagte der Mann, »mit gefällt es auch, aber ich habe einen gewaltigen Hunger, gib mir erst was zu essen.« Da sprach die Frau: »Ich habe nichts, und ich kann in dem neuen Haus auch nichts finden.« — »Keine Sorge«, sagte der Mann, »dort sehe ich einen großen Schrank, den schließ einmal auf.« Als sie den Schrank aufgeschlossen hatte, fand sie

alles — Kuchen, Fleisch, Obst und Wein. Alles lachte einen ordentlich an. Da rief sie voll Freude: »Herz, was begehrst du mehr?« Sie setzten sich an den Tisch und aßen und tranken, bis sie satt waren.

Selbstverständlich fragte die Frau ihren Mann: »Aber, wo kommt all dieser Reichtum her?« — »Ach«, antwortete er, »frag mich nicht danach, ich darf dir's nicht sagen. Wenn ich es jemandem verrate, ist es mit unserem Glück wieder vorbei.« — »Gut«, sprach sie, »wenn ich's nicht wissen soll, dann will ich's auch nicht wissen.« Aber sie meinte das nicht ernst. Es ließ ihr Tag und Nacht keine Ruhe, und sie quälte und stichelte den Mann so lang, bis er in seinem Unmut verriet, es komme alles von einem wunderbaren goldenen Fisch, den er gefangen und dafür wieder in Freiheit gesetzt habe. Und wie's heraus war, verschwand im Nu das schöne Schloß mit dem Schrank, und sie saßen wieder in ihrer alten Fischerhütte.

Der Mann mußte also wie früher für das tägliche Brot sorgen und seinem Gewerbe nachgehen. Das Glück aber wollte es, daß er den goldenen Fisch noch einmal herauszog. »Hör«, sprach der Fisch, »wenn du mich wieder ins Wasser wirfst, will ich dir noch einmal das Schloß mit dem Schrank voll Gesottenem und Gebratenem zurückgeben. Nur sei standhaft und verrate auf keinen Fall, von wem du's hast, sonst geht wieder alles verloren.« — »Ich werde diesmal besser aufpassen«, versprach der Fischer und warf den Fisch zurück ins Wasser. Daheim war nun alles wieder herrlich wie vorher und die Frau voller Freude über das Glück. Aber die Neugierde ließ ihr doch keine Ruhe. Nach ein paar Tagen hub sie wieder an zu fragen, wie es zugegangen sei und wie er es angefangen habe. Der Mann schwieg eine Zeitlang, endlich aber machte sie ihn so ärgerlich, daß er herausplatzte und das Geheimnis verriet. In dem Augenblick verschwand das Schloß, und sie saßen wieder in der alten Hütte.

»Nun hast du's«, ärgerte sich der Mann, »jetzt können wir wieder am Hungertuch nagen.« — »Ach«, erwiderte seine Frau, »ich will den Reichtum lieber nicht, wenn ich nicht weiß, von wem er kommt; sonst habe ich doch keine Ruhe.«

Der Mann ging nun wieder fischen, und als eine Zeit vergangen war, fing er den Goldfisch zum drittenmal. »Hör zu«, sprach der Fisch, »ich sehe, ich soll immer wieder in deine Hände fallen. Nimm mich mit nach Hause und zerschneid mich in sechs Stücke. Zwei davon gib deiner Frau zu essen, zwei deinem Pferd und zwei leg in die Erde. Das wird dir Segen bringen.«

Der Fischer nahm den Fisch mit nach Hause und tat, was er ihm aufgetragen hatte. Aber was geschah? Aus den zwei Stücken, die er im Boden vergraben hatte, wuchsen zwei goldene Lilien, das Pferd bekam zwei goldene Füllen und seine Frau gebar zwei Kinder, die ganz golden waren.

Die Knaben wuchsen heran, wurden groß und schön, und die Lilien und Pferde wuchsen mit ihnen. Da sprachen die Jünglinge eines Tages:

»Vater, wir wollen uns auf unsere goldenen Rosse setzen und in die weite Welt ziehen.« Er aber antwortete betrübt: »Wie soll ich es aushalten, wenn ihr fortzieht und ich nicht weiß, wie es euch geht?« Da sagten sie: »Die zwei goldenen Lilien bleiben hier, daran könnt Ihr sehen, wie's uns geht. Sind sie frisch, so sind wir gesund, sind sie welk, so sind wir krank, fallen sie um, so sind wir tot.«

Sie ritten fort und kamen in ein Wirtshaus voller Gäste. Als die die zwei goldenen jungen Männer erblickten, fingen sie an zu lachen und zu spotten. Der eine aber konnte das Gespött nicht ertragen. Er schämte sich, gab seinen Plan von der weiten Welt auf und kehrte zu seinem Vater nach Hause zurück. Der andere aber ritt weiter und gelangte zu einem großen Wald. Aber die Leute warnten ihn: »Reitet nicht durch den Wald, er ist voller

Räuber, die werden Euch übel mitspielen, vor allem, wenn sie sehen, daß Ihr und Euer Pferd golden seid. Sie werden Euch totschlagen.«

Er aber ließ sich nicht abschrecken und sprach: »Ich muß und soll durch diesen Wald.«

Er überzog sich und sein Pferd mit Bärenfellen, damit nichts mehr vom Gold zu sehen war, und ritt getrost in den Wald hinein. Kaum war er eine Weile geritten, hörte er es im Gebüsch knacken und vernahm Stimmen. Von der einen Seite rief es: »Da ist einer!«, von der andern aber: »Laß ihn laufen, das ist ein Bärenhäuter. Der ist arm wie eine Kirchenmaus, was sollen wir mit dem anfangen!«

So kam das Goldkind glücklich durch den Wald, ohne daß ihm ein Leid geschehen wäre.

Eines Tages kam der junge Mann in ein Dorf, in dem er ein Mädchen sah, das unglaublich hübsch war. Er war überzeugt, daß es kein schöneres auf der ganzen Welt geben könne. Und weil er in großer Liebe zu ihm entbrannt war, ging er zu ihm und sagte: »Ich habe dich von ganzem Herzen lieb, willst du meine Frau werden?«

Aber auch er gefiel dem Mädchen so sehr, daß es einwilligte und sprach: »Ja, ich will deine Frau werden und dir mein Leben lang treu sein.«

Sie vermählten sich auch sofort miteinander. Als die Feier gerade im besten Gange war, kam der Vater der Braut heim. Mit Verwunderung sah er, daß seine Tochter Hochzeit machte, und sprach: »Wo ist dein Bräutigam?«

Sie zeigte ihm das Goldkind, das immer noch seine Bärenfelle umhatte. Da packte ihren Vater der Zorn, und er entschied: »Nie! Niemals, solange ich lebe, soll so ein Bettler meine Tochter haben!« Und wollte ihn ermorden. Seine Tochter bat für ihren Bräutigam, wie sie nur konnte. Sie beschwor ihren Vater: »Jetzt ist er nun schon einmal mein Mann, und ich habe ihn von Herzen lieb.« Endlich ließ er sich besänftigen. Trotzdem ging ihm die Sache nicht aus dem Sinn. Am andern Morgen stand er in aller Frühe auf und wollte sehen, ob der Mann seiner Tochter nicht irgendein gemeiner und zerlumpter Bettler sei. Als er aber an dessen Bett trat, sah er einen ganz goldenen, ausgesprochen schönen Mann; vor dem Bett auf dem Boden aber lagen die Bärenfelle. Er entfernte sich leise wieder und dachte: »Wie gut, daß ich gestern meinen Zorn gebändigt habe! Ich hätte eine große Missetat begangen!«

Das Goldkind aber träumte, es ziehe hinaus auf die Jagd und verfolge einen prächtigen Hirsch. Als er am Morgen erwachte, sprach der junge Mann zu seiner Braut: »Ich muß auf die Jagd.«

Ihr wurde angst und bange, und sie bat ihn, zu Hause zu bleiben. Sie versuchte ihn zu überzeugen: »Leicht kann dir ein großes Unglück widerfahren.« Aber er antwortete nur: »Ich soll und muß fort«, stand auf und ritt hinaus in den Wald.

Es dauerte wirklich gar nicht lange, da erblickte er den stolzen Hirsch vor sich, ganz wie in seinem Traum. Er legte an und wollte ihn schießen, aber der Hirsch entkam. Der junge Mann jagte ihm nach, über Gräben und durch Gebüsche, unermüdlich, den ganzen Tag. Am Abend aber verlor er den Hirsch plötzlich aus den Augen. Und als sich der goldene Jüngling umsah, stand er vor einem kleinen Haus. Es war die Hütte einer Hexe.

Er klopfte an, und ein Mütterchen kam heraus und fragte: »Was wollt Ihr so spät noch mitten im tiefen Wald?«

Er fragte sie: »Habt Ihr keinen Hirsch gesehen?« — »Natürlich«, antwortete sie, »den Hirsch kenn' ich sehr gut«. Ein kleiner Hund, der mit ihr aus dem Haus gekommen war, bellte dabei den Mann wütend an.

»Willst du wohl aufhören, du kleine Giftkröte«, sprach er, »sonst erschieß' ich dich.«

Da wurde die Hexe zornig: »Was, meinen Hund willst du töten?« Und ehe er sich's versah, hatte sie ihn verzaubert. Er lag da wie ein Stein und konnte sich nicht rühren. Seine junge Frau wartete vergeblich auf ihn und dachte: »Es ist gewiß eingetroffen, was ich befürchtete. Meine böse Vorahnung hat sich erfüllt.«

Daheim aber stand der andere Bruder vor den Goldlilien, als plötzlich eine von ihnen umfiel.

»Ach Gott«, rief er entsetzt, »meinem Bruder ist ein großes Unglück zugestoßen! Ich muß fort, vielleicht kann ich ihn retten!«

Der Vater aber bat: »Bleib hier. Was soll ich anfangen, wenn ich auch dich noch verliere?«

Aber sein Sohn antwortete: »Ich soll und muß fort.«

Er sattelte sein goldenes Pferd und ritt und ritt, bis er in den großen Wald kam, in dem sein Bruder versteinert lag. Die alte Hexe kam aus ihrer Hütte, rief ihn zu sich und wollte auch ihn verzaubern. Aber er war vorsichtig. Er hielt Abstand zu ihr und drohte: »Ich schieße dich nieder, wenn du meinen Bruder nicht sofort wieder lebendig machst.«

Sie berührte, so ungern sie's auch tat, den Stein mit dem Finger, und sofort wurde sein Bruder wieder lebendig.

Die beiden goldenen Brüder aber freuten sich, als sie sich wiedersahen, küßten und herzten sich und ritten zusammen fort aus dem Wald. Der eine zu seiner Braut, der andere heim zu seinem Vater.

»Ich wußte gleich, daß du deinen Bruder erlöst hast, denn die goldene Lilie richtete sich auf einmal wieder auf und blühte weiter wie vorher«, erzählte sein Vater.

Nun lebten alle vergnügt, und es ging ihnen gut bis an ihr Ende.

Des Herrn und des Teufels Getier

Gott, der Herr, hatte alle Tiere erschaffen und sich die Wölfe zu seinen Hunden auserwählt. Bloß die Geiß, also die Ziege, hatte er vergessen. Da setzte sich der Teufel in den Kopf, er wolle auch etwas erschaffen, und machte die Ziegen mit feinen, langen Schwänzen. Sie blieben aber gewöhnlich mit ihren Schwänzen in den Dornenhecken hängen. Das verdroß den Teufel so, daß er jeder Geiß den Schwanz abbiß, wie noch heute an den Schwanzstümpfen zu sehen ist.

Als der Herrgott sah, wie sie bald da einen fruchtbaren Baum benagten, bald dort die edlen Reben beschädigten oder andere zarte Pflanzen vernichteten, jammerte es ihn, und er setzte aus Güte und Gnade seine Wölfe auf sie an, die die Ziegen, die sich so vergangen hatten, zerrissen.

Als der Teufel das vernahm, trat er vor den Herrn: »Dein Geschöpf hat das meine zerrissen.« Der Herr antwortete: »Weil du es zum Schaden erschaffen hast!« Der Teufel erwiderte: »Ich mußte das. Wie ich dazu da bin, Schaden zu stiften, kann meine Schöpfung nicht anders sein. Du mußt mir das teuer bezahlen!«

»Ich bezahl' dir's, sobald das Eichenlaub abfällt.« Als das Eichenlaub abgefallen war, kam der Teufel und forderte seine Schuld ein. Der Herr aber sprach: »In der Kirche zu Konstantinopel steht eine hohe Eiche, die hat noch all ihr Laub.« Unter Toben und Fluchen entwich der Teufel um die Eiche zu suchen. Er irrte sechs Monate herum, ehe er sie fand, und als er wiederkam, waren inzwischen wieder alle anderen Eichen voll grüner Blätter. Da mußte er seine Hoffnung auf Begleichung der Schuld aufgeben, stach im Zorn allen übrigen Geißen die Augen aus und setzte ihnen seine eigenen ein. Seither haben alle Ziegen Teufelsaugen und abgebissene Schwänze, und der Teufel nimmt gern ihre Gestalt an.

Märchen von einem, der auszog, das Fürchten zu lernen

Es war einmal ein Vater, der hatte zwei Söhne. Der ältere war klug und gescheit und wußte sich in allem zu helfen, der jüngere aber war dumm, konnte nichts begreifen und lernen. Wenn ihn die Leute sahen, sprachen sie: »Mit dem wird der Vater noch seine Last haben!« Wenn nun etwas zu tun war, mußte es immer der ältere erledigen. Schickte ihn aber sein Vater noch spät oder gar in der Nacht etwas holen und der Weg ging dabei über den Kirchhof oder sonst einen schaurigen Ort, so antwortete er: »Ach nein, Vater, ich gehe nicht, es gruselt mir!«, denn er fürchtete sich. Oder wenn abends beim Feuer Schauergeschichten erzählt wurden, sprachen die Zuhörer manchmal: »Ach, es gruselt mir!«

Der jüngere saß in einer Ecke und hörte das mit an, aber er konnte nicht begreifen, was das heißen sollte. »Immer sagen sie: ›Es gruselt mir! Es gruselt mir!‹ Mir gruselt's nicht. Das wird wohl eine Kunst sein, von der ich, wie von vielem anderem, auch nichts verstehe.«

Nun geschah es einmal, daß der Vater zu ihm sprach: »Hör, du in der Ecke dort, du wirst groß und stark, du mußt auch etwas lernen, womit du dein Brot verdienst. Nimm dir ein Beispiel, wie sich dein Bruder Mühe gibt. Aber bei dir ist Hopfen und Malz verloren.« — »Aber Vater«, antwortete er, »ich will ja gern was lernen. Wenn es ginge, möchte ich lernen, wie's einem gruselt. Davon verstehe ich noch gar nichts.« Der ältere lachte, als er das hörte, und dachte bei sich: »Du lieber Gott, was für einen Dummkopf habe ich zum Bruder. Aus dem wird sein Lebtag nichts. Was ein Häkchen werden will, muß sich beizeiten krümmen.«

Der Vater seufzte und antwortete ihm: »Das Gruseln, das sollst du schon lernen, aber dein Brot wirst du damit nicht verdienen.«

Bald danach kam der Küster zu Besuch ins Haus, da klagte ihm der Vater seine Not und erzählte, wie sein jüngster Sohn in allen Dingen so schlecht beschlagen sei, er wisse nichts und lerne nichts. »Denkt Euch, als ich ihn fragte, womit er sein Brot verdienen wolle, hat er gar verlangt, das Gruseln lernen zu wollen.« — »Wenn's weiter nichts ist«, antwortete der Küster, »das kann er bei mir lernen. Gebt ihn nur zu mir, ich will ihn schon abhobeln.« Der Vater war damit einverstanden, weil er dachte: »Der Junge wird doch ein wenig zurechtgestutzt.«

Der Küster nahm den Jungen in sein Haus. Er mußte die Glocke läuten. Nach ein paar Tagen weckte er ihn um Mitternacht, befahl ihm aufzustehen, in den Kirchturm zu steigen und zu läuten. »Du sollst schon lernen, was Gruseln ist«, dachte er, ging heimlich voraus, und als der Junge oben war, sich umdrehte und das Glockenseil fassen wollte, sah er auf der Treppe, dem Schalloch gegenüber, eine weiße Gestalt stehen.

»Wer da?« rief er, aber die Gestalt gab keine Antwort, sie regte und bewegte sich nicht. »Gib Antwort«, rief der Junge, »oder mache, daß du fortkommst. Du hast hier in der Nacht nichts zu suchen.« Der Küster aber blieb unbeweglich stehen, damit der Junge glauben sollte, es sei ein Gespenst. Der Junge rief zum zweitenmal: »Was willst du hier? Sprich, wenn du ein ehrlicher Kerl bist, oder ich werfe dich die Treppe hinunter.« Der Küster dachte: »Das wird nicht so schlimm gemeint sein«, gab keinen Laut von sich und stand, als wäre er aus Stein. Da sprach ihn der Junge zum drittenmal an, und als auch das umsonst war, nahm er Anlauf und stieß das Gespenst die Treppe hinunter, so daß es zehn Stufen hinabfiel und in einer Ecke liegenblieb.

Darauf läutete er die Glocke, ging heim, legte sich, ohne ein Wort zu sagen, ins Bett und schlief sofort ein.

Die Küstersfrau wartete lange auf ihren Mann, aber er wollte und wollte nicht wiederkommen. Da wurde ihr endlich angst, sie weckte den Jungen und fragte: »Weißt du nicht, wo mein Mann geblieben ist? Er ist vor dir auf den Turm gestiegen.« — »Nein«, antwortete der Junge, »aber da hat einer dem Schalloch gegenüber auf der Treppe gestanden, und weil er keine Antwort gegeben hat und auch nicht weggehen wollte, hielt ich ihn für einen Spitzbuben und stieß ihn die Treppe hinunter. Geht nur hin, Ihr werdet ja sehen, ob er's gewesen ist. Es sollte mir leid tun.« Die Frau lief fort und fand ihren Mann. Er lag in einer Ecke und jammerte und hatte ein Bein gebrochen.

Sie trug ihn vom Turm und eilte dann mit lautem Geschrei zum Vater des Jungen. »Euer Junge«, rief sie, »hat ein großes Unglück angerichtet, meinen Mann hat er die Treppe hinabgeworfen, so daß er ein Bein gebrochen hat. Schafft den Taugenichts aus unserem Haus.«

Der Vater erschrak, kam schnell gelaufen und schalt den Jungen aus. »Was sind das für gottlose Streiche, die muß dir der Böse eingegeben haben.« — »Vater«, antwortete er, »hört mich doch an, ich bin ganz unschuldig. Er stand da in der Nacht wie einer, der Böses im Sinn hat. Ich wußte nicht, wer's war, und habe ihn dreimal aufgefordert, zu reden oder zu gehen.« — »Ach«, sprach der Vater, »mit dir erleb' ich nur Unglück, geh mir aus den Augen, ich will dich nicht mehr sehen.« — »Ja, Vater, recht gern. Sobald es hell wird, ziehe ich in die Welt, um das Gruseln zu lernen. Dann versteh' ich wenigstens eine Kunst, die mich ernähren kann.« — »Lerne, was du willst«, sprach der Vater, »mir ist alles egal. Da hast du fünfzig Taler, damit geh in die weite Welt, sag aber keinem Menschen, wo du her bist und wer dein Vater ist, denn ich muß mich deiner schämen.«

»Ja, Vater, wie Ihr wünscht. Wenn Ihr nicht mehr verlangt, das kann ich leicht versprechen.«

Als der Tag anbrach, steckte der Junge seine fünfzig Taler in die Tasche, ging hinaus auf die große Landstraße und sprach immer vor sich hin: »Wenn mir's nur gruselte! Wenn mir's nur gruselte!« Da holte ihn ein Mann ein. Der hörte das Gespräch, das der Junge mit sich selbst führte, und als sie ein Stück weiter waren, daß man den Galgen sehen konnte, sagte der Mann zu ihm: »Siehst du, dort ist der Baum, wo sieben mit des Seilers Tochter Hochzeit gehalten haben und jetzt das Fliegen lernen. Setz dich darunter und warte, bis es Nacht wird, dann wirst du schon das Gruseln lernen.«

»Wenn weiter nichts dazu gehört«, antwortete der Junge, »das ist leicht getan. Lerne ich aber so geschwind das Gruseln, so sollst du meine fünfzig Taler haben. Komm nur morgen früh wieder zu mir.«

Der Junge ging zum Galgen, setzte sich darunter und wartete, bis der Abend kam. Und weil ihn fror, machte er sich ein Feuer an. Aber um Mitternacht wehte ein so kalter Wind, daß ihm trotz des Feuers nicht warm wurde. Und als der Wind die Gehenkten aneinanderstieß, so daß sie sich hin und her bewegten, dachte er: »Du frierst hier unten am Feuer, wie mögen die da oben erst frieren und zappeln.« Und weil er ein mitleidiges Herz hatte, legte er die Leiter an, stieg hinauf, knüpfte einen nach dem andern los und holte sie alle sieben herab. Darauf schürte er das Feuer, blies es an und setzte sie ringsherum, damit sie sich wärmen sollten. Aber sie saßen da und regten sich nicht, und das Feuer erfaßte ihre Kleider. Da sprach er: »Nehmt euch in acht, sonst häng' ich euch wieder hinauf.« Die Toten aber hörten nicht, schwiegen und ließen ihre Lumpen weiterbrennen. Da wurde er böse und sprach: »Wenn ihr nicht aufpassen wollt, dann kann ich euch nicht helfen. Ich will nicht mit euch verbrennen«, und hängte sie der Reihe nach wieder an den Galgen. Er kehrte zu seinem Feuer zurück und schlief ein. Am andern Morgen kam der Mann zu ihm, wollte die fünfzig Taler haben und sprach: »Na, weißt du jetzt, was Gruseln ist?«

»Nein«, antwortete er, »woher sollte ich das wissen? Die da droben haben das Maul nicht aufgetan und waren so dumm, daß sie die paar alten Lappen, die sie am Leib hatten, brennen ließen.« Da sah der Mann, daß er heute nicht zu den fünfzig Talern kommen würde, ging davon und sprach: »So einer ist mir noch nicht vorgekommen.«

Der Junge ging auch seines Weges und fing wieder an, vor sich hinzureden: »Ach, wenn mir's nur gruselte! Ach, wenn mir's nur gruselte!« Das hörte ein Fuhrmann, der hinter ihm herschritt und fragte: »Wer bist du?« — »Ich weiß nicht«, antwortete der Junge. Der Fuhrmann fragte weiter: »Wo bist du her?« — »Das weiß ich auch nicht.« — »Wer ist dein Vater?« — »Das darf ich nicht sagen.« — »Was brummst du dauernd in deinen Bart?« — »Ich wollte, daß mir's gruselt, aber niemand kann mich's lehren«, antwortete er. »Laß dein dummes Geschwätz«, sprach der Fuhrmann, »komm mit mir, ich will sehen, daß ich dich unterbringen kann.«

Der Junge ging mit dem Fuhrmann mit, und abends gelangten sie zu einem Wirtshaus, wo sie übernachten wollten. Da sprach er beim Betreten der Stube wieder ganz laut: »Wenn mir's nur gruselte! Wenn mir's nur gruselte!« Der Wirt, der das hörte, lachte und sprach: »Wenn dich danach lüstet, dann sollst du hier Gelegenheit haben.«

»Ach, sei still«, sprach die Wirtsfrau, »so mancher Vorwitzige hat schon sein Leben eingebüßt, es wäre jammerschade um die schönen Augen, wenn sie das Tageslicht nicht wiedersehen sollten.«

Der Junge aber sprach: »Und wenn es noch so schwer wäre, ich will es lernen, deshalb bin ich ja in die Welt gezogen.« Er ließ dem Wirt auch keine Ruhe, bis dieser erzählte, worum es ging. Nicht weit vom Wirtshaus stehe ein verwunschenes Schloß, in dem man bestimmt lernen könne, was Gruseln sei. Man müsse nur drei Nächte dort wachen wollen. Der König habe dem, der's wagen wollte, seine Tochter zur Frau versprochen, und die sei das schönste Mädchen unter der Sonne. Im Schloß seien auch große Schätze versteckt, sie würden aber von bösen Geistern bewacht. Die könnten einen Armen reich genug machen. Schon viele aber seien zwar hinein-, aber nie wieder herausgekommen.

Da trat der Junge am andern Morgen vor den König und sprach: »Wenn es erlaubt wäre, würde ich gern drei Nächte in dem verwunschenen Schloß wachen.« Der König sah ihn an, und weil er ihm gefiel, sprach er: »Du darfst dir noch dreierlei ausbitten, aber es müssen leblose Dinge sein, die darfst du mit ins Schloß nehmen.« Der Junge antwortete er: »So bitt' ich um ein Feuer, eine Drehbank und eine Schnitzbank mit einem Messer.«

Der König ließ ihm das alles bei Tag in das Schloß tragen. Als es Nacht werden wollte, ging der Junge hinein. Er machte sich in einer Kammer ein helles Feuer an, stellte die Schnitzbank mit dem Messer daneben und setzte sich auf die Drehbank. »Ach, wenn mir's nur gruselte!« sprach er. »Aber hier werde ich es auch nicht lernen.«

Gegen Mitternacht wollte er sich sein Feuer einmal aufschüren. Wie er so hineinblies, schrie es plötzlich aus der Ecke: »Au, miau! Wie's uns friert!«

»Ihr Narren«, rief er, »was schreit ihr? Wenn euch friert, dann kommt her, setzt euch ans Feuer und wärmt euch.« Und kaum hatte er das gesagt, kamen zwei große schwarze Katzen mit einem gewaltigen Sprung herbei, ließen sich zu beiden Seiten neben ihm nieder und sahen ihn mit feurigen Augen ganz wild an. Ein Weilchen später, als sie sich gewärmt hatten, sprachen sie: »Kamerad, wollen wir eine Runde Karten spielen?«

»Warum nicht?« antwortete er. »Aber zeigt erst einmal eure Pfoten her.« Da streckten sie ihre Krallen heraus. »Seht einmal«, sagte er, »was ihr für lange Nägel habt! Wartet, die muß ich euch erst abschneiden.« Damit packte er sie beim Kragen, hob sie auf die Schnitzbank und schraubte ihnen die Pfoten fest. »Euch habe ich auf die Finger gesehen«, sprach er, »da vergeht mir die Lust zum Kartenspiel«, schlug sie tot und warf sie hinaus ins Wasser.

Als er aber die zwei zur Ruhe gebracht hatte und sich wieder an sein Feuer setzen wollte, kamen aus allen Ecken schwarze Katzen und schwarze Hunde an glühenden Ketten, immer mehr und mehr, daß er sich kaum vor ihnen retten konnte. Die schrien greulich, traten ihm auf sein Feuer, zerrten es auseinander und wollten es ausmachen. Das sah er ein Weilchen ruhig mit an, als es ihm aber zu arg wurde, faßte er sein Schnitzmesser und rief: »Fort mit euch, ihr Gesindel«, und schlug auf sie los. Ein Teil sprang davon, die anderen schlug er tot und warf sie hinaus in den Teich.

Als er zurückgekommen war, blies er aus den Funken sein Feuer frisch an und wärmte sich. Und als er so dasaß, konnte er die Augen nicht länger

offenhalten und bekam Lust zu schlafen. Da blickte er sich um und sah in der Ecke ein großes Bett. »Das kommt mir gerade recht«, sprach er und legte sich hinein. Als er aber die Augen schließen wollte, fing das Bett von selbst an zu fahren und fuhr im ganzen Schloß herum. »Recht so«, sprach er, »nur zu.« Da rollte das Bett fort, als wären sechs Pferde vorgespannt, über Schwellen und Treppen auf und ab. Auf einmal, hopp, hopp! kippte es um. Dabei drehte sich das Unterste zuoberst und lag wie ein Berg auf ihm. Er schleuderte Decken und Kissen weg, stieg heraus und sagte: »Jetzt soll fahren, wer Lust hat.« Dann legte er sich an sein Feuer und schlief, bis es Tag wurde.

Am Morgen kam der König, und als er ihn da auf der Erde liegen sah, glaubte er, die Gespenster hätten ihn umgebracht und er sei tot. Da sprach er: »Es ist doch schade um den schönen Menschen.« Das hörte der Junge, richtete sich auf und sprach: »So weit ist's noch nicht!«

Der König wunderte sich, war aber hoch erfreut und fragte, wie es ihm ergangen sei. »Recht gut«, antwortete er, »eine Nacht wäre herum, die zwei anderen werde ich auch überstehen.« Als er zum Wirt kam, machte der große Augen.

»Ich dachte nicht«, sprach er, »daß ich dich noch einmal lebendig sehen würde. Hast du nun gelernt, was Gruseln ist?«

»Nein«, sagte er, »es ist alles vergeblich; wenn mir's nur einer sagen könnte!«

In der zweiten Nacht ging er wieder hinauf ins alte Schloß, setzte sich ans Feuer und fing sein altes Lied wieder an: »Wenn mir's nur gruselte!« Als Mitternacht herankam, war ein Lärm und Gepolter zu hören, erst sachte, dann immer stärker, dann war es eine Weile still, endlich kam mit lautem Geschrei ein halber Mensch den Schornstein herab und fiel vor ihn hin. »Heda«, rief er, »noch ein halber gehört dazu, das ist zuwenig!« Da ging der Lärm von neuem los. Es tobte und heulte, und die andere Hälfte fiel auch noch herab. »Warte«, sprach er, »ich will erst das Feuer ein bißchen anblasen.«

Kaum hatte er das getan und sah sich um, waren die beiden Stücke zusammengefahren, und ein häßlicher Mann saß auf seinem Platz. »So haben wir nicht gewettet«, sprach der Junge, »die Bank ist mein.« Der Mann wollte ihn wegdrängen, aber der Junge ließ es sich nicht gefallen. Er schob ihn mit Gewalt weg und setzte sich wieder auf seinen Platz. Da fielen noch mehr Männer herab, einer nach dem andern, die holten neun Totenbeine und zwei Totenköpfe, stellten sie auf und begannen zu kegeln.

Der Junge bekam auch Lust und fragte: »Hört mal, kann ich nicht mitspielen?«

»Natürlich, wenn du Geld hast.«

»Geld genug«, antwortete er, »aber eure Kugeln sind nicht richtig rund.« Er nahm die Totenköpfe, spannte sie in die Drehbank und drehte sie rund.

»So, jetzt werden sie besser rollen«, sprach er. »Heida! Nun geht's lustig!« Er spielte mit und verlor etwas von seinem Geld, als es aber zwölf Uhr schlug, war alles vor seinen Augen verschwunden.

Er legte sich nieder und schlief ruhig ein. Am andern Morgen kam der König und wollte sich erkundigen. »Wie ist dir's diesmal ergangen?« fragte er. »Ich habe gekegelt«, antwortete er, »und ein paar Heller verloren.« — »Hat dir's denn nicht gegruselt?« — »Ach wo«, sprach er, »Spaß hat es mir gemacht. Wenn ich nur wüßte, was Gruseln ist.«

In der dritten Nacht setzte er sich wieder auf seine Bank und sprach ganz verdrießlich: »Wenn mir's nur gruselte!«

Als es spät wurde, kamen sechs große Männer und brachten einen Sarg hereingetragen. Da sprach er: »Haha, das ist gewiß mein Vetter, der erst vor ein paar Tagen gestorben ist«, winkte mit dem Finger und rief: »Komm, mein Lieber, komm!« Sie stellten den Sarg auf die Erde. Er aber nahm den Deckel ab: Da lag ein toter Mann darin. Er fühlte ihm ans Gesicht, aber es war kalt wie Eis. »Warte«, sprach er, »ich will dich ein bißchen wärmen«, ging ans Feuer, wärmte seine Hand und legte sie ihm aufs Gesicht, aber der Tote blieb kalt. Er nahm ihn heraus, setzte sich ans Feuer, legte ihn auf seinen Schoß und rieb ihm die Arme, damit das Blut wieder in Bewegung kommen sollte.

Als auch das nichts helfen wollte, fiel ihm ein: »Wenn zwei zusammen im Bett liegen, so wärmen sie sich.« Er brachte ihn ins Bett, deckte ihn zu und legte sich neben ihn. Ein Weilchen später wurde der Tote wieder warm und fing an, sich zu regen. Da sprach der Junge: »Siehst du, Vetter, wenn ich dich nicht gewärmt hätte!«

Der Tote aber rief: »Jetzt will ich dich erwürgen.« — »Was«, sagte er, »ist das der Dank? Gleich sollst du wieder in deinen Sarg«, hob ihn auf, warf ihn in die Kiste und machte den Deckel zu. Da kamen die sechs Männer und trugen ihn wieder fort. »Es will mir nicht gruseln«, sagte er, »hier lerne ich's mein Lebtag nicht.«

Dann trat ein Mann herein, der war größer als alle anderen und sah fürchterlich aus. Er war alt und hatte einen langen weißen Bart. »O du Wicht«, rief er, »jetzt wirst du bald lernen, was Gruseln ist, denn du sollst sterben.«

»Nicht so schnell«, antwortete der Junge, »soll ich sterben, dann muß ich auch dabeisein.«

»Dich will ich schon packen«, sprach der Unhold. »Sachte, sachte, mach dich nicht so breit; so stark wie du bin ich auch, vielleicht noch viel stärker.«

»Das wollen wir sehen«, sprach der Alte, »wenn du stärker bist als ich, lass' ich dich gehen. Komm, wir wollen's versuchen.« Er führte ihn durch dunkle Gänge zu einem Schmiedefeuer, nahm eine Axt und schlug einen

Amboß mit einem Schlag in die Erde. »Das kann ich noch besser«, sprach der Junge und ging zu dem andern Amboß.

Der Alte stellte sich daneben und wollte zusehen. Sein weißer Bart ging bis auf den Amboß herab. Der Junge erfaßte die Axt, spaltete den Amboß auf einen Hieb und klemmte dabei den Bart des Alten mit ein. »Nun hab' ich dich«, sprach der Junge, »jetzt ist das Sterben an dir.« Dann nahm er eine Eisenstange und schlug auf den Alten ein, bis er wimmerte und bat, er solle aufhören, er wolle ihm große Reichtümer geben. Der Junge zog die Axt heraus und ließ ihn los.

Der Alte führte ihn wieder ins Schloß zurück und zeigte ihm in einem Keller drei Kästen voll Gold. »Davon«, sprach er, »ist ein Teil für die Armen bestimmt, den zweiten bekommt der König, und der dritte ist dein.« Da schlug es zwölf, und der Geist verschwand, so daß der Junge im Finstern stand. »Ich werde mir doch heraushelfen können«, sprach er, tappte herum, fand den Weg in die Kammer und schlief dort an seinem Feuer ein.

Am andern Morgen kam der König und sagte: »Nun wirst du gelernt haben, was Gruseln ist!«

»Leider nicht«, antwortete er, »was ist das nur? Mein toter Vetter war da, und ein bärtiger Mann ist gekommen, der hat mir da unten viel Geld gezeigt. Aber was Gruseln ist, das hat mir keiner gesagt.« Da sprach der König: »Du hast das Schloß erlöst und sollst meine Tochter heiraten.«

»Das ist alles recht schön und gut«, antwortete er, »aber ich weiß immer noch nicht, was Gruseln ist.«

Das Gold wurde heraufgebracht und die Hochzeit gefeiert, aber der junge König, so lieb er seine Gemahlin hatte und so vergnügt er war, sprach noch immer: »Wenn mir's nur gruselte! Wenn mir's nur gruselte!« Das verdroß seine Frau endlich. Ihr Kammermädchen sprach: »Ich weiß einen Weg, das Gruseln soll er schon lernen.« Sie ging zum Bach, der durch den Garten floß, und holte einen ganzen Eimer voll Gründlinge. Nachts, als der junge König schlief, zog ihm seine Gemahlin die Decke weg und schüttete den Eimer voll kaltes Wasser mit den Gründlingen über ihn aus, so daß die kleinen Fische um ihn herumzappelten. Da wachte er auf und rief: »Ach, was gruselt mir, was gruselt mir, liebe Frau! Ja, nun weiß ich, was Gruseln ist.«

DER GEIST IM GLAS

Es war einmal ein armer Holzfäller, der arbeitete vom Morgen bis in die späte Nacht. Als er sich endlich ein bißchen Geld zusammengespart hatte, sprach er zu seinem Jungen: »Du bist mein einziges Kind, ich will das Geld, das ich mit saurem Schweiß erworben habe, für deine Ausbildung verwenden. Wenn du etwas Rechtes lernst, so kannst du mich im Alter ernähren, wenn meine Glieder steif geworden sind und ich daheim sitzen muß.«

Der Junge ging eine Zeitlang auf höhere Schulen und lernte so fleißig, daß ihn seine Lehrer lobten. Als er mehrere Schulen besucht hatte und trotzdem noch nicht in allem vollkommen war, war das bißchen Vermögen, das der Vater erworben hatte, draufgegangen, und er mußte wieder zu ihm heimkehren. »Ach«, sprach der Vater betrübt, »ich kann dir nichts mehr geben. Bei der Teuerung kann ich auch keinen Heller mehr verdienen als das tägliche Brot.«

»Lieber Vater«, antwortete der Sohn, »macht Euch darüber kein Gedanken. Wenn Gott will, wird sich alles zu meinem Besten wenden. Ich will mich schon dreinschicken.«

Als der Vater hinaus in den Wald wollte, um etwas am Feuerholz, am Hacken und Aufschichten zu verdienen, sprach der Sohn: »Ich gehe mit und helfe Euch.« — »Ja, mein Sohn«, willigte der Vater ein, gab aber zu bedenken: »Aber das wird schwer für dich. Du bist keine harte Arbeit gewöhnt, du hältst das nicht aus. Ich habe auch nur eine Axt und kein Geld übrig, um noch eine zu kaufen.« — »Geht nur zum Nachbar«, antwortete der Sohn, »der leiht Euch seine Axt so lange, bis ich mir selbst eine verdient habe.«

Da besorgte der Vater beim Nachbar eine Axt, und am andern Morgen, bei Anbruch des Tages, gingen sie zusammen hinaus in den Wald. Der Sohn half dem Vater und war ganz munter und frisch dabei. Als nun die Sonne über ihnen stand, sprach der Vater: »Wir wollen rasten und Mittag halten; danach geht's noch einmal so gut.« Der Sohn nahm sein Brot in die Hand und sprach: »Ruht Euch nur aus, Vater, ich bin nicht müde. Ich will ein wenig durch den Wald gehen.« — »O du Geck«, sprach der Vater, »was willst du da herumlaufen. Dann bist du müde und kannst den Arm nicht mehr heben. Bleib hier und setz dich zu mir.«

Der Sohn aber ging durch den Wald, aß dabei sein Brot, war ganz fröhlich und forschte in den grünen Zweigen nach Nestern. Er ging hin und her, bis er endlich zu einer mächtigen Eiche kam, die gewiß schon mehrere hundert Jahre alt war und die keine fünf Menschen umspannt hätten. Er blieb stehen, sah sie an und dachte: »So mancher Vogel wird hier schon sein Nest hineingebaut haben.« Da schien es ihm auf einmal, als höre er eine Stimme. Er horchte und vernahm, wie es mit einem ganz dumpfen Ton rief: »Laß mich heraus, laß mich heraus.« Er sah sich überall um, konnte aber nichts entdecken. Doch es war ihm, als käme die Stimme unten aus der Erde. Da rief er: »Wo bist du?« Die Stimme antwortete: »Ich stecke da unten zwischen den Eichenwurzeln. Laß mich heraus, laß mich heraus.«

Der Student fing an, unter dem Baum zwischen den Wurzeln zu suchen, bis er endlich in einer kleinen Höhlung eine Glasflasche entdeckte. Er hob sie in die Höhe und hielt sie gegen das Licht, da sah er ein Ding, das glich einem Frosch und sprang darin auf und nieder. »Laß mich heraus, laß mich heraus«, rief's von neuem, und der Student, nichts Böses ahnend, zog den Pfropfen aus der Flasche. Sofort stieg ein Geist heraus und fing an zu wachsen und wuchs so schnell, daß in wenigen Augenblicken ein entsetzlicher Kerl, so groß wie der halbe Baum, vor dem Studenten stand.

»Weißt du«, rief er mit einer fürchterlichen Stimme, »was dein Lohn dafür ist, daß du mich herausgelassen hast?« — »Nein«, antwortete der Student ohne Furcht, »wie soll ich das wissen?« — »Dann will ich dir's sagen«, rief der Geist, »den Hals muß ich dir dafür brechen.« — »Das hättest du mir früher sagen sollen«, antwortete der Student, »da hätte ich dich in der Flasche gelassen. Mein Kopf aber ist nicht nur deine Sache, da müssen mehr Leute gefragt werden.« — »Mehr Leute hin, mehr Leute her«, rief der Geist, »deinen verdienten Lohn, den sollst du haben. Denkst du, ich wäre aus Gnade so lange Zeit eingeschlossen gewesen? Nein, es war zu meiner Strafe! Ich bin der großmächtige Merkurius, wer mich losläßt, dem muß ich den Hals brechen.«

»Nur sachte«, antwortete der Student, »so geschwind geht das nicht. Erst muß ich wissen, ob du wirklich in der kleinen Flasche gesteckt hast und daß du ein richtiger Geist bist. Kannst du auch wieder da hinein, dann glaube ich es dir, und du kannst mit mir anfangen, was dir beliebt.« Der Geist sprach voll Hochmut: »Das ist eine Kleinigkeit«, zog sich zusammen und machte sich so dünn und klein, wie er anfangs gewesen war. Er kroch durch dieselbe Öffnung und durch den Hals wieder in die Flasche hinein.

Kaum aber war er drin, da drückte der Student den abgezogenen Pfropfen wieder hinein und warf die Flasche unter die Eichenwurzeln an ihren Platz. Der Geist war überlistet.

Nun wollte der Student zu seinem Vater zurückgehen, aber der Geist rief ganz kläglich: »Ach, laß mich doch heraus, laß mich doch heraus.« — »Nein«, antwortete der Student, »zum zweiten Mal nicht. Wer mir einmal nach dem Leben getrachtet hat, den lass' ich nicht los, wenn ich ihn einmal wieder eingefangen habe.« — »Wenn du mich befreist«, rief der Geist, »will ich dir so viel geben, daß du dein Lebtag genug hast.« — »Nein«, antwortete der Student, »du würdest mich betrügen wie das erstemal.« — »Du verscherzt dein Glück«, warnte ihn der Geist. »Ich werde dir nichts tun, sondern dich reichlich belohnen.« Der Student dachte: »Ich will's wagen, vielleicht hält er Wort. Und anhaben soll er mir doch nichts.«

Da nahm er den Pfropfen wieder ab, und der Geist stieg wie das vorige Mal heraus, dehnte sich auseinander und wurde groß wie ein Riese. »Nun sollst du deinen Lohn haben«, sprach er und reichte dem Studenten einen kleinen Lappen, der aussah wie ein Pflaster, und sprach: »Wenn du mit dem einen Ende eine Wunde bestreichst, so heilt sie. Und wenn du mit dem anderen Ende Stahl und Eisen bestreichst, so wird es in Silber verwandelt.« — »Das muß ich erst ausprobieren«, sprach der Student, ging zu einem Baum, ritzte die Rinde mit der Axt an und bestrich sie mit einem Ende des Pflasters. Sofort schloß sich die Wunde wieder und war verheilt. »Nun, es hat seine Richtigkeit«, sprach er zum Geist, »jetzt können wir uns trennen.« Der Geist bedankte sich für seine Erlösung, der Student dankte dem Geist für sein Geschenk und ging zurück zu seinem Vater.

»Wo bist du so lange herumgelaufen?« sprach der Vater. »Warum hast du deine Arbeit vergessen? Ich habe es ja gleich gesagt, daß du nichts Rechtes zustande bringen würdest.« — »Gebt Euch zufrieden, Vater, ich will's nachholen.« — »Ja, nachholen«, sprach der Vater zornig, »so was tut man nicht.« — »Paßt auf, Vater, den Baum da will ich gleich umhauen, daß es kracht.« Er nahm sein Pflaster, bestrich die Axt damit und holte zu einem gewaltigen Hieb aus. Weil aber das Eisen in Silber verwandelt war, verbog sich die Schneide wie Papier. »Seht einmal, Vater, was Ihr mir für eine schlechte Axt gegeben habt. Die ist ganz schief geworden.« Da erschrak der Vater und sprach: »Ach, was hast du nun wieder angestellt! Jetzt muß ich die Axt bezahlen und weiß nicht womit. Das ist der Nutzen, den ich von deiner Arbeit habe!« — »Ärgert Euch nicht«, antwortete der Sohn, »die Axt werde ich schon bezahlen.« — »Oh, du Habenichts«, rief der Vater, »wovon willst du sie bezahlen? Du hast nichts als das, was ich dir gebe. Das sind Studentenkniffe, die dir im Kopf stecken, aber vom Holzhacken hast du keine Ahnung.«

Ein Weilchen später sprach der Student: »Vater, ich kann doch nichts mehr tun, wir wollen lieber Feierabend machen.« — »Wie stellst du dir das vor«, antwortete er, »meinst du, ich kann die Hände in den Schoß legen wie du? Ich muß noch schaffen, du kannst machen, daß du heimkommst.« — »Vater, ich bin zum erstenmal hier in diesem Wald, ich weiß den Weg nicht allein, geht doch mit mir.« Weil sich sein Zorn inzwischen gelegt hatte, ließ sich der Vater überreden und ging mit ihm heim.

Da sprach er zum Sohn: »Geh und verkauf die verschandelte Axt und sieh zu, was du dafür kriegst. Das übrige muß ich verdienen, um sie dem Nachbar zu bezahlen.«

Der Sohn nahm die Axt und trug sie in die Stadt zu einem Goldschmied. Der prüfte sie, legte sie auf die Goldwaage und sprach: »Sie ist vierhundert Taler wert, soviel habe ich aber nicht bar.« Der Student sprach: »Gebt mir, was Ihr habt, das übrige will ich Euch borgen.« Der Goldschmied gab ihm dreihundert Taler und blieb einhundert schuldig. Darauf ging der Student heim und sprach: »Vater, ich habe Geld, geht und fragt, was der Nachbar für die Axt haben will.« — »Das weiß ich schon«, antwortete der Alte, »einen Taler sechs Groschen.« — »So gebt ihm zwei Taler zwölf Groschen, das ist das Doppelte und ist genug. Seht Ihr, ich habe Geld im Überfluß.« Er gab dem Vater einhundert Taler und sprach: »Es soll Euch an nichts fehlen, lebt nach Eurer Bequemlichkeit.«

»Mein Gott«, sprach der Alte, »wie bist du zu dem Reichtum gekommen?« Da erzählte er ihm, was sich zugetragen hatte und wie er im Vertrauen auf sein Glück einen so reichen Fang gemacht hatte. Mit dem übrigen Geld ging er wieder auf die Hochschule und studierte weiter. Aber weil er mit seinem Pflaster Wunden heilen konnte, wurde er der berühmteste Doktor auf der ganzen Welt.

Der goldene Schlüssel

ur Winterszeit, als einmal tiefer Schnee lag, mußte ein armer Junge hinausgehen und Holz auf einem Schlitten holen. Als er es zusammengesucht und aufgeladen hatte, wollte er, weil er so erfroren war, erst ein Feuer anmachen und sich ein bißchen wärmen, bevor er nach Hause ging.

Er scharrte den Schnee weg, und als er den Erdboden freiräumte, fand er einen kleinen, goldenen Schlüssel. Er meinte, wo ein Schlüssel ist, müsse auch ein Schloß dazu sein, grub in der Erde und fand ein eisernes Kästchen. »Wenn der Schlüssel nur paßt!« dachte er. »Es sind gewiß kostbare Dinge in dem Kästchen.«

Er suchte, aber es war kein Schlüsselloch zu sehen. Endlich entdeckte er eins, aber es war so klein, daß man es kaum sehen konnte. Er probierte, und der Schlüssel paßte wirklich. Dann drehte er ihn einmal herum, und nun müssen wir warten, bis er das Kästchen vollends aufgeschlossen und den Deckel aufgemacht hat. Dann werden wir erfahren, was für wunderbare Sachen in dem Kästchen lagen.